CELSO FURTADO

OS COMBATES DE UM ECONOMISTA

CELSO FURTADO

OS COMBATES DE UM ECONOMISTA

Organização

Adroaldo Quintela
Antonio Carlos F. Galvão
César Bolaño
Inês Patrício
Marcelo Manzano
Mariano de Matos Macedo
Nelson Le Cocq

ASSOCIAÇÃO BRASILEIRA DE ECONOMISTAS PELA DEMOCRACIA

expressão POPULAR

Esta edição obedece ao Acordo Ortográfico da Língua Portuguesa de 1990.

Coordenador editorial da Fundação Perseu Abramo | Rogério Chaves
Revisão | Juan Molina e Angélica Ramacciotti
Projeto gráfico e diagramação | Patrícia Jatobá

EDITORA EXPRESSÃO POPULAR
Rua Abolição, 201 – Bela Vista
CEP 01319-010 São Paulo – SP
Tel: (11) 3112-0941 / 3105-9500
livraria@expressaopopular.com.br
www.facebook.com/ed.expressaopopular
www.expressaopopular.com.br

ABED
SHCS Setor de Habitações Coletivas Sul, CR Comércio Residencial,
Quadra 502, Bloco C, Loja 37, Parte 1363 - Asa Sul
CEP 70.330-530 Brasília-DF
Telefone: (61) 99323 0550

Esta edição foi realizada com apoio da:

FUNDAÇÃO
Perseu Abramo
Partido dos Trabalhadores

Dados Internacionais de Catalogação na Publicação (CIP)

C394
Celso Furtado: os combates de um economista / Organizadores: Adroaldo Quintela [et al.].
– São Paulo: Fundação Perseu Abramo: Expressão Popular, 2020.
352 p.

Inclui bibliografia.
ISBN 978-65-5626-005-1 (Fundação Perseu Abramo) – ISBN 978-65-5626-005-1 (Expressão Popular)

1. Furtado, Celso. 2. Economistas - Brasil. 3. Capitalismo. 4. Economia - Brasil. 5. Brasil - Desenvolvimento econômico. 6. Cultura. 7. Brasil - Desenvolvimento regional. I. Quintela, Adroaldo.

CDU 33(81)

(Bibliotecária responsável: Sabrina Leal Araujo – CRB 8/10213)

Epígrafe

"(...) Há momentos na vida dos povos em que a falta mais grave dos membros da *intelligentsia* é a omissão. A ofensiva que visa a vacinar a nova geração contra todo pensamento social que não seja inspirado pela lógica dos mercados - portanto, vazio de visão histórica – já convenceu a grande maioria da inocuidade de toda tentativa de resistência. Interrompida a construção de um sistema econômico nacional, o papel dos líderes atuais seria o de liquidatários do projeto de desenvolvimento que cimentou a unidade do país e nos abriu uma grande oportunidade histórica.

Resistir à visão ideológica dominante seria um gesto quixotesco, que serviria apenas para suscitar o riso da plateia, quando não o desprezo do seu silêncio. Mas como desconhecer que há situações históricas tão imprevistas que requerem a pureza de alma de um Dom Quixote para enfrentá-las com alguma lucidez? E como a história não terminou, ninguém pode estar seguro de quem será o último a rir ou a chorar".

Celso Furtado, *Brasil: a construção interrompida*,
Nota Justificativa, 1992, p.9.

"Gostaria de encerrar com umas palavras dirigidas aos jovens aqui presentes.

No curso da história, as ciências têm evoluído graças àqueles indivíduos que, em dado momento, foram capazes de pensar por conta própria e ultrapassar certos limites. Com a economia, essa ciência social que deve visar prioritariamente o bem-estar dos seres humanos, não é diferente. Ela requer dos que a elegeram imaginação e coragem para se arriscar em caminhos por vezes incertos. Para isso não basta se munir de instrumentos eficazes. Há que se atuar de forma consistente no plano político, assumir a responsabilidade de interferir no processo histórico, orientar-se por compromissos éticos".

Celso Furtado, *Metamorfoses do capitalismo, 2002.*

Sumário

Apresentação

A Associação Brasileira de Economistas pela Democracia (ABED), sucedânea do Movimento Economistas pela Democracia, criado em 11 de outubro de 2018, inaugura a sua produção editorial por meio do livro *Celso Furtado: os combates de um economista* com o objetivo de comemorar o centenário de nascimento do notável economista desenvolvimentista.

O lançamento público da ABED ocorreu em 7 de maio de 2019, na Câmara dos Deputados, com a participação de parlamentares de diferentes partidos e de representantes de entidades afins. A ABED é uma entidade nacional, assentada na organização de núcleos nos estados e Distrito Federal, Estados Unidos e Portugal. Atualmente, conta com cerca de 700 associados. Os núcleos plenos, isto é, com mais de 13 participantes ativos, são denominados coletivos e têm assento na Coordenação Executiva Nacional (CEN).

Possui, hoje, coletivos regionais no Amazonas, Bahia, Distrito Federal, Minas Gerais, Pará, Pernambuco, Rio de Janeiro, São Paulo e Sergipe. Também está representada por núcleos nos estados de Alagoas, Ceará, Goiás, Maranhão, Paraíba, Paraná, Rio Grande do Norte e Rio Grande do Sul. Para dar suporte às decisões da CEN e fortalecer e ampliar a ABED, existem quatro grupos temáticos permanentes: 1) Comunicação; 2) Impactos da Crise; 3) Comissão Editorial Celso Furtado; e 4) Juventude e Democracia.

A ABED constituiu parcerias com o Conselho Federal de Economia, o Centro Internacional Celso Furtado de Políticas para o Desenvolvimento (CICEF) e a Articulação Brasileira pela Economia de Francisco. Ajudou a organizar e participa ativamente da Articulação Nacional de Entidades pela Democracia.

A fundação da ABED foi realizada, em Brasília (DF), em 26 de outubro de 2019, com o objetivo de promover "i) a defesa da democracia; ii) a permanência do sistema de proteção social e cidadania (...); iii) o pleno exercício dos direitos civis, políticos e sociais sem distinção de classe social, opinião, crença religiosa, gênero, cor ou raça, idade ou orientação sexual; iv) a reversão dos processos de degradação ambiental e a mitigação dos efeitos das mudanças climáticas; e v) a redução das desigualdades sociais e regionais".

O livro realiza uma justa homenagem ao primeiro sócio benemérito da Associação. Nele, a ABED pretende descortinar a atualidade do pensamento de Celso Furtado, ancorado na perspectiva de um Brasil mais justo, mais humano, mais democrático, mais equitativo e soberano.

A iniciativa da ABED conta com a parceria da Editora Expressão Popular, somando esforços a importantes organizações e entidades caras à luta democrática brasileira para trazer aos leitores e leitoras uma coletânea especial neste centenário.

*****

Na primeira parte do livro, Mário Theodoro nos traz uma entrevista com Celso Furtado, de abril de 1996. Nela, a atualidade das ideias de Furtado, como um "grito de alerta" contra a esquizofrenia atual da ciência econômica, isolada num mundo paralelo, onde a ciência e os modelos econômicos são mais importantes que a realidade e, ao mesmo tempo, incapazes de interpretá-la. A aparente ingenuidade destes modelos econômicos, ao ignorar a economia como *locus* de interesses conflitantes, cristalizou a ciência econômica como ideologia após a globalização dos anos 2000, com a submissão às agendas antissociais e sob a direção de agências de *rating*.

Furtado apresentou, nesta entrevista, o planejamento – seja no setor privado ou público – como única forma de reduzir o coeficiente de incerteza. Na experiência da Sudene, ele se constituiu numa batalha para modificar as estruturas e o atraso relativo do Nordeste e seus desequilíbrios sociais. Apesar de interrompido pelo golpe militar de 1964, o projeto da Sudene procurou equilibrar conflitos de interesses entre os entes políticos regionais, servindo como um instrumento inovador tanto para a administração pública como para as relações federativas no Brasil.

Em "Metamorfoses do capitalismo", uma conferência proferida em 2002 por ocasião de sua titulação como doutor *honoris causa* da Universidade Federal do Rio de Janeiro (UFRJ), Furtado apontou as "balizas" biográficas de sua trajetória de pensador e homem público. Após destacar a importância de sua profícua passagem pela Comissão Econômica para a América Latina (Cepal) – onde, além de desenvolver as técnicas de planejamento econômico que serviriam aos governos de JK e Jango, formulou as bases para a sua "teoria do subdesenvolvimento" –, Furtado assinalou que, com o avanço da globalização e a consequente interdependência dos sistemas econômicos, desfez-se o arranjo virtuoso entre técnica e política que ensejou os processos de desenvolvimento nacional observados nos países centrais, limitando o manejo das políticas macroeconômicas, ampliando os graus de exclusão social e tornando muito mais complexa a tarefa do desenvolvimento a partir de então. Apesar disso, Furtado concluiu conclamando os jovens estudantes de economia a disporem de coragem e imaginação para atuarem no plano político e intervirem no processo histórico.

No artigo "Celso Furtado – os combates de um economista", Rosa Freire d'Aguiar faz uma síntese das ideias, das influências intelectuais e da vida política de Furtado, mostrando como nelas se justapõem e integram temas aparentemente distintos como economia, filosofia, história, técnica e cultura, numa rara trajetória de reflexão e ação para um economista. A bagagem intelectual fortíssima de Celso Furtado, adquirida na biblioteca de uma família de juristas, impulsionou uma construção intelectual gigantesca e interdisciplinar, em que sucessivamente foram se adicionando, dissolvendo e integrando enfoques distintos – do positivismo de Augusto Comte (esmaecido ao longo do tempo), ao marxismo (sobretudo a importância da história na compreensão da dinâmica econômica) e à teoria antropológica da cultura. De Pirenne a Keynes, de Antônio Sérgio a Mannheim, o percurso intelectual de Furtado integra à economia, a história, a organização e o planejamento enquanto método racional de intervenção na realidade. Da infância e adolescência no Nordeste – que deixaram marcas profundas na personalidade do economista, sensível ao quadro de miséria, violência e iniquidade da região – ao doutorado na Sorbonne (1948), a formação intelectual de Furtado reflete essa amálgama de teorias, conceitos e métodos que o acompanharão ao longo da vida.

A autora analisa os principais momentos do percurso intelectual e da vida de Furtado, relacionando-os às suas contribuições como teórico do desenvolvimento na Cepal (de 1949 a 1957), quando refletiu sobre a especificidade do subdesenvolvimento; como economista historiador, em 1959, quando publicou o livro *Formação econômica do Brasil*, uma análise histórica das raízes e estruturas do subdesenvolvimento brasileiro; e como analista da questão regional, durante o "momento síntese", de 1958 a 1964, quando idealizou e dirigiu a Sudene nos governos de JK, Jânio Quadros e Goulart. Nos seus vinte anos de exílio, além dos temas do subdesenvolvimento e da história econômica do Brasil, Furtado analisou a expansão da economia capitalista. Na volta do exílio nos anos 1980, quando foi ministro da Cultura e logo após, como membro da Comissão Mundial de Cultura e Desenvolvimento da ONU (Unesco), Furtado reafirmou sua trajetória de intelectual engajado e com enorme influência, insistindo na noção de cultura como síntese do desenvolvimento.

No artigo intitulado "Celso Furtado: uma vida pelo desenvolvimento", Roberto Saturnino Braga e Glauber Carvalho apresentam uma cronologia geral da vida e obra de Furtado, destacando em especial suas ideias sobre o subdesenvolvimento, as possibilidades teóricas ensejadas por suas reflexões e seu papel como "agente público exemplar" que atuou sempre em prol do Brasil e, em particular, do Nordeste. Mais do que um teórico do desenvolvimento, Furtado foi responsável por expandir os limites da teoria para além do campo econômico, incorporando a temática da cultura e das particularidades nacionais ou regionais, consolidando o que ficou conhecido como o enfoque histórico-estrutural.

Clélio Campolina Diniz, por sua vez, defende a tese de que Celso Furtado foi um "peregrino do desenvolvimento". Demonstra como condicionantes regionais e familiares foram centrais no desenvolvimento da sua preocupação social, sensibilidade humana, interesse cultural e intelectual. Entendia e agia no sentido de que o desenvolvimento só é alcançado quando se combinam melhoria das condições materiais com justiça social e liberdade. Campolina concluiu que Furtado permanece como um autor central para o debate sobre o desenvolvimento, que nos últimos anos tem sido rasteiro e confuso, com poucas ideias novas, carecendo da retomada dos autores e ideias que possam orientar as lideranças políticas, os gestores públicos e a sociedade em geral. O debate público brasileiro – que tem se dedicado a discutir a pandemia e a economia como sendo inconciliáveis – apenas demonstra a pequenez, a incapacidade e a falta de visão. Neste contexto, a obra e atuação de Celso Furtado se sobressaem de forma ainda mais relevante e atual.

Luciano Coutinho apresenta a trajetória da vida de Celso Furtado como um gênio brasileiro a serviço do desenvolvimento, articulando o avanço de suas concepções teóricas com as suas práticas profissionais e políticas. Gênio que participou das Forças Expedicionárias Brasileiras (FEB) e passou, com 29 anos, a trabalhar na Cepal. Convivendo com Prebisch, foi um dos responsáveis pelo *Estudio econômico de America Latina* (1949) e pelas contribuições teóricas relativas ao sistema Centro-Periferia. Com 37 anos, publicou o livro *Formação econômica do Brasil*, uma das principais referências da "formação" de muitos economistas brasileiros. Com 39 anos, no âmbito do Grupo de Trabalho para o Desenvolvimento do Nordeste – GTDN (BNDES), escreveu sobre *Uma política de desenvolvimento econômico para o Nordeste*, o que levou à criação da Sudene. Com 42 anos, se tornou ministro do Planejamento no governo do presidente João Goulart e responsável pelo Plano Trienal (1963-1965). Com 44 anos, no quarto dia do golpe militar, de 31 de março de 1964, teve os seus direitos políticos cassados por dez anos. Coutinho afirma que, desde então, expatriado, Celso Furtado se afirmou ainda mais como um "cidadão do mundo, um intelectual de expressão internacional a serviço do desenvolvimento social e econômico".

Na segunda parte do livro, Luiz Gonzaga Belluzo ressalta a importância das ideias de Furtado para a compreensão do subdesenvolvimento. Segundo Belluzzo, "devemos a Furtado a compreensão da especificidade do subdesenvolvimento e o entendimento de uma questão central: os países da periferia do capitalismo estão condenados a 'inventar' suas estratégias de desenvolvimento. Caso contrário, entregarão seu destino aos processos de reiteração e reprodução das condições que geram a dependência e o atraso". Segundo Belluzzo, Furtado acreditava na capacidade da ação racional transformadora, ou seja, na ideia de que o homem tem meios para transformar o mundo, construir um mundo melhor e que esses meios decorrem do avanço formidável do conhecimento científico.

A originalidade, sofisticação e atualidade das principais concepções teóricas de Furtado constitui o foco do artigo de Carlos Brandão. Recoloca aqui questões centrais, ainda hoje válidas, que permearam as preocupações teóricas e ideias de Furtado, como as que se referem às condições para superar o subdesenvolvimento, para driblar o mimetismo cultural das elites, para rever o destino dos excedentes econômicos e construir um "sistema econômico" nacional como base de um projeto estratégico de nação. Nada mais distante nesse momento da história "em que o grau de incerteza com respeito ao futuro passa a cota da tolerância" (Furtado, 1992, p. 14).

Brandão realça a visão abrangente que Furtado tinha a Economia enquanto disciplina, cujo objeto seria "certa classe de problemas sociais". Desenvolvimento seria sinônimo de tensão, modificação das estruturas sociais, num claro reconhecimento da dimensão política inerente aos movimentos da economia. Hoje, como lembra Brandão, "seria necessário buscar nossos próprios caminhos, nesta conjuntura sombria, em que o pior da 'civilização brasileira' aflora e em que nossas mazelas sociais e heterogeneidades estruturais se aprofundam".

Antônio Corrêa de Lacerda e Julio Manuel Pires analisam a trajetória do desenvolvimento brasileiro e o pensamento de Celso Furtado. Estendendo a análise aos anos recentes, concluem que o conjunto das políticas públicas implementadas no Brasil, desde 2015, caminharam no sentido de desarticular as ações do Estado como agente promotor do desenvolvimento, com a esperança de que o setor privado ocuparia automaticamente o papel central na retomada do investimento e da geração de empregos. Os autores lembram que Furtado, em 1969, alertava para o equívoco de tal perspectiva de análise, pois já havia constatado que, no Brasil, debilitar o Estado como centro autônomo de decisões, não significa fortalecer a iniciativa privada, mas sim renunciar à formação de um sistema econômico nacional, pois um certo grau de centralização das decisões de investimento é condição necessária para que a estrutura de uma economia dependente se transforme em uma nação.

Segundo Lacerda e Pires, Furtado, embora se referindo claramente ao contexto da economia brasileira nas décadas de 1950 e 1960, formula uma crítica totalmente consentânea com nossa experiência recente. Consideram que, no centenário de seu nascimento, o pensamento do mais importante economista brasileiro se mostra cada vez mais vivo.

No artigo de Nelson Le Cocq, a atenção é direcionada para as lições ministradas por Furtado ao construir e aplicar o método histórico-estrutural em suas análises sobre a economia brasileira e latino-americana. Reconhecendo que Furtado sempre tomou como base de suas interpretações a existência de aspectos históricos e de condicionantes políticos e sociais, o autor busca um paradigma para a compreensão das circunstâncias atuais da sociedade brasileira. E nesta investigação, constata que Furtado estabelece uma abordagem que se assemelha às perspectivas de longa duração estabelecida por Braudel e, ainda, compartilha de um conceito de estruturas próximo ao pensamento do historiador francês. Tal proximidade significa, ao mesmo tempo, uma distinção – explicitada claramente por Furtado – entre o estruturalismo latino-americano e seu homônimo europeu, este assertivamente defendido por Lévi-Strauss. São duas visões antagônicas quanto ao método de análise em ciências sociais, sendo o pensamento de Celso Furtado prioritariamente diacrônico, enquanto o estruturalismo europeu se assenta em premissas de investigação baseadas nas relações de sincronicidade passíveis de serem encontradas entre os componentes das estruturas sociais.

A obra *Formação econômica do Brasil* é exemplar quanto ao método diacrônico e a perspectiva de longa duração de uma situação nacional de dependência. A atuação de diferentes coalizões de forças sociais, por sua vez, é identificada como agente responsável quer pela permanência das estruturas econômicas e sociais, quer pelas mudanças que vieram a ocorrer. Em seus sucessivos trabalhos posteriores, Furtado continua lidando com a permanência do atraso como uma constante, ainda que o processo de industrialização tenha sido efetivado em escala significativa. E reconhece que a nova coalizão de forças responsável pela contínua heterogeneidade estrutural no Brasil estará constituída a partir do comando externo sobre as decisões empresariais na indústria aqui implantada. Assim, Le Cocq insere o conceito de coalizão de forças políticas e sociais como elemento-chave para as análises conjunturais, e para qualquer proposição de mudança no quadro – até aqui permanente – de dependência e pobreza que nos caracteriza.

Em seu artigo, Rubens Sawaya assinala a importância da reflexão furtadiana para compreendermos as razões que, no contexto internacional, subordinam as economias latino-americanas às estruturas de poder global, impedem a superação do subdesenvolvimento e aprofundam as formas de dominação e controle a partir do centro hegemônico. Lembra o autor que Furtado, refletindo em especial sobre a trajetória e as vicissitudes do esforço de desenvolvimento brasileiro, enxergava no golpe militar de 1964 mais do que uma ruptura democrática, pois com ele foi bloqueada a possibilidade de o metabolismo político e social dar curso ao processo de maturação endógena que costuma acompanhar os processos de desenvolvimento. Sawaya assinala ainda que a observação dessa ruptura teria levado Celso Furtado a dedicar especial atenção sobre os nexos entre o poder econômico que conduzia os processos de industrialização na periferia e os interesses e as ações expansivas das grandes corporações transnacionais. Mais tarde, com os desdobramentos da globalização e com o avanço do neoliberalismo nos anos 1990, as reflexões de Furtado têm seu sentido atualizado, já que as relações de dependência (estruturantes da economia brasileira) persistem estampadas nas estruturas de poder, bloqueando as possibilidades de desenvolvimento do país.

Por sua vez, Ricardo Bielschowsky apresenta as principais contribuições de Celso Furtado ao estruturalismo. O autor rememora a tradição teórica cepalina, estabelecida por Prebisch, que sugeriu a presença na América Latina de uma relação Centro-Periferia, com características de baixa produtividade com fraca capacidade empresarial, especialização em produtos primários, forte heterogeneidade dada pela coexistência entre setores de alta produtividade e setores de subsistência.

Bielschowsky lembra as três principais vertentes de contribuições da Furtado: a primeira, criadora do método histórico-estrutural, foi a adição da história brasileira e latino-americana às formulações estruturalistas; a segunda consiste na interpretação de que o subdesenvolvimento tende a ser preservado por muito tempo, dada a manutenção do subemprego e a inadequada diversificação da atividade produtiva, cuja superação exige tenaz e prolongada dedicação política; e a terceira consiste na argumentação de que a evolução dos investimentos na periferia é predeterminada pela composição da demanda, que espelha concentração de renda e de propriedade; reproduzem-se, na América Latina, estruturas de oferta pouco apropriadas à absorção da mão de obra abundante, o que resulta na preservação de baixos salários e no reforço à má distribuição da renda.

Bielschowsky, por fim, reitera a concepção de Furtado de que somente a partir de estratégias de desenvolvimento firmemente conduzidas pelo Estado poderão ser alcançadas, no Brasil, as condições necessárias de crescimento, geração de empregos e efetiva redistribuição da renda.

José Cassiolato e Helena Lastres exploram, em seu artigo, a relação entre a visão abrangente do pensamento de Furtado sobre desenvolvimento, subdesenvolvimento e progresso técnico e as determinações que a associam à ciência, tecnologia e inovação num mundo caracterizado pela intensificação das crises e desigualdades, e num país que enfrenta uma das maiores reviravoltas políticas de sua história, bem na contramão de todo o pensamento furtadiano.

A ideia de Furtado de "uma acumulação dominada por finanças" é o mote para uma interpretação mais detida das crises recentes e da globalização, na qual os autores realçam a natureza de algumas de suas principais características: instabilidade financeira global; perda da hegemonia americana; emergência chinesa; ascensão das TIC, em particular das tecnologias de análise de conjunto de dados massivos (*big data*). Acrescentam, ainda, uma reflexão das contradições associadas à pandemia da Covid-19, demonstrando, por meio da questão sanitária, a reversão de uma década e meia de avanços civilizatórios no país.

A terceira parte do livro está constituída de quatro artigos que fazem referência à problemática da cultura e da comunicação. César Bolaño retoma a discussão sobre a relação entre cultura e desenvolvimento, que caracteriza, desde o princípio, a reflexão de Furtado, fortemente influenciado pelas suas leituras, ainda na juventude, no campo da antropologia, e que vai se aprofundando e assumindo um papel cada vez mais central no seu pensamento a partir dos trabalhos dos anos 70 do século passado. Baseado nessa linha de interpretação, o autor faz uma síntese do processo de desenvolvimento brasileiro, centrado na problemática da cultura, com ênfase na ruptura representada pela constituição do oligopólio televisivo, durante o regime militar e na incapacidade que os governos posteriores tiveram em reformar essa estrutura, no sentido da democratização da cultura, elemento-chave para a consolidação do processo democrático no seu conjunto.

O "desafio furtadiano" aos economistas e intelectuais em geral, neste momento grave da vida nacional, a que o autor se refere no título, é justamente aquele de considerar não apenas a questão cultural, mas aquela das relações entre comunicação e cultura, tema que Furtado não chegou a desenvolver de forma sistemática, mas sobre o qual não deixou de posicionar-se de forma muito clara e realista em suas reflexões sobre a cultura nos anos 80.

Luise Villares, por sua vez, apresenta uma discussão sobre as políticas de patrimônio, valendo-se do pensamento de Furtado sobre cultura e criatividade, em que defende uma perspectiva inclusiva de desenvolvimento, incorporando a problemática atual das identidades na luta pela inclusão social e a superação da heterogeneidade estrutural. Valendo-se especialmente do livro essencial de 1978, em que Furtado apresenta a sua concepção de cultura da forma mais ampla e amadurecida, e das reflexões presentes em *Cultura e desenvolvimento em época de crise*, de 1984, e nos importantes trabalhos publicados em 2012 pelo Centro Internacional Celso Furtado de Políticas para o Desenvolvimento (CICEF), a autora lembra que, em Furtado, "a criatividade não repousa apenas no conhecimento técnico, mas na apropriação simultânea de competências técnicas e sociais", fortalecendo "o patrimônio cultural e suas relações com o local e o global". Assim, como no texto anterior, a questão central é a da democratização da cultura, o que passa também, segundo a autora, pela democratização do patrimônio.

Sérgio Kapron, em seguida, apresenta uma síntese das ideias de Furtado, apontando que, "ao superar a visão de desenvolvimento estritamente relacionada ao crescimento, à acumulação, ao progresso material, à eficiência técnica e ao aumento da capacidade produtiva de geração de bens, consumo e acúmulo de riquezas, Furtado evidenciou o valor substantivo para o qual a humanidade deveria dirigir suas potencialidades e capacidades: a vida!".

Com isso, patenteia-se, mais uma vez, a dimensão cultural do desenvolvimento – o que inclui a valorização dos movimentos ecologistas, como em *Desenvolvimento econômico: um mito* (1974), ou *Criatividade e dependência na civilização industrial* (1978) – e a questão teórica e política fundamental da transmutação de meios em fins. A questão cultural, nesse caso, explicita-se na preocupação com os valores que constituem também "base da faculdade de ordenar os processos, os meios e os fins priorizados", o que implica poder de "criação, difusão e adição de valores substantivos ao patrimônio existencial da coletividade". Mais uma vez, insinua-se a questão do poder e da democracia, tão fundamental para o desenvolvimento em um país de profundas e permanentes raízes autoritárias, como é o nosso.

Harley Silva, Valcir Bispo Santos e Danilo Araújo Fernandes propõem uma discussão sobre as relações entre cultura e desenvolvimento na obra de Celso Furtado e, a partir desta, estabelecem uma ponte para a formulação de estratégias de desenvolvimento endógeno na Amazônia, tendo a cultura como eixo fundamental. Os autores mostram a evolução de uma interpretação de Furtado do fenômeno do desenvolvimento orientado pela dinâmica industrial, nos anos 50 e 60 do século passado, para uma outra perspectiva, nas décadas de 70 e 80, em que a cultura é o elemento forte no processo de desenvolvimento.

A abordagem da cultura como um sistema e um processo acumulativo que amplia os horizontes da emancipação humana, conferindo direção e sentido ao processo histórico de desenvolvimento consolida-se no texto *Criatividade e dependência na civilização industrial*. Os sistemas globais de cultura periféricos, tolhidos por uma série de mecanismos institucionais, seriam amputados e dependentes, incapazes de ímpetos criativos a partir de suas potencialidades internas. A luta contra a dependência assumiria a forma da liberação da capacidade criadora de um povo. A partir dèsta construção de Furtado, os autores analisam a intensidade criativa da diversidade natural e social da Amazônia, com ênfase na "cultura ribeirinha", assinalando os mecanismos de dependência cultural que atuam na escala regional para solapar as forças criativas culturais endógenas e locais na Amazônia. O resgate da criatividade e o rompimento da dependência cultural se daria por meio da política, articulando os movimentos culturais da região com outros atores sociais na formulação de projetos de desenvolvimento endógenos, com o apoio do Estado.

A quarta e última parte do livro conta com três artigos acerca do combate pelo desenvolvimento regional. A análise centrada no Nordeste, sua região natal, sempre constituiu uma fonte de inspiração para a reflexão e o desenho de ações nas várias regiões brasileiras.

No primeiro artigo, Leonardo Guimarães Neto e Tânia Bacelar de Araújo exploram, de forma renovada, as relações entre Celso Furtado e o Nordeste brasileiro. Apoiados no método histórico-estrutural, abordam o contraste entre o Nordeste de Furtado e o atual, destacando as permanências e as mudanças na realidade nordestina. Identificam os novos desafios para o desenvolvimento regional relacionados, tal como tratava Furtado, com elementos exógenos e endógenos.

Os autores também assinalam, nesse contexto, a alvissareira agenda do Consórcio Nordeste – uma inovação institucional, como foi o Conselho Deliberativo da Sudene de Furtado, em sua época – e trazem ao debate o conteúdo do atual Plano Regional de Desenvolvimento do Nordeste – PRDNE (2019) da Superintendência. Lembram que o elo entre realizações e investimentos recentes e as tendências futuras da economia nordestina deixaram legados importantes capazes de articular a estrutura produtiva da região a um novo ciclo de desenvolvimento nacional e mundial.

Por sua vez, André Martins analisa os "áridos trajetos" que levaram Celso Furtado a criar, nos anos 1950, a Sudene e a "nacionalizar" a problemática do desenvolvimento do Nordeste. Segundo Martins, ao transpor essa análise para os anos 1990, é possível constatar que o encontro do Nordeste com a globalização deu origem à conformação de espaços dinâmicos e áreas e sub-regiões estagnadas e desarticuladas, interrompendo a construção do Nordeste como projeto inerente à construção do próprio Brasil. Contudo, segundo Martins, vem sendo feito um trabalho de resgate do sentido, quase perdido, do desenvolvimento regional com a recente formalização do Consórcio Nordeste, que, por meio da articulação de forças sociais dispersas, vem começando um acerto de contas com a região e, portanto, com o pensamento de Celso Furtado.

Sérgio C. Buarque, autor do terceiro artigo, apresenta a proposta de uma estratégia para a região que, embora diferente da contida no clássico de Furtado, *Uma política de desenvolvimento econômico para o Nordeste* (GTDN, 1959), segue uma trajetória analítica semelhante. Parte do pressuposto que o "Nordeste de 2020 é uma região com uma economia moderna – indústria diversificada e agropecuária avançada no cerrado e em áreas de irrigação – integrada à economia nacional e com relações com o mundo global, convivendo com a vulnerabilidade histórica do Semiárido, elevada pobreza e desigualdades sociais". O autor considera que a defasagem de competitividade sistêmica é o grande impedimento ao desenvolvimento do Nordeste. Afirma que a estratégia nacional de desenvolvimento regional deve se concentrar nos quatro determinantes dessa competitividade (educação, qualificação profissional, inovação e infraestrutura econômica), mobilizando investimentos em larga escala da União e dos estados num esforço convergente de reestruturação da economia regional, a exemplo do que vem sendo proposto pelo Consórcio Nordeste.

Finalmente, cabe registrar aqui os agradecimentos à contribuição da professora Maria da Conceição Tavares. Ela nos faz o seguinte alerta: "a obra de Celso Furtado pode ser caracterizada por sua preocupação recorrente com o tema da construção da nação diante das diversas formas de dominação internacional e do pacto interno de dominação". Segundo Conceição, "Celso Furtado não desistiu nunca da ideia da necessidade de um projeto nacional capaz de animar a reconstrução do Brasil, mesmo quando a atual conjuntura de desmantelamento do país parece deslocar os resultados desse processo para um horizonte cada vez mais longínquo".

Boa leitura!

Os organizadores

Em memória do professor Wilson Cano, um autêntico furtadiano

Como editores desse livro que homenageia o centenário do nascimento de Celso Furtado, o maior economista do país, não poderíamos deixar de registrar, com pesar, o falecimento em abril (2020) de um de seus maiores discípulos, Wilson Cano.

O professor Wilson Cano nos deixou como legado uma vasta obra que explorou novas trilhas e levou adiante muitas reflexões que Celso Furtado construiu ao longo de sua jornada como economista.[1] Enquanto exploradores da História, Cano e Furtado irmanaram-se no uso das ferramentas da economia política para aprofundar questões essenciais à compreensão da evolução da economia e sociedade brasileiras.

O professor Cano abordou muitos temas em sua trajetória acadêmica de pesquisa, que cobrem desde a teoria econômica, a conjuntura global e a economia latino-americana, até a economia brasileira e a trajetória de várias de suas frações regionais, com destaque natural para o estado de São Paulo e algumas de suas sub-regiões. Mas é, com certeza, sobre a interpretação do desenvolvimento brasileiro que dedicou seus maiores esforços como pesquisador.

Sua obra mais reconhecida, o magistral e premiado livro *Raízes da concentração industrial em São Paulo* (São Paulo, Difel, 1977)[2], desenvolveu múltiplos argumentos para demonstrar porque o núcleo dinâmico da economia brasileira foi se estruturando em torno da metrópole paulista. São Paulo, de fato, ocupou o lugar de locomotiva do desenvolvimento brasileiro como consequência dos impulsos gerados pela diversificação da economia estadual, inclusive da agricultura, e com a implantação paulatina de uma nova forma de organização produtiva erigida em torno à industrialização.

1. Ver sítio na web do autor: <www.wilsoncano.com.br>.
2. Última edição disponível na página no Instituto de Economia da Universidade Estadual de Campinas – Unicamp (https://www.eco.unicamp.br/images/publicacoes/Livros/geral/Raizes-da-concentracao-industrial-em-Sao-Paulo.pdf) e também no link acima.

Cano comungava com Furtado a mesma avidez pelo debate das questões do desenvolvimento regional. Como ele, enxergava no tema uma dimensão fundamental para a compreensão da formação social e econômica brasileira; algo que os diferenciava de muitos autores que interpretavam o desenvolvimento do país quase como se fosse um ponto no espaço. Ambos olhavam para a divisão inter-regional do trabalho, sua natureza, escopo e configuração, como essencial para desvelar os vetores que interessavam à análise do desenvolvimento.

O entendimento da trama dialética de relações sociais e econômicas para dentro dos territórios e nas suas vinculações entre si e com o exterior permitiria divisar, com maior clareza, os processos que definiam as trajetórias do país e de suas regiões. Para ambos, tal análise requeria um entendimento claro tanto dos contrastes, tensões e conflitos sociais, como das dinâmicas de acumulação e reprodução associadas aos vários compartimentos territoriais.

Wilson Cano seguiu adiante e definiu como o desenvolvimento em curso provocava efeitos distintos de estímulo, inibição, bloqueio ou mesmo destruição das estruturas produtivas regionais. A escolha nacional dos rumos do desenvolvimento determinava as possibilidades das várias regiões brasileiras, orientando os possíveis espaços de complementaridade. Esse foi o tema do seu segundo livro, igualmente importante, *Desequilíbrios regionais e concentração industrial no Brasil - 1930-1970* (São Paulo, Editora Global/INPES, 1985), mais tarde atualizado por nova publicação, *Desconcentração produtiva regional no Brasil: 1970-2005* (São Paulo, Edunesp, 2008).[3]

Mas muito além de pesquisador, Wilson Cano foi um exímio professor, que traduzia o resultado de suas investigações em aulas motivadas por reflexões precisas, acrescidas de invejável senso de humor. A História do Brasil ou de outras partes do mundo era tratada sem muitos rodeios, com base em esquemas analíticos abrangentes herdados da macroeconomia, muitos dos quais desenvolvidos cooperativamente com seus pares do Instituto de Economia da Unicamp ou com seu largo séquito de colaboradores.

Muitas dessas aulas traçavam como que roteiros imaginários de filmes de época. É o caso, por exemplo, da primorosa descrição do avanço da cultura do café pelo planalto paulista, o deslocamento demográfico e migrações decorrentes e o importante apoio de investimentos ferroviários de monta. O

3. Últimas edições disponíveis em: <http://repositorio.unicamp.br/jspui/handle/REPOSIP/285676>

professor Cano era capaz de situar no tempo e descrever com precisão quase geográfica cada uma das estradas-de-ferro construídas e todo o desenrolar dessa ocupação.

Como orientador, o professor Cano explorou ao máximo as possibilidades de montagem de um mosaico amplo da história das economias regionais e urbanas no Brasil. Vários de seus discípulos esmeraram-se, com seu apoio, em descortinar aspectos inusitados e interessantes das inúmeras experiências regionais de desenvolvimento do país, que cobriram, sem exageros, 'do Oiapoque ao Chuí'. Dessa forma orientou inúmeros trabalhos que se debruçaram sobre temas variados, como a evolução histórica de várias economias estaduais; o capital mercantil financeiro mineiro; a industrialização nordestina liderada pela Sudene; a guerra fiscal dos anos 1990; o papel das inovações no desenvolvimento regional; e a financeirização e o capital imobiliário urbano no país.

Por fim, o professor Wilson Cano foi também, tal como Furtado, um ativista do seu presente, procurando sempre deixar clara sua percepção dos temas da economia e da política. Seu engajamento à esquerda do espectro político não deixava margem para tergiversações. Muitas vezes, colocado diante de situações de confronto ou de pouca margem de escolha, optou sempre por não abrir mão dos seus valores e princípios.

Essa justa e oportuna homenagem a Celso Furtado encontraria certamente no professor Wilson Cano, como teve a oportunidade de demonstrar em outras ocasiões, uma entusiasmada acolhida. Ambos nos fazem muita falta nesse momento atribulado da vida nacional.

Os organizadores

Em memória de Carlos Lessa

Na antevéspera dos procedimentos de formatação final desta edição, tivemos o impacto da notícia do falecimento de Carlos Lessa. Assim, pretendemos aqui fazer uma breve referência a este que foi um dos maiores economistas brasileiros. Foi influenciado diretamente por Celso Furtado, com quem compartilhou a saga – até hoje inconclusa – de contribuir para a transição do Brasil a um estágio de superação da miséria, do atraso e da dependência.

Lessa, nos primórdios de sua vida profissional, empreendeu a leitura de *Formação econômica do Brasil*, o qual definiu como "um raio de luz" em sua compreensão do Brasil. Partindo da abordagem que Furtado construiu ao traçar o longo percurso da economia brasileira, Lessa irá derivar do método histórico-estrutural magistrais análises de política econômica. Dois textos são exemplares neste sentido. Um estará referido ao período de implantação do Plano de Metas. Outro será pautado pela análise do II Plano Nacional de Desenvolvimento. O primeiro, elaborado no âmbito das atribuições de Lessa na Cepal enquanto relatório de pesquisa, veio à luz em uma primeira edição apenas em 1980. Seu tratamento da política econômica condutora do Plano de Metas é analítico quanto a diretrizes, medidas concretas e instrumentos institucionais utilizados, mas também estará organicamente articulado com os aspectos políticos e sociais que o impulsionam e a ele se contrapõe. Nas palavras de Lessa, trata-se de apontar "os objetivos principais perseguidos, as molduras socioeconômicas que os inspiraram, seus desdobramentos e consequências".

Se "Quinze Anos" foi um marco na análise cepalina de políticas econômicas capazes de implementar um acelerado projeto de industrialização, o outro trabalho de largo fôlego de Lessa sobre o tema irá se inscrever no processo de superação crítica do arcabouço teórico da Cepal. Esta superação será promovida concomitantemente ao nascedouro do Instituto de Economia da Universidade Estadual de Campinas, numa extremamente bem-sucedida construção institucional e acadêmica do qual Lessa foi um dos partícipes fundadores. Em consequência da industrialização em larga escala do Plano de Metas, um período de autodeterminação endógena dos processos de acumulação do capital havia se descortinado *enquanto possibilidade*. Com toda sua singularidade enquanto um “capitalismo tardio”, a relativa completude da estrutura industrial havia se esboçado. Revestido de um viés autoritário, o projeto do governo Geisel intentaria, a partir de 1974, implantar em sua integralidade a internalização da estrutura industrial. Em dezembro de 1978 Lessa apresenta seu estudo sobre os dois anos iniciais do II PND. O foco é o esforço estratégico em assegurar a forte expansão de um setor de bens de capital e bens intermediários, constituindo, ao mesmo tempo, um segmento de empresas nacionais que cumprisse duas grandes missões: amortecesse o confronto entre as empresas estatais e as empresas estrangeiras e, subsequentemente, viesse a se tornar o polo principal deste tripé. E Lessa virá, ainda no meio deste processo, destrinchar as fricções causadas por este projeto e, em última instância, a fragilidade política sobre a qual se assentou. Fragilidade esta decorrente do próprio perfil do empresariado nacional, muito mais propenso a atuação em áreas como o sistema financeiro e a construção civil, por exemplo. E ainda, podemos dizer, fragilidade estrutural de um plano que não foi capaz de concatenar uma coalizão de forças políticas e sociais compatível com o grau de transformações almejado pelo governo. A frustração viria não pelo aspecto da realização de seus projetos, pois estes foram em grande parte alcançados, mas pela descontinuidade que viria a se impor posteriormente, e pela não constituição efetiva de um polo empresarial nacional que viesse a assumir – junto com o setor estatal – a liderança do processo interno de acumulação de capitais.

Carlos Lessa foi um professor extraordinário. Ao longo de sua vida ministrou aulas no Instituto Rio Branco, nos cursos da Cepal, na Universidade de Campinas e na Universidade Federal do Rio de Janeiro, da qual foi Reitor. Os inúmeros depoimentos de antigos alunos nos dias que se seguiram ao seu falecimento atestam o reconhecimento de Lessa como o melhor professor que já haviam tido. Galvanizava a atenção de quem assistia suas aulas, expondo a intensa erudição que, ao se manifestar, extrapolava o saber estritamente econômico que Lessa dominava com maestria. A economia se transmutava naquilo que sempre foi e deveria ser: uma vertente de conhecimento absolutamente entranhada com o movimento histórico, as decisões políticas e as estruturas sociais que conformam os destinos do país.

Lessa esteve sempre impregnado de um compromisso com o desafiador e árduo esforço em prol da transcendência de nossas vicissitudes como Estado e como Nação. Direcionada por estes objetivos, sua trajetória profissional transcorreu materializada numa afortunada sucessão de contribuições vinculadas ao desenvolvimento econômico. Esteve na raiz das atividades do grupo Cepal – BNDES; participou desde os primórdios das atividades do ILPES; viajou por todo o Brasil e pelo continente latino–americano ministrando cursos onde a abordagem cepalina era apresentada e se contrapunha ao saber econômico convencional. Das apostilas elaboradas em conjunto com Antônio Barros de Castro veio à luz um dos mais lidos e editados livros de ensino de economia: *Introdução à Economia: Uma Abordagem Estruturalista*. A produção deste livro assinala o atingimento de um patamar de conhecimento que é fruto das discussões profissionais com Castro e Conceição Tavares, sob a influência direta de Aníbal Pinto. É também um signo de atingimento de um processo de saber econômico que não havia sido herdado da graduação na antiga Faculdade Nacional de Economia. Lessa ali recebeu sólida formação neoclássica, fornecida por professores como Otavio Gouveia de Bulhões, Roberto Campos e Santiago Dantas. Viria depois perceber que nem Keynes, nem muito menos qualquer discussão sobre a economia brasileira perfaziam o currículo então ministrado.

Em sua tese de doutorado, defendida em 1976 em Campinas, "O conceito de política econômica: Ciência e/ou ideologia?", sob orientação de Jorge Miglioli, Lessa irá explorar a fragmentação própria do pensamento neoclássico no que se refere a proposições de política econômica. Lessa irá percorrer uma gama de autores marginalistas muito além daqueles inscritos na tradição anglo-saxônica. E irá reconhecer em todos a mesma incapacidade de definir as relações entre teoria econômica e política econômica, aprisionados em uma espiral de abstrações sempre caudatária da temática da escassez atemporal e assumidamente desvinculada de qualquer aderência a realidade. Em seguida, ainda nesta tese, desenvolve uma densa e didática exposição da estrutura e dos artifícios com que Keynes articula os argumentos na Teoria Geral. Ao fazê-lo, Lessa ressalta que, se ali foi criada uma abordagem capaz de dar o ferramental necessário a execução de políticas econômicas, encampando e legitimando a ação estatal, por outro lado Keynes irá oferecer uma tábua de salvação para a sobrevivência da teoria convencional, ao fornecer os alicerces para a constituição de um muro que, ao separar a macro e a microeconomia, permite que este segundo subconjunto siga abrigando o arcabouço teórico neoclássico.

Lessa é o autor referencial no que diz respeito à Política Econômica, ao partir do método histórico-estrutural e reinventá-lo enquanto instrumento de análise conjuntural. E sempre teve como norte seu compromisso com o desenvolvimento nacional, autônomo, democrático e inclusivo. Sob esta perspectiva, foi diretor do Fundo de Investimento Social no BNDES entre 1985 e 1988, e veio a presidir esta mesma instituição entre 2003 e 2004. No período de finais da década de 1970 e início dos anos de 1980 liderou o que ficou conhecido como "Movimento de Renovação dos Economistas" e foi presidente do Conselho Regional de Economia do Rio de Janeiro no ano de 1992.

A erudição histórica de Carlos Lessa e seu interesse pelos aspectos culturais de nossa sociedade perfazem outros pontos de aproximação com a trajetória intelectual de Celso Furtado. Se este sempre teve em mente a questão regional nordestina, em Lessa a identidade afetiva com o Rio de Janeiro levou a uma contínua interação com as questões de sua cidade. Entre 1993 e 1995 foi diretor-executivo do Plano Estratégico da Cidade do Rio de Janeiro. Em 2000 publicou um livro, *O Rio de Todos os Brasis*, onde toda a trajetória da antiga capital, suas particularidades históricas e sua emblemática participação na vida nacional são cotejadas com o já então predominante quadro de crise que envolve a cidade. Ao mesmo tempo é uma obra que abre um leque de potencialidades a partir das quais o Rio poderá vir a se reconstituir enquanto polo cultural e econômico, apto ao resgate de sua autoestima.

Carlos Lessa continuará sendo um grande mestre. Um mestre de brasilidade e um portador da esperança. Alinhado ao exemplo de Celso Furtado, também na obra de Carlos Lessa estão presentes ensinamentos preciosos para os tempos atuais.

Os organizadores

PARTE 1

Os combates de um economista

Entrevista com o professor Celso Furtado[1]

Mário Theodoro[2]

Breve nota do autor

A principal motivação para que eu buscasse reapresentar este artigo para a publicação, artigo que na verdade é um apanhado de ideias do grande Celso Furtado, é a atualidade das questões por ele comentadas.

A crise de paradigmas da ciência econômica aprofundou-se nas duas últimas décadas. Sua incapacidade de interpretação da realidade transcendeu ao paroxismo. Foi mais longe, chegando à criação de um mundo paralelo, um mundo onde a ciência e seus modelos seriam eles mesmos mais importante do que a própria realidade. Isso nos faz pensar que até a ciência pode ser acometida de doenças comezinhas dos seres humanos. E de fato, uma evidente esquizofrenia vem assolando a ciência econômica a partir dos anos 1980. Os modelos tentam impor-se à realidade. Uma profusão de modelagens extremamente lógicas, porém assépticas, que veem a seara econômica como uma espécie de receita de bolo (ou seria uma reação química, daí a ideia de agentes econômicos, e não de atores com posições singulares e divergentes?).

Enfim, o que o mestre Furtado tachou na entrevista de modelos ingênuos, no sentido de não perceberem a economia como lócus de interesses conflitantes, ganha maior intensidade e veemência no mundo globalizado a partir dos anos

---

1. Este artigo foi originalmente publicado na *Revista Economia Ensaios* da UFU, vol. 22 (n. 2), 2008.
2. Formado em Ciências Econômicas pela Universidade de Brasília (UnB), mestre em Economia pela Universidade Federal de Pernambuco (CME/PIMES), doutor em Economia pela Université Paris I – Sorbonne. Pesquisador Associado ligado ao Mestrado em Política Social da UnB, professor de Metodologia de Pesquisa do Mestrado de Planejamento e Gestão Ambiental da Universidade Católica de Brasília; foi Técnico de Planejamento e Pesquisa do IPEA (Instituto de Pesquisa Econômica Aplicada) de 1986 a 2003.

2000. O perigo maior aqui é o da ciência deixar de ser ciência; cristalizar-se como ideologia. Ideologia do mais forte, a receitar indicadores, fórmulas e políticas que levem as nações a caminhos tortuosos e a agendas antissociais, no afã pela boa nota da Moodys, da Standard & Poors ou da Fitch Ratings. São essas menções que vão dar o grau de solvência, a capacidade de fazer frente a seu passivo.

Nesse novo contexto, a higidez e a saúde econômica de um país passam a ser espelhadas pela sua condição, capacidade ou disposição de honrar seus empréstimos, de seu status de bom investimento, bom pagador, ou melhor, de país saneado em termos de contas públicas, mesmo que sob pena do aumento da pobreza e da miséria de parcelas crescentes da população. Esse quadro é hoje reinante para a maioria dos países nesse limiar do século XXI. E a ciência econômica, notadamente no que tange ao chamado *mainstream*, tem chancelado essa realidade.

Fica, na voz do nosso patrono maior, um grito de alerta para que nós, economistas, possamos engrossar as fileiras da crítica e organizar o contraponto ao viés ideológico que ora justifica e naturaliza a existência da miséria e das desigualdades em um mundo de tanta riqueza.

Brasília, 17 de abril de 2020, em plena pandemia.

Prólogo necessário

A entrevista com o professor Celso Furtado foi realizada em abril de 1996, em sua residência, em Paris. À época, eu estava na França escrevendo minha tese de Doutorado e aproveitando a oportunidade, solicitei-lhe a realização de uma entrevista, no que fui prontamente atendido. Meu objetivo era ouvi-lo sobre a ação do Estado brasileiro no âmbito do planejamento econômico, à luz da experiência da Sudene. Contudo, para minha satisfação, a conversa se estendeu, enveredando por temas e questões que em muito ultrapassavam meu objeto de pesquisa, privilegiando-me com uma aula de economia e de Brasil. Uma aula sobre o meu país, focada sobretudo no Nordeste onde, por adoção, tenho raízes muito fortes. O professor Furtado falou então do Nordeste, seu Nordeste, essa mesma região que durante algum tempo me propus a estudar e que, em sua fala, se abria em uma roupagem diferente, muito mais rica em sua diversidade, muito mais interessante e complexa.

O Nordeste da ótica de Furtado é, antes de tudo, o Nordeste da possibilidade, da viabilidade de uma ação transformadora que engendra as condições para uma alteração profunda na secular e cartorial estrutura social nordestina. Por isso, seu projeto foi obstado em 1964. Mesmo assim, esse foi também, durante muito tempo, o projeto de uma geração, talvez a nossa geração mais profícua. O Nordeste de Furtado é o Nordeste da Sudene (a Sudene de Furtado), do não-conformismo, da não-tragédia, da busca da mudança. Em suma, a transformação econômica e, principalmente, social - com bases científicas e também políticas - sempre foram os grandes marcos da obra e do legado furtadianos.

Mas para Furtado é também, vale lembrar, o Nordeste da necessária e incontida indignação; aquela indignação que contagiou todo o Brasil num tempo de sonho. O sonho de um Nordeste sem miseráveis e sem fome é o mesmo do Brasil. Um e outro parecem, hoje em dia, hibernar a espera de uma nova janela na história.

Com essa mesma indignação, mais recentemente, Furtado voltara-se contra própria ciência econômica, cada vez mais permeada pelo que chamou de "uma visão apologética". Os modelos abstratos, axiomáticos e, sobretudo, grandemente ungidos pela numerologia e pela estatística, parecem distanciar a ciência econômica de alguns marcos fundamentais: a percepção do contexto histórico, da política, da sociologia, enfim, das ciências humanas e de uma visão humanista.

Tudo isso, nessa entrevista, é destilado pelo pensamento de Furtado com uma densidade sempre impressionante, mesmo para seus leitores habituais, meu caso.

Durante mais de dez anos, guardei-a como uma espécie de souvenir. Sua publicação me parece ser a maior homenagem que, modestamente, poderia prestar ao nosso economista maior e grande mestre.

Em tempo, devo agradecer, de coração, ao inestimável apoio de Rosa Aguiar, viúva de Celso Furtado. Foi Rosa a grande responsável, à época, pela realização da entrevista, tendo sido meu primeiro contato para chegar ao mestre. Agora, nessa última etapa, ela se dispôs, de uma maneira absolutamente generosa, malgrado algumas vicissitudes pessoais, a rever a transcrição. Sua revisão, fundamental e definitiva, deu o retoque final, dirimindo muitas dúvidas advindas sobretudo das expressões e vocábulos utilizados, dificilmente inteligíveis a partir da audição de uma precária fita K-7 de uma década atrás.

Brasília, setembro de 2007.

***

Mário Theodoro (MT) – *O sr. poderia começar nos falando um pouco sobre a ideia de planejamento.*

Celso Furtado (CF) – Minha concepção de planejamento construiu-se a partir do que aprendi sobre os Estados Unidos, na época em que eu era técnico de Administração. Li muitos autores americanos que escreveram sobre problemas de planejamento, e com eles aprendi – fiz um trabalho sobre esse tema – que não existe nenhuma ação possível sem planejamento. E isso vale, para começar, nas empresas. Qualquer grande empresa tem seu setor de planejamento. Planejamento como previsão das opções futuras e indicação de estratégias de ação. Portanto, na minha época o planejamento era considerado uma conquista definitiva, era a única maneira de se reduzir o coeficiente de incerteza. Hoje em dia (risos) se considera que a economia, por exemplo, pode ser substituída pelos mecanismos de mercado. É evidente que uma pequena empresa pode se orientar *au jour le jour* (no dia a dia), mas uma grande empresa, que tem de fazer investimentos que se amortizem em cinco anos, dez anos, necessita de um planejamento considerável. E se uma empresa necessita, imagine o governo, que é um volume de empresas, um conjunto de ações convergentes para um objetivo socialmente aceito, desejado. Então, tentar saber que importância tem o planejamento, se ele é ou não possível, se é ou não necessário, é uma discussão que não tem muito cabimento. É melhor partir do princípio de que há muito tempo se estabeleceu como evidente que não existe ação ampla sem planejamento, do contrário será como uma brincadeira de cabra-cega, será um jogo de tentativa e erro.

MT – *Mas, a partir do exemplo brasileiro, esse nosso velho conhecido, o sr. não acha que nos últimos dez ou 15 anos, o governo está brincando um pouco de cabra-cega? E, ao mesmo tempo, o sistema de planejamento no Brasil, que é uma coisa que o sr. conhece muito bem – já que o montou, inclusive – não está completamente desarticulado?*

CF – Sim, isso aí já é outra coisa. Trata-se de planejamento macroeconômico. Uma coisa é planejar no setor público, outra é planejar no setor privado. No setor privado, planeja-se em função de objetivos perfeitamente definidos: maximizar lucros, ou o que seja. Ao definir esses objetivos, você os clareia, e o planejamento torna-se muito fácil, pois se trata apenas de adequar os meios aos fins. Quando se trata do setor público, o planejamento é muito mais complexo, pois joga com opções, valores políticos. Se os objetivos não são perfeitamente definidos, se dependem da interação de forças sociais, de debates, do estado da opinião pública etc., já não se pode falar propriamente de planejamento puro e simples, mas de planejamento macroeconômico. O planejamento é uma disciplina para a ação, é injeção de racionalidade na ação, e aplica-se a certas atividades humanas, mas não a todas. Eu planejo minha vida de uma forma muito geral, mas se tiver de planejar a organização do meu trabalho vou fazê-lo de uma forma muito mais concreta, específica. No caso do Brasil, chegamos a uma situação um pouco paradoxal em que as pessoas não percebem mais a importância do planejamento, esquecendo que o Brasil é um país em construção. O futuro do Brasil depende muito da forma de agir hoje em dia. Na França o planejamento **é** importante, no campo financeiro e no setor social, por exemplo. Até hoje não desmontaram o sistema de planejamento francês, o *Commissariat au Plan* está aí funcionando e estabelecendo o campo de opções do governo. Quem vai tomar decisões, toma-as num campo perfeitamente iluminado pela ação do planejamento do *Commissariat au Plan*. No caso do Brasil, que é um país em construção, há tanta coisa ainda por completar, não se resolveu nem sequer a questão urbana, temos cidades caóticas e o planejamento urbano é algo elementar. É o que os americanos chamam de *zoning and planning*. Já desde o século passado [século XIX] as cidades americanas têm os seus departamentos de planejamento para não permitir que as cidades se desenvolvam de forma caótica, como era na Idade Média, como era no próprio século XIX. Portanto, o planejamento que envolve grande participação do governo é algo mais ou menos aceito como normal. Se você perguntar, por exemplo, ao pessoal de estradas e rodagens como se apresenta o futuro, eles vão dizer: está aqui o plano de cinco anos, e vamos fazer assim. Quem pode fazer grandes estradas se não com planejamentos de médio ou longo prazo? Mas se você se refere à economia, a um planejamento macroeconômico, aí é diferente, porque o planejamento macroeconômico implica que o governo pretende ter uma política ativa no campo monetário, no campo fiscal, no campo tecnológico. Se quiser planejar no campo da tecnologia, evidentemente tem que se colocar num horizonte de tempo razoavelmente amplo; se quiser planejar no campo financeiro, já é um horizonte de tempo mais curto, porque os mercados financeiros comportam-se a curto prazo. Portanto, um planejamento depende da característica do próprio setor. Mas hoje em dia ninguém pode imaginar um governo sem planejamento. Os americanos tinham uma definição de planejamento como sendo um orientador de toda ação de empresa ou de governo. Estudei inicialmente administração, e todas as minhas ideias sobre planejamento aprendi primeiro pensando no Estado como administrador. Trabalhei no DASP (Departamento de Administração do Serviço Público), foi meu primeiro emprego. O DASP era, naquela época, o órgão de planejamento de destaque, como se dizia, e que preparava os estudos sobre ações do governo a médio e longo prazo. É curioso como se pensava na época que planejamento era coisa do socialismo. Na verdade, quem mais desenvolveu a ideia de planejamento foram os americanos. Um governo que não tem plano é porque, na verdade, está sem roupa, está sem saber para onde vai. Aliás, todos os governos que tivemos no Brasil, militares ou não, procuraram ter uma referência de planejamento. Fernando Henrique, por exemplo, logo publicou o plano dele de governo, um livro que tenho lá em casa, que ele me mandou na época da campanha. Portanto, todo mundo aceita a ideia de planejamento. Não se deve pensar na opção ter ou não ter planejamento; no entanto, pode-se, como eu dizia, pensar, em função dos objetivos, qual é o planejamento mais adequado.

MT – *Na perspectiva do planejamento como uma ação do Estado, principalmente dos países em desenvolvimento, nos caso das regiões mais subdesenvolvidas, por exemplo, o Nordeste: o planejamento na Sudene. Era uma ação, na época em que foi concebido, e o sr. coloca isso muito claramente no seu livro, como uma ação que visava inclusive a transformação, transformar a estrutura, o planejamento como ação transformadora, o Estado como...*

CF – Tratando-se de um país subdesenvolvido, em construção, um país com problemas estruturais enormes como é o Brasil, o planejamento é muito mais complexo e exige uma vontade política muito maior, o que vai se chocar com interesses, evidentemente. O planejamento de uma empresa é relativamente simples, eu diria que é só adequar os meios aos fins. Mas no planejamento feito por um órgão como a Sudene, tratava-se, na realidade, de diagnosticar as causas do atraso relativo do Nordeste e de seus desequilíbrios sociais. E tentar modificar isso. Era uma ação visando modificar estruturas. Aí tinham que ser enfrentadas grandes dificuldades.

Manter viva a Sudene foi uma verdadeira batalha. Todos os dias havia uma dificuldade nova. E no Parlamento formou-se um partido a nosso favor e outro, enorme, contra. Eu bem me lembro de que quando conseguimos aprovar a lei da Sudene a maioria dos deputados nordestinos foi contra. Portanto, só foi possível a Sudene porque o Sul do Brasil tomou consciência do perigo que é para todo o país a miséria do Nordeste. Na realidade, precisou-se de uma estratégia muito especial. Tratou-se de obter apoios no Sul do Brasil. Tive enorme apoio da imprensa do Sul. Do *Correio da Manhã* – cujo dono, Paulo Bittencourt, me deu apoio irrestrito – ao *Estado de S. Paulo*. Ou seja, os grandes jornais da burguesia, dos grandes interesses do Sul do Brasil me apoiaram. Percebi que podia fazer uma aliança tática com eles. É claro que, quando se fosse entrar em problemas mais específicos, como o da reforma agrária, já poderia haver dificuldades. Mas, de uma maneira geral, estavam todos conscientes de que era uma vergonha para o Brasil ter uma região numa situação como a do Nordeste. Aliás, acabo de ver uns dados agora que são impressionantes: os 10 por cento mais pobres do Nordeste têm uma renda que é inferior à renda dos 20 por cento mais pobres da China. Na China é 760 dólares, no Brasil, 556 dólares. É que a situação do Nordeste, naquela época, era gravíssima. Eu estive há pouco no Nordeste e me perguntaram sobre a questão do crescimento, e respondi muito claramente que o problema do Nordeste não é crescimento, porque o Nordeste é uma das regiões pobres que mais cresceram no mundo em termos de renda *per capita*. E, na realidade, a renda *per capita* do nordestino cresceu mais, ou um pouquinho mais ou igual, que a do Brasil inteiro. Isto é, o Nordeste pôde acompanhar o crescimento do Brasil, que foi, nesse período, um dos mais rápidos do mundo. O Brasil foi um dos países que apresentaram taxas de crescimento das mais altas do mundo nos trinta anos depois da Segunda Guerra Mundial. O Nordeste acumulou atraso com respeito ao resto do Brasil, até a criação da Sudene. Depois, o Nordeste emparelhou e cresceu, em vários decênios, mais que todo o Brasil. Portanto, não é um problema de crescimento. Hoje em dia, a renda média do Nordeste é muito superior à da China, da Índia, da África etc. O que se passa é que não existe nenhum país do mundo com a renda tão mal distribuída como a do Nordeste. Se a renda do Brasil é a mais concentrada do mundo, e isso são dados publicados pelo Banco Mundial, a do Nordeste é ainda muito mais concentrada que a do

Brasil. É um caso escandaloso. Portanto, o problema do Nordeste é social, não é econômico. Hoje em dia, a renda média do brasileiro é quatro mil dólares, a do Nordeste é pelo menos dois mil dólares.

MT – *A metade...*

CF – Aproximadamente. Deve ser pelo menos a metade, pois a renda média do Nordeste deve estar um pouco acima da metade do Brasil. Mas digamos que seja a metade: dois mil dólares. Essa é uma renda relativamente alta para o Terceiro Mundo. Mas quando se analisam o quadro social, a questão de concentração de renda, do desemprego estrutural, da exclusão, a saúde, a mortalidade infantil, então se vê que o Nordeste está em situação muito ruim. Portanto, hoje em dia, o verdadeiro planejamento será corrigir isso, e não tanto, como foi na minha época, estimular a economia. Quando eu cheguei ao Nordeste, como expliquei num de meus livros, já havia bastante tempo que a economia nordestina estava em declínio. Vinha perdendo terreno, perdendo terreno e andando para trás. A situação era de pânico. Tudo era contra o Nordeste, inclusive a política cambial do Brasil. E os nordestinos ricos só investiam no Sul do país. A indústria têxtil, que tinha sido tão importante para o Nordeste, estava em decomposição, se acabando; e era a que criava emprego. É interessante observar que o plano para modernizar a indústria têxtil do Nordeste, que nós tivemos que fazer, implicou em se perder cerca de 30 mil empregos. Portanto, os problemas eram muito específicos e sociais: como evitar que a modernização da indústria criasse problemas mais difíceis. Daí essa preocupação de investir no interior, em ações agrícolas etc.

MT – *A Sudene tinha um projeto, como o sr. coloca bem claro, os quatro pontos da operação Nordeste: projetos de modernização do Nordeste, projeto de industrialização, como uma forma de tirar a região do atraso...*

CF – Mas também com mais consciência de que o papel da Sudene era, em grande parte, social. Não se poderia dizer de frente que era preciso mudar, fazer uma reforma agrária no Nordeste, porque naquela época isso era um pecado. Seria caso de polícia. Mas podia-se perfeitamente dizer que, sem resolver o problema da oferta de alimentos, o Nordeste não ia para frente. Não se pode resolver o problema, nem social, nem econômico do Nordeste sem resolver o problema da falta de alimentos.

MT – *O que implicava em falar, por exemplo, da Zona da Mata.*

CF – Exatamente. A Zona da Mata: como usar melhor as terras da Zona Úmida? Era um objetivo nosso, como abrir uma fronteira agrícola e como usar melhor o semi- árido. Portanto, tudo isso exigia reformas estruturais. Você tinha que empregar uma linguagem meio sibilina. Porque o atraso maior do Brasil está na cabeça da gente rica, que, naquela época, via espantalhos em tudo. Hoje em dia pode-se falar em reforma agrária, em tudo isso, é até progressista, bem aceito. Mas naquela época não era possível. Havia um artigo na Constituição que impedia se fazer qualquer reforma agrária. Foram os militares que modificaram isso, quando chegaram.

MT – *Com o Estatuto da Terra...*

CF – O Estatuto da Terra permitiu modificar um pouco. É claro que não souberam aproveitar, mas eles tinham consciência da coisa.

MT – *Acho que o papel da Sudene foi muito importante nessa* época *em nível nacional; mas o sr. fez gestões para que a autoria do Projeto para o Nordeste fosse atribuída ao GTDN (Grupo de Trabalho para o Desenvolvimento do Nordeste) como uma preocupação de que a coisa...*

CF – Não se ligasse muito à minha pessoa.

MT – *Sim.*

CF – Eu fiz aquele informe sozinho. Como diretor do Banco Nacional de Desenvolvimento Econômico, guardei-o em meu poder e o GTDN só tomou conhecimento do documento depois de pronto. Como eu já disse.

MT – *Foi.*

CF – Porque o GTDN não tinha economistas. Tinha um grupo de especialistas.

MT – *Eu pensava que tinha economistas...*

CF – Não, não tinha nenhum economista. Eram engenheiros, especialistas em solo, principalmente, em clima, para fazer um diagnóstico sobre a situação do Nordeste. Onde havia economistas era no Banco do Nordeste. O GTDN propriamente foi criado no Rio de Janeiro. A direção do GTDN estava na mão de um advogado, o Aluízio Campos, que era muito simpático, mas não sabia muito de economia. E foi organizado no Rio de Janeiro um grupo, com a ajuda das Nações Unidas. Quando cheguei para trabalhar no Banco, Juscelino que me disse: "Esse grupo só quer estudar o Nordeste, só faz estudar, não quer passar para a ação...". Uma bobagem do Juscelino pensar que se pode fazer alguma coisa sem estudá-la antes. Mas com relação ao grupo, visitei-os, conversei com eles, perguntei quando terminariam os trabalhos, e encerramos o assunto. Paralelamente, constituí, eu mesmo, um pequeno grupo com gente minha lá do BNDE, como José Pelúcio Ferreira, para juntar dados e armar um estudo que pudesse ser finalizado mais rapidamente. E o nome do GTDN foi utilizado porque, na realidade, eu não ia publicar o trabalho como sendo do BNDE. Tinha que publicar como sendo um trabalho desse grupo, e além do mais porque o dinheiro era do GTDN, a verba alocada, mas isso não tinha importância nenhuma. A pessoa que se aplicasse em estudar o Nordeste — e eu fiz aquilo em dois ou três meses — faria algo parecido porque estava tudo muito evidente.

MT – *Apesar de tudo, o sr. já vinha estudando o Brasil desde a época da Cepal, não é?*

CF – Eu tinha pensado, acumulado muita coisa desde a Cepal. Estudava desenvolvimento econômico e minha preocupação era ver o que se poderia fazer pelo Nordeste. Porque naquela época falava-se muito em Nordeste como uma região problema. Então, quando cheguei ao Brasil, foi a condição que apresentei a Roberto Campos, que era superintendente do Banco Nacional do Desenvolvimento Econômico e me convidou para ser diretor. Eu disse: "só aceito se for para trabalhar para o Nordeste". Ele disse: "Está bem, você fica dedicado ao Nordeste, e a primeira coisa que vai fazer é cuidar do GTDN, que está por aí e temos de concluir, mas antes disso temos que apresentar um relatório".

MT – *Uma coisa que li no seu livro, que me impressionou bastante, é que o sr. dá o exemplo da Sudene, em 1963, o seu tamanho em relação ao volume de recursos arrecadados pelos estados nordestinos, em ICM. O volume de recursos com que a Sudene trabalhava era quase o dobro do total dos recursos dos estados. Significa que o sr., como Superintendente da Sudene, estava à frente de um órgão de planejamento que talvez tenha acumulado naquela época, naquele momento, em termos de poder de transformação, uma coisa que era inédita no Brasil.*

CF – Exato. Sem dúvida nenhuma. Quando se criou a Sudene, pensei de imediato nisso: ou temos recursos em abundância para investir no Nordeste, ou então não há o que fazer. Tudo lá dependia do governo federal. Os estados eram de uma pobreza franciscana. Já o governo federal, no seu orçamento do Ministério da Viação, tinha bastante dinheiro para o Nordeste. Ali estava o DNOCS, os órgãos de planejamento de longo prazo, de obras, mas esse dinheiro estava todo enfeudado, todo dividido entre os políticos do Nordeste. O dinheiro do orçamento do DNOCS, que era o órgão mais importante, já estava totalmente distribuído entre os políticos nordestinos, que tinham posto essas verbas no orçamento, segundo eles. De modo que a primeira batalha foi recuperar isso. E então minha primeira batalha foi mostrar que o DNOCS era um órgão completamente parasitário, na mão do clientelismo, da indústria da seca, o que o desmoralizava. E foi por isso que convidei Antonio Callado para ir ao Nordeste – junto com meu irmão Jorge, que também é economista – e fazer um estudo, veladamente, sobre a situação da indústria da seca. Foi Callado quem inventou a expressão "indústria da seca". Em seguida, foi feita nossa primeira ofensiva para desacreditar essa "indústria", que levava todos os dinheiros, e para recuperar recursos. Evidentemente, era o pessoal do DNOCS que tinha experiência em trabalhar em açudes, mas eles estavam totalmente enfeudados nas mãos de interesses políticos e de grandes proprietários de terra. Os açudes eram feitos em função desses interesses. As terras que iam ser beneficiadas pelos açudes eram, já de antemão, compradas por essa gente. Era uma pirataria completa, que precisávamos enfrentar. Foi uma batalha. Era preciso ter a vontade de brigar que eu tinha naquela época [risos].

MT – *Aí que é o início da grande grita dos políticos...*

CF – Exato. Quando eles viram que era para mudar a regra do jogo e para tirar esse dinheiro todo da mão dos políticos e fazer um plano. Só que eu disse o seguinte: esse plano vai ser discutido no Nordeste, a Sudene tem que ser um órgão nordestino, instalado no Nordeste. Tirei do Rio de Janeiro (RJ) e levei para o Recife (PE). E tinha de trabalhar com gente do Nordeste, era preciso formar um grupo de gente nova. É claro que o Banco do Nordeste me ajudou bastante, pois já tinha sua equipe e nos dispusemos a trabalhar no Nordeste. Contudo, a hostilidade da classe política era enorme. Houve gente que chegou a extremos para nos criar dificuldades. Tirar o governo federal da mão dessa classe política nordestina, se hoje é o que é, naquela época não era brincadeira, na época da industria da seca, como se diz. Isto sim foi uma batalha. Jogou em meu favor o fato de que Juscelino estava em fim de governo. Tinha apenas mais um ano e ele só pensava em sua reeleição futura, dali a cinco anos. Ele queria voltar e não tinha compromisso com aquela classe política decadente. Quando surgiu a Sudene, ficou entusiasmado e me disse: “Celso, isso é que é o futuro, vou fazer minha bandeira já para o próximo governo”. A política teve de ser pensada, planejada, em função de objetivos a médio e longo prazos, com os aliados nossos. E percebi que a pequena classe industrial, o pouquinho que havia de classe industrial no Nordeste, ficaria conosco; e que a juventude ficaria toda conosco, com uma liberdade e um entusiasmo tremendo. Houve um político nordestino, aliás do meu estado, da Paraíba, o Argemiro Figueiredo, que se colocou frontalmente contra a Sudene, fazendo os discursos mais incríveis, desaforos pesados contra o pessoal da Sudene. A iniciativa não foi minha, mas houve gente lá no Recife que se organizou para não permitir que ele desembarcasse na cidade [risos]. Fizeram comício contra ele, comício nas ruas. A classe estudantil estava totalmente mobilizada.

MT – *O sr. conta em livro uma história muito bonita sobre a Sudene, muito envolvente, a história da mobilização.*

CF – Sofremos a reação do outro lado. Foi duro, brutal mesmo, enfrentar esses interesses. Mas tivemos aliados poderosos, como o pessoal da igreja, como Dom Hélder Câmara, que foi um grande aliado.

MT – *Bem, Dom Hélder também foi muito perseguido na década de 1970.*

CF – Ah, muito. Dom Eugênio Sales, que hoje é cardeal do Rio de Janeiro, também foi um grande aliado. Ele estava no Rio Grande do Norte, tinha um projeto, já trabalhava nesse tipo de obras assistenciais e ajudava as pessoas que tinham pequenos projetos. Foi feita uma reunião dos bispos em Natal, onde houve um grande debate entre eles, que decidiram apoiar diretamente a Sudene. Foi muito importante. Isso representava um potencial de votos, e então a classe política se dividiu. Nem todo mundo tinha coragem de ficar contra nós, porque já sabiam que contávamos com a opinião pública. Era nosso capital político. E imagine que isso tudo foi feito sem gastarmos um tostão em propaganda, já que não tínhamos verba de propaganda.

MT – *Impressionante a mobilização...*

CF – Houve mobilização. A grande imprensa do Sul. Quando começou a coisa, Juscelino me pediu que entrasse em contato com a imprensa e me deu algumas indicações, como o nome de Paulo Bittencourt, dono do *Correio da Manhã*, e fui lá falar com ele. Expliquei a coisa e ele disse: “Olhe, o que vocês estão fazendo aí é tão importante que o *Correio da Manhã* vai ser o seu órgão oficial". Impressionante, o jornal apostou tudo. A imprensa tem um lado muito positivo, não é somente, como geralmente se pensa, algo negativo. Tem gente muito boa na imprensa. É preciso que haja uma motivação.

MT – *Um projeto.*

CF – Um projeto, algo legítimo. Eles sabiam que eu não recebia dinheiro de ninguém, que não fazia negócio nenhum. Estavam dispostos a ajudar. Lembro-me de uma pessoa ligada à imprensa, um sujeito de esquerda, de um jornal importante de lá. Procurou-me com um projeto: eu daria tanto de dinheiro e ele faria uma campanha enorme. Eu disse: "mas fulano, essa quantia é imensa, o que aconteceria se soubessem que dei dinheiro a alguém? Tudo o que fizemos iria abaixo se eu fizesse um contrato de publicidade direta ou indiretamente". Porque a Sudene era como a mulher de César, não é? [risos] Não podia.

MT – *Eu tenho uma curiosidade. Eu já tinha lido seu livro, mas li novamente, até para conversarmos um pouco, muito à luz das minhas preocupações, do meu trabalho. Em determinado momento do livro o sr. mostra que a Sudene diagnosticou o problema do subemprego e do desemprego nas grandes cidades do Nordeste, até com uma preocupação com a questão espacial, de abrir uma frente de trabalho na pré-Amazônia maranhense.*

CF – Eram duas frentes que nos propusemos abrir, uma no sul, na Bahia, e uma no Maranhão.

MT – *Sim. Certo. E até para tentar diminuir essa coisa.*

CF – Absorver mão de obra.

MT – *Certamente.*

CF – E esvaziar um pouco o sertão, porque eu pensava que qualquer desenvolvimento no sertão iria reduzir a mão de obra, como acontece em qualquer desenvolvimento agrícola, no mundo inteiro. E particularmente porque não havia recursos para tocar a irrigação em grande escala, a única forma de criar emprego no campo. Iríamos tentar um *dry-farmer*, como dizem os ingleses, ou seja, a agricultura seca, com xerófitos, esse era o plano. Mas, se era preciso esvaziar um pouco o Nordeste de sua sobrecarga humana, como fazer isso sem inchar as cidades mais ainda? Era preciso abrir frentes de trabalho no campo, criar trabalho no setor agrícola. Daí o entusiasmo com que me meti no projeto do Maranhão, que era uma área aberta que poderia ir absorvendo gente.

MT – *Sim, pois é. A minha preocupação é essa. E o que chamava atenção, pelo menos no caso do Recife, era que desde o começo do século a gente tinha muito subemprego, muito vendedor ambulante, prostitutas etc. E no seu livro o senhor coloca isso. Mas o que me chamou a atenção foi o seguinte: a preocupação da Sudene com políticas específicas para o setor informal, ela aparece, pelo menos do que tenho notícia, pelo que estudei, só mais ou menos no fim da década de 1970, e que se faz o discurso "olha, infelizmente se tem que fazer alguma coisa sobre isso". Mas para mim está um buraco aberto para trás e é justamente por isso que pergunto: a Sudene tinha algum tipo de ação prevista?*

CF – Ah, nós tínhamos a ação da frente do artesanato. E por que demos tanta importância ao artesanato? Porque percebia que era uma das formas de criar emprego. Era qualquer atividade produtiva artesanal. Por exemplo, as rendeiras do Ceará, que significavam uma mão de obra importante. Uma das nossas frentes, com um departamento especial, gente estudando, viajando, fazendo projetos, era criar círculos de produção artesanal, para evitar que as pessoas se deslocassem para a cidade. Mas, na realidade, a ilusão que nós tínhamos era de que o setor formal urbano absorveria muita gente, por conta do desenvolvimento econômico, em especial o desenvolvimento industrial que estávamos planejando, que seria uma forma de absorção de gente no setor próprio formal. Em segundo lugar, haveria a frente rural, que consistia principalmente em abrir a fronteira agrícola. E em terceiro lugar, a frente artesanal, que englobava toda atividade que permitisse criar uma renda. Tínhamos outra ilusão, que era de que as obras públicas que iríamos iniciar absorveria muita gente. Naquela época não me passava pela cabeça que a criação de emprego ficasse defasada. Até porque não havia, como há hoje, uma tecnologia tão excludente. Hoje não se cria emprego industrial, nem nos Estados Unidos. Só se cria desemprego. Isso **é** a novidade. Você está hoje face a uma engrenagem tecnológica, quase como um determinismo tecnológico, que se resume à disjuntiva: criar desemprego ou não crescer. Não havia naquela época esse escândalo de que todo desenvolvimento é excludente. Quanta gente foi se empregar na indústria de São Paulo? Portanto, por que não no Nordeste? Bastava que a indústria não fosse somente para São Paulo, fosse também para o Nordeste. Mas, pelo menos no setor rural, eu tinha a ilusão de que se poderia criar emprego, absorver a mão de obra. Eu via a população civil deslocar-se espontaneamente para o Maranhão. Por que não ajudar isso, ou sistematizar esse movimento, abrir uma frente autêntica de colonização? Além do setor rural, o setor urbano, pequeno, artesanal, seria outra fonte de emprego.

MT – *Elasticidade negativa? Ainda com relação ao projeto da Sudene: com o golpe militar de 64, o sr. tomou o caminho dos Andes. A Sudene continuou como um* órgão *governamental importante, até cresceu em termos físicos, um prédio muito grande.*

CF – Um prédio fantástico.

MT – *Fantástico e muito grande, perto da Cidade Universitária. Como o senhor viu essa Sudene após 1964?*

CF – É como já foi dito: a política correspondia a um certo contexto, às forças sociais que a apoiavam. Se se exclui o povo, a opinião pública, se se põem de lado as forças que haviam liderado e sustentado a Sudene, não existe mais a Sudene. Existe o instrumento, um instrumento que pode ser utilizado, e bastante habilmente, para legitimar outras políticas. É impressionante como certas ideias fundamentadas na Sudene persistiram e, bem ou mal, a verdade é que até hoje a Sudene está disseminando algumas ideias positivas. A Sudene conserva uma certa vocação inovadora. E agora mesmo, quando por lá existe essa preocupação com a questão do emprego. Veja como nada se destrói. As boas ideias, como as más ideias, aliás, uma vez que você planta, elas persistem, transformam-se, metamorfoseiam-se, mas não desaparecem. Daí a perguntar, como muita gente vem me perguntar, o que acho do que está fazendo a Sudene hoje, não posso saber. Porque a Sudene só era Sudene dentro de um certo contexto social e político. Se mudou todo o contexto, necessariamente ela será diferente. Não tem sentido compararmos a Sudene atual àquela Sudene. Pode-se dizer o seguinte: como reforma administrativa, sobreviveu alguma coisa, certa disciplina no uso dos recursos públicos. Não tem havido muita denúncia de desonestidade na Sudene. É verdade que alguma coisa sempre existe, mas não é significativo, ao passo que a administração pública brasileira, no Nordeste então... No entanto, assim como o Banco do Nordeste, na Sudene persiste um certo prestígio do ponto de vista administrativo.

MT – *Mas a Sudene pode ser ainda um instrumento de transformação.*

CF – Ah, sim! No momento em que se pretender exercer uma política realmente inovadora no Nordeste, pode-se dizer que já se tem o instrumento na mão. Ademais, com uma disponibilidade grande, porque é um instrumento importante. Estive lá há algum tempo atrás, e sente-se certa frustração porque o órgão não exerce um papel de liderança no Nordeste. E veja que, até hoje, a Sudene não está na mão da pior política. Esse general que a dirige atualmente [general Newton Rodrigues] está lá exatamente porque não é ligado a nenhuma força política, o que era um pouco a tradição da Sudene. O sistema que montei foi o seguinte: nenhum governador poderia ter tanta força, sozinho, para influenciar os rumos da Sudene. Uns anulavam os outros, ou uns equilibravam os outros, ou uns controlavam os outros. E assim foi feito. Nenhum governante, ou conjunto de governantes, nenhum partido político podia dominar a Sudene. O fato de que, naquela época, sempre havia governadores de pelo menos dois partidos diferentes, era suficiente para que houvesse uma espécie de vigilância, como houve: um equilíbrio muito grande de forças. E vejo que isso em parte persistiu, porque a verdade verdadeira é que, se um governador quiser meter a mão na Sudene, os outros vão denunciar. Se [Miguel] Arraes quisesse meter a mão na Sudene, o Antônio Carlos [Magalhães] teria denunciado no interesse da Bahia, ou vice-versa. É porque a própria Sudene sabe se defender. Mas a verdade é que existe uma certa tradição de manter o órgão independente da baixa política clientelística, que é a que domina o Nordeste.

MT – *De fato, em muitas situações o governo federal repassa dinheiro para programas diversos de uma forma clientelística e pontual. Daí a importância dessa preocupação para a qual o sr. chama a atenção, no esforço de afastar a Sudene dessa política pequena.*

CF – Na época dos militares havia forças políticas que poderiam condicionar tudo, e levar para um lado ruim ou um lado bom. Mas eu diria que, se observarmos no conjunto, é como se a Sudene tivesse um pouco de autorrespeito, e ela se defendeu. *O staff* da Sudene, o pessoal que trabalha lá, deve ter criado uma certa mística em defesa do órgão, porque nunca se soube de denúncias de patifarias em grande escala na Sudene. E trata-se de um órgão que manipula muito dinheiro, verbas que poderiam ser tão importantes na politicagem, na pequena política. Castelo Branco teve o cuidado de colocar na Sudene uma pessoa independente da pequena política. Entre os primeiros superintendentes que vieram depois do golpe, houve mesmo um general que tinha muito orgulho de ser uma pessoa independente. Sempre acompanhei um pouco de longe. E agora estive com esse novo superintendente, que não sei se é novo, não sei nem quando começou, mas ele me dá uma boa impressão, tem intenção de acertar. Não é suficiente, porque é preciso ter legitimidade plena. E isso só quem traz mesmo é a classe política. Portanto, é preciso é ter apoio.

MT – *E de qualquer maneira, aquela velha estrutura com que o senhor chocou de frente na época da Sudene, ainda existe.*

CF – Ela existe até hoje. Claro que, por exemplo, o estado de Pernambuco com Miguel Arraes é um avanço enorme. Não se pode comparar com o que há de ruim naquela velha estrutura. Mas é evidente que a classe política nordestina nem sempre é flor que se cheire. Se olhamos para o Ceará, por exemplo, para a Paraíba, para Pernambuco, sentimos um certo avanço, uma certa consciência de que já não se podem reproduzir certas coisas. Mas ainda é difícil se fazer qualquer coisa no Nordeste. O que aconteceu no Nordeste foi um enriquecimento deformado. Então, hoje em dia, outras estruturas de privilégios substituem as anteriores. Havia as velhas estruturas, mas essas foram substituídas por outras. Modernizaram-se também as estruturas de privilégios do Nordeste. Chego lá e vejo a classe média, como está rica e bem instalada. Uma diferença enorme do que havia na minha época.

MT – *Os apartamentos de Boa Viagem...*

CF – Os apartamentos de Boa Viagem, os automóveis que têm. Recordo-me, já naquela época chegou ao meu conhecimento que alguns incentivos fiscais que dávamos eram desviados para favores para familiares. Gente que deu um automóvel de presente de casamento às filhas, dizendo: “Isso foi possível porque recebi incentivos fiscais”. Isso me deu um desgosto muito grande. Mas é impossível evitar esse tipo de coisa, ele queria dar um presente à filha e deu. Mas, de toda forma, a classe política do Nordeste já mostra alguns sintomas, algumas indicações de certa modernização. Não digo de melhoria absoluta. Veja o Tasso Jereissati, lá do Ceará. Sinto que há mais transparência nas coisas. É mais difícil se esconderem certas coisas hoje do que naquela época, quando a imprensa local era nula, sempre controlada pelos grupos econômicos. Só saía ou vinha à tona alguma coisa porque brigavam entre eles.

MT – *Um denunciava o outro.*

CF – Um denunciava o outro. Era muito difícil mudar alguma coisa no Nordeste. Se dependesse do consentimento da classe dirigente de lá, não se avançaria nunca. Tanto assim que a lei da Sudene não foi aprovada pela maioria da bancada nordestina. O fato é que o Nordeste podia apelar para a opinião pública brasileira. E, para a opinião pública brasileira, havia uma questão de consciência de culpa; ela queria ter as mãos limpas no Nordeste, como dizia o jornal *Correio da Manhã*, que deu um apoio tremendo a Sudene, assim como *O Estado de S. Paulo*. Era preciso limitar o poder dos *profiteurs* [aproveitadores] que havia na classe política nordestina. E isso foi o que tornou possível a Sudene, e lhe deu o poder que tinha. E então logo se criaram as alianças, porque quando você tem força e poder, vêm os aliados, os governadores mais novos. O Aluisio Alves, por exemplo, foi um dos defensores da Sudene. Alguns defendiam até certo ponto, porque quando sentiam-se ameaçados em seus interesses próprios, aí fraquejavam. Tínhamos de ir balanceando um com o outro, corrigindo aqui, contrapesando ali. Absolutamente essencial era que a Sudene não fosse instrumento de nenhum governador. Aí, sim, podíamos ser independentes. E, sendo independentes, tínhamos poder. E acho que era também a única forma de termos apoio pleno do governo federal, que não queria se meter na brigalhada dali do Nordeste, porque se apoiasse um governo de estado o outro poderia gritar. Então, essa estrutura, esse tecido complicado, esse jogo intrincado de interesses e de rivalidades locais foi explorado pela Sudene. A Sudene também era um órgão político, e não apenas técnico. Era assim, claro, por seus padrões técnicos e por usá-los em primeiro lugar. Mas sobrevivia, avançava e mantinha-se como um órgão político, que agia dentro da classe política. Por isso é que eu tinha tanto prestígio. Como contei em meu livro, quando houve a eleição de Jânio Quadros, vieram me convidar, dos dois lados, para ser vice-presidente. Queriam um nordestino. Eu disse que não aceitava, que estava ali para realizar uma tarefa que vinha cumprindo bem. Jânio Quadros é eleito. Eu estava na Índia, num congresso internacional, e tinha até mesmo arrumado as gavetas, pensando que não ia ser com esse doido [risos], que eu nunca tinha visto, que iria continuar na Sudene. Portanto, estou lá quando Jânio Quadros toma posse – foi o José Aparecido de Oliveira, secretário dele, quem me contou – e pergunta: "E a Sudene, não tem o Celso Furtado aí?" E o José Aparecido respondeu: "Esse não quer nenhum cargo, presidente.

Ele foi embora, já cumpriu a sua missão, não quer coisa nenhuma, não tem aspiração nenhuma". Mas o José Aparecido fez isso com um pouco de malícia, porque sabia como o Jânio se revoltaria se alguém não quisesse colaborar com ele. Então ele disse: "Quando ele voltar, traga-o aqui". E aconteceu o que contei. Com Jânio trabalhei muito bem porque ele tinha um respeito muito grande pela Sudene e nunca interferiu em nada. É claro que nem Juscelino, nem Jango, interferiram na Sudene. Mas acho que ninguém foi tão estrito no cumprimento dessa aliança comigo como Jânio. Os três presidentes foram muito corretos, todos queriam preservar a força da Sudene. Você pode imaginar a tranquilidade que dava a um presidente ter um órgão como a Sudene: independente, capaz de trazer as informações sobre tudo o que se passava no Nordeste, podendo, ao mesmo tempo, deixar o poder federal fora da grande intriga, aliás, da miúda, que é a que domina a política do Nordeste. Então, para esses presidentes, a Sudene era uma *trouvaille*, um achado. E os militares pensavam o mesmo porque quiseram conservar a Sudene, mas foram tão inábeis! Puseram na cadeia várias pessoas do *staff* superior da Sudene. O resultado é que se criou uma animosidade muito grande.

MT – *No corpo técnico?*

CF – No corpo técnico sim, o Jader [de Andrade], o Chico de Oliveira, todos eles foram corridos a pedras, presos.

MT – *Mas eu digo animosidade internamente, os outros técnicos.*

CF – Não, os outros técnicos, não. Não houve nenhuma animosidade entre os técnicos da Sudene. O que houve foi animosidade contra os militares, mas todo o *staff* da Sudene, o corpo técnico, ficou unido. Claro que há sempre alguns que querem preservar seu emprego, que se preocupam mais com isso, é normal. Mas houve uma grande correção por parte de todo o corpo técnico em preservar o órgão. Eu estava nos Estados Unidos e o primeiro superintendente da era militar (eu o conhecia) me procurou na época e disse: "A minha preocupação maior é salvar o máximo possível da Sudene, isso é o que o presidente pensa" – referia-se a Castelo Branco. O próprio Justino Alves, que era comandante do 4º Exército e que não era flor que se cheirasse – depois eu soube tanta coisa dele –, na verdade, respeitou a Sudene. Quando Castelo ainda estava no Recife, comandando o 4º Exército e houve uma grande campanha contra mim, ele mandou me dizer que me apoiaria, daria todo o apoio necessário. O pessoal militar tinha muito orgulho da Sudene. De modo que o que fizeram contra a Sudene e contra a mim, pessoalmente, foi intriga do pessoal político do Nordeste. Quando houve o golpe de 1964, fiquei no Palácio com Arraes e saí, fui falar com Justino.

MT – *No quartel-general...*

CF – No quartel-general. Cheguei lá e encontrei os políticos, e à frente deles, Cid Sampaio. Estavam todos lá, já entrosados, tomando posição. Ainda não tinha se decidido o que fazer com Arraes. Ele tinha acabado de ser preso. Foi justamente quando foi preso que eu saí do Palácio e fui falar com Justino. Portanto, não havia muita resistência dos militares. Por parte desses militares, não havia nenhum plano contra a Sudene. A preocupação deles foi preservá-la. Mas tinham, provavelmente, informações dadas pelo DOPS (Departamento de Ordem Política e Social) da vida contra os funcionários, porque foram atrás de vários nomes, fizeram uma *razzia* e os prenderam. Os que estavam na direção da Sudene, os que eram diretores de departamentos, quase todos foram procurados pela polícia. Você pode imaginar um órgão como a Sudene, que não tinha nenhuma participação na vida política, nem tinha uma agitação própria. Foi um desastre.

MT – *Eu tenho uma última pergunta, mais de cunho teórico. O sr. faz, às vezes, certas provocações com respeito a certas teorias econômicas. Fala que a teoria econômica, de alguma maneira, sempre teve o que o chama de um forte teor apologético. Aborda também o desenvolvimento e a trajetória de Ricardo, Schumpeter, Keynes. Eu lhe pergunto, nos dias de hoje, com essas novas ideias associadas à globalização, ao neoliberalismo, ao desenvolvimento sustentável, entre outras, o que o sr. antevê para a ciência econômica?*

CF – Primeiramente, quando falava do teor apologético, me referia à teoria clássica. Nunca falei em Keynes como apologético. Eu me referia à economia clássica, à teoria do equilíbrio geral, que era um jogo de armar que se fabricava, perfeito, e que depois se iria aplicar à realidade. Foi Keynes quem rompeu com isso, não é? Tenho a impressão de que hoje em dia não há nenhum pensamento propriamente inovador. A teoria econômica está completamente a reboque. Os acontecimentos recentes e o processo de globalização encontram-se sem nenhuma teorização, nem sequer há uma apologia feita por gente do *establishment*. A ciência econômica hoje vive completamente à míngua. Veja que os Prêmios Nobel são dados a estatísticos, a gente da coisa aplicada.

MT – *Os econometristas.*

CF – Os econometristas, que são, digamos, inocentes, que não abordam nenhum problema controverso. Nos 50 anos em que estudo economia, nunca vi uma época em que houvesse uma pobreza tão grande com respeito a captar-se a realidade e exercer um papel positivo. A situação é similar à dos anos 1920, e mesmo para trás – antes de Schumpeter, que aparece já nos anos 1930 –, isto é, quando se estava na teoria neoclássica, que havia se dissociado completamente da realidade. Daí a importância de Keynes, que chega e revira tudo, religa a teoria econômica à realidade. Ele parte da realidade, que era a política econômica. Precisava-se de uma teoria que tivesse aplicação imediata.

Assim, hoje em dia estamos num quadro teórico novamente desligado completamente da realidade. Claro, há um tópico aqui, outro ali etc. Mas, por exemplo, para esse problema da globalização não existe teorização. Nem para o problema da exclusão social e nem para o papel da tecnologia: se existe um determinismo tecnológico de exclusão social, isso quer dizer que a sociedade vai se transformar completamente. Você vai excluindo, excluindo, excluindo e chegará um momento em que a sociedade vai se transformar, vai se criar outra sociedade e modificar o conceito de emprego. É provável que o conceito de emprego não tenha mais nada a ver com o conceito de remuneração.

Estamos diante de uma situação em que se colocam problemas novos e a teoria econômica está completamente despreparada para abordá-los. Já se dizia naquela época que a teoria econômica está sempre muito atrasada com respeito à realidade econômica. Os problemas mais importantes são ignorados. Mas como agora, como neste momento, eu nunca tinha visto. Você pode dizer que hoje em dia o maior problema é o da exclusão social, é o da criação do desemprego como função, como resultado imediato do processo tecnológico, do avanço tecnológico, do avanço da acumulação. E se alguém me dissesse isso na minha época de economista, eu acharia impossível. No entanto, é o que estamos vendo. Veja os dados sobre o emprego nos Estados Unidos: só se cria emprego no terciário, e ainda assim isso exigiu uma baixa de salário, quando na verdade a produtividade está crescendo fortemente em certos setores.

Isso é uma realidade nova que mostra que a ciência econômica não pode existir fora da percepção do contexto social. Imaginar a economia como uma ciência à parte, quer dizer, como se existisse uma realidade econômica própria, sem nada a ver com a realidade política ou social, é uma bobagem.

Os teóricos do Equilíbrio Geral é que pensaram isso, e também os teóricos da escola de Hayek, que predominam hoje em dia, e que advogam a legitimidade, pelo mercado, da ação social. É o que chamei de "fundamentalismo mercantil", que vê o mercado como a única fonte de legitimidade: "Ah! Depende do mercado, o mercado dirá se isso vale ou não vale". Isso significa voltar à ideia primitiva da economia como sendo apenas uma ciência do intercâmbio. Mas ela é uma ciência da estrutura social!

Acho que vai haver uma reconsideração, um remanejamento completo das teorias econômicas e das teorias sociais face a esse mundo que está se formando. Imaginar uma economia que funcione sem Estado, que é o que está embutido na forma de pensar atual, uma economia em que não se necessita de coordenação política, nem do Estado. Nessa ótica, o Estado se encarregaria apenas de coisas que não têm nada a ver com economia. E a legitimidade seria dada pelo mercado. E então chegamos a isso que é o pensamento nos Estados Unidos, ou seja, que o Estado não tem mais propriamente uma missão: agora o social deve ser da responsabilidade das empresas. E assim seria: quanto à problemática social, cada empresa deve cuidar, por exemplo, da formação dos seus quadros, da educação dos seus funcionários, cada empresa deve contribuir com o social diretamente. Não haveria propriamente uma política social, mas a ação social das empresas ou das organizações não-estatais.

Isso está muito bonito e pode ter algum sentido para os Estados Unidos, porque eles estão na vanguarda do desenvolvimento, da acumulação, do progresso técnico etc., mas para países do Terceiro Mundo significa condená-los à miséria permanente e definitiva. Por isso não creio que essa situação possa continuar muito tempo. E eu queria também fazer uma referência aos países do Leste, que saíram desse *carcan* [canga], dessas estruturas rígidas de planejamento que se perpetuaram, para saltar diretamente para a economia de mercado, sem ter mercado, sem ter formado uma cultura de mercado. Ora, eles estão no meio de caminho – nem isso, nem aquilo – e vão ter que se reconstruir. Portanto, a experiência de reconstrução do Estado no Leste europeu vai ser também muito importante. Tão importante quanto a experiência dos países do Terceiro Mundo, que têm de descobrir uma maneira de reconstruir o Estado sem cair na *pesanteur,* no peso, na rigidez da forma de intervenção estatal que tinha até aqui prevalecido. Deverá haver uma transformação estrutural muito grande, tanto no Leste como no Terceiro Mundo. E no chamado Primeiro Mundo também, porque há a questão de como esses países da Europa irão resolver o problema do desemprego, que é crescente. Portanto, estamos numa época muito interessante, de desafios novos, de problemas novos. Onde a ciência econômica é que está atrasada.

Metamorfoses do capitalismo[1]

Celso Furtado

Nesta noite em que a Universidade Federal do Rio de Janeiro (UFRJ) me outorga o título de doutor *honoris causa*, permitam-me relembrar aos economistas aqui presentes certas linhas de reflexão que balizaram minha jornada de mais de meio século. Venho de uma época em que os estudantes tomavam contato com a matéria econômica em outros cursos, como o de direito, que concluí em 1944 nesta universidade. Foi em 1948 que me doutorei em economia, pela Universidade Sorbonne, com a tese "A economia colonial brasileira nos séculos XVI e XVII".

Seria este o ponto de partida da longa caminhada que empreendi, norteado pelo que foi uma paixão da vida inteira: pensar o Brasil. Em 1949, publiquei meu primeiro estudo analítico sobre as transformações da economia brasileira no século XX. Nele estavam contidos os germes do que seria, dez anos depois, meu livro *Formação econômica do Brasil*.

Entre as duas datas, tive a oportunidade de trabalhar na Cepal – o órgão das Nações Unidas que se tornou uma verdadeira escola de pensamento econômico latino-americana. Foi aí, debruçado sobre as estatísticas, que me dei conta do *atraso* da economia brasileira. Desde então, enfrentei o desafio de tentar entender as razões desse quadro num país com as potencialidades do nosso. Voltei-me para uma visão global da história, apoiada no conceito de sistema de forças produtivas.

Que caminhos nos tinham levado ao subdesenvolvimento? Os mais de três séculos de regime escravista? A incapacidade de nos inserirmos no processo de industrialização do século XIX? Ainda nos anos 1930, nossas classes dirigentes defendiam uma economia "essencialmente agrícola". E em meados dos anos 1950, gerava acalorada polêmica o debate sobre como industrializar

1. Texto lido na sessão solene de outorga do título de *doutor honoris* causa pela Universidade Federal do Rio de Janeiro, em 2 de dezembro de 2002. Texto gentilmente cedido para essa edição.

o Brasil. Não é supérfluo lembrar que, nesse momento, a maioria dos nossos economistas criava obstáculos à formulação de uma política de industrialização, tendo aliás fortes apoios externos para essa doutrina.

Já na época, convencido de que a classe industrial nascente podia assumir um papel histórico, me pus a trabalhar os instrumentos capazes de lhe facilitar a tarefa. Destes, cito a introdução, entre nós, das técnicas de planejamento de base macroeconômica, elaboradas na Cepal por uma equipe dirigida por mim, e que inspirariam tanto o Plano de Metas de JK como, anos depois, o Plano Trienal que me coube elaborar durante o governo do presidente João Goulart.

Cedo percebi que o subdesenvolvimento requeria um esforço específico de teorização, e assim elaborei o que mais tarde ficou conhecido como *teoria do subdesenvolvimento*. Com efeito, o subdesenvolvimento é um processo histórico autônomo. Não é uma etapa pela qual passaram as economias que já alcançaram grau superior de desenvolvimento. É uma forma perversa de crescimento.

Com o *crescimento econômico* eleva-se a renda da população. Com a *modernização*, adotam-se novas formas de vida, imitadas de outras sociedades que, estas sim, beneficiam-se de autêntica elevação da produtividade física. Mas só o *desenvolvimento* propriamente dito é capaz de fazer do homem um elemento de transformação, passível de agir tanto sobre a sociedade como sobre si mesmo, e de realizar suas potencialidades. Daí que a reflexão sobre o desenvolvimento traga em si mesma uma teoria do ser humano, uma antropologia filosófica.

Hoje o Brasil tem uma renda dez vezes superior à renda da época em que comecei a refletir sobre o nosso *subdesenvolvimento*. Nem por isso diminuíram as desigualdades sociais; nem por isso fomos bem-sucedidos no combate à pobreza e à miséria. Cabe, pois, a pergunta: o Brasil se desenvolveu? A resposta, infelizmente, é não. O Brasil cresceu. Modernizou-se. Mas o verdadeiro desenvolvimento só ocorre quando beneficia o conjunto da sociedade, o que não se viu no país.

Hoje eu faria uma reflexão complementar sobre esse paradoxo, que não é exclusivo ao Brasil, de vivermos uma época de grande enriquecimento da humanidade e, ao mesmo tempo, de agravação da miséria de uma ampla maioria. O que se segue é o fruto de minhas indagações recentes sobre o que chamarei de "Metamorfoses do capitalismo".

No mundo contemporâneo ninguém pode ignorar que o processo de globalização dos circuitos econômicos e financeiros tende a se impor, independentemente da política que este ou aquele país venha a adotar. Trata-se de um *imperativo tecnológico*, semelhante ao que comandou o processo de industrialização que moldou a sociedade moderna.

Ora, o maior entrelaçamento dos mercados e o subsequente enfraquecimento dos sistemas estatais de poder, que enquadram as atividades econômicas, estão gerando importantes mudanças estruturais, que se traduzem, em todos os países, por crescente concentração da renda e formas de exclusão social. Há que considere adversas as tensões daí resultantes, mas elas também podem ser vistas como precondição de nova forma de crescimento econômico cujos contornos ainda não estão definidos. O certo é que neste começo de século o crescimento econômico engendra necessariamente um novo estilo de organização da sociedade, e este acarreta forte concentração de poder.

Permitam-me recordar que a primeira Revolução Industrial também criou desemprego, especialmente no setor agrícola, o qual empregava tradicionalmente mais de dois terços da massa trabalhadora. Daí que o desenvolvimento só se haja efetivado ali onde a economia contou com mercados em expansão. É fato notório que os mercados se ampliaram no quadro de uma revolução tecnológica que gerava a retração da demanda de mão de obra e também da renda da massa dos trabalhadores. Sabemos que num primeiro período as empresas dos países que lideravam a Revolução Industrial forçaram a abertura dos mercados externos, o que explica a ofensiva imperialista que prosseguiu durante o século XIX. Contudo, o motor desse crescimento econômico foi, tanto quanto o dinamismo das exportações, a expansão dos mercados internos possibilitada pelo aumento do poder de compra da população assalariada.

Com efeito, explica-se a dinâmica da civilização industrial pelo processo de aumento automático do poder de compra da população, ou seja, pela expansão da massa dos salários. Certo, tal explicação ultrapassa necessariamente o quadro da análise econômica convencional, já que a repartição da renda reflete fatores de natureza institucional e política.

Se a lógica dos mercados houvesse prevalecido sem restrições, a internacionalização das atividades econômicas (ou seja, o processo de globalização) teria se propagado muito mais cedo, reproduzindo, numa versão ampliada, a experiência da Inglaterra, onde a participação do comércio externo na renda nacional ultrapassou 50% já nos anos 70 do século XIX. Disso teria resultado uma maior desconcentração geográfica das atividades industriais, favorável aos países da periferia. Por outro lado, teria intensificado a concentração social da renda nos países que lideravam a Revolução Industrial.

Mas a história não seguiu por esse caminho. Prevaleceram, na verdade, maior concentração geográfica das atividades industriais em benefício dos países do Centro e uma repartição de renda mais igualitária nesses países. Eram eles que comandavam a vanguarda tecnológica, o que explica que hajam adotado as políticas de proteção social.

Para entender esse quadro histórico é necessário ter em conta as novas forças sociais engendradas pelo processo de urbanização resultante da industrialização. A emergência de uma nova forma de poder, consequência da ação dos trabalhadores organizados em sindicatos, acarretou a elevação dos salários reais e impôs aos governos políticas protecionistas para defender seus mercados internos. Assim, a partir de então o motor do crescimento passou a ser o dinamismo do mercado interno, cabendo às exportações um papel coadjuvante.

O aumento do poder de compra da massa dos trabalhadores desempenhou, portanto, um papel primordial no processo de desenvolvimento, comparável apenas ao papel da inovação técnica. O dinamismo da economia capitalista derivou, assim, da interação de dois processos: de um lado, a inovação técnica – a qual se traduz em elevação da produtividade e em redução da demanda de mão de obra –, de outro lado, a expansão do mercado – que cresce junto com a massa dos salários. O peso do primeiro desses fatores (a inovação técnica) depende da ação dos empresários em seus esforços de maximização de lucros, ao passo que o peso do segundo fator (a expansão do mercado) reflete a pressão das forças sociais que lutam pela elevação de seus salários.

O processo atual de globalização a que assistimos no momento desarticula a ação sincrônica dessas forças que no passado garantiram o dinamismo dos sistemas econômicos nacionais. Quanto mais as empresas se globalizam, ou seja, quanto mais escapam da ação reguladora do Estado, mais tendem a se apoiar nos mercados externos para crescer. Ao mesmo tempo, as iniciativas dos empresários tendem a fugir do controle das instâncias políticas. Voltamos assim ao modelo do capitalismo original, da primeira metade do século XIX, cuja dinâmica se baseava nas exportações e nos investimentos no estrangeiro.

Em suma, o tripé formado pelo grande capital, os trabalhadores organizados, e os Estados nacionais – base tradicional do sistema capitalista – encontra-se evidentemente abalado, em prejuízo das massas trabalhadoras organizadas e em proveito das empresas que controlam as inovações tecnológicas. Já não existe o equilíbrio que, no passado, era garantido pela ação reguladora do poder público. Daí que, em todos os países, tenha baixado a participação dos assalariados na renda nacional, independentemente das taxas de crescimento.

Ora, a progressiva interdependência dos sistemas econômicos tornou obsoletas as técnicas que vinham sendo desenvolvidas nos últimos decênios para captar o sentido do processo histórico que vivemos. Se foi possível multiplicar modelos graças ao avanço vertiginoso das técnicas de manipulação de dados, sua fiabilidade reduziu-se a quase zero. Exemplo conspícuo ocorreu no antigo GATT, atual Organização Mundial do Comércio, cujo esforço em projetar o futuro do comércio internacional foi incapaz de dirimir as dúvidas sobre sua evolução.

Hoje em dia, já se reconhece que é notoriamente limitada a possibilidade de interferir nos processos macroeconômicos, como constatam os governos mais bem aparelhados, impotentes que são para enfrentar um problema como o desemprego.

Essa pouca transparência do acontecer em que estamos envolvidos decorre da intervenção de novos fatores e da mudança do peso relativo de outros, o que implica aceleração do tempo histórico. Os sistemas econômicos nacionais com grande autonomia, submetidos a choques externos apenas ocasionais, são coisa do passado. Os mercados de tecnologia, serviços financeiros, meios de comunicação, sem falar nos de matérias-primas tradicionais, operam hoje unificados ou marcham rapidamente para a globalização.

Já podemos tirar algumas conclusões do novo quadro histórico que se esboça. Os desajustamentos causados pela exclusão social de parcelas crescentes de população surgem como o mais grave problema em sociedades pobres e ricas. Eles não decorrem apenas da orientação do progresso tecnológico, pois também refletem a incorporação indireta ao sistema produtivo da mão de obra mal remunerada dos países de industrialização retardada. Organizar a produção em escala planetária leva necessariamente a grande concentração de renda, contrapartida do processo de exclusão social a que fizemos referência.

Gostaria de encerrar com umas palavras dirigidas aos jovens aqui presentes.

No curso da história, as ciências têm evoluído graças àqueles indivíduos que, em dado momento, foram capazes de pensar por conta própria e ultrapassar certos limites. Com a economia, essa ciência social que deve visar prioritariamente ao bem-estar dos seres humanos, não é diferente. Ela requer dos que a elegeram imaginação e coragem para se arriscar em caminhos por vezes incertos. Para isso não basta se munir de instrumentos eficazes. Há que se atuar de forma consistente no plano político, assumir a responsabilidade de interferir no processo histórico, orientar-se por compromissos éticos.

O Brasil está prestes a iniciar uma fase nova e difícil – bonita, por que não dizer? – de sua caminhada histórica. Elegemos um presidente da República que, conhecendo melhor que qualquer outro o povo brasileiro, reúne os atributos para se tornar um marco na vida política do país.

Mais que nunca os novos desafios serão de caráter social, e não principalmente econômico, como ocorreu em fases anteriores do desenvolvimento do capitalismo. A imaginação política terá, assim, que passar ao primeiro plano. Equivoca-se quem pretende que já não existe espaço para a utopia. Esse é o desafio maior que enfrenta a nova geração: convido-a a assumi-lo sem temores.

Celso Furtado: Os combates de um economista[1]

Rosa Freire d'Aguiar[2]

Escrever sobre Celso Furtado pressupõe perpassar temas aparentemente distantes mas que, justapostos, encaixam-se no olhar global que marca uma trajetória de reflexão e ação como raramente se encontra num economista.

Celso Furtado nasceu em 1920 em Pombal, sertão da Paraíba. De família, pelo ramo paterno, de advogados e juízes, encaminhou-se naturalmente para a faculdade de direito, cursada no Rio de Janeiro. Seguiu outra tradição familiar quando, paralelamente aos estudos jurídicos, entrou aos 23 anos para o serviço público como técnico de administração e organização — então carreira nova no país —, depois de breve passagem pelo jornalismo carioca na *Revista da Semana*. Dividia-se entre essas atividades quando foi convocado para integrar, como aspirante a oficial, a Força Expedicionária Brasileira, que lutou na Campanha da Itália junto aos Aliados na Segunda Guerra Mundial.

A infância e adolescência transcorridas no Nordeste deixaram marcas em sua personalidade, em seu percurso de economista e de ocupante de altos cargos públicos e, mais ainda, em suas reflexões teóricas. A vasta região nordestina, boa parte no inclemente semiárido, apresentava nos anos 1920-30 um quadro de iniquidades acentuadas, pobreza extrema e recorrente violência. Em contraste, Celso teve acesso desde muito jovem, na biblioteca de seu pai, um advogado e professor de português, a leituras de história, ciências sociais e filosofia, germe das múltiplas trilhas de sua obra. Em um perfil autobiográfico escrito nos anos 1970 a convite da Unesco, Celso iden-

1. Este texto teve uma primeira versão publicada em *International Journal of Political Economy*, vol. 43, 2014.

2. Rosa Freire d'Aguiar é jornalista, tradutora e editora. Trabalha no mercado editorial e traduziu do francês, espanhol e italiano cerca de cem títulos de literatura e ciências humanas. Entre os prêmios que recebeu estão o da União Latina de Tradução Científica e Técnica (2001) e o Jabuti (2009).

tificou três influências intelectuais de seus tempos de estudante. A primeira foi o positivismo, quando ainda era grande o prestígio de Auguste Comte no Brasil. Interessava-lhe, em Comte, a primazia da razão, "a ideia de que todo conhecimento em sua forma superior se apresenta como *conhecimento científico*, a ligação entre conhecimento e progresso"[3]. Essa influência, porém, lentamente se esvaneceu. A segunda foi Marx, que o levou a se dar conta, pela primeira vez, de que a história tinha um sentido: "na sociedade estratificada e parada em que eu vivia, a ideia de que as formas sociais são *históricas*, portanto podem ser superadas, permitia ver o mundo com outros olhos."[4] A terceira foi a sociologia norte-americana, em particular a teoria antropológica da cultura, então exposta no clássico *Casa-grande e senzala.* Celso o leu aos 17 anos, mas retrospectivamente afirmaria que a mensagem substantiva de Gilberto Freyre — a interpretação do processo histórico brasileiro — pouco ou nada o influenciou.

Nos anos da faculdade de direito, às três influências juntaram-se outras descobertas, como a literatura sobre administração e organização, ao entrar para o serviço público. E também os textos de Max Weber, Henri Pirenne e António Sergio, que lhe facilitaram captar a importância da economia para melhor compreender a história. Em suas palavras: "Cheguei ao estudo da economia por dois caminhos distintos: a história e a organização. Os dois enfoques levavam a uma visão global, a macroeconômica."[5] O encontro com Karl Mannheim, em *Man and Society in an Age of Reconstruction*, foi sem dúvida decisivo nesses anos de formação, incutindo-lhe o pressuposto de que o homem pode agir racionalmente sobre a história, e a noção de que o planejamento era uma técnica social que permitia ampliar o nível de racionalidade das decisões.

Com essa bagagem intelectual, pouco usual para um jovem brasileiro de sua idade e geração, Celso chegou à França em início de 1947, agora sim, para se dedicar ao estudo sistemático da economia e fazer sua tese de doutoramento. Nas aulas do Institut d'Études Politiques, leu *O Capital* e a influência de Marx ampliou-se — mais o da teoria da história. Do Marx da economia, marcaram-lhe a ideia da importância do progresso tecnológico, e a de que os

3. "Aventures d'un économiste brésilien", *Revue Internationale de Sciences Sociales*, Paris, Unesco, XXV, n. 1-2, 1973. Republicado em *Essencial Celso Furtado*, org. Rosa Freire d'Aguiar, São Paulo, Penguin/Companhia das Letras, 2013.

4. Ibid.

5. Ibid.

capitalistas tendem compulsivamente a acumular capital, "tentando romper todos os obstáculos que surgirem no caminho."[6] De Keynes, adotou a noção de que a economia capitalista não podia operar sem certo grau de centralização de decisões, isto é, sem uma estrutura superior de poder. Foi sob a orientação do professor Maurice Byé, especialista nas relações econômicas internacionais e que lecionara no Brasil no início da guerra, que Celso fez sua tese doutoral. Encaminhou-a para a história econômica, tendo defendido-a em junho de 1948, na faculdade de direito e ciências econômicas da Universidade de Paris. Obteve, pelo trabalho, a menção *très bien.*[7]

Quatro momentos

Quatro foram os momentos do percurso intelectual de Celso desde que retornou de Paris, em meados de 1948. O primeiro consistiu nos nove anos passados na Cepal (Comissão Econômica para a América Latina), de 1949 a 1957, dirigindo a Divisão de Desenvolvimento. Ali firmou-se o economista de perfil técnico, já se delineando, porém, o teórico do desenvolvimento. O segundo se iniciou em 1958 e se concluiu, em 1964, com o golpe militar que o afastou do país: foram os anos do homem público e de ação, do planejador. O terceiro foram os anos do exílio, em que exerceu uma profícua atividade docente. O quarto se iniciou com a redemocratização do Brasil. Ele retornou ao país em 1986, para ocupar o cargo de ministro da Cultura, e três anos depois, ao deixar o ministério, impôs-se mais e mais como uma referência no cenário nacional e cuja influência ia muito além da economia — uma autoridade que se se legitimava, acima de tudo, pelo percurso engajado e independente, preocupado com o destino do país e do mundo.

Foi em fevereiro de 1949 que Celso se mudou para Santiago do Chile, indo integrar o pequeno grupo de jovens economistas da recém-criada Cepal. Sob a batuta do argentino Raúl Prebisch, pela primeira vez latino-americanos se juntavam para pensar e influir nas questões de seu continente. Nesses anos do pós-guerra, o desenvolvimento não era tema muito estudado por economistas de viés ortodoxo. Seria, porém, esse o cerne das reflexões da primeira geração de cepalinos, de que Celso foi o único brasileiro. Deles nasceu a escola estruturalista de pensamento econômico que deixou marca em tantos países

6. Ibid.

7. *L'économie coloniale brésilienne aux XVIè et XVIIè siècles.* Em português: *A economia colonial brasileira – séculos XVI e XVII.* São Paulo: Hucitec, 2000.

da América Latina, com destaque para o Brasil, dando-lhes o embasamento teórico para políticas adotadas naqueles anos do pós-guerra.

Em 1957, Celso afastou-se da Cepal, com licença sem vencimentos, e seguiu para a universidade de Cambridge, Inglaterra, onde faria estudos com o economista keynesiano Nicholas Kaldor. Ali escreveu *Formação econômica do Brasil*,[8] livro que logo se tornaria um clássico da historiografia econômica, no Brasil e no exterior. De volta ao país, e por quase seis anos, até ter os direitos políticos cassados pelo regime militar de 1964, teve a oportunidade rara, como reconhecia, de poder conjugar teoria e prática: agir sobre a realidade sempre foi, para ele, a razão de ser do conhecimento. O Nordeste foi um momento-síntese. Celso saíra da Paraíba aos 19 anos, agora retornava à sua região empenhado em desmontar os mecanismos que a condenavam a ser problema sem solução. Manifestou-se aí sua dimensão de reformista, movido pelo entusiasmo (eu diria paixão) de transformar o quadro social e político. No ano de 1958, uma seca de grandes proporções deixara meio milhão de flagelados. Foi então que, a pedido do presidente Juscelino Kubitschek, Celso fez um diagnóstico detalhado da situação nordestina,[9] ponto de partida do que seria, no ano seguinte, a Superintendência de Desenvolvimento do Nordeste (Sudene), que ele idealizou e dirigiu em três governos sucessivos, os de Kubitschek, Quadros e Goulart. Nesse período, por alguns meses afastou-se da Sudene para ocupar o cargo de primeiro ministro do Planejamento do Brasil (1962-63), quando elaborou o Plano Trienal de Desenvolvimento Econômico e Social, de combate à inflação e retomada do desenvolvimento da economia. Esta se achava cada vez mais abalada pelo convulsionado clima político do governo João Goulart; já se pressentia, em plena Guerra Fria e com a recente vitória da Revolução Cubana, que as forças da direita, mais ou menos secundadas pelos Estados Unidos, não deixariam o presidente concluir seu mandato. Uma amostra do ambiente político envenenado Celso teve, em 1962, ao proferir a palestra "Reflexões sobre a pré-revolução brasileira". A virulência dos ataques que recebeu de uma imprensa que o rotulava de comunista e leninista só amai-

8. FURTADO, Celso. *Formação econômica do Brasil*. São Paulo: Companhia das Letras, 2008 (1ª ed. 1959).

9. *Uma política de desenvolvimento econômico para o Nordeste*, de Celso Furtado (1ª ed. 1959), e *A Operação Nordeste*, de Celso Furtado (1ª ed. 1959), em *A Saga da Sudene e o Nordeste*, de Rosa Freire d'Aguiar (org.). Rio de Janeiro, Contraponto, 2009.

nou quando a respeitável *Foreign Affairs* republicou o texto.[10] O que Celso dizia? Que no estágio político e econômico do Brasil, não havia, ao contrário do que propugnavam vozes mais radicais, por que defender uma revolução no país, sob pena de pôr em risco o que se conseguira. A opção, para se manter a democracia, eram as reformas estruturais que ele sugeria. Anos depois, ele explicaria a um amigo a dicotomia ideológica daqueles anos: "No meu pensamento político, entre reforma e revolução não existe uma diferença qualitativa. Contudo, considero que só a reforma é uma forma eficaz de alcançar transformações sociais de fundo em uma sociedade aberta. Essas ideias expus em *A pré-revolução brasileira*."[11]

Em março de 1964, depois do golpe militar, iniciou-se a longa viagem do exílio. A primeira escala foi em Santiago do Chile, no inverno austral, quando Celso dirigiu um seminário em que reavaliou, ao lado dos brasileiros Francisco Weffort e Fernando Henrique Cardoso, as teorizações da Cepal formuladas um decênio antes. A segunda escala foi na universidade de Yale, onde passou o ano letivo como pesquisador do Economic Growth Center. Em meados de 1965, por fim, retornou à Sorbonne, sua *alma mater*. Ali, foi por vinte anos professor de economia do desenvolvimento e de economia latino-americana, estendendo sua atividade docente a universidades da Europa, dos Estados Unidos, da América Latina e do Japão. Esse terceiro momento foi, sem lugar a dúvida, o mais fecundo de sua produção: no exílio Celso escreveu dez livros. E concentrou suas leituras e pesquisas em três temas maiores: a especificidade do subdesenvolvimento, a formação histórica do Brasil de um ângulo econômico, e o fenômeno da expansão da economia capitalista. Este último tema, em especial, desdobrou-se em estudos sobre a conjuntura internacional em plena mutação, sobre o que ele chamaria de "capitalismo pós-nacional", e sobre as consequentes transformações do Estado. Não por acaso, nesses anos de intensa produção o *Social Science Citation Index* (SSCI) indicava 694 referências a Celso, entre os anos 1971 e 1983.[12] Suas obras, também nessa época, ganharam projeção internacional, sendo traduzidas em uma dúzia de línguas, entre elas polonês, sueco, farsi e japonês.

10. "Brazil: what kind of revolution?", *Foreign Affairs*. Washington, v. 41, n. 3, 1963.

11. Carta a Carlos Rama, 31 jul 1970. Cf. *Correspondência de Celso Furtado. Uma seleção*, org. de Rosa Freire d'Aguiar, 2020, São Paulo, Companhia das Letras (no prelo).

12. FURTADO, Celso. Cf. David Denslow, "Economia". Resenha em *Hispanic American Historical Review*, vol. 65, fev. 1985, p. 166-7.

Três livros sinalizam, em meu entender, a evolução do pensamento de Celso nesses anos. O primeiro é o *Mito do desenvolvimento econômico*,[13] que traz o ensaio homônimo escrito quando ocupara a cátedra Simon Bolívar na Universidade de Cambridge, em 1973-74. Como muitos cientistas sociais, ele se impressionara com o estudo feito pelo MIT (Massachusetts Institute of Technology) para o Clube de Roma, quando pela primeira vez evidenciou-se que os padrões de desenvolvimento dos países ricos não poderiam ser adotados universalmente, do contrário suas consequências ecológicas levariam o mundo ao colapso. E, acrescentava Celso, a exclusão social se aprofundaria, privando a maior parte da humanidade dos benefícios do desenvolvimento. Nesse sentido é que o desenvolvimento seria um "mito", afirmação sua que suscitou muita controvérsia entre os estudiosos de sua obra. A seu ver, porém, o essencial é que o mundo permanecia dividido entre economias chamadas desenvolvidas e economias chamadas subdesenvolvidas, e que havia uma diferença qualitativa entre os dois tipos de economia capitalista.

Se o *Mito* questionava a universalização do modelo de desenvolvimento, no livro seguinte Celso questionaria o próprio instrumental dos cientistas sociais. O título era instigante: *Prefácio a Nova Economia Política*.[14] Nele, o autor pretendia retomar a tradição da economia como uma ciência social global, "o que requer partir de um quadro conceitual mais amplo do que esse a que nos habituamos na *análise econômica*. Uma tentativa desse tipo implica abrir um diálogo em muitas direções."[15] De fato, a partir daí ele foi ampliando o leque, abarcando, mais e mais, o quadro teórico de outras áreas do conhecimento, numa permanente interdisciplinaridade de fronteiras às vezes porosas. Especificamente nesse livro, ele interpelou a metodologia da ciência econômica, que nos anos recentes, a seu ver, abandonara o espírito de uma ciência social. E consolidou pistas que já lhe pareciam claras, a saber, a insuficiência de ferramentas para entender os problemas do Brasil e do mundo, e a generalização, talvez abusiva, do uso da matemática e dos grandes modelos econométricos que tinham deixado de lado outras variáveis importantes, como se as ciências sociais fossem meras ciências naturais.

A *démarche* do diálogo com outras áreas do conhecimento, uma das marcas de sua obra, ganhou nitidez em *Criatividade e dependência na civilização*

13. FURTADO, Celso. *O mito do desenvolvimento econômico*. São Paulo, Paz e Terra, 1974.
14. FURTADO, Celso. *refácio a Nova Economia Política*. São Paulo, Paz e Terra, 1976.
15. Carta a Fernando Henrique Cardoso, 7 abr. 1976.

industrial.[16] Em carta ao amigo Albert Hirschmann, pouco depois de ter escrito esse livro, ele dizia tratar-se de um desses textos "que escrevemos quando estamos de volta de muitas ilusões e queremos ensaiar uma súmula das próprias ideias, que, penso, podem interessar aos estudantes de ciências sociais com preocupações interdisciplinares".[17] O livro teve versões em inglês, alemão, espanhol e francês. Seu aspecto mais fascinante é a visão histórica e filosófica que Celso apresenta ao ligar os conceitos de cultura e desenvolvimento. Trata-se de um livro de síntese e de aprofundamento das linhas principais de seu pensamento. Ou, como explicou a um destacado editor inglês, de integração dos "temas básicos relacionados ao desenvolvimento, à dependência e à globalização nos quais vim trabalhando nas últimas duas décadas".[18]

Os anos 1980 encontram Celso Furtado retornando periodicamente ao Brasil para participar da luta política. Escreve, então, livros combativos, visando decifrar o emaranhado em que o país se debatia entre a crise da dívida externa, a recessão, os estertores do regime militar e as premências da redemocratização. Em meados da década, assume o posto de embaixador do Brasil junto à Comunidade Econômica Europeia, e, em seguida, o de ministro da Cultura. Naturalmente, aprofunda a reflexão sobre a cultura, em especial a brasileira no quadro da formação do país. Cumprido o desafio de dar diretrizes e organizar um ministério que não tinha nem um ano de vida, e tendo o país se reencontrado com a democracia, foi como se Celso, que sempre sentiu uma espécie de responsabilidade visceral pelos destinos do país, se desse ao luxo de se consagrar a uma escrita mais amena: suas memórias.[19] Nos anos 1990 e 2000, retomou em coletâneas de ensaios temas que lhe eram caros: o impacto da transnacionalização e da globalização na economia capitalista, a inserção do Brasil no mundo globalizado. E aprofundou seus estudos sobre as dimensões cultural e social do desenvolvimento.

16. FURTADO, Celso. *Criatividade e dependência na civilização industrial.* São Paulo: Companhia das Letras, 2008 (1ª ed 1978).
17. Carta a Albert Hirschman, *circa* fevereiro de 1979. Cf. *Correspondência de Celso Furtado. Uma seleção*, org. de Rosa Freire d'Aguiar, São Paulo: Companhia das letras, 2020 (no prelo).
18. Carta a André Deutsch, 30 jan 1979.
19. FURTADO, Celso. *Obra Autobiográfica.* São Paulo: Companhia das Letras, 2014. Nesta edição estão reunidos os três livros de memórias do autor: *A Fantasia Organizada* (1ª ed. 1985), *A Fantasia Desfeita* (1ª ed. 1989) e *Os ares do mundo* (1ª ed. 1991).

Contribuições

Celso faleceu aos 84 anos cercado de reconhecimento por seus aportes à teoria econômica, mais em especial à economia política, e pelos combates que travou em torno dos desafios do desenvolvimento, cujos determinantes buscou entender a partir de perspectivas múltiplas. Desde os anos 1950, até seu último texto, escrito duas semanas antes de morrer em 20 de novembro de 2004, foram seis décadas de produção constante, mais de trinta livros traduzidos para uma dúzia de línguas. O catálogo online da Biblioteca Celso Furtado repertoria cerca de meia centena de teses a seu respeito desde que faleceu, e mais de duzentos artigos acadêmicos.[20]

Um exame desses textos fornece pistas para uma avaliação de suas contribuições acadêmicas e teóricas. Convergem as apreciações que o apontam como autor indispensável nas áreas de economia do desenvolvimento, teoria econômica, planejamento, economia brasileira, cultura, questão regional, capitalismo, globalização. Não sou economista. Vivi longos anos ao lado deste sobre quem escrevo este texto. Leio e releio periodicamente toda a sua obra; trabalho há quinze anos com seus arquivos,[21] cuido de suas reedições, de sua memória e da transmissão de sua herança intelectual. Ainda que nos parágrafos acima se sobressaiam suas contribuições para a economia política, gostaria de ressaltar quatro vertentes de seu trabalho.

I – O teórico do subdesenvolvimento

A problemática do subdesenvolvimento é o fulcro da obra de Celso Furtado. Em suas palavras: "Se tivesse de singularizar uma ideia sintetizadora de minhas reflexões de economista, diria que ela se traduz na dicotomia *desenvolvimento-subdesenvolvimento*".[22] Foi no livro *Desenvolvimento e subdesenvolvimento*,[23] publicado em 1961, que ele reuniu os primeiros ensaios de teóricos em que esboçou sua teoria do subdesenvolvimento. Como disse em entrevistas e na obra autobiográfica, foi o esforço para compreender o atraso brasileiro, nos anos iniciais da Cepal, que o fez refletir sobre a especificidade do subdesenvolvimento. A ausência desse esforço, em seu enten-

20. Cf. Banco de Teses e Banco de Artigos: <www.bibliotecacelsofurtado.org.br>.

21. Em 2019, doei os arquivos (documentos, biblioteca) de Celso Furtado ao Instituto de Estudos Brasileiros, da USP.

22. FURTADO, Celso. *Em busca de novo modelo*. São Paulo: Paz e Terra, 2002.

23 FURTADO, Celso. *Desenvolvimento e subdesenvolvimento*. Rio de Janeiro: Fundo de Cultura, 1961.

der, levara muitos economistas a explicar o subdesenvolvimento por analogia com a experiência dos países desenvolvidos. Em desacordo com essa visão, ele partiu da hipótese de que se tratava de dois processos diferenciáveis. Resumidamente: (a) o subdesenvolvimento, por sua especificidade, estava fora do alcance explicativo das teorias do crescimento econômico; (b) o subdesenvolvimento não era uma etapa pela qual tivessem passado necessariamente os países com alto grau de desenvolvimento; (c) não era, pois, uma fase histórica, mas sim, um processo histórico autônomo, resultante de estruturas específicas, e por isso a merecer interpretação teórica própria — a qual suporia, entre outros elementos, uma análise original do impacto da difusão da moderna tecnologia na evolução da divisão internacional do trabalho.

Tais reflexões foram reelaboradas e ampliadas nos livros *Teoria e política do desenvolvimento econômico* (1967) e *Breve introdução ao desenvolvimento* (1979). Pelo primeiro, hoje considerado um clássico do pensamento estruturalista, Celso tinha um carinho especial, julgando-o seu maior esforço intelectual teórico. O economista Octavio Rodríguez, da Universidad de la República do Uruguai e atento estudioso da obra de Celso, bem percebeu que ele foi o primeiro economista a introduzir a expressão "teoria do subdesenvolvimento".[24] Seu colega Joseph L. Love, da Universidade de Illinois, o viu como o primeiro que "especificamente afirmou que o desenvolvimento e o subdesenvolvimento eram parte do mesmo processo de expansão da economia capitalista internacional".[25]

II – O economista como historiador

Em 1957, Celso retomou em Cambridge os estudos no campo da dinâmica econômica, da análise comparativa dos processos históricos do desenvolvimento econômico, e do comércio internacional. Seu livro *Formação econômica do Brasil*, escrito na Inglaterra e publicado em 1959, recorrera, consoante a linha estruturalista, à história e à economia para explicar as raízes e estruturas do subdesenvolvimento brasileiro. Outra novidade da obra era a tentativa de mapear as origens do atraso do país pelo exame de seus ciclos econômicos, como o do açúcar e do ouro. *Formação* é, de certa forma, o ponto

24. "Desarrollo y cultura. La perspectiva de Celso Furtado", em *El Estructuralismo latinoamericano*, de Octavio Rodriguez. Santiago do Chile, Cepal, 2006.

25. "Furtado and Structuralism", em *Crafting the Third World*, de Joseph L. Love. Stanford, Stanford University Press, 1996, p. 153.

de chegada de uma reflexão iniciada, onze anos antes, com a tese de doutoramento, agora retomada por Celso com maior abrangência e aprofundamento. Obra pioneira da historiografia econômica, presente em bibliografias de escolas de economia e ciências sociais, *Formação* despertou o interesse de muitos jovens pelo estudo da economia e deu origem a uma infinidade de trabalhos universitários. Esse ensaio seminal também influenciaria o pensamento econômico e a historiografia em outros países. Traduzido em nove línguas — entre elas japonês, romeno e chinês —, deu origem, igualmente, a outras "histórias econômicas".[26] Como bem resumiu o sociólogo Francisco de Oliveira: "Nenhuma obra teve a importância ideológica de *Formação econômica do Brasil* em nossa recente história social. Ninguém, nestes anos, pensou o Brasil a não ser em termos furtadianos".[27] A obra ia além, não por uma superioridade teórica em relação às dos precedentes intérpretes do Brasil, mas porque, concluía Oliveira, "explicava e construía o Brasil dos seus dias: era contemporânea de sua própria construção, foi escrita *in actione* ".[28]

III – A questão regional

No mesmo ano em que publicou *Formação,* Celso Furtado esteve à frente de uma batalha no Nordeste, visando obter a aprovação no Congresso do projeto de lei que instituía a Superintendência do Desenvolvimento do Nordeste. Nos dois estudos detalhados que fizera sobre a região[29] assim que, de volta ao país, assumira uma diretoria do BNDE votada ao problema nordestino, percebera que as medidas tomadas pelo governo — essencialmente análogas às que vinham sendo aplicadas desde o século XIX — precisavam ser substituídas por um projeto de planejamento, reformas estruturais e estímulo a atividades econômicas que respondessem às especificidades da região. Afinal, se o Centro-Sul se industrializava a toque de caixa, o Nordeste permanecia como a maior mancha de pobreza do hemisfério ocidental. Não

26. Cf. *La economía argentina*, de Aldo Ferrer. México, Fondo de Cultura económica, 1963; *Chile, un caso de desarrollo frustrado,* de Aníbal Pinto. Santiago, Editorial Universitaria, 1959; *El subdesarrollo latinoamericano y la teoría del desarrollo*, de O. Sunkel e P. Paz. Madrid, Siglo Veintiuno, 1970.

27. OLIVEIRA, Francisco de. "A navegação venturosa", IN: *A navegação venturosa*. São Paulo: Boitempo, 2003.

28. Ibid.

29. *Uma política de desenvolvimento econômico para o Nordeste* e *A Operação Nordeste*, op. cit. Republicados em *A Saga da Sudene e o Nordeste 1958-1964*, de Rosa Freire d'Aguiar (org.). Rio de Janeiro, Contraponto/Centro Celso Furtado, 2009.

cabia, no mesmo país, a coexistência de um sistema industrial numa região mais rica e um conjunto de economias primárias dependentes e subordinadas, pela simples razão de que as relações econômicas tendiam sempre a formas de exploração. Ele apontava, assim, que a economia mais industrializada, em razão de sua forma de crescer, tendia a inibir o crescimento das economias primárias. Era o que estava ocorrendo no país. Em outras palavras, as trocas desiguais que ele estudara na Cepal, entre os países do centro e da periferia mundial, se reproduziam em escala nacional, pondo em risco, até mesmo, a própria unidade do Brasil.

Era esta, sem dúvida, a nova questão regional brasileira. Para enfrentá-la, ele concebeu uma política de desenvolvimento como uma ação macroeconômica: de seu diagnóstico, extraiu propostas de planejamento esboçadas nos Planos Diretores que seriam votados no Congresso. Entre outras diretrizes, esses planos cuidaram do deslocamento da fronteira agrícola para terras mais úmidas, da garantia de abastecimento de alimentos, da promoção da industrialização que estava se fazendo no Sul do país. Era todo um arcabouço reformista que deveria se implantar em profundo entrosamento com as forças políticas: eram estas a chave do êxito de qualquer tentativa de injetar progresso e desenvolvimento numa sociedade, e mais ainda em regiões pobres. Para Love, Celso foi o primeiro a fazer estudos sobre o chamado "colonialismo interno". Na Sudene, sem dúvida ele ressaltou a importância do planejamento para resgatar da miséria uma região que era e ainda é a mais pobre do Brasil. Chama a atenção que, mais de meio século depois, os dois trabalhos que ele fez sobre a política regional de desenvolvimento ainda norteiem estudos sobre o Nordeste. E que a Sudene que concebeu e dirigiu, ainda seja vista como o esforço mais efetivo e exitoso realizado na época para e no Nordeste.

IV – A dimensão cultural

O tema da cultura tem lugar de destaque no pensamento de Celso. Ele se distingue dos estruturalistas latino-americanos por ter sido o primeiro a enfatizar o conceito de cultura e sua importância para a teorização do desenvolvimento. Partia do princípio de que não se pode pensar em enriquecimento material com empobrecimento cultural. Assim, a visão correta do desenvolvimento requer percebê-lo como enriquecimento do sistema da cultura. Esta seria um "todo coerente", formado pelo material e pelo não material, e refletiria dois processos de criatividade, um relativo aos meios, ao empenho do homem em dotar-se de instrumentos, o outro ligado à utilização última desses meios, "aos valores que o homem adiciona ao seu patrimônio existencial".[30]

A cultura já fora abordada por Celso de outro ângulo, em sua teorização do subdesenvolvimento. Convencido de que as disparidades entre as economias se devem não apenas a fatores econômicos, porém, mais ainda, à diversidade de matrizes culturais e peculiaridades históricas, Celso teorizou sobre os fatores culturais e sua influência no processo de subdesenvolvimento latino-americano. Excetuando-se a dominação colonial, o fenômeno da dependência se manifestava inicialmente, a seu ver, na área cultural. Trocando em miúdos: (a) o capitalismo periférico gerava um mimetismo cultural, provocando uma permanente concentração de renda e reforçando, por sua vez, a dependência cultural; (b) os padrões de consumo eram transplantados dos países mais ricos para os mais pobres; (c) os padrões de consumo conspícuo das elites latino-americanas eram (são) um fator de perpetuação do subdesenvolvimento.

Estudar o desenvolvimento a partir da dupla dimensão cultura/criatividade foi um enfoque inovador, reconhecido como um de seus aportes teóricos mais originais. Nos três anos em que ficou à frente do Ministério da Cultura, e mais adiante como membro da Comissão Mundial de Cultura e Desenvolvimento, da ONU/Unesco, esses estudos se desdobraram e se aprofundaram. E, visivelmente, o foco evoluiu: se nos textos dos anos 1970-80 a cultura era *um elemento* de todo e qualquer projeto de desenvolvimento, nos dos anos 1990-2000 ele insistirá na noção da cultura como *síntese* do desenvolvimento.

A permanência

Celso tem sido lido e comentado, desde seu falecimento, por pesquisadores e universitários de áreas outras além da economia, como as relações internacionais, a ciência política, os estudos culturais e, mais recentemente, o direito — o que indica inegável atualidade de seu pensamento. Ademais, pelo menos dois temas que nessa vasta obra são tratados com grande coerência continuam a despertar interesse: a) a especificidade do subdesenvolvimento; b) as consequências para os países periféricos do enfraquecimento dos Estados nacionais no quadro da globalização. Começando pelo segundo tema, convém lembrar que desde meados dos anos 1970 os textos de Celso já alertavam para os pro-

30. FURTADO, Celso. *Cultura e desenvolvimento em época de crise*, de Celso Furtado. São Paulo, Paz e Terra, 1984.

blemas que a nova configuração global poderia criar nos países em desenvolvimento. Tais como a agravação da concentração da renda, tanto nos desenvolvidos como nos subdesenvolvidos; o fato de o setor industrial, fonte habitual de dinamismo através da criação de emprego, estar, inversamente, criando cada vez mais desemprego; e a nova orientação da tecnologia que agravaria a exclusão social. O que se viu, desde então, comprova o acerto dessas percepções. Embora com roupagens apenas distintas, esses corolários da especificidade do subdesenvolvimento estão ainda presentes, seja no Brasil, seja em outras regiões do que Celso chamara, meio século antes, de "periferia".

O romancista italiano Italo Calvino, em *Por que ler os clássicos*,[31] enumera catorze respostas à pergunta que dá título a seu livro. Uma delas é que "Um clássico é um livro que nunca termina de dizer aquilo que tinha para dizer"; outra é que "Os clássicos servem para entender quem somos e aonde chegamos". Penso que ambas se aplicam a quase toda a obra de Celso. Mas talvez, mais simplesmente, a conclusão para este artigo seja o que Celso Furtado escreveu certo dia: "Nem sempre as ideias ficam obsoletas com o passar do tempo; por vezes, ganham em vigor".

31. CALVINO, Italo. *Por que ler os clássicos*. Trad. de Nilson Moulin. São Paulo: Companhia das Letras, 2009.

Celso Furtado: uma vida pelo desenvolvimento

Roberto Saturnino Braga[1]
Glauber Cardoso Carvalho[2]

Celso Monteiro Furtado é considerado pela maioria dos acadêmicos brasileiros como o mais renomado economista. Este artigo, incluído nessa coletânea, tem como objetivo traçar uma cronologia geral não exaustiva da vida e obra de Furtado, como uma aproximação para quem brevemente toma contato com este expoente, sobretudo do período em que as ideias do subdesenvolvimento se consolidam em seu espírito como algo a ser melhor compreendido na formulação teórica, tanto quanto ter atenção pelos agentes do poder.[3] Atuando no Brasil como agente público exemplar, usou de sua capacidade para agir em prol do Brasil, sua marca será a atenção ao Nordeste, sua terra natal. No exílio aprendeu a ser acadêmico e deixou um considerável legado literário que inclui mais de trinta livros, nos quais investigou de forma minuciosa o conceito, a teoria e o processo do desenvolvimento, derivando sentidos mais amplos que o meramente econômico, partindo e consolidando um enfoque histórico-estrutural direcionado para melhor conhecer o Brasil, a região e os contínuos processos internacionais aos quais estamos submetidos.

1. Diretor-presidente do Centro Internacional Celso Furtado de Política de Desenvolvimento (Cicef). Formado em engenharia civil e econômica, com cursos da Comissão Econômica para a América Latina e o Caribe (Cepal) e Instituto Superior de Estudos Brasileiros (ISEB). Foi funcionário do BNDES desde o primeiro concurso, em 1956. Teve longa vida política, como vereador, deputado federal e senador por três mandatos, e foi o primeiro prefeito do Rio de Janeiro eleito pelo voto popular direto. Ele também é um escritor com 15 livros publicados sobre política e literatura de ficção e preside o Instituto Cultural Casa Grande.
2. Coordenador executivo do Centro Internacional Celso Furtado de Políticas para o Desenvolvimento (Cicef). Professor dos departamentos de Ciências Econômicas e de Relações Internacionais, Unesa-RJ. Mestre e Doutor em Economia Política Internacional, IE/UFRJ.
3. Uma versão reduzida deste texto foi publicada originalmente em inglês, como: BRAGA, Roberto Saturnino. *Fifty Key Thinkers on Development*, editado por D. Simon, na Routledge Key Guides, 2nd Edition, 2018.

Nascido em 1920, em Pombal, cidade paraibana do interior da região mais pobre do Brasil, o Nordeste, de clima instável, regularmente assaltado por secas severas ou enchentes avassaladoras. Teve o privilégio de nascer em uma família de posses e altamente culta, seu pai, Maurício Furtado, foi juiz e desembargador e sua mãe, Maria Alice Monteiro, vinha de família de proprietário de terras. A prioridade para os oito filhos era proporcionar-lhes uma boa educação. Ademais de seus interesses pessoais, teve uma formação peculiar dentro de casa a partir de um acervo familiar rico, com acesso, desde muito cedo, a leituras profundas sobre o país e o mundo. Furtado ([1973] 2013, p. 38) regista que "[...] graças a ele [seu pai] dispus de uma ampla biblioteca, o que me permitiu cultivar minha primeira paixão intelectual, a partir dos quatorze anos, que foi a história."

Sua escolaridade começou em Pombal e continuou na capital, já rebatizada de João Pessoa, onde serviu o quartel e vinculou-se a um projeto do Lyceu Paraibano no qual dava aulas de geografia e história. Não previa o futuro, mas registrou muitos pensamentos em diários ao longo dos anos e antes de ir para o Recife escreveu: "Já me chamam de professor" (Furtado, [20.02.1938] 2019, p. 45).

Na capital pernambucana, o mais importante centro cultural do Nordeste, compreendeu que os estudos se aprofundavam e exigiam cada vez mais conhecimentos: "O estudo aqui não é como no liceu, que se faz com um ou dois livros. Faz-se necessária uma biblioteca. Precisamos consultar uma dezena de autores para criticar um fato histórico ou emitir um conceito de economia política" (Furtado, [01.04.1938] 2019, p. 47).

Quando embarca para o Rio de Janeiro, então capital do Brasil, não imaginava as mudanças que se operariam tanto em sua vida, quanto nos rumos do país, embora sempre tenha lhe incomodado o processo ditatorial instaurado por Vargas. Seu primeiro trabalho foi de jornalista, no periódico *Correio da Manhã*, enquanto cursava a Faculdade de Direito, na Universidade do Brasil, a opção da época para os interessados nas ciências humanas e sociais. Em agosto de 1942, o Brasil entrou em guerra contra os países do Eixo e Furtado resolveu cursar o Centro de Preparação de Oficiais da Reserva do Rio de Janeiro (CPOR)[4].

4. Na década de 1920, o Centro de Preparação de Oficiais da Reserva do Rio de Janeiro (CPOR/RJ) foi criado para "convocar os alunos das faculdades para cursar um centro de preparação, durante as férias e nos finais de semana, onde constituiriam uma reserva de alto nível para o Exército" e conseguiu, de fato, constituir mais da metade dos Tenentes da FEB na Segunda Guerra (CPOR, 2019).

Em 1943, aos 23 anos, Furtado prestou concurso para assistente do então Departamento Administrativo do Serviço Público (DASP) e passa a se dividir entre o exército, o jornal, o direito e o serviço. Parece ter sido fundamental sua aproximação com esse pensamento de formação pautado em uma inteligência para a administração pública, momento no qual ele teve também o primeiro contato com a área de Economia e que o fez começar a refletir sobre questões pouco difundidas, como o planejamento.

A convocação veio no mesmo mês que se formou, em dezembro de 1944. Integrante da Força Expedicionária Brasileira (FEB), fez parte do contingente enviado para lutar contra o nazi-fascismo na Itália, até a rendição em 1945. Sempre cioso de suas memórias, escreveu seu primeiro livro sobre suas experiências como soldado, intitulado *De Nápoles a Paris – Contos de uma vida expedicionária* (Furtado, 1946).

Depois do fim da guerra, Furtado sentiu os ares da mudança e investiu seu tempo e dinheiro no retorno para a Europa, testemunhando "a gestação do futuro de toda uma geração" (Furtado, 2014, p. 26). Inscreveu-se e concluiu com sucesso um doutorado em Economia, na Universidade de Paris, com a tese intitulada *"L´économie coloniale brésilienne."*[5]. Seu pensamento sinalizava desde o início qual seria o foco de todo o seu trabalho como pesquisador e escritor, ou seja, o processo de desenvolvimento sob uma perspectiva histórica. As leituras de Marx influenciaram sua visão de que Economia é uma ciência com fortes e condicionantes raízes históricas.

As condições desumanas de uma região que estava atrasada, dentro de um país igualmente arcaico, ficaram gravadas em sua consciência. Isso inspirou seu compromisso de fazer todos os esforços ao longo de sua vida para entender melhor as razões desse atraso, que mais tarde se tornaria mais conhecido como "subdesenvolvimento".

Em 1948, atuando na Fundação Getúlio Vargas (FGV), ao lado de Otávio Gouveia de Bulhões, teve a oportunidade de se candidatar e ser escolhido por Gustavo Martinez Cabañas a integrar a pequena equipe de economistas da recém-fundada Comissão Econômica para a América Latina e Caribe (Cepal), organização criada pela Organização das Nações Unidas (ONU) para estudar, analisar e oferecer diretivas para ajudar as economias da América Central e do Sul (Furtado, 2014, p. 57).

5. Só seria publicada no Brasil em 2001, com o título: "Economia colonial no Brasil nos séculos XVI e XVII: elementos de história econômica aplicados à análise de problemas econômicos e sociais".

A Cepal, que foi descreditada no começo, recebeu Furtado em 11 de fevereiro de 1949 e no final daquele mês, o já renomado economista argentino Raúl Prebisch, criador e condutor do Banco Central da Argentina. O pensamento teórico de Prebisch seguia na trilha de Hans Singer, por quem foi estimulado a procurar compreender os problemas do atraso do continente, outrora baseado na deterioração dos termos do comércio, que mantém separadas as economias centrais da periferia do sistema capitalista, e projetar saídas e soluções. Dessa reflexão surge e se consolida a estratégia da industrialização, do fortalecimento do mercado exterior, aproveitando inclusive as potencialidades do mercado regional como gargalos para um projeto de desenvolvimento.

Celso Furtado foi nomeado por Prebisch como diretor da Divisão de Desenvolvimento Econômico da Cepal e conseguiu formular ideias que iam muito além dos meros limites da economia. Após várias missões e reportagens sobre a situação socioeconômica de alguns países latino-americanos, ficou cada vez mais consolidado em seu pensamento a percepção "que o subdesenvolvimento configurava um quadro histórico qualitativamente distinto daquele que tínhamos no espírito quanto teorizávamos sobre o desenvolvimento. Não se tratava de uma fase, e sim de algo diferente, cuja especificidade cumpria captar" (Furtado, 2014, p. 88).

Depois de circular e conversar com ilustres professores sobre os problemas da periferia e do atraso, percebeu pouco interesse na ampliação da temática seja por Walt Rostow, por S.M. Wright, por Charles Kindleberger, Thomas Sherwood ou Theodore Schultz. Manteve-se como funcionário internacional e com reflexões que seguiam essa perspectiva teórica. Foi chefe do grupo Cepal-BNDE, cujos esforços serão utilizados pelo presidente Kubitschek para tentar criar e implementar seu Plano de Metas. (Furtado, 2014, passim)

Mantendo em mente a busca pela recuperação da história direcionada ao debate sobre o (sub)desenvolvimento, é convidado por Nicholas Kaldor para desenvolver uma pesquisa no King's College da Universidade de Cambridge, na Inglaterra. Desse período, 1957-1958 surge o livro que será sua Opus Magnum – e que chamará a atenção do mundo para seu autor: *Formação econômica do Brasil* ([1959] 2007), publicado, finalmente, em 1959.

Depois disso, Furtado escreverá *Desenvolvimento e Subdesenvolvimento* ([1961] 2009), seu primeiro livro teórico. Neste livro seminal, mostra claramente, por meio de sua extensa análise histórica, o foco principal de seu trabalho: a ideia de que o desenvolvimento e o subdesenvolvimento são, em ambos os casos, processos históricos interligados, embora cada um tenha características muito diferentes; o termo "sub" não é uma etapa do mesmo processo que levou as nações desenvolvidas aos níveis mais avançados de riqueza e produtividade econômica que vieram a desfrutar. As nações subdesenvolvidas não precisariam, portanto, fazer mais esforços para poupar e atrair capital externo para aumentar o investimento e, assim, acelerar o processo para chegar mais rapidamente ao mesmo estágio dos mais desenvolvidos. Eles não teriam que passar pelas mesmas etapas do mesmo processo, como sugerido pelo modelo etapista de desenvolvimento em voga na época por Rostow e outros teóricos da modernização.[6]

Celso Furtado estudou toda a teoria matemática disponível sobre o tema, mas decidiu aprofundar-se mais na realidade histórica de cada caso, na busca pelas razões e fatores que ou ajudaram a impulsionar ou restringir o funcionamento de sua economia. Ele também mostrou que o subdesenvolvimento era um espaço reservado para economias que ainda não eram industrializadas e que estavam infiltradas, desde o século XIX, por empresas criadas através da expansão de economias já industrializadas na Europa.

O principal objetivo dessa organização econômica era ser capaz de receber o fornecimento de matéria-prima e o trabalho necessários para expandir seus sistemas produtivos capitalista-industriais, dada a percepção da dualidade brasileira. Ora, os empreendimentos com características avançadas penetravam as economias mais atrasadas ou eram formadas dentro delas e se mantinham atrelados às estruturas socioeconômicas arcaicas-econômicas, criando assim a dualidade socioeconômica nesses Estados. De um lado, um pequeno setor "moderno", que rapidamente adquiriu os hábitos de consumo das nações ricas e, de outro, uma clara maioria das velhas estruturas pobres de uma nação atrasada.

Dessa forma, a empresa moderna, não acostumada à estrutura local, continuou a tomar decisões e operar como se ainda estivesse na economia desenvolvida de onde veio, apenas gerando uma nova e pequena força de trabalho de um padrão mais elevado dentro da economia atrasada. Não teve qualquer

6. Nota-se que o debate teórico e metodológico travado com o economista Ragnar Nurkse, alguns anos antes, ajudou-o a consolidar de forma promissora um conjunto de percepções e ideias que já habitavam seu acumulado de reflexões. Os textos foram publicados orginalmente na Revista Brasileira de Economia da FGV e foram compilados pelo Centro Celso Furtado no primeiro número das edições especiais de Memórias do Desenvolvimento (v.1, n.1, 2007), disponível online.

impacto significativo nas estruturas desatualizadas, que continuaram a bloquear qualquer disseminação dessas novas normas.

O subdesenvolvimento não era, portanto, apenas uma etapa de um único processo que todos precisavam seguir, mas sim parte de um quadro específico dentro do sistema capitalista-industrial ocidental que estava em expansão desde o século XIX. Esse foi o quadro que criou uma "modernização" parcial de segmentos privilegiados da sociedade retrógrada, sempre sob a forma de uma dualidade, um hibridismo dentro dessas sociedades e suas respectivas economias, que tendiam a se perpetuar através de uma série de condições existentes de ambos os lados. Nesse sentido, convém acrescentar que isso incluiu dominação política.

> Em síntese, o que caracterizou a formação da periferia foi a dinamização da demanda – modernização - em condições de um relativo imobilismo social causado pelo lento desenvolvimento das forças produtivas. O que veio a chamar-se subdesenvolvimento não é outra coisa se não a manifestação dessa disparidade entre o dinamismo da demanda e o atraso na acumulação produtiva. Este último tem origem na forma de inserção na divisão internacional do trabalho, e aquele, na penetração dos padrões de consumo do centro. (Furtado, [1987] 2013, p. 78)

Celso Furtado foi, acima de tudo, um grande e profundo aluno e analista do fenômeno do subdesenvolvimento, um campo que exigia, como ele claramente percebeu, uma boa dose de teorização autônoma. Não poderia ser descrito usando apenas os modelos clássicos e as teorias daqueles economistas que desejavam apresentar o desenvolvimento como um processo geral, baseado na acumulação, no investimento e no progresso tecnológico e científico, como visto em países que lideraram o capitalismo industrial, especialmente o Reino Unido:

> Desenvolvimento e subdesenvolvimento são, portanto, dois processos históricos que derivam do mesmo impulso inicial, ou seja, que têm suas raízes na aceleração da acumulação ocorrida na Europa do fim do século XVIII e começos do XIX. Para compreender as causas da persistência histórica do subdesenvolvimento, faz-se necessário observá-lo como parte que é de um todo em movimento, vale dizer, como expressão da dinâmica do sistema econômico mundial engendrado pelo capitalismo industrial. (Furtado, [1979] 2013, p. 231)

O processo de desenvolvimento em cada país foi, portanto, essencialmente e estruturalmente individual, um reflexo das capacidades de mobilização e esforço diante do avanço histórico ou estagnação específica das próprias estruturas socioeconômicas criadas ao longo da história de cada um. Este foi um processo que separou, quase eternamente, as nações do espaço histórico-econômico do Ocidente durante o século XX, para os desenvolvidos e os subdesenvolvidos (o centro e a periferia). Assim, surgiu a ideia do chamado estruturalismo, uma nova abordagem aos fenômenos econômicos e uma característica da planície fértil de ideias produzidas na Cepal, que passou a predominar, a partir de então, nos círculos acadêmicos de toda a América Latina.

O desenvolvimento, de acordo com as ideias apresentadas e complementadas por Prebisch-Singer-Furtado, baseava-se fortemente na responsabilidade do Estado, que deveria cumprir um papel competente de planejador e alocador, ou seja, planejamento técnico-político, mas que fosse mais político do que teórico. Furtado estudou o processo de duas nações específicas que buscaram escapar de sua condição de subdesenvolvimento já no século XIX, isto é, Alemanha e Japão, ambos submetidos a processos políticos revolucionários e autoritários que visavam recuperar-se economicamente. Ele também estudou histórias de sucesso econômico no século XX, incluindo a Coreia do Sul e Taiwan, submetidos, de forma semelhante, a processos políticos autoritários, com ajuda do exterior (os EUA), atentos ao progresso dos países vizinhos considerados inimigos (Coreia do Norte e China).

Ele considerou, com mais detalhes, os casos em que os países tentaram quebrar a barreira do subdesenvolvimento valendo-se de um processo de industrialização apoiado politicamente. A ideia era aproveitar as dificuldades de importação de mercadorias para atiçar as demandas dos consumidores de segmentos 'modernizados' da população e ajudar a expandir constantemente esse contingente moderno da população (um caso exemplar: o Brasil). Diante disso, concluiu que:

> [...] o caso de uma "modernização" beneficiadora do conjunto da população não passa de hipótese de escola. Na realidade dos fatos, o processo de 'modernização' agravou a concentração de riqueza e renda já existente, acentuando-a durante a fase de industrialização substitutiva. (Furtado, [1990] 2013, p. 259)

No conceito de desenvolvimento, a dimensão social era, para Furtado, tão vital quanto o econômico. De fato, hoje usamos a expressão "desenvolvimento" de forma indiscriminada, sem qualificá-la como sendo puramente econômica, como foi o caso nas décadas de 1940 e 1950. Essa expressão genérica agora inclui, necessariamente, aspectos sociais, culturais, políticos e até ambientais; essa definição mais ampla deve-se muito às ideias de Celso Furtado, que conseguiu aproximar o fazer econômico do fazer político.

> As inferências, no plano da política econômica, de minhas reflexões dos anos 1950 sobre o subdesenvolvimento apontavam em três direções:
>
> - abandono do critério de vantagem comparativa estática como fundamento da inserção na Divisão Internacional do Trabalho;
> - introdução do planejamento como instrumento ordenador da ação do estado, cujas funções no campo econômico tenderiam a crescer à medida que se ampliasse o esforço para superar o subdesenvolvimento;
> - fortalecimento das instituições da sociedade civil (principalmente dos sindicatos de trabalhadores rurais de urbanos), de cuja ação se poderia esperar a renovação das bases sociais de sustentação do estado e a contestação dos padrões prevalecentes de distribuição de renda. (Furtado, [1987] 2013, p. 79)

De fato, a ciência do desenvolvimento recuperou, graças aos esforços de Furtado e da Cepal, uma dimensão histórica forte o suficiente para se tornar indispensável. Também rebaixou as ideias altamente matemáticas da teoria clássica à condição de meros exercícios de pensamento abstrato, distantes da realidade dos processos específicos de cada país ou região.

No regresso ao país, ocupou-se em atuar diretamente na resolução de problemas do desenvolvimento como diretor do BNDE, para conseguir atingir um de seus objetivos principais: a região nordestina. A missão era de criar e administrar uma agência governamental destinada a incentivar o desenvolvimento no Nordeste do país, sua região mais pobre. Foi um grande desafio aplicar suas ideias aos confins do país, de fato à sua própria região, que abriga cerca de um terço da população brasileira, mas é responsável por pouco mais de 10% do PIB nacional, com uma tendência que apontava a disparidade que só se acentuaria com o passar dos anos.

Designado pelo presidente Juscelino Kubitschek como chefe da Sudene (Superintendência para o Desenvolvimento do Nordeste), Furtado enfrentou forte oposição política dos interesses especiais de longa data ligados às estruturas arcaicas predominantes no Nordeste. Produziu alguns sucessos notáveis em termos de modernização social, superou certos obstáculos e administrou o processo da maneira correta, evitando, assim, antagonizar os governadores dos 10 estados com territórios dentro da região. O planejamento, disse ele em seu discurso de posse, é uma tarefa técnica e política: mais política do que técnica. (Furtado, [1960] 2009)

Furtado percebeu que a seca era, sem dúvida, um problema grave, mas não a principal causa do atraso e da pobreza na região. Por isso, implementou uma política de racionalização e modernização da produção agrícola, que era a atividade mais importante do Nordeste, e trouxe uma política de incentivos fiscais voltada para o crescimento e diversificação do setor industrial bastante atrasado. É uma figura tida em alta estima por todo o Nordeste até hoje. Existe uma concordância entre os brasileiros de que Celso Furtado cumpriu, dentro das forças dispostas naquele momento, muito bem esse desafio. Mais do que isso, aportou as condições iniciais para o conhecimento da própria região, sem o qual nenhum planejamento seria útil, problema este enfrentado na Sudene e, agora, nas universidades.

> Hoje a problemática da crise é tema de discussão nas praças públicas, e não apenas nas grandes cidades. Contudo, são as universidades que dispõem dos meios para dar profundidade e continuidade ao confronto de ideias e operacionalidade aos resultados obtidos. E também para levar ao conhecimento da região da opinião pública informações valiosas que com frequência os centros de poder mantém fora de toda a visibilidade. [...] Por exemplo, creio que estamos todos de acordo em que se avançou consideravelmente no conhecimento da região, de suas possibilidades e limitações. [...] As estruturas agrárias foram mapeadas com precisão. [...] Também dispomos de uma visão mais fiável do ciclo hídrico em que se inserem as estiagens intermitentes. Um melhor conhecimento dos recursos de água de superfície subterrânea e das características físicas e químicas dos solos. [...] Grandes também foram os avanços do conhecimento de forma como se distribui a renda e da configuração da demanda daí resultante. (Furtado, [1984] 2013, p. 362-363)

O tema do planeamento já estava sólido quando Furtado foi convidado pelo presidente João Goulart, em 1962, para ser o primeiro ministro do Planejamento. Seu intuito era produzir uma proposta baseada em uma multiplicidade de análises e ações, para enfrentar os próximos anos dentro de uma instabilidade latente e crescente. De fato, ele concebe o Plano Trienal de Desenvolvimento Econômico e Social (em dezembro de 1962), que cobriria os demais anos do mandato do presidente. Era necessária uma grande mobilização da sociedade, dos setores público e privado e um alto grau de coordenação para sua execução. Enquanto separava todos os setores em torno dos quais seriam necessários investimentos prévios, apontou ao fim para as quatro reformas de base que o desenvolvimento preconizava:

Reforma Administrativa; Reforma Bancária; Reforma Fiscal e a tão famigerada, Reforma Agrária. O clima de radicalização política exacerbada que precedeu o golpe não permitiu, no entanto, que qualquer iniciativa governamental de racionalização fosse implementada e o plano foi atacado por todos os lados, tanto da direita quanto da esquerda.

Em 1964, o golpe civil-militar no Brasil que derrubou o presidente João Goulart também cancelou os direitos políticos de Furtado, e de centenas de brasileiros que lutavam por reformas estruturais a serem implementadas no país, condenando-os ao exílio no exterior. Enquanto estava no exílio, Celso Furtado se redescobriu também professor, fato que já marcara o coração dele ainda na Paraíba. Podia agora, pela força da circunstância, dedicar-se integralmente ao trabalho na universidade. Dado seu conhecimento, passou por diversas universidades de prestígio, incluindo Yale, Columbia e Cambridge, fincando-se na Universidade de Paris/Sorbonne por vinte anos.

> Dedico cada vez mais tempo a universidade. [...] Insensivelmente fui vestindo a pele de um professor universitário europeu, o que significa viver mais em contato com livros do que com o mundo real. Quanto mais a gente estuda, mais ignorantes se sente, o que cria uma tendência a acumular conhecimentos *ad infinitum*. No meu caso, como vivi muitos anos até a raiz dos cabelos envolvido com os problemas reais, espero que esse banho de erudição não me destrua a capacidade para me comunicar com outras pessoas e perceber as coisas sensíveis. (Furtado, [03.04.1970] 2019, p. 230)

Foi também com o olhar de fora que desenvolveu suas ideias sobre desenvolvimento, influenciado pelo ânimo dos debates internacionais, mas aprofundando de forma singular a sua análise do Brasil, e outras dimensões importantes, como as relacionadas à cultura, tecnologia, meio-ambiente e criatividade. Essa segunda fase é rica em análises e certamente estará presente nesse volume comemorativo, motivo pelo qual nosso texto não se estende mais do que aqui. Celso Furtado acreditava nesse processo e suas potencialidades, faltando-nos um guia definitivo e seguro para o desenvolvimento:

> O objetivo estratégico é garantir um desenvolvimento que se traduza no enriquecimento da cultura em suas múltiplas dimensões e permita contribuir com a própria criatividade para uma civilização globalizada. No final, tem-se o desejo de preservar a própria identidade na aventura comum do processo civilizacional. (Furtado, [1993] 2013, p. 283)

Quando retornou ao Brasil, devido ao processo de democratização em 1985, Furtado foi nomeado embaixador da Comunidade Econômica Europeia. Depois, de 1986 a 1988, após suas obras sobre cultura, foi convidado para ser ministro da Cultura. Em 1997, foi eleito membro da Academia Brasileira de Literatura e da Academia Brasileira de Ciências. Muito realista, destacou não somente a insatisfação do brasileiro com o processo de desenvolvimento – traduzida nas condições de vida – como também o otimismo detentor de uma força potencial, ainda que não se expresse, no Brasil, por meio de projetos e mudanças institucionais decorrentes dos anseios coletivos:

> Em síntese, pode-se afirmar que o desenvolvimento constitui aspiração básica da sociedade brasileira de nossos dias. Essa aspiração se manifesta na forma de descontentamento generalizado em relação às precárias condições de vida que enfrenta a população do presente e, simultaneamente, através de uma atitude otimista com respeito a possibilidade de que o país possa superar essas condições e alcançar formas superiores de organização social. Todavia, essa aspiração existe tão somente como força potencial, pois a sociedade brasileira não conseguiu, até o presente, criar um sistema de instituições com base nas quais o poder político possa ser exercido para traduzir em projetos operacionais as aspirações básicas da coletividade. (Furtado, [1965] 2013, p. 427)

Celso Furtado morreu no Rio de Janeiro, aos 84 anos, em 20 de novembro de 2004. Um ano depois, em 22 de novembro de 2005, foi inaugurado o Centro Internacional Celso Furtado de Políticas de Desenvolvimento com a missão principal de ajudar a enriquecer o debate sobre diferentes estratégias de desenvolvimento, alinhadas com as visões deste intelectual, com especial referência ao Brasil e à América Latina.[7]

7. Todas as atividades do Centro Celso Furtado estão registradas em seu site, que também possui a listagem completa das obras de Celso Furtado, além de artigos, livros e teses sobre o economista. Acesse: <www.centrocelsofurtado.org.br>.

Referências

Centro de Preparação de Oficiais da Reserva do Rio de Janeiro (CPOR/RJ). *Histórico*. 12 novembro 2019. Acesso em: 9 de maio de 2020. Disponível em: <http://www.cporrj.eb.mil.br/pt/editoria-c>.

FURTADO, Celso. *Diários Intermitentes: 1937-2002*. Organização: Rosa Freire d'Aguiar. São Paulo: Companhia das Letras, 2019.

_______. *Obra autobiográfica:* (A fantasia organizada; A fantasia desfeita; Os ares do mundo). Ed. Definitiva. São Paulo: Companhia das Letras, 2014.

_______. [1993] "A superação do subdesenvolvimento". In. FURTADO, Celso. *Essencial Celso Furtado*. São Paulo: Penguin Classics Companhia das Letras, 2013. p. 276-284.

_______. [1990] "O subdesenvolvimento revisitado". In. FURTADO, Celso. *Essencial Celso Furtado*. São Paulo: Penguin Classics Companhia das Letras, 2013. p. 251-275.

_______. [1984] "O Nordeste: reflexões sobre uma política alternativa de desenvolvimento". In. FURTADO, Celso. *Essencial Celso Furtado*. São Paulo: Penguin Classics Companhia das Letras, 2013. p.362-376.

_______. [1979] "O desenvolvimento do ponto de vista interdisciplinar". In. FURTADO, Celso. *Essencial Celso Furtado*. São Paulo: Penguin Classics Companhia das Letras, 2013. p.197-235.

_______. [1973] "Aventuras de um economista brasileiro". In. FURTADO, Celso. *Essencial Celso Furtado*. São Paulo: Penguin Classics Companhia das Letras, 2013. p.35-52.

_______. [1987] "Entre inconformismo e reformismo". In. FURTADO, Celso. *Essencial Celso Furtado*. São Paulo: Penguin Classics Companhia das Letras, 2013. p.53-83.

_______. [1965] "Obstáculos políticos para o crescimento brasileiro". In. FURTADO, Celso. *Essencial Celso Furtado*. São Paulo: Penguin Classics Companhia das Letras, 2013. p. 405-427.

_______. [1960] "Discurso de posse na Sudene (1960)". In. FURTADO, Celso. *O Nordeste e a saga da Sudene (1958-64)*. Rio de Janeiro: Centro Celso Furtado/ Editora Contraponto, 2009. (Coleção Arquivo Celso Furtado) p. 165-170.

_______. [1961] Desenvolvimento e subdesenvolvimento. 5 ed. Rio de Janeiro: Centro Internacional Celso Furtado de Políticas para o Desenvolvimento: Contraponto, 2009. (Coleção Economia Política e Desenvolvimento).

_______. [1959] *Formação econômica do Brasil*. 34.ed. (Ed. Definitiva) São Paulo: Companhia das Letras, 2007.

_______. [1946] *Economia colonial no Brasil nos séculos XVI e XVII: elementos de história econômica aplicados à análise de problemas econômicos e sociais.* São Paulo: Hucitec/Abphe, 2001.

________. *Contos da vida expedicionária: de Nápoles a Paris.* Rio de Janeiro: Zelio Valverde, 1946.

Memórias do Desenvolvimento. Centro Internacional Celso Furtado. Rio de Janeiro, vol. 1, nº 1, junho de 2007. Disponível em: <http://www.centrocelsofurtado.org.br/interna.php?ID_M=136>. Acesso em: 30 mai. 2020.

Celso Furtado: peregrino do desenvolvimento[1]

Clélio Campolina Diniz[2]

"A criança é o pai do homem"

William Wordsworth. In The Rainbow

O presente texto foi escrito na forma de um ensaio onde defendo a tese de que Celso Furado foi um "peregrino do desenvolvimento". Procurarei demonstrar como os condicionantes regionais e familiares foram centrais no desenvolvimento da sua preocupação social, sensibilidade humana, interesse cultural e intelectual. Baseada em uma excelente e contínua formação teórica, sua trajetória profissional foi marcada por uma incansável dedicação à vida pública na busca da superação do subdesenvolvimento. Entendia e agia sempre no sentido de que a promoção do verdadeiro desenvolvimento só é alcançada quando se combinam melhoria das condições materiais com justiça social e liberdade.

Origem regional e familiar de Celso Furtado

A vida e a trajetória pessoal, intelectual e profissional de Celso Furtado foram sempre marcadas por uma profunda, consistente e permanente sim-

---

1. Para a elaboração do presente ensaio, além de ampla consulta às obras de Celso Furtado e de várias pessoas que com ele conviveram, gostaria de agradecer, em especial, ao Mario e André Furtado, filhos de Celso, e Rosa Freire d'AGUIAR. Rosa tem se dedicado permanentemente à pesquisa e identificação de contribuições inéditas de Celso, organizando e divulgando-as, juntamente com a extensa obra do autor.

2. Professor Emérito (UFMG), é graduado em engenharia mecânica pela Pontifícia Universidade Católica de Minas Gerais (1970), graduado em Engenharia de Operação pela Pontifícia Universidade Católica de Minas Gerais (1967), especializado em Desarollo y Planificación pelo Instituto Latinoamericano de Planificacion Económica y Social que é uma divisão da Comissão Econômica para a América Latina e o Caribe (1971), mestrado em ciência econômica pela Universidade Estadual de Campinas (1978), doutorado em ciência econômica pela Universidade Estadual de Campinas (1987) e pós-doutorado pela Universidade Rutgers (1991). Ex-reitor da Universidade Federal de Minas Gerais, ocupou o Ministério de Ciência e Tecnologia (2014).

biose dos contrastes sociais entre as condições de pobreza, atraso e miséria, na região onde nasceu e viveu sua infância e adolescência, em boas condições econômicas e ambiente cultural de sua família.

Sabe-se que o sertão nordestino era uma das regiões mais atrasadas e pobres do país. As secas periódicas ampliavam o sofrimento e a miséria, provocando o fenômeno das "retiradas" com as populações flageladas vagando de forma errante, à busca de alimentos, água e sobrevivência. Esses dramas estão bem descritos ou simbolizados em obras como o romance documental *Vidas secas*, de Graciliano Ramos; no filme *Deus e o diabo na terra do sol*, dirigido por Glauber Rocha; no romance e peça teatral *Morte e vida severina*, de João Cabral de Melo Neto; no filme *Lampião: rei do cangaço*, dirigido por Carlos Coimbra; ou do romance *A guerra do fim do mundo*, de Vargas Lhosa, sobre a Guerra de Canudos. Todas elas mesclam personagens reais e fictícios, retratando a miséria e penúria dos retirantes famintos, da revolta e luta contra os coronéis latifundiários, ou da própria violência gerada por essa condição sub-humana.

Em contraste, Maurício Furtado, pai de Celso, era originário da capital, cidade da Paraíba, atual João Pessoa. Descendente de servidores públicos, juristas e músicos, fora para o sertão para exercer as funções de coletor de impostos, mas exercia também atividades de "rábula"[3], além de conhecido seresteiro. Casara-se com, Maria Alice, filha do Coronel Ernesto, e foi morar em Pombal, onde nasceu Celso em 1920, que ali viveu seus primeiros sete anos.

A partir de 1924 Maurício deixou a família em Pombal e foi para a capital, fazendo a difícil comutação entre as duas cidades. Foi nomeado Secretário da Escola Normal e depois professor desta, função que exerceu até 1928. Somente em 1927 sua família mudou-se para João Pessoa. Em 1924 matriculara-se na Escola de Direito do Recife, onde se formara em 1928. Foi sucessivamente procurador-geral do Estado, Juiz de Direito e Desembargador, além de Presidente da Academia de Letras da Paraíba. Possuía biblioteca com mais de cinco mil volumes, com acervo diversificado, que Celso teve acesso desde criança.

Esse foi o ambiente de contrastes em que nasceu e viveu Celso Furtado em sua infância e juventude e que marcaria definitivamente sua sensibilidade social e seu interesse cultural, artístico e intelectual.

3. Formalmente, rábula era pessoa que, sem formação em direito, era autorizada pelo poder judiciário a exercer a profissão. No entanto, essa atividade era largamente praticada no Brasil por pessoas que não possuíam autorização formal.

Embora Celso tenha sido sempre uma pessoa reservada em relação à sua vida pessoal, em 1945, a bordo do navio que o levava para a Itália, como membro da Força Expedicionária Brasileira (FEB), registra em seus apontamentos, posteriormente publicados como Diários Intermitentes, suas mágoas, frustações e descrenças em sua infância:

> Eu acredito ter sido uma criança inferior. Possivelmente era o mais feio, com uma grande cabeça, um pescoço fino e um corpo ossudo, tinha o detestável vício de mijar na cama, não tinha espírito, era zangado [...] Aos 22 anos trabalhava o dia inteiro para viver, não tinha ideal, não tinha fé, não tinha programa de vida, não tinha sequer vícios [...] Um pouco de contemplação artística era o que me restava.

Em 1964, mais tarde, como refugiado político e professor em Yale (EUA), registra:

> Os primeiros anos de minha vida, refiro-me aos primeiros três ou quatro devem ter sido marcados por uma consciência de abandono. Aparentemente meu pai, depois de casado, continuou a mesma vida alegre de cantor de serenatas, indo participar de festas e deixando minha mãe grávida, numa pequena cidade do sertão, numa época em que a insegurança era geral. Conservo clara a imagem de um louco que vivia ao relento na praça central, para a qual dava a nossa casa. Minha mãe tinha um medo agudo desse louco [...] A consciência de abandono, de ter sido 'enjeitado', de não ser filho dos meus pais, de ser o mais 'preto' da família, perdurou em mim durante toda a infância. Sei que minha mãe me amamentou apenas três meses. A essa altura novamente engravidou. Bebi leite de jumenta para me criar. Aos onze meses já tinha eu outro irmão.

Menciona que esse irmão mais novo morreu aos sete meses, que sua mãe havia sofrido muito, que havia problema de ciúmes da irmã mais velha etc. No mesmo dia e no mesmo texto, referindo-se à sensibilidade social:

> Toda minha vida tem sido marcada por essa preocupação, como se me sentisse responsável pela pobreza, pelos sofrimentos decorrentes dessa pobreza, pela condição de animalidade em que vive grande parte da humanidade [...] O que me preocupa é a deformação, a abjeção humana, provocadas pela organização social baseada na exploração econômica ou na dominação política de muitos por poucos [...] Quando olho para trás, percebo que essa preocupação tomou corpo em minha existência desde os primeiros momentos em que comecei a ter uma vida intelectual, aí em torno dos catorze anos de idade; consciência de que a pobreza não

> era natural [...] Aos quinze anos orientava minhas leituras no sentido de consolidar e aprofundar essa consciência. Desejava ser escritor, por isso dediquei-me ao jornalismo e chegava a trabalhar 15 horas diárias em redações de jornais para ter a ilusão de que não era um desgraçado.

Registre-se que o desejo de ser um romancista, um contista, um intelectual das letras, e não um economista, esteve presente ao longo de sua vida. Havia sido um crítico literário, escrevera os contos *De Nápoles a Paris: Contos da Vida Expedicionária* logo após o fim da Guerra e há menção a vários romances iniciados e não terminados. No entanto sua dedicação à economia, à explicação do subdesenvolvimento, ao engajamento como gestor público e peregrino do desenvolvimento prevaleceram. As raízes de sua sensibilidade estavam plantadas e guiariam sua trajetória pessoal e profissional. Nos dizeres de Tolstói "se quer ser universal comece por pintar a sua aldeia".

Desenvolveu, desde cedo, sua capacidade de observação e interpretação dos temas políticos e sociais, transcrita em artigos para jornais e revistas de João Pessoa e Recife. Em 1940, aos 19 anos, muda-se para o Rio de Janeiro e inicia o curso de direito na Universidade do Brasil, atual UFRJ, e se torna revisor da *Revista da Semana*, especialmente nas áreas de arte, música e cinema, e do jornal *Correio da Manhã*. Era, também, um permanente frequentador do Teatro Municipal e da Escola Nacional de Música. Nos anos seguintes realiza o curso preparatório dos oficiais da reserva (CPOR), e ingressa, por concurso, no DASP (Departamento Administrativo do Serviço Público), o mais importante órgão da administração pública à época. Em fins de 1944 conclui seu curso de direito e, como falava inglês, foi convocado pelo Exército Brasileiro e colocado à disposição da Missão Militar Americana, no Rio de Janeiro, como intérprete. Em fevereiro de 1945 embarca para a Itália, como membro da Força Expedicionária Brasileira, continuando como intérprete entre os exércitos do Brasil e dos Estados Unidos. Encantou-se com as belezas da região norte daquele país. Registre-se que era primavera na Europa e Celso guardava clara a imagem do sertão, região semiárida e frequentemente castigada pelas secas.

A França, a América Latina e o Brasil: consolidação de sua formação intelectual

Ao retornar da Guerra, reassume suas funções no DASP e se dedica às tarefas de organização administrativa e orçamentária. Aprofunda seus estudos nesses temas como base para a planificação econômica e social e manifesta seu desejo de ir para Moscou estudar na GOSPLAN, órgão central de planejamento soviético, ou para a London School estudar com Manheim, defensor do planejamento como instrumento para a construção de uma sociedade livre e democrática[4]. Além de Manheim registra haver lido vários clássicos da economia política e da sociologia, entre eles Karl Marx e Max Weber.

No entanto, a oportunidade que surgiu foi ir para Paris, para a prestigiosa Science Po, núcleo do pensamento crítico da Universidade de Paris e de discussões da reconstrução do pós-guerra. Em janeiro de 1947, matricula-se em vários cursos de ciências políticas, sociologia, história econômica, com destacados professores, entre eles Auguste Cornu, famoso historiador marxista. Em setembro de 1947 inicia o curso de doutorado em economia na famosa Faculdade de Direito e Ciências Econômicas da Universidade de Paris, sob a orientação do Professor Maurice Byé. Além de Byé, teve entre seus professores, François Perroux e Auguste Cornu, que haviam sido professores da USP, na década de 1930, como membros da missão francesa que colaborou com a montagem e primeiros anos desta universidade. Registre-se que Perroux havia sido fortemente influenciado pelos trabalhos de Schumpeter sobre o papel da inovação nos processos de desenvolvimento, além de um grande teórico do desenvolvimento regional, tema central nos debates sobre o desenvolvimento e as desigualdades regionais e sociais na Paris do pós-guerra.

Inserido nesse ambiente, em menos de um ano Furtado preparou e defendeu sua tese de doutoramento, denominada "Economia Colonial no Brasil nos séculos XVI e XVII", aprovada com louvor. Em sua interpretação original estão os fundamentos para se entender as condições de ocupação do país pelos portugueses e da formação de uma sociedade subdesenvolvida. Começa demonstrando que, ao contrário dos demais países europeus, em Portugal não houve feudalismo como organização econômica e social dominante. Assim, a ocupação do território brasileiro foi orientada para objetivos mercantis, como comprovam as atividades desenvolvidas ao longo de todo o período colonial:

4. Karl Manheim (1893-1947), judeu húngaro e sociólogo, foi aluno de Gyorgy Lucáks, famoso marxista húngaro. Posteriormente foi para a Alemanha, estudando com Georg Simmel e Alfred Weber. Fugindo do nazismo, foi para a London School of Economics (LSE), em 1936, onde esteve até sua morte em 1947. Entre sua extensa obra destaco *Ideologia e utopia*, publicado em 1929, onde apesar de solida formação marxista, demonstra sua descrença com o projeto comunista. Em 1940 publicou *Liberdade, poder e planificação democrática*, recusando as soluções extremas (fascismo e comunismo) e defendia o planejamento como caminho para a orientação do Estado e para a construção de uma sociedade livre e democrática e do papel do intelectual no desenvolvimento. Esta última obra foi uma referência central para Furtado, como ele explicita em *Fantasia organizada*.

pau brasil, açúcar, café. Havia trabalho escravo e não servil porque o escravo também era uma mercadoria. A própria concessão das capitanias hereditárias tinha como objetivo a exploração econômica de natureza mercantil e não feudal. As exportações iam diretamente das regiões produtoras para os portos, controladas pelo "exclusivo" comercial da metrópole, não permitindo o comércio inter-regional e com outros países. A economia era mercantil para fora e natural para dentro. Não se formou o mercado interno, até hoje entendido como um obstáculo histórico e recorrente à distribuição de renda e à integração social. Ao contrário, se formou o patriarcado e o patrimonialismo, com dominação econômica e política cujos resquícios perduram até os dias de hoje.

Após seu retorno ao Brasil e de uma curta passagem pelo DASP e pela Fundação Getúlio Vargas, vai para a recém-criada Cepal, divisão das Nações Unidas para a América Latina, onde Raul Prebisch estava preparando o que viria a ser o famoso "Estudo Econômico da América Latina", com sua concepção de Centro e Periferia, diagnosticando as razões do subdesenvolvimento da região. Em seguida, Prebisch assume a direção da Cepal e Furtado torna-se destacado membro de sua equipe e é designado coordenador da divisão de desenvolvimento econômico daquela instituição. Passa os quatro anos seguintes estudando e viajando pelos países da região, desenvolvendo as metodologias e técnicas de planejamento e assessorando os governos locais. Retorna ao Brasil como funcionário da Cepal para criar e dirigir o Centro Cepal/BNDE, após acompanhar uma visita de Prebisch ao presidente Vargas e o haver convencido a apoiar a Cepal.

Em 1954 publica *A economia brasileira: Contribuição à análise de seu desenvolvimento*, ampliando a análise anterior. Começa criticando o que chama viés cientificista de determinadas análises econômicas, com excessiva prisão aos números e não ao "heterogêneo e indócil processo da vida social, de como se gera e distribui a riqueza" (FURTADO, 1954). Observe-se que aquela tendência estava sendo fortalecida com o desenvolvimento da chamada teoria do crescimento e seus respectivos modelos, especialmente a partir do modelo Harrod-Domar. Tendência esta que se ampliou ao longo do tempo em certas linhas teóricas que querem transformar a economia em ciência exata, negando inclusive a origem dessa área de estudos, a "economia política", a qual articula o econômico, o social e o político.

Embora Furtado não incorpore o que ficou conhecido como modelos de crescimento, acompanhava o que estava sendo produzido. Em 1951 fez uma longa visita às principais universidades americanas, tendo sido recebido pelos maiores economistas da época, entre eles Leontief, Rostow, Schultz. Há inclusive menção de que Rostow lhe entregou uma cópia, ainda inédita, do livro *Etapas do desenvolvimento econômico*. Furtado rejeitou-a em sua obra ao demonstrar que o subdesenvolvimento é o resultado de um processo histórico-estrutural e não uma etapa do desenvolvimento como propunha Rostow.

O que Furtado fazia era não seguir a prisão dos modelos de crescimento, ao criticar o viés quantitativista e demonstrar o papel central das mudanças técnicas no processo de crescimento econômico, aumento da produtividade e expansão do mercado interno, temas centrais para a superação do subdesenvolvimento.

Sua análise avança sobre as questões anteriormente formuladas acerca da natureza da colonização, sobre a crise do setor primário exportador e a oportunidade aberta para a industrialização, entendida esta como central no processo de desenvolvimento. A partir desses fundamentos aprofunda a análise do subdesenvolvimento, demonstrando que este é o resultado de um processo histórico-estrutural, que tenderia a se perpetuar se não houvesse uma ação consciente, instrumentalizada pelo planejamento, em prol de mudanças estruturais e da industrialização.

Durante sua estada como coordenador do Centro Cepal/BNDE Furtado participa ativamente da formulação do documento "Esboço de um Programa Preliminar de Desenvolvimento da Economia Brasileira", que foi incorporado nos debates para a montagem do Programa de Metas de JK, apesar de Lucas Lopes ter confessado desinteresse por macroeconomia.

Em 1957 vai para Cambridge, onde acompanha um vivo debate sobre desenvolvimento, com presença de destacados economistas como Kaldor, Joan Robinson, Harrod e toda a herança keynesiana. Em 18 de julho de1958 escreve em suas anotações: "Acabo de escrever um livro praticamente novo sobre o desenvolvimento econômico do Brasil". Era *Formação econômica do Brasil*, publicado em 1959.

Neste novo livro, Furtado resgata e aprofunda suas interpretações anteriores sobre os séculos XVI e XVII e as amplia com a análise da exploração do ouro no século XVIII, em Minas Gerais, do algodão no Maranhão e da borracha na região amazônica. Conclui que a alternativa de maior êxito foi a produção de café. Iniciada nos estados do Rio de Janeiro, Minas Gerais e Vale do Paraíba Paulista, ainda baseada em trabalho escravo, teve sua grande expansão e êxito ao se deslocar para o planalto paulista, em terras mais apropriadas e com a introdução do trabalho assalariado.

A introdução do trabalho assalariado muda o cenário econômico do país, com o início da criação de uma economia mercantil de bens de subsistência, ampliação das atividades de suporte à exportação e desenvolvimento da infraestrutura, especialmente ferroviária, quando São Paulo assume a liderança econômica do país.

A crise de 1929, ao colapsar as exportações de café e a adoção de uma política de natureza keynesiana de sua proteção, inaugurou a oportunidade para a expansão da atividade industrial e crescimento do mercado interno. Diante do acelerado processo de industrialização do país, Furtado registra sua expectativa de que a indústria brasileira ganharia autonomia com o desenvolvimento da "indústria de bens de capital, particularmente a de equipamentos, tenderá a crescer muito mais que o conjunto da indústria" (FURTADO).

No entanto, demonstra que estaria havendo também o aumento das desigualdades regionais e sociais no Brasil. Observe-se que para interpretar o Brasil Furtado recorre à análise das diferentes dinâmicas regionais, podendo ser entendida como a primeira análise do desenvolvimento regional brasileiro.

Em sua longa estadia como professor da Universidade de Paris, Furtado deu continuidade a produção teórica, analisando não só o Brasil, mas também as diferentes características da economia mundial. Além de cursos e seminários sobre a América Latina, publicou *Formação econômica da América Latina*, em 1969, mostrando as características comuns e as diferenças entre os vários países.

Gestor público e peregrino do desenvolvimento

A questão regional brasileira foi motivo de preocupações políticas desde o século XIX sem, no entanto, obter prioridade. Para o Nordeste, destacam-se a criação de várias comissões e órgãos. Entre essas, Comissão Imperial para o problema das secas, em 1877; Inspetoria de Obras Contra as Secas, em 1904, atual DNOCS; Comissão de Desenvolvimento do Vale do São Francisco, em 1948; Banco do Nordeste do Brasil, em 1951. Para a região amazônica, por razões econômicas e geopolíticas, a criação da Superintendência de Defesa da Borracha, em 1912, com transformações sucessivas até a atual SUDAM; Banco de Crédito da Borracha, em 1942, atual Banco da Amazônia S.A. (BASA).

No entanto, a questão nordestina ganhou prioridade política no final da década de 1950 com a profunda crise social provocada pelas secas de 1957/8, em contraste com a industrialização acelerada na chamada região centro-sul do Brasil, especialmente São Paulo.

Em 1958, Furtado foi designado Diretor do BNDE e encarregado de analisar os problemas econômicos e sociais do Nordeste. Assume a coordenação do GTDN (Grupo de Trabalho sobre o Desenvolvimento do Nordeste). Em poucos meses analisa em profundidade o problema e elabora o conhecido relatório do GTDN. Naquele relatório enfatiza que a industrialização da região centro-sul do país estava reproduzindo uma relação centro-periferia entre esta e o Nordeste, semelhante àquela estabelecida entre os países centrais e a América Latina, após a revolução industrial, na linha da interpretação da Cepal. Nesse relatório estabelece as diretrizes para uma política de desenvolvimento regional, baseado no qual foi criada a Operação Nordeste, o Conselho de Desenvolvimento do Nordeste (CODENO) e, em seguida, a Sudene.

Aí começaria a saga nordestina de Furtado, iniciada em janeiro de 1959 e interrompida pelo golpe militar de março de 1964. Foram, portanto, cinco anos de intensa luta, como está detalhadamente relatado e analisado em *A fantasia organizada* e *A fantasia desfeita*, publicados, respectivamente em 1985 e 1988.

A miopia ideológica ou os interesses contrariados eram tamanhos que ao longo de sua luta pela implantação do programa de desenvolvimento para a região, embora a diretriz de maior destaque tenha sido a industrialização através das empresas privadas, Furtado era recorrentemente combatido e acusado de comunista. Observe-se que em sua longa formação teórica, iniciada ainda em sua juventude, Furtado leu e debateu as principais correntes teóricas, como estava fartamente documentado em seus escritos. Refutou sempre as soluções totalitárias, optando por uma solução reformista profunda, que permitisse combinar o crescimento econômico baseado nas mudanças técnicas e no aumento da produtividade, com mudanças estruturais que viabilizassem a redução das desigualdades regionais e sociais.

Só a cegueira teórica, os interesses econômicos escusos ou a ignorância poderiam acusar Furtado de comunista. O que ele procurava era promover a industrialização e efetuar reformas estruturais no setor agrário, que permitisse promover o desenvolvimento da região, com distribuição de renda e redução da miséria.

Mesmo exercendo a função de dirigente da Sudene, Furtado manteve sua produção teórica. Em 1961 publicou *Desenvolvimento e subdesenvolvimento*. Em 1962 *A pré-revolução brasileira* e, no início de 1964 *Dialética do desenvolvimento – Diagnóstico da crise brasileira*, articulando as relações entre crise econômica e crise política. Entre setembro de 1962 e junho de 1963, convocado pelo Presidente da República, exerceu a função de ministro extraordinário do Planejamento. Consciente das dificuldades econômicas e políticas, mas coerente com seus compromissos políticos e de gestor público, aceitou a missão. Porém solicitou não ser exonerado do cargo de superintendente da Sudene, mas licenciado, pois entendia ser aquela sua missão principal e não queria abandoná-la. Preparou o Plano Trienal. As dificuldades econômicas e políticas internas e a pressão política internacional, especialmente dos Estados Unidos, inviabilizaram a implementação do plano e em junho de 1963 todos os ministros foram substituídos. Furtado reassumiu a direção da Sudene e em março de 1964, com o golpe militar e a cassação de seus direitos políticos foi submetido a uma longa e descabida perseguição política.

O exílio e a continuidade da produção teórica e da militância pelo desenvolvimento

Passados sessenta anos da saga da Sudene, o fracasso das revoluções comunistas ou socialistas, as gritantes e crescentes desigualdades sociais criadas pelo capitalismo recolocam a visão de Furtado como único caminho para se criar um futuro com maior liberdade, harmonia, solidariedade e justiça social, seja como desejo, fantasia ou utopia da emancipação humana. Furtado foi um intelectual orgânico, teoricamente instrumentalizado e permanentemente engajado na busca da superação do subdesenvolvimento. Teve sempre como obsessão um Brasil social e regionalmente mais integrado e, portanto, mais justo.

Em seu exílio, além de aulas, seminários e orientação de alunos, produziu e publicou dezenas de artigos e livros, todos eles combinando fundamentação teórica, observação e análise das diferentes experiências internacionais, com ênfase e especial dedicação ao caso brasileiro. Destacam-se a série de livros sobre os descaminhos do desenvolvimento brasileiros, como *Análise do modelo brasileiro*, em 1972; *O mito do desenvolvimento econômico*, em 1974; *Busca de um novo modelo*, em 2002. De forma recorrente, retoma a análise da natureza socialmente excludente do crescimento econômico, ao demonstrar que as altas taxas de crescimento não se refletem em melhoria das condições sociais da grande maioria da população e tampouco alteram as condições estruturais do subdesenvolvimento.

Nas últimas décadas do século XX enfatizou o papel da cultura e da criatividade no desenvolvimento, com *Criatividade e Dependência*, publicado em 1978. Como ministro da Cultura do Brasil, entre 1986 e 1988, deu grande destaque, apoio e dimensão do desenvolvimento cultural do Brasil. Sobre esse período, muitas palestras e seminários vem sendo resgatados, organizados e publicados por Rosa Freire, entre eles "Ensaios sobre Cultura e o Ministério da Cultura", 2012. Destaca-se também o relatório elaborado por um grupo de especialistas internacionais, a pedido da Unesco, sobre o papel da cultura no processo de desenvolvimento, do qual Furtado fez parte. Em síntese, para Furtado "cultura é a dimensão qualitativa de tudo que cria a humanidade, impregnada em todos os momentos de nossa vida, como resposta aos problemas permanentes da humanidade" (FURTADO). Nesse sentido, diria que a produção artística é a manifestação cultural e sensibilidade antecipadas como desejo ou guia do porvir.

Conclusão semelhante tem Amartya Sen, vencedor do prêmio Nobel de Economia, em sua obra *Desenvolvimento como liberdade*, ao defender o papel da cultura, da necessidade de se respeitar as raízes históricas e antropológicas de cada formação cultural. Critica a ênfase no crescimento econômico, o qual tem levado a crescente acúmulo de riqueza concentrada em poucas pessoas, ao lado de uma crescente miséria de grande parte da humanidade.

Mais recentemente, a questão da desigualdade passou a ser tema para vários economistas de formação convencional, preocupados com o elevado nível de concentração da riqueza e da renda. Joseh Stiglitz, Prêmio Nobel de economia em *O preço da desigualdade: Como a atual divisão social poderá arruinar nosso futuro*, critica o estilo do desenvolvimento com crescente desigualdade social, inclusive como caminho reformista para preservar o capitalismo. Visão semelhante tem Thomas Piketty com seu *O capital do* século XXI, indicando os limites econômicos e políticos da atual concentração de renda.

À luz das gritantes desigualdades internacionais, nacionais e sociais, agravadas pela corrente crise pandêmica, a obra de Furtado demonstra sua originalidade e atualidade como instrumental teórico e analítico para o entendimento dos diferentes processos de crescimento econômico sem inclusão social e como guia para busca do verdadeiro desenvolvimento. Entendido este como aquele que combina melhoria das condições materiais, com justiça social e liberdade. Por tudo isto, embora não o tenha recebido, em vida, entendemos que Furtado possuía todos os atributos para ser considerado um legítimo "Prêmio Nobel".

No caso brasileiro, Furtado é autor central para o debate sobre o desenvolvimento, que nos últimos anos tem sido rasteiro e confuso, com poucas ideias novas, carecendo da retomada dos autores e ideias que possam orientar as lideranças políticas, os gestores públicos e a sociedade em geral. A crise econômica, política e institucional em que se arrasta o país nos últimos anos requer que homens públicos, baseados em consistente embasamento teórico, imbuídos de real interesse e vontade de mudar a realidade brasileira, se apresentem. O debate público brasileiro que tem se dedicado a discutir a pandemia e a economia como sendo inconciliáveis apenas demonstra a pequenez, a incapacidade e a falta de visão. Neste contexto, a obra e atuação de Celso Furtado se sobressaem de forma ainda mais relevante e atual.

Celso Furtado: um gênio brasileiro a serviço do desenvolvimento

Luciano Coutinho[1]

A formação de um gênio brasileiro

Desde jovem estudante no Liceu Paraibano, fascinado pela história, filosofia e pela literatura, nutrindo-se da biblioteca de seu pai, Celso Furtado exibia um pendor autodidata que naturalmente foi lhe dotando de grande autonomia e criatividade intelectual. Sua curiosidade e capacidade de desbravar por esforço próprio novos campos de conhecimento o acompanhou por toda a vida[2]. Cedo, leu obras positivistas e, delas enraizou convicções sobre o primado da razão e do conhecimento científico como base do progresso[3].

Estudante de Direito na Universidade do Brasil, no Rio de Janeiro, entre 1939 e 1944, flertou com o jornalismo escrevendo com frequência artigos para jornais e revistas. A qualidade e variedade de temas desses artigos revelava desde então a extraordinária precocidade intelectual do autor.

Formado bacharel em Direito no final de 1944, Celso Furtado, que fizera o Curso de Preparação de Oficiais da Reserva (CPOR), foi convocado para servir à Força Expedicionária Brasileira (FEB). Entre janeiro e setembro de 1945 atuou na Itália, na etapa final da guerra, como oficial de ligação junto

1. Economista e professor, possui graduação em Ciências Econômicas pela Universidade de São Paulo (1968), mestrado em Economia pela Universidade de São Paulo (1970) e doutorado em Economia pela Universidade de Cornell (1974). Professor titular da Universidade Estadual de Campinas. Foi presidente do Banco Nacional de Desenvolvimento Econômico e Social (BNDES) entre maio de 2007 e maio de 2016.
2. Furtado, Celso. Obra Autobiográfica. Tomo II. *Aventuras de um economista brasileiro. A fantasia desfeita*. Rio de Janeiro: Paz e Terra, 1997, p. 14.
3. Furtado, Celso. Obra Autobiográfica. Tomo II. *Op. cit.*, p. 15.

ao exército norte-americano. Nesse período escreveu contos, reunidos num pequeno livro *De Nápoles a Paris – Contos da vida expedicionária*[4].

Nos dois últimos anos do curso de Direito no Rio de Janeiro e, depois da guerra, como doutorando em Economia na Universidade de Paris – Sorbonne entre 1946 e meados de 1948, Celso dedicou-se a ler os clássicos da Economia Política (Ricardo, Marx, Schumpeter, Keynes), enveredou pela Sociologia (Weber, Tönnies, Freyer, Mannheim, Malinovitch), explorou novas fronteiras na História (Pirenne, Sombart, Sée, Antônio Sérgio) e saboreou a dramaturgia clássica francesa (Molière, Racine, Corneille) – evidenciando a amplitude de sua jornada intelectual[5]. Estas leituras lhe forjaram uma base duradoura de conhecimentos e de convicções – sem, entretanto, resvalar ao dogmatismo. Pelo contrário, sua trajetória intelectual persistiu sempre aberta a novas concepções.

Em Paris, naquele período, conviveu com intelectuais como Paulo Emílio Salles Gomes e Ernesto Sábato. Assistiu aulas de mestres como Cornu, François Perroux, Bertrand Nogaro, Maurice Byé (seu orientador) e participou de debates e seminários onde se discutia o existencialismo de Sartre, a filosofia de Nicolas Berdiaev e o marxismo aberto de Emmanuel Mounier. Travou conhecimento com o renovado teatro francês, de Louis Jouvet e Jean-Louis Barrault, em grande ebulição naquele período de esperança e otimismo, após o flagelo da Segunda Guerra (1939-1945).

Escolheu como tema da Tese de Doutorado a gênese e desenvolvimento da economia colonial açucareira no Nordeste brasileiro. A pedido do seu orientador, levou em conta a concorrência dos produtores caribenhos, especialmente das Antilhas francesas. Com objetividade e intensa atividade de pesquisa, Furtado conseguiu concluir a Tese em dezoito meses e merecer aprovação com "*très bien*".

Atento ao desafio da recuperação econômica após a guerra, observa como o Estado francês se moderniza com a criação do Comissariat Général du Plan (CGP), da École Nationale d'Administration (ENA) e se abre à integração da Europa com a assinatura do Tratado de Bruxelas (1948) e com a concepção da Comunidade Europeia do Carvão e do Aço (Ceca), sob a inspiração de Jean Monnet. Compreende desde cedo a imprescindibilidade do planejamento e da coordenação pelo Estado para o avanço das economias nacionais.

4. Furtado, Celso. *De Nápoles a Paris*. Rio de Janeiro: Livraria Editora Zélio Valverde, 1946.
5. Furtado, Celso. Obra Autobiográfica. Tomo II. Op. cit., pp. 16-21.

Ao retornar ao Brasil no segundo semestre de 1948 com o Doutorado concluído, e apenas 28 anos, Celso Furtado já acumulara uma formação profissional e cultural ampla. Alcançara um estágio de maturidade intelectual notável. Dominava todas as vertentes da economia política clássica e contemporânea. Não se restringira à Economia. Cultivara o estudo da História, Filosofia, Sociologia, Antropologia, Literatura. Não as entendia como disciplinas estanques, divorciadas entre si. Ao contrário, acreditava que as sociedades só poderiam ser compreendidas enquanto sistemas econômicos e formações socioculturais na especificidade dos seus contextos históricos.

Chegava intelectualmente equipado, com desenvoltura e autonomia para pensar e colaborar no enfrentamento dos desafios do país. Como funcionário concursado do Departamento do Serviço Público (DASP) apresentou-se ao trabalho. O clima era de desânimo. As esperanças de recuperação econômica do Brasil se dissolviam. As reservas de divisas conversíveis, acumuladas durante a guerra, haviam se evaporado tornando imperativa adoção de duros controles de importação. Não havia um plano Marshall para a América Latina e o governo Dutra (1946-1951) carecia de ambição e, principalmente, de estratégia de desenvolvimento. Foi nesse contexto que Furtado toma conhecimento de que havia uma seleção de candidatos à recém-criada Comissão Econômica para a América Latina (Cepal), das Nações Unidas.

O amadurecimento de um grande economista e pensador em prol do desenvolvimento da América Latina e do Brasil

Com anuência do Dr. Octávio Gouvêa de Bulhões, chefe da Divisão de Estudos Econômicos e Financeiros da Fundação Getúlio Vargas (FGV), Celso Furtado se candidata ao posto, move-se com presteza e, em fevereiro de 1949, está instalado em Santiago (Chile), sede da Cepal. Junto com um pequeno grupo de economistas, começa a organizar o programa de pesquisas e as bases de dados dos países membros. Constata, com surpresa, a escassez de estatísticas no Brasil em comparação com outros países da América do Sul, especialmente com a Argentina.

Logo em seguida à sua chegada, a Cepal contratou como consultor o renomado economista argentino Raúl Prebisch. Com apenas 33 anos, Prebisch havia criado o Banco Central de seu país (1935). Sua missão na Cepal era preparar um diagnóstico sobre a situação da América Latina. Resultou desse trabalho o famoso *Estudio econômico de America Latina* de 1949[6]. No ano seguinte, Prebisch assumiu a Secretaria-Executiva da Cepal e escolheu Celso como diretor da Divisão de Desenvolvimento, a mais importante da nova instituição. Logo estabeleceu-se entre os dois uma frutífera parceria.

A participação de Prebisch foi de importância capital para transformar a Cepal em um centro de pensamento econômico de referência mundial, criativo e autônomo. A sua experiência, envergadura intelectual e prestígio conferiam relevância a uma nova interpretação teórica sobre o desenvolvimento das economias latino-americanas.

Prebisch desfechou um ataque frontal às teorias clássica e neoclássica do crescimento econômico, baseadas na premissa de que as vantagens comparativas formadas pelo livre-comércio, seriam o único caminho – sempre benigno – para o desenvolvimento das economias periféricas. O fulcro de sua original contribuição teórica se fundava no sistema centro-periferia, pelo qual o comércio internacional tendia a gerar ganhos cumulativos para as economias centrais industrializadas e perdas sistemáticas para as economias periféricas –, o que podia ser objetivamente verificado através das estatísticas que mostravam deterioração forte e persistente dos termos de troca internacionais em desfavor das últimas.

A análise de Prebisch não era nem estática, nem a-histórica. Considerava que o progresso técnico intrínseco às atividades industriais gerava ganhos de produtividade nas economias centrais e que esses ganhos eram sistematicamente capturados em prol dos lucros e salários nessas economias. Em contraposição, os eventuais ganhos de produtividade obtidos nos setores exportadores das economias periféricas tendiam a se esfumar, seja pela queda relativa dos preços das suas exportações, que reduzia os seus lucros, seja porque os salários reais não conseguiam crescer na periferia em razão de ilimitada oferta de trabalho. Assim, além de usufruir de seus próprios ganhos de produtividade, as economias centrais podiam absorver o potencial de ganhos das economias periféricas, por meio de preços mais baixos das matérias-primas importadas.

Mas, além da distribuição desigual dos ganhos do progresso técnico, a tendência de deterioração a longo prazo dos termos de troca em desfavor dos países periféricos, decorria das diferenças entre as elasticidades-renda da de-

6. Cepal. *Estudio econômico de América Latina*. Santiago do Chile: Comissão Econômica para a América Latina, 1949.

manda por produtos manufaturados e as elasticidades-renda por matérias-primas e produtos alimentares. Enquanto a demanda por manufaturados tendia a aumentar como proporção da renda à medida em que as sociedades enriqueciam, a elasticidade da demanda por matérias-primas e alimentos era menor que a unidade e com tendência cadente.

Do ponto de vista histórico, a ascensão dos Estados Unidos como centro principal da economia mundial no fim do século XIX – substituindo o papel que fora da Inglaterra desde a segunda metade do século XVIII –, também contribuiu para diminuir o espaço de mercado relativo dos produtos exportados pela periferia. É que economia americana era mais fechada que a economia inglesa pois, além de ser uma potência manufatureira ascendente, era bem-dotada de recursos naturais e grande produtora de matérias-primas minerais e agrícolas.

Como resultado dessas condições, as economias periféricas tendiam a conviver com permanente escassez de reservas em moeda forte. Tentativas de acelerar o desenvolvimento industrial redundavam em aumentos significativos da importação de bens de capital e de insumos básicos, o que originava déficits comerciais insustentáveis, que resultavam em depreciações cambiais e inflação, restringindo a industrialização na periferia. A vulnerabilidade cambial provocava instabilidade e tensões inflacionárias recorrentes, punitivas para as indústrias dependentes de insumos importados e para os assalariados urbanos. Vinha daí a grande frequência de regimes de alta inflação em economias periféricas, especialmente na América Latina.

Para Furtado, a interação próxima com Prebisch foi muito estimulante à sua criatividade e rigor analítico. O desafio anteposto à Cepal encontraria nele um esteio para fazer avançar a reflexão teórica, redigir relatórios institucionais e também acelerar o amadurecimento de seu próprio pensamento. Com sua habitual lucidez, clareza e método foi corresponsável pela preparação dos *Estudios economicos* anuais, e por vários relatórios por país. Durante os sete anos em que esteve à frente da Divisão de Desenvolvimento, ele chefiou missões de apoio a vários governos da Região. Em 1953, presidiu no Rio de Janeiro o Grupo Misto Cepal-BNDE, cujos resultados viriam fundamentar o Plano de Metas do governo Juscelino Kubitschek, implementado a partir de 1955.

Seu pensamento ganhou mais refinamento e densidade. A análise econômica era entendida como ferramenta-chave para compreender a história das sociedades, com interesse especial nas economias periféricas formadas pela expansão do capitalismo comercial e, depois do século XVIII, sob a égide do capitalismo industrial, pela nova divisão internacional do trabalho caracterizada pela formação e evolução do sistema centro-periferia. A compreensão do subdesenvolvimento, ou da inibição do desenvolvimento do sistema de forças produtivas na periferia, só poderia ser alcançada no seu contexto histórico e a partir da análise das relações comerciais e de financiamento engendradas pelo desenvolvimento do sistema central.

Celso observa que, no caso do Brasil, quando o sistema central se desarranja por força da grande depressão de 1929-1933 e a sua engrenagem comercial e financeira entra em pane, surge a opção de mudar o eixo do processo de acumulação de capital através de decisão política de Estado. Na ausência de financiamento comercial externo, os estoques reguladores do café passaram a ser suportados pelo governo com base na emissão de moeda brasileira (mil réis), sustentando em valores nominais a renda do setor cafeeiro. De outro lado, a forte queda de preços em moeda forte das nossas exportações comprimiu muito a capacidade de importar manufaturas e resultou em aguda depreciação da taxa de câmbio.

Mantida a renda nominal do complexo cafeeiro, essa incisiva mudança nos preços relativos em favor da produção doméstica, decorrente do grande choque negativo sobre os termos de troca, passou a estimular significativamente a nossa produção manufatureira desde 1931.

Não obstante, dada a debilidade da nossa estrutura industrial, especialmente dos setores de insumos e bens de capital, essa mudança de tendência, embora positiva para mitigar os impactos da grande depressão, não seria suficiente para deflagrar um processo acelerado e profundo de industrialização nos anos 1930, num cenário de prolongada penúria cambial. Em seguida, na primeira metade dos anos 1940, os desdobramentos da Segunda Guerra interromperam os suprimentos externos e restringiram o crescimento da produção manufatureira, fortalecendo a percepção da relevância de se ter uma política industrial persistente e organizada.

A partir do conceito de Friedrich List[7] a respeito do "sistema de forças produtivas" – definido como um conjunto articulado de atividades produtivas formando um todo indissociável – Celso buscou iluminar a natureza estrutural e heterogênea a relação centro-periferia. Do lado do centro se coloca o dinamis-

7. List, Friedrich. *Das Nationale System der Politischen Ökonomie*. Iena: Gustav Fischer, 1920 (1ª edição, 1841).

mo técnico e a hegemonia dos interesses do grande capital industrial e financeiro. Na periferia, a atividade exportadora era parte integrante e dependente do dinamismo do sistema de forças produtivas do centro. Mas, ao lado do setor exportador de índole mercantil conviviam antigas estruturas agrárias desiguais e concentradas, com grande parte da força de trabalho fora do circuito assalariado e submetidas àquelas formações arcaicas herdadas da escravidão. O desenvolvimento de atividades de manufatura e serviços financeiros era incipiente, carente de capital e, em geral, tecnologicamente defasado.

À medida que o sistema de forças produtivas do capitalismo central se expandia, se concentrava e suas empresas se internacionalizavam e capturavam mercados nas economias periféricas, estas últimas iriam se tornar uma constelação de formas sociais mais diversas e heterogêneas. A perspicaz utilização por Furtado da noção de List de um sistema integrado:

> (...) permite captar a diversidade no tempo e no espaço do processo de acumulação e as projeções dessa diversidade nos países de industrialização tardia. Graças a tal enfoque abrangente foi possível aprofundar a percepção das vinculações entre as relações externas e as formas internas de dominação social, bem como projetar luz sobre outros temas de não pouca significação, tais como a natureza do Estado e o papel das firmas transnacionais[8]. (FURTADO, 1997)

A visão furtadiana da dependência[9] nasceu desta compreensão do conjunto de relações sociais e econômicas integradas, bem como dos condicionantes internos e externos sobre as decisões no âmbito do Estado. Celso enxergava uma dimensão cultural muito importante na dependência, decorrente da adoção pelas classes exportadoras periféricas dos padrões de consumo do centro.

A propensão em importar a cultura e a mimetizar o estilo de vida da burguesia e das classes médias-altas das economias desenvolvidas realimentava continuadamente as relações de dependência, mediante a frequente introdução de novos produtos e serviços. Essa aspiração permanente de consumo forçaria as classes dominantes periféricas a buscar apropriação de parcela crescente do "excedente" para importar bens de consumo, aprofundando a concentração da renda e da riqueza. Assim, além do sistema centro-periferia implicar em distribuição desigual dos ganhos de produtividade por meio de

---

8. Furtado, Celso. *Entre o inconformismo e o reformismo*. Tomo III da Obra Autobiográfica de Celso Furtado. Rio de Janeiro: Paz e Terra, 1997.
9. Furtado, Celso. *Underdevelopment and dependence: the fundamental connections*. University of Cambridge: Center for Latin American Studies, Working Paper 17, 1973.

termos de troca tendencialmente desfavoráveis, o avanço da industrialização tardia na periferia criava mecanismos próprios de concentração da renda, gerando um binômio desenvolvimento-subdesenvolvimento[10].

A fonte primária de capital para suportar o processo de acumulação, na concepção de Furtado, se baseia na apropriação pelas classes dominantes de uma parcela relevante do "excedente social". Este definido como o valor monetário líquido criado pelo sistema de forças produtivas, deduzidos os custos das matérias-primas e insumos, da depreciação dos instrumentos de produção e dos salários[11]. Ao longo do tempo, o aumento do capital disponível para investir na expansão do sistema depende diretamente do fluxo do excedente apropriado pela burguesia industrial nos países centrais. Decerto, o processo de acumulação poderia ser alavancado ou acelerado pelo crédito bancário, mas deveria ter como lastro a capacidade de gerar lucros suficientes para servir e amortizar as dívidas nos prazos contratados.

Furtado sublinhou como o desenvolvimento dos núcleos centrais do capitalismo industrial, desde a segunda metade do século XVIII até o século XX, esteve entrelaçado à formação de estados-nação sob controle das burguesias emergentes e às respectivas políticas de dominação territorial. Após a liderança e hegemonia britânica, a ascensão do capitalismo industrial nos Estados Unidos[12] e na Europa ocidental acelerou as transformações sociais e econômicas, inclusive os movimentos de unificação nacional liderados por burguesias industriais emergentes – como foram os casos da Alemanha e da Itália. A afirmação expansionista desses novos estados soberanos, capacitados a regular os respectivos subsistemas econômicos nacionais, entre o

10. Furtado, Celso. *Desenvolvimento e subdesenvolvimento*. Vide o primeiro ensaio. Rio de Janeiro: Fundo de Cultura, 1961.

11. Nota do autor: esse valor corresponderia aos lucros brutos do sistema produtivo empresarial antes do pagamento de juros, amortização de dívidas e impostos.

12. Nota do autor: A Guerra de Secessão entre 1861 e 1865 opondo os estados industriais do norte dos EUA aos estados do sul, escravistas, produtores e exportadores de algodão, tendo como motivação principal a abolição da escravidão, exemplifica essas transformações. A vitória do norte, sob a presidência de Abraham Lincoln, consolidou a hegemonia da burguesia industrial emergente nos Estados Unidos. A mobilização industrial pela guerra, para a produção metalúrgica, naval, de armas e canhões ensejou um período de bonança em vários estados do norte. Paradoxalmente, a formação da economia exportadora de algodão, escravista e de custos baixos, no sul dos EUA, na segunda metade do século XVIII, fora induzida pela demanda da emergente indústria têxtil da Inglaterra, na primeira etapa de seu processo de industrialização. Este exemplo ilustra o processo histórico, apontado por Celso Furtado, de como o desenvolvimento do capitalismo industrial criou estruturas produtivas e sociais diversas e heterogêneas, em várias áreas geográficas integradas ao sistema centro-periferia.

último quarto do século XIX até a Primeira Guerra Mundial (1914-1918), provocou uma feroz competição imperialista por áreas cativas de mercado na periferia, especialmente na África e na Ásia.

Considerando o conjunto de relações econômicas integradas pelo sistema centro-periferia, a disputa pela apropriação do excedente social abrangia quatro vertentes: 1) apropriação do excedente pela classe industrial do centro por meio da geração de resultados de seu próprio sistema de forças produtivas; 2) apropriação, por essa mesma classe, do excedente derivado dos ganhos de produtividade da divisão internacional do trabalho (ganhos do comércio, ricardianos) pela via dos termos de troca; 3) a apropriação de uma parte do excedente por segmentos das classes dominantes periféricas; 4) apropriação de parte do excedente pelo Estado, tanto no centro quanto na periferia, para responder às tensões sociais e demandas por serviços públicos ou para apoiar a criação de vantagens comparativas industriais[13].

A taxação é a principal forma de apropriação pelo Estado de parcela do excedente social, sendo que a imposição de tarifas de importação era a principal ferramenta de estímulo[14] ao desenvolvimento das atividades manufatureiras nos novos centros industriais, em formação nas três últimas décadas do século XIX e ao longo do século XX.

Na visão de Celso Furtado, o papel do Estado nas sociedades periféricas foi se tornando imprescindível em face da crescente exclusão e desigualdade social e, como veremos adiante, diante do aumento dos obstáculos estruturais ao avanço da industrialização tardia.

Na etapa inicial, na segunda metade do século XVIII e ao longo do século XIX, o desenvolvimento de economias exportadoras integrantes do sistema central convivia com os antigos sistemas herdados do período colonial, mantidos sob o jugo da dominação social em atividades de subsistência. A evolução das atividades exportadoras induzia a importação de bens de consumo

---

13. Furtado, Celso. *Entre o inconformismo e o reformismo*. Op. cit., pp. 26 -37;

14. Nota do autor: vide o debate a respeito do “Report on the Subject of Manufactures” enviado ao Congresso americano pelo primeiro Secretário do Tesouro dos Estados Unidos, Alexander Hamilton, em 1791, propondo uma política de industrialização com base em proteção tarifária moderada combinada com subsídios a setores da indústria e à ciência e tecnologia. O debate parlamentar subsequente, que envolveu os “fundadores” Thomas Jefferson e James Madison, preteriu a utilização de subsídios e favoreceu tarifas mais altas. Posteriormente, as ideias de Hamilton foram incorporadas ao “sistema americano”, programa proposto pelo senador Henry Clay e, depois, adotadas por Abraham Lincoln como base do ideário do Partido Republicano, pró-industrialização e contrário à escravidão.

manufaturados, para satisfação das aspirações de consumo das elites locais. Paralelamente, cresciam atividades ancilares de comércio, serviços públicos e profissões liberais, criando oportunidades de emprego nas cidades. Além disso, a urbanização também ganhava impulso com a mecanização de segmentos do setor exportador e à medida que os velhos sistemas rurais se decompunham – mas sem que se criassem empregos assalariados suficientes. O desenvolvimento das forças produtivas locais era lento e restrito. O avanço das atividades artesanais e de manufatura de baixa complexidade era limitado, quando não eram desmanteladas por importações com qualidade e preços imbatíveis.

No caso brasileiro, a sobrevida da escravidão sustentada pela necessidade de reprodução dos velhos sistemas oligárquicos só foi efetivamente superada nos três decênios finais do século XIX, pela pujança da expansão do setor cafeeiro-capitalista em São Paulo[15]. O notável dinamismo deste processo estimulou a imigração em massa, introduziu e expandiu o trabalho assalariado e acelerou o crescimento de atividades conexas como os intermediários comerciais, empresas exportadoras e importadoras e casas bancárias. Celeremente, os cafeicultores paulistas iriam ocupar as abundantes terras férteis do interior e atrair capitais ingleses para empreender e financiar ferrovias, começando com a São Paulo Railway (SPR), inaugurada em 1867, ligando o porto de Santos a Jundiaí[16].

O rápido crescimento da malha paulista de ferrovias, em duas décadas de intensas inversões, revelava o marcante empreendedorismo da burguesia cafeeira. Com efeito, o desenvolvimento do complexo cafeeiro estabelece as

15. No capítulo XXX do *Formação econômica do Brasil* Furtado descreveu a vigorosa expansão cafeeira paulista, cuja produção, desfrutando de condições de mercado favoráveis em função do declínio da produção na Ásia, mais que quadruplica entre 1880-81 e 1901-02, passando a responder por ¾ da oferta mundial. Até 1893 os termos de troca foram bastante favoráveis. Após 1893, recessões nos EUA e no mercado mundial obrigaram os cafeicultores a buscar proteger os seus preços por meio da formação de estoques e controle da oferta. Essa estratégia culminou com o convênio de Taubaté, em fevereiro de 1906, entre os governos de SP, MG e RJ, para compra dos excessos de oferta por meio de empréstimos estrangeiros a serem garantidos por um novo imposto pago em ouro por saca de café exportada.

16. Nota do autor: Financiada por capitais ingleses a SPR (de Santos a Jundiaí), teve sua construção iniciada em 1860 sendo concluída em 1867. Grandes desafios de engenharia e de tecnologia foram superados para vencer o desnível de 800 metros entre a Serra do Mar e o litoral, através de um sistema de máquinas-fixas e cabos de tração engatados aos vagões. A partir de Jundiaí espraiaram-se outras ferrovias para o interior, a saber, a Jundiaí-Campinas, a Sorocabana inauguradas em 1872 e a Mogiana (de Mogi-mirim a Ribeirão Preto) inaugurada em 1875. Em face à recusa da SPR de expandir-se além de Jundiaí, novos empreendimentos foram estruturados por grandes cafeicultores com base em debentures emitidas no mercado de capitais inglês. Outros empreendimentos foram patrocinados pela Companhia Paulista de Estradas de Ferro, criada pelo governo da Província de São Paulo em

bases do sistema capitalista de produção no Brasil, com aumento da mecanização, formação do mercado interno e das classes médias burguesas baseadas em pequenos empreendimentos comerciais, de serviços e de manufaturas. O desenvolvimento industrial, no entanto, será limitado pela natureza do sistema centro-periferia e pela dificuldade de fazer avançar as bases do sistema de forças produtivas, carente dos setores de insumos básicos e de bens de capital, salvo de alguns segmentos[17].

Com a emergência da Segunda Revolução Industrial nos dois últimos decênios do século XIX, sua introdução a partir do início do século XX e mais intensamente nos anos 1920, com a disseminação dos motores à combustão interna, das máquinas elétricas, da indústria química, da siderurgia e da extração e refino do petróleo, as escalas produtivas e as necessidades de capital se agigantaram e tornaram o desafio da industrialização muito mais difícil para a periferia[18]. A lúcida percepção de Furtado de que o dinamismo tecnológico do centro aumentava a escala dos desafios estruturais ao desenvolvimento, reforçou sua convicção quanto à necessidade da ação industrializante pelo Estado.

1868, de modo a unir Campinas a Piracicaba, São Carlos e Araraquara. Assim, em 1880, a economia cafeeira já dispunha de uma ampla rede ferroviária que a ligava ao porto de Santos através de Jundiaí.

17. Nota do autor: A respeito do desenvolvimento induzido de alguns setores de bens de capital no bojo do complexo cafeeiro o professor Wilson Cano do IE/Unicamp, uma cepalino de formação e conhecedor profundo da obra de Celso Furtado, descreveu na sua tese de Doutorado "Raízes da Concentração Industrial em São Paulo", de 1975, como a fabricação de máquinas e implementos agrícolas, especialmente para o beneficiamento do café foi fundamental para o aumento da produtividade e da qualidade. Pequenas fundições a carvão supriam a matéria prima para esses segmentos emergentes da indústria metalmecânica. Com a ampliação das operações portuárias e a expansão das ferrovias e tornou-se indispensável o desenvolvimento de atividades de reparo e manutenção, bem como a produção de partes e componentes mais simples para as máquinas e equipamentos importados. Essas empresas, muitas delas de imigrantes europeus, desenvolveram paralelamente a oferta de máquinas para beneficiamento de arroz, moedas para cana, moinhos de milho e mandioca e, posteriormente, nos anos 20, de tornos mecânicos simples de pequeno porte. Tratava-se, porém, de um desenvolvimento restrito e focado, sendo as máquinas complexas ou de grande porte todas importadas.

18. Nota do autor: A propósito, a questão da escassez de oferta de energia elétrica em São Paulo exemplifica o tamanho dos desafios. A expansão da indústria na capital, dos serviços de bondes e da iluminação elétrica nos anos 20 criou um difícil gargalo ao crescimento. A São Paulo Tramway, Light and Power Company Limited, a Light, empresa canadense que detinha a concessão da geração, transmissão e distribuição de energia elétrica no Rio de Janeiro e São Paulo desde 1889 valia-se de pequenas usinas para suprir os serviços. Uma seca severa em 1924 obrigou a um corte de 50% no fornecimento, afetando seriamente a produção e os serviços na capital paulista. As fortes pressões subsequentes levaram a Light a desenvolver o chamado "Projeto da Serra, um empreendimento que aproveitava o desnível da Serra do Mar para canalizar via grandes tubulações água dos rios das Pedras, Pinheiros e Tietê, retida

E, coerentemente, propunha ação industrializante de longo alcance, não apenas de horizonte curto, mas com planejamento de longo prazo, capaz de ordenar e imprimir racionalidade ao ingente esforço de superação do subdesenvolvimento. No Tomo III da *Obra Autobiográfica*, já citada, sublinha que:

> Esse trabalho de reconstrução de estruturas requer uma ação orientadora que somente pode vir do Estado. A complexidade da tarefa que lhe cabe realizar exige uma visão global, sincrônica e diacrônica, que só se obtém com o planejamento. (1997)

Na sua primorosa obra, a *Formação econômica do Brasil*[19], escrita em 1957 durante um ano de licença da Cepal, no King's College da Universidade de Cambridge, Celso Furtado apresentou sua interpretação da trajetória da economia brasileira desde a colônia açucareira no Nordeste, até as primeiras etapas da industrialização via substituição de importações nos anos 1950. Trabalho de um intelectual maduro, de grande fôlego, fundamentado em estatísticas inéditas, que sintetizou dez anos de reflexão sobre o Brasil, desde o seu Doutorado em Paris, englobando seus sete anos de frutífero aprendizado na Cepal.

Nos capítulos das partes Quarta e Quinta do *Formação econômica do Brasil*, Furtado analisou a gênese e vigorosa expansão da economia cafeeira sob trabalho assalariado e apontou seus dilemas e limites nos dois últimos decênios do século XIX e nos decênios iniciais do século XX, quando se tornou necessário formar estoques reguladores de escala crescente que, de um lado, sustentavam os preços e, de outro, ao manter a rentabilidade do setor, agravavam a tendência à sobre-oferta.

Quando estoura a Crise de 1929, Celso elucidou como a política econômica defensiva do governo do presidente Getúlio Vargas, visando sustentar a renda do complexo cafeeiro ao longo da grande crise dos anos 1930, teve a virtude de deslocar o centro dinâmico da economia brasileira para o mercado interno. A produção doméstica, industrial e agrícola, avançaram sob o estímulo de preços relativos favoráveis e rentabilidade subitamente elevada. As indústrias de bens de consumo já existentes passaram a utilizar ao máximo

---

em reservatórios, para gerar energia em turbinas instaladas no sopé da Serra, em Cubatão. O empreendimento, de grande escala, tecnicamente ousado e de custo elevado, foi concebido e construído com rapidez sendo inaugurada a primeira turbina em 1926. O projeto da Usina de Cubatão, depois denominada em homenagem ao engenheiro Henry Borden, permitiu seguidas expansões nas 4 décadas seguintes com a construção de uma usina subterrânea inaugurada em 1955. A energia gerada pela Henry Borden foi fundamental para sustentar a industrialização concentrada na cidade de São Paulo e no ABC até os anos 60.

19. Furtado, Celso. *Formação econômica do Brasil*. Rio de Janeiro: Fundo de Cultura, 1959.

a capacidade instalada e buscaram se modernizar, apesar da dificuldade e do alto custo de importar máquinas, recorrendo em muitos casos à compra de máquinas usadas de empresas falimentares nas economias centrais. No último capítulo do *Formação econômica do Brasil*[20] analisou com notável clareza como a acumulação industrial dependia da geração de capacidade de importar os bens de capital necessários. Mostrou como essa restrição constrangia o desenvolvimento pela via da substituição de importações, cujas expansões esbarravam em pressões cambiais, estrangulamentos e tensões inflacionárias.

No citado capítulo de fecho do *Formação econômica do Brasil,* Furtado pôs em relevo dois grandes desafios antepostos ao pleno desenvolvimento do Brasil na segunda metade do século XX. Primeiro, postulou que sem o expressivo desenvolvimento do setor de bens de capital, a economia continuará muito dependente da capacidade de importar. Antevê que:

> A transformação estrutural mais importante que possivelmente ocorrerá no terceiro quartel do século XX será a redução progressiva da importância relativa do setor externo no processo de capitalização. Em outras palavras, as indústrias de bens de capital – particularmente as de equipamentos – terão que crescer com intensidade muito maior do que o conjunto do setor industrial. Essa nova modificação estrutural, que já se anuncia claramente nos anos cinquenta, tornará possível evitar que os efeitos das flutuações da capacidade de importar se concentrem no processo de capitalização. É essa a condição essencial para que a política econômica se permita visar ao duplo objetivo de defesa do nível de emprego e do ritmo de crescimento[21]. (FURTADO, 1959)

O segundo desafio destacado por Furtado, com o olhar de 1958, dizia respeito ao grave risco de aprofundamento da desigualdade regional brasileira – dimensão inseparável da também profunda desigualdade social. Mostrou como o sucesso da expansão da economia cafeeira e sua posterior transição para o crescimento industrial concentrou intensamente a produção manufatureira em São Paulo, *et pour cause,* como esse processo também concentrou territorialmente a geração de empregos, a renda salarial e os lucros empresariais[22]. Celso iluminou como, em sequência ao auge cafeeiro, a in-

20. Vide Furtado, Celso. *Formação econômica do Brasil.* Op.cit. Capítulo XXXVI, intitulado "Perspectivas dos próximos decênios".
21. Vide Furtado, Celso. Formação econômica do Brasil. Op. cit., pp. 245.
22. Esta questão foi aprofundada com grande pertinência e acurácia pelo Professor Wilson Cano, discípulo de Celso Furtado, em sua Tese de Doutorado, "Raizes da Concentração Industrial em São Paulo", op. cit, 1975.

dustrialização paulista provocou impactos dinamizadores desiguais sobre as articulações inter-regionais. Demandou insumos, matérias-primas e bens de consumo do Sul – do Rio Grande do Sul e, também, da Argentina e Uruguai. Da região Norte, demandou a borracha e a juta para produção de sacaria. Os empresários dos agronegócios do Sudeste (SP, MG e RJ principalmente) buscaram, com agilidade, outros produtos em substituição ao café. Em relação ao Nordeste, porém, esses impactos não foram suficientes para romper a decadência secular da região. Ao contrário, facilitou uma estéril sobrevida da economia açucareira e atraiu da região uma forte corrente migratória[23].

Atento aos mecanismos perversos e viciosos de perpetuação das desigualdades regionais Furtado antevê que:

> Uma vez iniciado esse processo, sua reversão espontânea é praticamente impossível. Em um país da extensão geográfica do Brasil, é de se esperar que tal processo tenda a prolongar-se extremamente[24].

Sua preocupação com o agravamento da exclusão econômica e social do Nordeste, o leva a propugnar por uma nova política de desenvolvimento racional e inclusiva de integração das regiões, especialmente do Nordeste. Essa causa iria atrair atenção política e incidir em sua trajetória pessoal.

A contribuição como homem público: a saga da Sudene e a experiência como ministro do Planejamento

Concluída a redação do *Formação econômica do Brasil*, obra-prima de referência no pensamento econômico brasileiro, Celso Furtado retornou ao Brasil em 1958. Aceita convite para assumir uma diretoria no BNDE e se desvincula da Cepal. Inicia-se, então, uma nova etapa de vida como homem público em que viria assumir posições executivas de alto relevo.

Suas atribuições como diretor do BNDE estavam dedicadas à região Nordeste e, nesta condição, foi designado interventor no Grupo de Trabalho

23. No citado capítulo XXXVI do *Formação econômica do Brasil*, à página 248 transcrevo "Em 1955, São Paulo, com uma população de 10.330.000 habitantes, desfrutou de um produto 2,3 vezes maior que o do Nordeste, cuja população no mesmo ano alcançou 20.100.000 habitantes. A renda *per capita* na região paulista era, por conseguinte, 4,7 vezes mais alta que a da região nordestina". A título de curiosidade, em junho de 2020 o IBGE estima que a população do NE soma 57,4 milhões de habitantes e a do estado de São Paulo, 46,3 milhões. Em 1955 a relação entre a população nordestina e a de SP (NE/SP) era de 1,94; em 2020, 65 anos depois, essa relação caiu para 1,24.

24. In: *Formação econômica do Brasil*, op. cit. pp. 248.

para o Desenvolvimento do Nordeste (GTDN), organismo que havia sido criado para formular um plano regional de desenvolvimento. Em 1958 grassava uma forte seca, os governadores da região estavam inquietos e crescia na opinião pública nordestina descontentamento com o governo federal, cujas ações à época concentravam-se na construção de barragens pelo Departamento Nacional de Obras Contra a Seca (DNOCS).

Preocupado com o desgaste de seu governo no Nordeste, o presidente Juscelino Kubitschek convocou uma reunião com personalidades e autoridades no Palácio Rio Negro, em Petrópolis (RJ), no início de 1959[25]. Convidado, Celso fez uma competente análise sobre o subdesenvolvimento nordestino, como sempre densa, mas carregada de paixão. O presidente o ouviu com toda atenção e imediatamente decidiu tomar uma iniciativa de grande envergadura, que denominou de "Operação Nordeste". Solicitou-lhe que preparasse, em curtíssimo espaço de tempo, um plano de ação.

Celso dedicou-se intensamente à encomenda e redigiu pessoalmente as 94 páginas do relatório conclusivo do GTDN, intitulado *Uma política de desenvolvimento econômico para o Nordeste*[26], apresentando-o ao presidente no palácio do Catete, em fevereiro de 1959, na presença de todos os governadores e lideranças da região. Neste evento, o presidente JK assinou mensagem ao Congresso enviando projeto de lei de criação da Superintendência de Desenvolvimento do Nordeste (Sudene) e, para que não se perdesse tempo, criou por decreto o Conselho de Desenvolvimento do Nordeste (Codeno), composto pelos governadores e instalado em abril, em Recife, com a sua presença[27].

A efetiva criação da Sudene por meio da Lei 3.692 de 15/12/1959, foi um processo controverso que enfrentou resistência da oposição e risco de desfiguração por parte das oligarquias nordestinas reacionárias. Até então, Celso Furtado fora um funcionário público exemplar e intelectual admirado.

25. Vide Furtado, Celso. *Aventuras de um economista brasileiro – A fantasia desfeita*, Tomo II da Obra Autobiográfica, Paz e Terra: Rio de Janeiro, 1997, pp. 74-81.

26. Nota do autor: A Introdução do relatório do GTDN se inicia, sem rodeios, pondo o dedo na ferida: "A disparidade de níveis de renda existente entre o Nordeste e o Centro-Sul do país constitui, sem dúvida, o mais grave problema a enfrentar na etapa presente do desenvolvimento econômico nacional". Com notável poder de síntese Furtado resumiu em 6 páginas o diagnóstico dos mecanismos viciosos que mantinham a região aprisionada no subdesenvolvimento e expôs as linhas mestras do Plano de Ação, combinando o texto técnico com eloquente apelo político. Uma primorosa pequena grande obra de economia política, destinada a ser uma duradoura fonte de inspiração.

27. Vide Furtado, Celso. *A fantasia desfeita*, op.cit. Capítulo IV, pp. 99-123.

Subitamente, teve que se mover na esfera política como protagonista de um projeto ousado de transformação do Nordeste em uma nova economia.

Nesse novo desafio revelou grande habilidade e tato político para, de um lado, compor interesses legítimos e, de outro lado, manter suas convicções e valores, sem jamais esquecer os objetivos maiores de interesse público. Deve-se sublinhar que sem a liderança que emanava de seu poder de persuasão, da grande força de suas ideias e da capacidade de traduzi-las em programas e planos de desenvolvimento bem fundamentados, Celso Furtado não teria conseguido alcançar o panteão dos homens públicos capazes de influir sobre o rumo dos processos históricos.

Celso comandou a Sudene desde sua concepção e nascimento, em 1959, até sua destituição pelo golpe militar nos primeiros dias de abril de 1964. Graças ao seu trabalho, persistência e criatividade, a Sudene granjeou prestígio internacional, tendo inspirado iniciativas semelhantes em outros países. O presidente John Kennedy (EUA), por exemplo, levou em conta a experiência em curso no Nordeste brasileiro ao criar a "Aliança para o Progresso". A sua integridade, respeitabilidade, habilidade e reconhecida competência lhe facultou continuar na direção da instituição apesar da alta instabilidade da política brasileira no período, sendo confirmado no cargo pelos sucessores de JK, os presidentes Jânio Quadros e João Goulart.

O presidente Goulart, por exemplo, recorreu a ele em fins de setembro de 1962 com objetivo de preparar um plano de governo consistente, em face ao plebiscito marcado para 6 de janeiro de 1963, sobre a continuidade ou não do regime parlamentarista. Jango ouviu do ministro de Relações Exteriores, San Tiago Dantas, que Furtado era a pessoa preparada para essa desafiadora tarefa em tempo tão exíguo[28]. Como se sabe, o plebiscito consagrou o retorno ao presidencialismo com 80% de apoio e o presidente Goulart retomou plenamente os poderes presidenciais. Para que pudesse desempenhar a missão, Celso foi guindado à posição de ministro de Planejamento – ministério que até então não existia e precisou ser velozmente organizado para poder dar conta do recado. O primeiro titular do Ministério do Planejamento mobilizou os melhores técnicos de instituições de excelência, interagiu com os ministros das diversas pastas e dedicou-se no limite de suas energias a concluir o plano no prazo solicitado.

28. Vide Obra Autobiográfica. Tomo II. *A fantasia desfeita*, op.cit. Capítulo VI, pp 237-257.

A preparação do Plano Trienal, assim denominado porque restavam ao presidente Goulart três anos de governo, trouxe Celso de volta à macroeconomia e ao planejamento de todos os setores do governo, como educação, saúde, transportes, energia, indústria, comércio, agricultura, mineração. A única condição que pediu ao presidente foi conservar a Sudene, confiada ao seu vice superintendente.

A situação macroeconômica brasileira era muito delicada. As finanças públicas se encontravam significativamente desequilibradas após o grande esforço de investimento dedicado à construção de Brasília e ao Plano de Metas. As reformas liberais feitas no breve governo Jânio Quadros, com unificação do sistema cambial e consequente fim das taxas múltiplas de câmbio, eliminou uma importante fonte de arrecadação, depreciou a moeda e acelerou a inflação que, em 1962, alcançara 50% a.a. A situação do financiamento externo era muito precária, dado que o déficit em conta corrente nos últimos anos fora suportado por dívidas de curto prazo[29]. O FMI apertava o governo pressionando por um duro e imediato ajuste fiscal.

Coube a Celso Furtado engendrar um plano realista, que não evadia o enfrentamento dos desequilíbrios, mas recusava-se a adotar um tratamento de choque que arrastaria a economia a uma forte recessão. O Plano Trienal buscava estabilizar a inflação por etapas, atacando os desequilíbrios fiscais e financeiros, mas sem provocar desemprego e retração dos investimentos. Celso propôs, então, um conjunto de reformas no plano fiscal, visando gerar confiança, aumentar receitas, controlar firmemente as despesas correntes e ampliar a capacidade de emissão de títulos de longo prazo pelo Tesouro.

O outro pilar imprescindível do Plano Trienal era o refinanciamento da dívida externa, através de empréstimos de longo prazo, visando remover o estrangulamento da capacidade de importar e reduzir o elevado custo financeiro da dívida de curto prazo. Essa árdua tarefa estava a cargo de San Tiago Dantas, deslocado para a pasta da Fazenda no início do governo presidencialista de Jango. Celso, que permanecera no cargo de ministro do Planejamento, acompanhava atentamente o desenrolar das negociações conduzidas por seu amigo San Tiago que, diligentemente, buscou sensibilizar o FMI, os banqueiros e o governo americano, mas não obteve sucesso[30]. Este revés foi fatal para a viabilidade do Plano Trienal. No segundo semestre de 1963, as condições

29. Vide Obra Autobiográfica. Tomo II. *A fantasia desfeita*, op. cit. Capítulo VI, pp. 247-248.
30. Vide Obra Autobiográfica. Tomo II. *A fantasia despeita*. op. cit. Capítulo VI, pp. 249-255.

econômicas começaram a se deteriorar rapidamente e, em resposta, o presidente Goulart radicalizou o discurso político abrindo a guarda para a urdidura do golpe militar de abril de 1964.

Em junho de 1963, em meio a uma reforma geral do ministério, Celso retorna à superintendência da Sudene, cujo segundo Plano Diretor acabara de ser aprovado pelo Congresso com uma expressiva dotação orçamentária. Com senso de urgência dedica-se a acelerar a implementação dos projetos de transformação da região.

A intensa saga de Furtado à frente da Sudene, interagindo com os governadores e parlamentares, com as lideranças políticas nacionais, acadêmicos, dignitários estrangeiros, ministros de estado, embaixadores e com os três presidentes da República com quem trabalhou – sempre empenhado em discutir as questões nacionais, assegurar recursos para o Nordeste e aprovar os seus Planos Diretores – foi objeto do Tomo II da sua Obra Autobiográfica, *A fantasia desfeita*, de leitura fascinante. Nela se revela um homem público apaixonado pelo país e especialmente pela sua região, profundamente democrata, tenaz, comprometido com a luta contra a pobreza e militante incansável pelo desenvolvimento. Todas essas qualidades reunidas sob a sua profunda crença, de raiz positivista, na primazia da racionalidade, do conhecimento científico e do planejamento.

Cidadão do mundo: um intelectual de expressão internacional a serviço do desenvolvimento social e econômico

O golpe de 1964 destituiu Celso da Sudene e, logo a seguir, no dia 9 de abril, o Ato Institucional nº 1 cassou os seus direitos políticos por dez anos. Sem alternativas imediatas, aceitou convite do Instituto Latino-Americano para Estudos do Desenvolvimento (ILPES), ligado a Cepal e sediado em Santiago do Chile. Iniciou-se uma nova etapa em sua vida, que duraria cerca de vinte anos, em que iria desempenhar um brilhante papel intelectual e acadêmico, universalmente reconhecido, como teórico do desenvolvimento econômico e social.

No segundo semestre de 1964 foi convidado pela Universidade de Yale (EUA), como pesquisador do Instituto de Estudos do Desenvolvimento. Um ano depois, em setembro de 1965, foi nomeado pelo próprio general Charles De Gaulle à cátedra de Desenvolvimento Econômico da Faculdade de Direito e Ciências Econômicas da Sorbonne, onde permaneceu por vinte anos.

Entre 1965 e 1985, mantendo sua base em Paris, Celso desenvolverá intensa atividade acadêmica como professor-visitante ou conferencista em universidades de renome e, a convite de agências das Nações Unidas (ONU) visita, como conselheiro e observador, vários países em desenvolvimento na África, Ásia e América Latina.

Nesse período, a atividade intelectual de Celso se amplifica e se aprofunda. Revisita os fundamentos de suas formulações teóricas sobre o desenvolvimento e o subdesenvolvimento e lhes agrega novas percepções e proposições. Observa atenta e diuturnamente os desdobramentos do cenário internacional, com olhos nos Estados Unidos, Europa e Ásia. Nenhum fato relevante escapa à sua análise. Acompanha de perto o acirramento das implicações da Guerra Fria na América Latina após a Revolução Cubana. Os países da região permanecem sob escrutínio de seu radar intelectual. Em relação ao Brasil mantém acompanhamento e atenção permanente ao longo de todo o período.

Embora curto o exilio em Santiago do Chile foi intenso e criativo. Reencontrou velhos amigos da Cepal, como Jorge Ahumada e José Medina Echevarría, participou de debates sobre o futuro do desenvolvimento da América Latina[31] e conviveu com o círculo de exilados brasileiros no Chile. As formulações teóricas originais da Cepal foram objeto de intensa discussão em grupo. A hipótese de que a industrialização, após certo ponto, seria autossustentável esbarrava na constatação de que o processo latino-americano de substituição de importações encontrara limitações e que os desafios eram muito maiores.

Prebisch, então em Genebra, como participante da assembleia de fundação da Conferência das Nações Unidas para Comércio e Desenvolvimento (UNCTAD) mantinha-se a par desses debates. A UNCTAD deveria, precisamente, tentar modificar o arcabouço do comércio mundial no sentido de fomentar o desenvolvimento, promovendo as exportações de manufaturas das economias periféricas de modo a romper com a dependência das exportações de *commodities*. Essa pretensão parecia, entretanto, utópica em face dos obstáculos estruturais na periferia e dos interesses dominantes nas economias desenvolvidas.

Celso revisitou o modelo centro-periferia e introduziu novas variáveis. Argumentou que o processo de distribuição desigual dos frutos do progresso tec-

---

31. Furtado, Celso. Obra Autobiográfica. *Entre o inconformismo e o reformismo*. Tomo III. Op. cit., pp. 53-71.

nológico se tornara mais difícil de superar. A natureza cumulativa da capacitação tecnológica aumentava a brecha relativa entre centro e periferia. Ademais, a vantagem de deter tecnologias avançadas era deliberadamente protegida e sua transferência, cerceada. Além disso, nas economias industriais avançadas a automação crescente dos processos produtivos intensificava o uso do capital-fixo e requeria volumes cada vez mais altos de capital para concretizar novos projetos.

Reforçou a sua visão de que a dependência cultural das classes de alta renda na periferia enviesava a demanda em direção a bens de consumo mais sofisticados o que, por sua vez, contribuía para agravar a defasagem tecnológica da produção local. Nesse contexto, considerando a alta concentração da distribuição da renda nas economias periféricas, as dependências tecnológica e cultural se realimentavam incessantemente, obstando a continuidade da substituição de importações, o que desembocaria em tendência à estagnação.

O debate sobre o esquema centro-periferia foi enriquecido pela observação de Celso que a maciça internacionalização das grandes empresas industriais americanas no pós-guerra introduzira um novo ator relevante no cenário. As empresas transnacionais tiravam proveito da proteção tarifária existente para ocupar diretamente os mercados, especialmente nos setores mais dinâmicos. A penetração dessas empresas interrompia, "de maneira geral, a formação de uma classe de empresários com nítido sentimento nacional. [...] A ação empresarial nacional ficou restringida a setores secundários ou decadentes [...][32]". Além disso, a presença relevante das transnacionais resultava em perda de autonomia nacional na medida em que os centros estratégicos de decisão ficavam localizados nas matrizes, no exterior.

A participação de sociólogos no grupo de debates, notadamente de Fernando Henrique Cardoso, agregou a essa discussão uma dimensão sociopolítica[33] em que a dependência se instalava tendo como palco o mercado interno das economias periféricas e daí se projetava ao âmbito das classes dominantes, sendo à burguesia nacional destinado um papel coadjuvante[34].

32. Furtado, Celso. Obra Autobiográfica. *Entre inconformismo e reformismo*. Op. cit., p. 73.

33. Furtado, Celso, Obra Autobiográfica. *Entre inconformismo e reformismo*. Op. cit., pp. 70-74, em que Furtado se refere à discussão sócio-política: "*Às questões que eu levantara, ele (FHC) acrescentara outras: 'que grupos (setores empresariais, novas classes médias, setores operários) impulsionam o desenvolvimento, e a partir de que condições concretas de interação política e social o fazem'*".

34. Nota do autor: na Obra Autobiográfica. Entre o inconformismo e o reformismo. Op. cit., Celso registra sua interlocução com Fernando Henrique e cita o artigo "F.H. Cardoso e Enzo Faletto, *Dependencia y desarollo em América Latina*, México, Siglo XXI, 1969.

À luz destas conclusões e do reconhecimento quanto ao aumento da complexidade estrutural nas economias da América Latina predominava naquele momento dos debates um sentimento de inquietação, com viés pessimista. Em relação ao Brasil, diante da hipotética tendência à estagnação, temia-se que o regime autoritário recém instalado descambasse para mais repressão política, arrocho salarial ou para formas de populismo.

Convencido que a ditadura militar teria longa duração e de que contaria com suporte dos Estados Unidos em função do recrudescimento da Guerra Fria na América Latina, Celso aceitou o convite da Universidade de Yale e, em setembro de 1964, transferiu-se para a pequena cidade de New Haven, com o sentimento positivo de que ganharia muito em conhecer em profundidade a história e as características da sociedade americana. Mais que isso, dado o papel hegemônico dos Estados Unidos na esfera industrial, esse conhecimento era imprescindível à compreensão das possibilidades de desenvolvimento das economias periféricas.

Das leituras históricas sobre a formação das 13 colônias inglesas de povoamento no litoral Nordeste americano no fim do século XVII, sobre a guerra pela independência entre 1776 e 1783 e subsequente instituição da Constituição Federativa de inspiração iluminista em 1787, Furtado compreendeu:

> A luta contra os privilégios alicerçados em favores governamentais e o ideal de uma democracia fundada no amplo acesso à propriedade – ideais que vinham de Thomas Jefferson e que pela metade do século constituíram a bandeira de Andrew Jackson – foram um fermento renovador da política norte-americana até avançado o século XIX[35]. (FURTADO, 1997, p. 107)

Essas reflexões lhe elucidaram a origem e propagação dos valores ideológicos americanos concomitantemente ao dinâmico desenvolvimento da fronteira agrícola e das atividades manufatureiras ao longo do século XIX, especialmente após a reafirmação desses valores com a vitória na Guerra de Secessão. Nas três últimas décadas do século XIX, a escalada do desenvolvimento industrial acelerou significativamente os influxos imigratórios a par-

35. Furtado. Celso. Obra Autobiográfica. *Entre inconformismo e reformismo*. Op.cit. p. 107. Entre as páginas 110 e 112 Furtado analisou como a Constituição americana foi realista ao incluir mecanismos moderadores diante de um poder executivo forte, referindo-se a um Congresso bicameral também forte e ao poder judiciário. Os direitos dos cidadãos (Bill of Rights) foram incluídos depois, em 1791, devendo ser protegidos "*contra as arbitrariedades do governo, no plano fiscal e no das liberdades de comércio, contra tudo o que pusesse por em risco os direitos de propriedade e os dos credores*", p. 112.

tir da Europa. Celso reviu, através dessas leituras[36], a trajetória dos Estados Unidos que já no início do século XX passou a deter a maior base manufatureira do mundo, após o fim da Primeira Guerra Mundial se tornou o principal centro financeiro internacional e, após a Segunda Guerra, passou a desfrutar de incontrastável hegemonia global.

Na segunda metade dos anos 1960 e crescentemente nos anos 1970 essa hegemonia, embora continuasse firme nos planos industrial, militar e geopolítico, começou a enfrentar focos de erosão. No período de quase um ano em Yale, Celso teve o privilégio de interlocução com grandes economistas como James Tobin e Robert Triffin. Este último, especialista em economia monetária internacional, a quem já conhecia da época da Cepal, o alertou para o risco de enfraquecimento do dólar como moeda-reserva, diante do crescente déficit em conta corrente dos EUA (logo agravado pelos expressivos gastos com a guerra no Vietnã) e em face da saída de capitais associada à internacionalização das suas grandes empresas.

De fato, a erosão da hegemonia do dólar agravou-se ao final dos anos 1960 e início dos anos 1970, quando a França anunciou que não mais aceitaria reter reservas na moeda americana. Em agosto de 1971, o presidente Nixon surpreendeu o mundo ao romper unilateralmente a convertibilidade do dólar em ouro, conforme a paridade que havia sido estabelecida no Acordo de Bretton Woods em 1944. Desde então, o dólar passou a funcionar como moeda puramente fiduciária, abrindo caminho para um regime de livre flutuação das taxas cambiais a partir da Conferência do FMI de 1973, na Jamaica.

Em sua estadia nos Estados Unidos, Celso Furtado manteve intensa agenda de palestras e eventos em outras universidades americanas, ampliando a sua influência acadêmica. Fez para isso um esforço de sistematização de sua visão estruturalista sobre a armadilha do subdesenvolvimento, cuja compreensão não era intuitiva aos economistas americanos, acostumados à teoria de "estágios" sucessivos do processo de desenvolvimento[37]. Em compensação, pode estar com o professor John Kenneth Galbraith de Harvard, que fica próxima a Yale, e interagiu com jovens economistas, como Carlos Diaz

36. Furtado. Celso. Obra Autobiográfica. *Entre inconformismo e reformismo*. Op.cit. Vide a rica bibliografia citada sobre a história e cultura dos Estados Unidos; pp. 170-172.

37. Nota do autor: o paradigma dominante nos EUA estabeleceu-se a partir da celebrada obra do economista Walt Whitman Rostow, "The Stages of Economic Growth", de 1960, no qual postulava que o desenvolvimento era um processo que naturalmente se desdobrava em 5 estágios sucessivos.

Alejandro e Stephen Hymer[38], este último pioneiro no estudo da formação das transnacionais, tema de seu especial interesse.

Honrado com o convite para assumir uma cátedra na Sorbonne, Furtado se muda para Paris em setembro de 1965. A França vivia um momento de desenvolvimento econômico e afirmação nacional sob a liderança de Charles de Gaulle, cuja política externa deliberadamente buscava se diferenciar da norte-americana. Celso logo compreendeu que Paris era um centro privilegiado para difusão mundial de novas ideias. Retomou e aprofundou seu esforço de teorização da questão do subdesenvolvimento, ou da frustração do desenvolvimento nas economias periféricas.

Suas aulas eram assistidas por grande número de alunos, sendo necessário realizá-las em grandes anfiteatros. Passou a escrever em periódicos e revistas de circulação internacional como o *Le Monde, Esprit e les Temps Modernes.* Celso viria, assim, ampliar gradativamente sua influência intelectual, participando de conferências e eventos de vários países e vendo seus livros serem traduzidos para uma dezena de línguas. Acompanhou de perto e analisou como a agitação estudantil de maio de 1968 catalisou todas as tensões acumuladas na sociedade francesa, produzindo inesperadamente uma enorme greve geral que quase derruba a República e, por pouco, o presidente De Gaulle.

Vencido o período da cassação de seus direitos políticos em 1974, Celso buscou participar e publicar mais sobre o Brasil. Tomou parte do grande debate acadêmico nos anos 1970 sobre a desigualdade social brasileira e sua elevada concentração da renda. Visitava com frequência a América Latina, que nunca deixou de acompanhar com atenção, escrevendo artigos sobre a Argentina, Chile, México, Venezuela. Recebeu convites de instituições e universidades asiáticas, de países como Japão, China, Mongólia. Na condição de consultor das Nações Unidas visitou nações africanas. Manteve posições temporárias como professor em várias universidades americanas e na renomada universidade inglesa de Cambridge, ocupando a cátedra Simon Bolívar. Em 1975, ofereceu um curso semestral na PUC de São Paulo, num período político tenso e não isento de riscos pessoais em face da atuação dos órgãos de repressão.

Em resumo, nos seus vinte anos de exílio, Celso Furtado tornou-se um ci-

38. Nota do autor: Por coincidência, alguns anos depois, como doutorando em economia nos Estados Unidos tive a oportunidade de interagir com Stephen Hymer, cuja tese "The international operations of national firms: a study of direct foreign investment" concluída em 1960 no M.I.T. e depois publicada em 1976, foi uma das fontes de inspiração de minha própria Tese de Doutorado apresentada à Universidade de Cornell em 1974.

dadão do mundo, expandiu internacionalmente sua influência intelectual e sua obra sobre o desenvolvimento e o subdesenvolvimento ganhou foro universal.

O retorno ao Brasil e a retomada da vida pública

A aprovação da Lei da Anistia [nº 6.683], de 28 de agosto de 1979, abriu o espaço para o retorno das principais personalidades políticas brasileiras que viviam no exílio. Celso passou a vir ao Brasil com frequência. Retomou sua vida política, participando do diretório nacional do PMDB, interagindo com as lideranças da oposição, escrevendo textos, comparecendo a inúmeros eventos públicos como conferencista. Manteve sua posição na Sorbonne, dirigindo seminários, especialmente na Escola de Altos Estudos em Ciências Sociais, mas passava meses no Brasil.

Ao final dos anos 1970, esgotou-se o ciclo de crescimento acelerado do governo Geisel. A violenta subida da taxa de juros nos Estados Unidos (de 10% para 19% a.a.) pelo novo presidente do Federal Reserve, Paul Volcker, entre outubro 1979 e março de 1980, problematizou o refinanciamento da considerável dívida externa acumulada pelo Brasil entre 1973 (primeiro choque de preços do petróleo) e 1979-80 (segundo choque). O conhecido algoz do estrangulamento externo voltou a assombrar as autoridades econômicas brasileiras. A situação se agravou sobremodo após a moratória da dívida externa mexicana decretada em agosto de 1982, abrindo para a América Latina um longo período de escassez de financiamento externo – período que ficou conhecido como a "crise da dívida externa". O Brasil, que já vinha enfrentando crescente restrição cambial desde 1980 e entrara em recessão em 1981, viu a economia mergulhar em queda pronunciada no biênio 1982-83.

O governo Figueiredo, temeroso do ônus político, hesitou em recorrer imediatamente ao FMI e só o fez passadas as eleições de 1982, quando a situação já escapara ao seu controle após a moratória do México. Até então, as negociações com o comitê de credores, capitaneadas pelos grandes bancos americanos, foram meramente paliativas, sendo a rolagem das dívidas vincendas feita a prazos curtos. O país foi mantido no cabresto. A questão de fundo – a necessidade de desconto e reestruturação da dívida – não foi enfrentada e, por isso, o estrangulamento externo tornou-se o fulcro das discussões macroeconômicas ao longo dos anos 1980.

No fim de 1982 o Brasil recorreu ao FMI, que pressionava por forte contenção fiscal e imediata desindexação dos reajustes salariais. Do outro lado, o governo contrapropôs alternativas menos drásticas. Desse embate resultaram meias-medidas e uma sequência de sete "cartas de intenções" do ministro Delfim Netto ao FMI, todas não cumpridas. Não obstante, o bloqueio financeiro externo, as desvalorizações cambiais, a perda do controle sobre a inflação e o agravamento da recessão entre 1981-83 aprofundou o desgaste do regime militar e acelerou a abertura política no governo Figueiredo.

As eleições diretas para governadores e senadores em 1982 já havia resultado em expressiva vitória da oposição que elegeu dez governadores, incluindo estados importantes como São Paulo, Rio de Janeiro, Minas Gerais e Paraná. Em 1983, a campanha pelas eleições diretas para presidente – *Diretas Já* - sacudiu o país de Norte a Sul. Frustrada por pequena margem de votos a aprovação da emenda constitucional que estabelecia as eleições diretas, o Congresso elegeu em janeiro de 1985 o governador de Minas Gerais, Tancredo Neves, à presidência da República. Por meio de hábil aliança entre oposição e situação, Tancredo obteve folgada vitória.

Com objetivo de preparar seu programa de governo, o presidente eleito – em entendimento com as lideranças do PMDB de do PFL –, constituiu a Comissão do Plano de Ação do Governo (COPAG). Convidado pelo presidente Tancredo, Furtado participou ativamente desta comissão como um dos representantes do PMDB[39]. Como membro da comissão, posso testemunhar que sua maior preocupação estava centrada na problemática da dívida externa[40]. Celso preparou, desde logo, um texto exploratório para testar discussão

39. Nota do autor: A COPAG teve como representantes do PMDB, Celso Furtado, José Serra e eu; como representantes do PFL, Hélio Beltrão, Sérgio Quintella e Sérgio de Freitas. A Comissão, presidida por Serra, então secretário de planejamento de São Paulo, contou ainda com um observador do futuro ministro da fazenda, Francisco Dornelles. Tive, nesta circunstância, o privilégio de trabalhar de forma muito próxima a Celso. Além da questão da dívida externa, que me levou a organizar informações e preparar tabelas para nossa discussão, dividimos entre nós a redação dos relatórios que considerávamos mais importantes. Celso ficou responsável pelos seguintes relatórios: renegociação da dívida externa (1ª versão), área social, desigualdade regional. Eu redigi os relatórios sobre a política industrial e de ciência e tecnologia, além de ter preparado notas sobre a situação fiscal (incluindo a questão da conta-movimento entre o BC e o BB). Recolhemos muitos subsídios sobre esses temas e obtivemos ajuda voluntária de muitos economistas, especialistas e cientistas. Gentilmente Celso leu e fez comentários e adendos aos meus relatórios e pediu-me para ler e comentar os seus. A sua preocupação principal era o desafio da dívida externa, como transparece na recente publicação de seus diários relativos àquele período. Vide a esse respeito o livro editado por Rosa Freire D'Aguiar Furtado, *Celso Furtado-Diários Intermitentes, 1937-2002*. São Paulo: Cia das Letras, 2019, capítulo 8.

40. Nota do autor: Furtado publicara em 1983 um pequeno livro intitulado *Não à recessão e ao desemprego*, Rio de Janeiro: Paz e Terra, em que externou sua visão sobre a legitimidade de uma moratória como recurso para alcançar uma reestruturação da dívida.

do tema na primeira reunião da COPAG. Com lucidez e clareza, pôs o dedo na ferida: a dívida, contratada a taxas de juros flutuantes – que no período entre 1975 e 1978 oscilaram entre 5,5% e 7,0% ao ano – mais que dobrara no quinquênio de 1979 a 1984, inflada por uma taxa de juros – em média de 16% ao ano – decorrente da drástica mudança da politica monetária americana. Com efeito, a dívida que representava cerca de 23% do PIB em 1979, saltou para quase 49% no fim de 1984[41]. Além disso, o perfil temporal tinha encurtado. Em resumo, a dívida teria que ser reestruturada com juros bem mais baixos e prazo alongado[42], processo que só viria a acontecer nove anos depois.

Nessa discussão preliminar, Furtado sugeriu que o governo deveria apresentar aos credores uma proposta de rolagem automática do principal com capitalização escritural dos juros, enquanto se negociaria uma reestruturação dos prazos e das taxas de juros do conjunto dos contratos. Para nossa surpresa os representantes do PFL, liderados pelo ex-ministro Hélio Beltrão, apoiaram a proposta sem ressalvas. Beltrão foi assertivo e, se não me falha a memória, afirmou que a capitalização unilateral dos juros era uma forma soberana de obter o refinanciamento da dívida enquanto se procedia uma reestruturação negociada.

Saímos da reunião esperançosos de que o relatório sobre a dívida externa propusesse uma solução estrutural. Entretanto, à medida em que as semanas passaram, a inclinação da maioria da comissão foi de atenuar a assertividade da proposta. A versão final do documento se concentrou no diagnóstico do problema e sugeriu, genericamente, que se negociasse os termos da dívida com os credores, mas sem enunciar uma proposta clara.

41. Nota do autor: A dívida externa brasileira alcançara cerca de US$102 bilhões no fim de 1984, para um PIB estimado pelo Banco Mundial em US$209 bilhões neste mesmo ano. Segundo o Relatório da South Commission, (*The Challenge to the South*, Oxford University Press, 1990, pags.59 e 60) no período entre 1984 e 1988, sob a pressão dos credores, os países em desenvolvimento transferiram liquidamente vultosos recursos aos bancos dos países desenvolvidos, incluindo o Banco Mundial, totalizando US$163 bilhões. Além disso, no mesmo período, o crédito às exportações dos países em desenvolvimento caiu 70% e os termos de troca pioraram 25%, no período 1980-88, para as *commodities* exceto petróleo. Por essas razões a década dos 80 foi caracterizada como a da "crise da dívida" – um longo interregno de bloqueio financeiro externo que contribuiu para a estagnação econômica e queda da renda *per capita* nos países periféricos.

42. Nota do autor: o processo de reestruturação da dívida pode ser viabilizado com base no chamado Plano Brady, apresentado pelo secretário do tesouro Nicolas Brady em março de 1989, quando os bancos já haviam recebido e provisionado grande parte dos empréstimos. O plano consistia na troca da dívida por bônus de longo prazo securitizados a taxas de juros mais baixas. Outros países da América Latina conseguiram concluir as complexas negociações com os bancos credores no início dos anos 90. No caso do Brasil o processo se arrastou e foi concluído em abril 1994, no governo Itamar Franco.

A escolha pelo presidente eleito de seu sobrinho, Francisco Dornelles, para ministro da Fazenda, foi demonstração de que considerava o cargo como de sua estrita confiança pessoal. Ao PMDB coube o Ministério do Planejamento, para o qual foi nomeado o professor João Sayad, então secretário da Fazenda de São Paulo. Posteriormente, em agosto de 1985, o presidente José Sarney convidou Celso Furtado, confirmando o convite feito por Tancredo Neves, a assumir a embaixada do Brasil junto à Comunidade Econômica Europeia. Em março de 1986, o presidente o nomeia ministro da Cultura, cargo que ocupou até julho de 1988.

Tal posição deu a Celso a gratificante oportunidade de prestar serviços ao país numa esfera que lhe era particularmente cara. Suas obras e reflexões sobre a formação econômica e social do Brasil sempre compreenderam a cultura como dimensão relevante e dependente, intrínseca à formação e evolução da sociedade, de suas classes e segmentos sociais, desde o período colonial, passando pela transição para uma economia capitalista sob a expansão do complexo cafeeiro e, no século XX, pela evolução norteada pelo crescimento industrial sob iniciativas oscilantes do Estado, com crescente urbanização, presença ascendente das classes médias e de setores empresariais, tanto nacionais quanto dominados por empresas transnacionais.

No precioso livro publicado em 1978, *Criatividade e dependência na civilização industrial*[43], em que a temática econômica está entremeada por perguntas filosóficas sobre a criatividade e a liberdade do homem, Furtado questionou a subordinação dos processos de industrialização na periferia às tecnologias transplantadas pelas grandes empresas internacionais e à mimetização dos padrões culturais das economias industriais avançadas. Essa subordinação restringia antecipadamente o desenvolvimento de núcleos endógenos de inovação por empresas nacionais, esvaziando a criatividade local e reforçava continuadamente a dependência em relação à cultura e padrões de consumo exógenos.

Como ministro da Cultura, sua orientação mestra foi no sentido de fortalecer a criatividade cultural brasileira numa era de transformações impulsionadas pelas tecnologias de informação e comunicações e, adicionalmente, consolidar o Ministério da Cultura, especialmente por meio do projeto de lei de incentivos fiscais à cultura, aprovado pelo Congresso e sancionado em junho de

43. Furtado, Celso. *Criatividade e dependência na civilização industrial*. Rio de Janeiro: Paz e Terra, 1978.

1986 pelo presidente Sarney que, em 1972, como senador havia proposto um projeto com o mesmo propósito de fazer florescer a "economia da cultura"[44].

Após o período no Ministério da Cultura, Furtado manteve constante atividade nesta área tendo participado da Comissão Mundial para a Cultura e Desenvolvimento (CMCD da UNESCO), entre 1993 e 1995, e colaborado na redação do seu relatório final. No contexto das discussões, Celso propôs que o acesso à cultura deveria integrar os direitos fundamentais da pessoa humana. Em agosto de 1997, Celso foi eleito para a Academia Brasileira de Letras e, em seu discurso de posse, homenageou especialmente a Darcy Ribeiro que ocupara anteriormente a cadeira.

A vida intelectual de Celso Furtado permaneceu muito ativa e participativa. Continuou a acompanhar com perspicácia e senso crítico a evolução da economia e da política brasileira, bem como da economia e da política mundial, até seus últimos dias de vida. Por exemplo, analisou a notável ascensão da economia japonesa nos anos 1980, quando assumiu a liderança tecnológica na indústria automobilística e nas indústrias de eletrônica de consumo e bens de informática – realizando um grande superávit no comércio com os Estados Unidos. Registrou, também, como a economia japonesa desembocou em prolongada crise nos 1990, após o colapso, no fim de 1989, da enorme bolha imobiliária que se formara com base numa expansão desmedida e consentida do crédito a juros baixos.

Em relação ao Brasil, Celso observou a evolução das tentativas frustradas de estabilização da hiperinflação através dos sucessivos planos de congelamento de preços – sempre derrotados em última instância por crises cambiais, posto que o problema estrutural da dívida externa não fora resolvido[45]. A estabilização pode ser obtida após a reestruturação da dívida em abril de 1994, com reabertura do mercado de financiamento externo, que permitia a emissão de bônus soberanos e de bônus corporativos no mercado internacional de capitais. Esse novo quadro viabilizou a lançamento do Plano Real, que utilizou o engenhoso artificio de introduzir uma nova unidade escritural de

---

44. Vide a respeito da presença de Celso Furtado no ministério da cultura e de suas atividades posteriores no campo da cultura a obra organizada por Rosa Freire D'Aguiar Furtado: Furtado. Celso. *Ensaios sobre cultura e o Ministério da Cultura*. Rio de Janeiro: Contraponto, 2012.

45. Nota do autor: À guisa de rememoração, entre 1986 e 1991 seis planos heterodoxos emergenciais de estabilização de preços baseados em congelamentos ou em medidas voluntaristas foram implementados e redundaram em fracassos após poucos meses, a saber: Plano Cruzado I (março de 1986), Plano Cruzado II (novembro de 1986), Plano Bresser (junho de 1987), Plano Verão (janeiro de 1989), Plano Collor I (março de 1990), Plano Collor II (janeiro de 1991).

conta, a URV (unidade real de valor) em substituição ao cruzeiro. A URV, definida como igual ao valor de um dólar, criou uma unidade forte de referência. Em outras palavras, a nova moeda foi, na prática, ancorada ao dólar, mas se evitava o recurso à "dolarização" legal que implicaria em total abdicação da soberania monetária.

Não obstante, a sustentação do Plano Real dependeu, desde a sua introdução, da manutenção de juros reais extremamente elevados. De fato, a situação cambial brasileira continuava sendo bastante vulnerável. Ao final de 1985, as reservas externas no conceito caixa eram de apenas US$ 36,5 bilhões[46] (de US$ 38,8 bilhões no conceito de disponibilidades líquidas) e isto obrigava o Banco Central a manter juros muito elevados para atrair capitais e poder manejar a trajetória da taxa de câmbio[47].

O plano foi posto à prova já no último trimestre de 1994, quando o México enfrentou grande estresse cambial que culminou em aguda depreciação do peso no final do ano e a uma forte recessão, com crise bancária no início de 1995. Posteriormente, o Real foi afetado pela crise de várias economias asiáticas em 1997-98 e pela crise da Rússia ao longo de 1998. Na segunda metade de 1998, uma fuga de capitais pressionou as reservas brasileiras forçando o abandono do regime de câmbio "semifixo" e adoção de um regime de flutuação cambial no início de 1999. Em todos esses episódios o Banco Central foi obrigado a subir a taxa de juros, de forma que entre a introdução do plano em 1994 e a crise de 1998 a taxa *real* média de juros de oscilou entre 17% e 20% ao ano.

Ademais, a manutenção dessa taxa real de juros muito elevada redundou em uma taxa de câmbio continuadamente apreciada e não compensada pelo regime administrado de minidesvalorizações, correspondente à diferença entre a inflação brasileira e a inflação externa. Decerto que essa combinação nefasta de juros reais muito altos com taxa de câmbio sobrevalorizada, não escapou à análise crítica de Celso Furtado. As consequências eram deletérias à competitividade da indústria e, portanto, à possibilidade de o setor industrial brasileiro tirar proveito de novas possibilidades de exportação e de

46. Vide IBGE. Tabelas Estatísticas do Século XX. Setor Externo. Reservas internacionais do Banco Central do Brasil; 1956-2000. Comentário do autor: as reservas externas em caixa oscilaram entre US$44 e 59 bilhões no período de "câmbio administrado" entre 1995 e 1998, sendo que parcela predominante dessas reservas estava baseada em ingressos de capitais de portfolio, atraídos pelas elevadíssimas taxas reais de juros prevalecentes no Brasil.

47. Vide Gala. Paulo. *Breve histórico da taxa real de juros no Brasil.* Acesso em: <www.paulogala.com.br>. Acesso em: 30 de junho de 2020.

descentralização internacional da produção industrial por grandes empresas transnacionais, após o término da rodada do Uruguai. A debilitação da soberania nacional e a regressão da nossa indústria com balanço de pagamentos vulnerável e submissão aos interesses externos foi, por exemplo, objeto de incisiva crítica de Celso em entrevista ao Cofecon, em junho de 2000[48].

Enquanto observava criticamente a cena brasileira através de artigos e entrevistas, continuou atuando no plano internacional. Desempenhou papel relevante em várias comissões importantes. Em 1987 recebeu convite para participar em Genebra da *South Commission*, criada por Julius Nyerere, ex-presidente da Tanzânia e secretariada por Manmohan Singh que nos anos 1990 viria ser ministro das Finanças e entre 2004 e 2012, primeiro-ministro da Índia. Celso contribuiu para o relatório final da Comissão, que fez uma dura crítica ao tratamento dado pelas autoridades e grandes bancos dos países desenvolvidos aos países em desenvolvimento. Participou da já mencionada Comissão Mundial para Cultura e Desenvolvimento, entre 1993 e 1995 e, em 1996, da Comissão de Bioética da Unesco.

Publicou vários artigos e capítulos de livros ao longo dos anos 1990 e finalizou, em 1997, sua obra autobiográfica composta pela trilogia, *A fantasia organizada*, *A fantasia desfeita* e o último volume, *Os ares do mundo*. Reconhecendo sua contribuição à causa do desenvolvimento e ao conjunto de sua obra, em 1997 a Academia de Ciências do Terceiro Mundo estabeleceu o Prêmio Celso Furtado, a ser concedido bienalmente ao melhor trabalho na área da economia política de um cientista dos países em desenvolvimento.

Algumas reflexões finais

Celso Furtado, sem jamais perder o método e o rigor, manteve notável coerência de valores e objetivos ao longo de uma vida inteira dedicada à causa do desenvolvimento do Nordeste, do Brasil e das economias subdesenvolvidas. Nesta ocasião rememorativa do seu centenário de nascimento, é oportuna uma breve reflexão sobre a concretização de seus ideais.

Comecemos pelo exame dos dois grandes desafios nacionais destacados por ele no último capítulo do *Formação econômica do Brasil*: o resgate do Nordeste e o desenvolvimento de uma base industrial robusta no setor de bens de capital.

48. Vide Juruá. Ceci. Celso Furtado. *A questão da soberania nacional*. Brasil Debate, 12 de maio de 2020, em que Ceci reproduz e comenta a entrevista de Celso.

Em relação ao Nordeste, muito embora tenha havido algum progresso, a resposta é insatisfatória. A região continua tendo renda *per capita* média um pouco inferior à metade da prevalecente região Sudeste e o índice de Gini, de concentração da renda, continua sendo o pior dentre todas as regiões brasileiras. O seu anseio de que uma ampla reforma agrária oferecesse às famílias pobres acesso a terras nas sub-regiões úmidas nunca se realizou, apesar dos meritórios programas de apoio à agricultura familiar. No seu período à frente da Sudene enfrentou renhida oposição dos latifundiários. Depois, o tema perdeu prioridade e teve avanços parciais e descontínuos.

As distâncias entre o Nordeste e as sub-regiões ricas do Brasil desenvolvido, em São Paulo e no Sul, só se reduziram um pouco durante o período de 2004 a 2013, em que o crescimento da economia nordestina foi relativamente inclusivo através da maior criação de empregos formais e dos efeitos dos programas de transferência de renda (especialmente do Programa Bolsa Família e do Benefício de Prestação Continuada, do INSS). Além disso, decisões políticas federais puseram em marcha investimentos públicos e privados estruturantes em alguns polos na região. As políticas de educação e de ciência e tecnologia abriram oportunidades de multiplicação de escolas técnicas, universidades, centros de excelência em pesquisas e polos incipientes de inovação tecnológica. A política de saúde pública, por sua vez, mostrou avanços modestos. No caso da política de energia houve progresso significativo da fonte renovável, através da instalação de numerosos parques eólicos. Também merece destaque positivo o programa de construção de um milhão de cisternas para abastecimento familiar e irrigação da pequena produção de subsistência.

De outro lado, projetos portadores de externalidades relevantes como o da ferrovia Transnordestina e o da transposição de águas do Rio São Francisco perderam o passo e foram intermitentemente interrompidos nos últimos anos. Infelizmente, os retrocessos nas políticas de educação, saúde, ciência e tecnologia, após 2016, desfizeram boa parte dos avanços supramencionados. As consequências onerosas da atual crise da Covid-19, que afetará duramente as finanças dos estados da região, poderá aprofundar dramaticamente esses retrocessos, afetando mais negativamente o mercado de trabalho regional, onde o desemprego e a informalidade já vinham aumentando.

Em relação ao setor de bens de capital (BK) e ao desenvolvimento industrial, a resposta também é frustrante. O retrato que vemos hoje é de desindustrialização e encolhimento do setor de BK. Após o último ciclo vigoroso de expansão industrial no período do II Plano Nacional de Desenvolvimento (II PND), entre 1975 e 1979, quando o setor de bens de capital se expandiu significativamente, a economia brasileira enfrentou a difícil década da crise da dívida. Depois, na segunda metade dos anos 1990 até meados da primeira década do novo milênio, o processo de estabilização sob o Plano Real – com juros muito altos e taxa de câmbio sobrevalorizada – foi hostil ao desenvolvimento da indústria, cuja participação no PIB começou a encolher.

Entre 2004 e 2013 houve outro importante ciclo de expansão da economia brasileira, concomitante a uma extraordinária melhoria dos termos de troca no comércio internacional. A expansão intensa e acelerada da indústria chinesa contribuiu para valorizar as *commodities* de base agrícola e mineral e para reduzir os preços relativos dos produtos manufaturados. A economia brasileira tirou proveito deste ciclo para exportar *commodities* e realizar um crescente superávit comercial que nos permitiu, pela primeira vez na história moderna, acumular reservas em grande escala[49]. A nossa indústria manufatureira também cresceu, acompanhando a expansão do mercado interno, mas não ganhou competitividade internacional pelo fato de que a taxa de câmbio foi se valorizando depois de 2005 e as taxas reais de juros caíram muito lentamente.

Neste período, o setor de bens de capital saiu um pouco da defensiva, notadamente no que se refere à oferta de equipamentos para os setores exportadores, tais como máquinas e equipamentos agrícolas e de mineração. No caso do setor de petróleo, a adoção de uma política de conteúdo local pela Petrobras, também favoreceu o setor de bens de capital sob encomenda. Não obstante, a apreciação da taxa de câmbio combinada com a persistência de juros altos não permitiu avanços mais expressivos em termos de atualização tecnológica e desempenho exportador. De todo modo, o setor brasileiro de bens de capital conseguia suprir cerca de 69% do consumo aparente de máquinas e equipamentos.

Em 2014, porém, a economia desacelerou e mergulhou em uma profunda recessão no biênio 2015-2016 (queda de 6,9% do PIB) e passou a crescer a taxas pífias entre 2017 e 2019 (apenas 1,26% ao ano). O biênio 2015-2016

49. Nota do autor: os dados do Banco Central (séries estatísticas) mostram como o superávit comercial brasileiro subiu firmemente depois de 2003, acumulando 190 bilhões de dólares até o final de 2007. O superávit ainda se sustentou em nível mais baixo durante e após a grande crise financeira internacional e acumulou um saldo de 119 bilhões de dólares entre 2008 e 2012, totalizando 309 bilhões entre 2003 e 2012. Paralelamente, neste mesmo período as reservas externas brasileiras foram acrescidas em 325 bilhões, totalizando 373 bilhões de dólares no fim de 2012, sendo que 60% deste incremento foi obtido nos cinco primeiros anos, entre 2003 e 2007, a partir dos fortes superávits comerciais registrados.

foi particularmente ingrato para a indústria manufatureira cuja contração, de -10,6%, superou a do PIB. No período de 2017 a 2019 a indústria ficou praticamente estagnada, as taxas reais de juros permaneceram altas até meados de 2019 e a taxa de câmbio volátil e desfavorável à competitividade. A grande queda na formação de capital fixo da economia brasileira neste período (caiu de 20% do PIB em 2014 para 15% em 2019) afetou negativamente o setor de bens de capital que, além disso, perdeu participação de mercado para produtos importados. Em 2019, a oferta de equipamentos produzidos no país caiu a 47% do consumo aparente e dependendo do impacto adverso da atual crise sanitária sobre as empresas do setor, poderá retrair-se ainda mais.

Em resumo, após 62 anos, os dois desafios colocados por Furtado nos parágrafos finais do *Formação econômica do Brasil* apenas avançaram meio-caminho e, pior, correm risco de grave retrocesso. Mais que frustrado, Celso veria a situação do Brasil em 2020 com desgosto, apreensão e indignação.

Como economista que sempre dedicou grande atenção ao progresso tecnológico, ele estaria preocupado com a crescente defasagem brasileira. Com poucas exceções, a perda de dinamismo da indústria brasileira já vinha esvaziando a sua capacitação tecnológica desde os anos 1990. Perda de capacitação tecnológica significava para Furtado aumento da dependência e abertura de flancos a retrocessos. Estaria hoje apreensivo ante o risco de obsolescência de nossa indústria em face da aceleração das transformações digitais, com veloz disseminação da *internet das coisas*, da conectividade intensiva através da tecnologia 5G, da automação industrial avançada e das aplicações de inteligência artificial.

Estaria aflito e indignado com a possibilidade de um grave retrocesso da desigualdade social e regional, com aumento do desemprego estrutural, da informalidade, da precariedade e da pobreza absoluta enquanto, de outro lado, o topo privilegiado da pirâmide social concentraria ainda mais a posse da riqueza e da renda. Estaria alarmado com o crescimento do desespero e da violência na sociedade, enquanto os laços de solidariedade humana se dissolvem.

A única mudança relevante para melhor, à qual Furtado daria grande valor, residiu na acumulação de reservas externas entre 2004 e 2012 – o que propiciou ao país um para-choque contra as muitas crises cambiais que ele testemunhou ao longo de sua vida. Foram crises cambiais que pararam a economia, derrubaram governos e presidentes e deixaram o Brasil de joelhos à mercê dos credores.

As nossas reservas cambiais alcançaram US$ 378 bilhões em meados de 2019. No entanto, a atual política ultraliberal tem negligenciado sua preservação. Alguns economistas até preconizam a redução deliberada para abater dívida interna. No ano passado o Banco Central vendeu US$ 27 bilhões no mercado à vista e a reserva externa fechou o ano de 2019 com US$ 357 bilhões. O último dado disponível, de maio de 2020, após forte saída de investidores estrangeiros em março e abril, registrava US$ 334 bilhões. Celso, que sempre defendeu com denodo a soberania nacional, estaria denunciando essa trajetória negligente e temerária.

Diante da perspectiva que a crise da Covid-19 resulte em uma longa fase de estagnação econômica, sucedendo um período já desastroso entre 2015 e 2019, é preciso inspirar-se no exemplo de Celso Furtado e mobilizar nossas energias a pensar saídas para recuperação do desenvolvimento brasileiro. Essa tarefa não pode prescindir da soberania nacional necessária à manutenção de um rumo consistente de desenvolvimento industrial e tecnológico, combinado com inclusão social e redução das desigualdades. Tampouco pode prescindir de um firme suporte da sociedade, por meio de consensos a serem construídos democraticamente. Um projeto nacional de desenvolvimento implica em avanço persistente e firme para vencer a dependência tecnológica, financeira, cultural e de acesso a mercados[50]. Essa preciosa lição, infelizmente ainda não compreendida por nossas elites, talvez represente o principal legado do pensamento de Celso Furtado – um gênio brasileiro a serviço do desenvolvimento.

50. Vide Furtado, Celso. *Criatividade e dependência na civilização industrial*. Op. Cit., especialmente o capítulo VI (Dependência num mundo unificado), pp. 112 a 123.

PARTE 2

O COMBATE PELO DESENVOLVIMENTO DO BRASIL

Furtado e a compreensão do subdesenvolvimento[1]

Luiz Gonzaga Belluzo[2]

Tem razão Chico de Oliveira no prefácio de seu livro sobre Celso Furtado: devemos tudo a ele. O plural majestático se aplica às sucessivas gerações de economistas e cientistas sociais que teimam em descobrir e redescobrir o Brasil. Devemos a Furtado a compreensão da especificidade do subdesenvolvimento e o entendimento de uma questão central: os países da periferia do capitalismo estão condenados a "inventar" suas estratégias de desenvolvimento. Caso contrário, entregarão seu destino aos processos de reiteração e reprodução das condições que geram a dependência e o atraso.

Celso acreditava, sobretudo, na capacidade da ação racional transformadora. O positivismo foi sua matriz intelectual. "Não essa caricatura que circula hoje em dia", disse ele numa entrevista que me concedeu, publicada na revista *Carta Capital*, "mas a ideia de que o homem tem meios para transformar o mundo, construir um mundo melhor e que esses meios estão ordenados pela ciência, decorrem do avanço formidável do conhecimento científico. Quando eu descobri a ideia de planejamento social, fiquei maravilhado e disse: é aqui que está o caminho, temos que sair por aqui. Para aplicar a inteligência para ordenar sua cidade, tem que ter um plano; então me pus a estudar planejamento".

Celso Furtado escreveu sua obra mais importante no auge do 'desenvolvimentismo'. O desenvolvimento – é preciso que se diga com ênfase – não foi uma invenção idiossincrática de países exóticos. Foi, sim, uma resposta adequada aos desafios e oportunidades criadas pela Grande Depressão dos anos 30 e seu ambiente internacional catastróficos. Os projetos nacionais de

1. Artigo publicado no jornal *Folha de S.Paulo*, em 22 de novembro de 2004.
2. Economista, professor de Economia da Universidade Estadual de Campinas (Unicamp) e das Faculdades de Campinas (Facamp). Autor, entre outros, dos livros *Manda quem pode, obedece quem tem prejuízo* (São Paulo: Facamp, 2017) e *Nos tempos de Keynes* (São Paulo: Contracorrente, 2016).

desenvolvimento e industrialização na periferia nasceram no mesmo berço que produziu o keynesianismo nos países centrais. Uma reação contra as misérias e as desgraças produzidas pelo capitalismo dos anos 20.

A onda desenvolvimentista e a experiência keynesiana tiveram o seu apogeu nas três décadas que sucederam o fim da Segunda Guerra. O clima político e social estava saturado da ideia de que era possível adotar estratégias nacionais e internacionais de crescimento, industrialização e avanço social. Celso, honrando a herança de Prebisch, sabia que a pretensão de controlar o próprio destino dependia crucialmente, na periferia, da constituição das forças produtivas engendradas pelo capitalismo industrial, mas não ignorava que não era possível reproduzir a trajetória dos países desenvolvidos. Havia a percepção de que o objetivo de aproximar o país das formas de produção e de convivência não poderia ser alcançado no âmbito da velha e destroçada divisão internacional do trabalho e nem mesmo mediante a simples operação da forças "naturais" do mercado.

Na posteridade da Segunda Guerra Mundial, a expansão do internacionalismo capitalista comandada pelos EUA e a polarização da Guerra Fria colocaram novos desafios ao avanço da agenda desenvolvimentista. Quem se habituou a repetir, sem qualquer censo crítico, que o Brasil perseguiu um "modelo" autárquico, um economia fechada, falsifica fatos: a industrialização brasileira foi acompanhada de uma profunda internacionalização da estrutura produtiva da economia. Como disse outro dia o professor Carlos Lessa, estão aqui quase todas as multinacionais importantes.

Os resultados, ainda que desiguais, não foram ruins. Comparada a qualquer outro período do capitalismo, anterior ou posterior, a era desenvolvimentista e keynesiana apresentou desempenho muito superior em termos de taxas de crescimento do PIB, de criação de empregos, de aumentos dos salários reais e, no caso de países como o Brasil, ficou devendo a universalização dos direitos sociais e econômicos.

Não se trata, naturalmente, de reinventar nem de chorar o 'desenvolvimentismo' perdido, de resto uma experiência histórica singular do capitalismo. Mas é possível concluir, pelo menos, que os 'desenvolvimentistas' entendiam bastante de desenvolvimento.

Nos anos 90, o cosmopolitismo liberal se lançou à aventura da desconstrução da ideia de nação. Para tanto, se embrenhou nos misteres de ocultar e negar a existência de hierarquias e dominação nas relações internacionais, de exaltar as virtudes regeneradoras da concorrência, de estigmatizar a coordenação do Estado. O resultado todos estão vendo.

Celso Furtado para interpretar o Brasil de hoje

Carlos Antônio Brandão[1]

> Um dos traços característicos do subdesenvolvimento é a exclusão de importantes segmentos da população da atividade política, privados que estão de recursos de poder. Daí a proclividade ao autoritarismo. Essa situação somente se modifica com a emergência de formas alternativas de organização social capazes de ativar os segmentos de população politicamente inertes (Furtado, 1992b).

Celso Furtado ofereceu ao Brasil um sistema teórico-metodológico complexo, histórico-estrutural, potente e aberto (ao diálogo e à constante reatualização frente a cada conjuntura). Ao mesmo tempo, atuou concreta e politicamente para transformar o país no sentido de que o mesmo direcionasse seus ativos e suas energias para a construção da nação. Me pergunto como ele veria, nos seus cem anos, a situação dramática, sombria e obscurantista em que o país foi engolfado. Ele que acreditava no avanço da racionalidade civilizatória e nos valores substantivos e democráticos.

Ele formulou importantes argumentos e bases analíticas para discutir, entre outras questões: Porque algumas sociedades nacionais esterilizam ou se deixam drenar seu excedente, suas energias e suas potencialidades, enquanto outras não? Porque alguns países logram direcionar suas forças para a construção de uma acumulação reprodutiva, ampliando seus horizontes de possibilidades, ao tempo em que armam e levam à frente, com determinação, estratégias ousadas e consistentes de avanço civilizatório guiado por valores substantivos?

---

1. Professor Titular do IPPUR/UFRJ. Doutor, Livre Docente e Professor Titular pelo Instituto de Economia da Unicamp. Pós-doutor pela Universidade British Columbia e pelo Centro de Estudos Sociais da Universidade de Coimbra. Bolsista do CNPq. Coordenador da Red del Desarrollo Socio-Económico-Espacial Latinoamericano (REDSLA) (http://redsla.org/). Coordenador do site www.interpretesdobrasil.org. Coordenador do Observatório Celso Furtado para o Desenvolvimento Regional do Centro Internacional Celso Furtado. E-mail: brandaoufrj@gmail.com.

Em importante síntese, afirmou: "o ponto de partida do estudo do desenvolvimento deveria ser o *horizonte de aspirações da coletividade em questão*" (Furtado, 1969).

Perguntava: Quais são as vias históricas possíveis e alternativas de se reter e comandar excedente social e colocar em ação as potencialidades de um sistema de forças produtivas, constituindo um "sistema econômico nacional" e promovendo acumulação reprodutiva?; Como integrar produtiva, regional e socialmente uma nação, evitando os riscos de fragmentá-la?; Como enfrentar a falta de "homogeneidade social" e os percalços da modernização dos modos de vida miméticos?; Como desatar as energias da criatividade contida e valorizar a riqueza cultural de uma civilização nacional com alta diversidade; Como afirmar a necessidade da presença constitutiva do Estado e do Planejamento para estruturar estratégias concretas de desenvolvimento?

Ninguém antes dele tinha tratado o subdesenvolvimento como uma (con) formação estrutural resultante do modo como o capitalismo se propagou na escala mundial, em diferentes espaços e tempos. Defendia que a busca perene da transformação social deveria estar assentada em bases sólidas de conhecimento científico, a fim de enfrentar a cumulatividade dos processos próprios da situação de subdesenvolvimento, inerentemente de difícil reversão.

Segundo ele, em razão da sua alta irreversibilidade, lidar com o subdesenvolvimento exigiria conceber e implementar "um projeto político apoiado na mobilização de recursos sociais, que permita empreender um trabalho de reconstrução de certas estruturas" (Furtado, 1992, p. 75).

Para tanto, seria imprescindível implementar estratégias consistentes e de longo prazo, para além da lógica dos mercados, buscando uma mais participativa e democrática ação, dotada de maior "racionalidade as decisões que comandam processos sociais, evitando que surjam processos cumulativos e não-reversíveis em direções indesejadas".

Não existiria, portanto, como querem os conservadores e o *mainstream*, uma tendência à unificação e à convergência, rumo a uma "monocultura" ou modelo "ótimo"/superior, do sistema capitalista (geralmente o Norte-Atlântico) (Brandão; Souza, 2018). Antes, há uma pluralidade de trajetórias possíveis de constituir experiências concretas e vias distintivas de modos de organização social.

Pelo contrário, construir o verdadeiro caminho para o processo de desenvolvimento nacional, no sentido de estender suas opções e alternativas, ampliando seu leque de oportunidades, requeria o enfrentamento em várias frentes. Seria necessário forjar novo patamar de homogeneidade social, que se traduzisse em enriquecimento cultural e em apropriação dos avanços tecnológicos e novos padrões civilizatórios.

Desse modo, apesar do projeto empreendido por Furtado ser bastante ambicioso teoricamente, ele não almejava construir formulações abstratas e gerais, buscando uma teorização cientificista e desconectada da historicidade dos processos reais-concretos inerentes ao desenvolvimento. Daí o retorno dele sempre ao "interesse pela História", "da busca de um *sentido* para a História", ainda mais necessária em uma ambiência de "tempo parado, de impasses e imobilismo". Seria preciso buscar a historicidade dos processos, a fim de "superar o círculo fechado do fatalismo e do absurdo".

Além disso, aquelas concepções conservadoras seriam, segundo Furtado, economicistas. Ele defendia que "não existe o estritamente econômico": "Não existe uma realidade social cujo estudo seja da competência da economia. A matéria de estudo desta é certa classe de problemas sociais". A importância do que ele denomina de parâmetros não-econômicos (as determinações e os condicionantes processados pelos fatores sociopolíticos e institucionais, tais como relações de propriedade, comportamento, composição e decisões da classe empresarial etc.) seria decisiva.

Assim ele formulou uma interpretação histórica e estrutural do processo de desenvolvimento. Sustentava que seria preciso superar o positivismo do predeterminado na interpretação deste processo. Construir contrapontos à concepção positivista de progresso, que assevera, com otimismo, um caminho natural, linear e mecânico de espraiamento e difusão de modernização capitalista. Seria forçoso reconhecer que toda construção conservadora deixa de lado um ponto fundamental: o caráter contingente e histórico da trajetória. Ao contrário, dever-se-ia procurar interpretar os processos de desenvolvimento desigual e as heterogeneidades estruturais (produtivas, sociais, espaciais etc.) especificamente nacionais, convenientemente mediadas e apropriadamente determinadas. A concretude e a historicidade intrínseca dos processos sociais não poderiam ser negligenciadas. O papel de estruturas sociais e de poder não poderiam estar ausentes da análise.

Não resta nenhuma dúvida que Celso Furtado continua a ser um autor atualíssimo nos tempos estruturais e conjunturais vividos neste momento desafiador em que ingressamos na terceira década do século XXI.

Neste sentido, a luta por constituir núcleos e centros de contra-poder, capazes de ampliar o raio de manobra para buscar maior autonomia e soberania nacionais e enfrentar nossas heterogeneidades estruturais seculares continua como ponto crucial da nossa agenda atual[2]. Ampliar a margem nacional de arbítrio (desenvolvimento), em um contexto em que "entregaram uma nação em construção travada ao mercado" (Furtado, 1992) e em que há enorme opressão sobre os subalternos, é tarefa hercúlea e de necessário enfrentamento das forças retrógradas que sempre estiveram presentes (e retornam) na história brasileira.

O desafio político é ganhar poder de *Comando sobre os centros de decisão*, em uma situação em que alguns poucos "nichos decisórios" ainda estão internalizados e a maioria está sob controle externo, e em que há o progressivo estreitamento dos horizontes temporais para as ações públicas estruturantes e coordenadoras. Estamos no auge do processo de neoliberalização pós-democrática, do entreguismo nacional e da austeridade cega. Seria preciso ter sujeitos socioeconômicos e políticos que ousassem realizar decisões cruciais, "que são tomadas por agentes que creem em condições de poder modificar o curso dos acontecimentos prefigurados pelo mercado" (Furtado, 1976, p. 87).

Furtado tinha plena consciência e sempre enfatizava a centralidade de se construir mediações teóricas e históricas atinentes às decisões estratégicas e ao comportamento e à mentalidade *classial*. Questionar como se estruturam os poderes e as hierarquias que determinam as decisões cruciais sobre como manter ou redistribuir os frutos do trabalho social. Dessa forma, se imporia em seu arcabouço teórico-metodológico, e em sua estratégia de ação política, a discussão da necessidade fundante de analisar a natureza da esfera privada. De se averiguar a racionalidade e a mentalidade da classe empresarial. De realizar o dimensionamento dos poderes públicos e privados. Ou seja, discutir desenvolvimento requereria tentar responder à pergunta "com que sujeitos sociopolíticos históricos contar para o processo transformativo?".

Construir estratégias democráticas de desenvolvimento, para a "realização de nossas potencialidades e aspirações", requereria pensar inclusive suas próprias bases teóricas. Esse sempre repetia que "devemos assumir nossa situação histórica e abrir caminho para o futuro a partir do conhecimento de nossa realidade" (Furtado, 1992, p. 79).

---

2. "Celso Furtado entende a construção da nação no Brasil como um processo de internalização dos centros de decisão econômica, com a inclusão da população e a garantia da homogeneização social. A homogeneização social seria um elemento fundamental para a cidadania e para a democracia" (Bercovici, 2013, p. 318).

O desafio seria enorme, pois a teoria do desenvolvimento econômico dos grandes sistemas heterogêneos, com enormes dimensões territoriais e acentuadas disparidades regionais e estruturais social ou culturalmente, como Brasil, Índia e China ainda estaria por ser escrita (Furtado, 1998).

Ele afirma que "o estudo do desenvolvimento tende a concentrar-se na caracterização das estruturas, na identificação dos agentes significativos e nas interações entre determinadas categorias de decisões e as estruturas. Estas condicionam o processo de irradiação e a eficácia no espaço e no tempo das decisões, mas ao mesmo tempo são por elas determinados" (Furtado, 1967, p. 92). Como "toda decisão envolve uma forma de exercício de uma forma de poder, [seria preciso] identificar a natureza do sistema de dominação: seu relacionamento com a estratificação social, seus meios de legitimação, sua organização no espaço, seus meios de reprodução etc." (Furtado, 1980, p. 33).

Conforme Furtado, o subdesenvolvimento não é estágio rumo a uma situação superior. É, sobretudo, uma malformação estrutural com grande capacidade de persistência, cumulatividade e reprodução. É uma situação de atraso ("quase") irreversível[3], no sentido que recorrentemente reforça suas estruturas tradicionais de dominação. Subdesenvolvimento é face e não fase do processo de desenvolvimento. Não é uma etapa no percurso pré-definido de um caminho uniforme de um país "em desenvolvimento". É uma face do processo global, mundial de expansão do capitalismo. É uma conformação, ou deformação, constituinte e singular. Não há um retardo, no sentido de mero atraso, bastando acelerar o passo e se ajustar (como se fosse um corredor retardatário em disputa, em pé de igualdade, com os "campeões") em uma trajetória com regras pré-estabelecidas por aqueles que trilharam o caminho "correto". Não é possível "recuperar o tempo perdido". Há um retardo, no sentido constitutivo-genético, do *ser* com deformidades estruturais.

O processo de subdesenvolvimento apresentaria, na sua concepção, pelo menos três características que não deveriam ser esquecidas: 1) tem marcante persistência (não passa - naturalmente - com o tempo); 2) possui alta cumulatividade (tende a se agravar com o tempo); 3) exibe alta irreversibilidade, se não for contraposto por forças de enfrentamento/intervenção poderosas, não será superado.

3. Importa insistir que Furtado (1995), ao estilizar as três experiências de tentativa histórica de superação do subdesenvolvimento lembradas acima, tenta demonstrar que todas aquelas vias de enfrentamenteo encontraram sérias dificuldades ou fracassaram no todo ou em parte.

Interessante que as teorias conservadoras coloquem a ênfase no espraiamento e difusão dos processos modernizadores, utilizando muitas vezes a metáfora das "ondas". Mas, ao contrário, na realidade, o processo de desenvolvimento não transborda, não espraia (em um certo sentido, "não se difunde"), ele precisa ser arrancado, tensionado, tirado à força, destruindo os privilégios e enrijecimentos do *status-quo* e constituindo renovadas estruturas de poder.

Desenvolvimento seria para Furtado tensão. Seria a capacidade de distorcer a correlação de forças, importunar diuturnamente as estruturas e coalizões tradicionais de dominação e reprodução do poder. Seria exercer em todas as arenas políticas e esferas de poder uma pressão tão potente quanto o é a pressão das forças que perenizam o subdesenvolvimento.

É neste sentido que se deveria pensar histórica-estruturalmente o processo de desenvolvimento. Não no sentido de que se estaria seguindo (nos países "em desenvolvimento") em uma *trajetória rumo ao "primeiro mundo"*, por exemplo. Esta concepção etapista e positivista, que grassou no Brasil em vários discursos recentes, mas tem seu correspondente ao longo dos 500 anos de sua história, desde a descoberta, quando o país já era visto como possível éden nos trópicos, passando pela expressão de "gigante adormecido" durante a ditadura militar, até a visão atual de se acoplar automática e subordinadamente ao império principal para atingir o estágio dos países desenvolvidos.

No Brasil, recorrentemente, as forças políticas e econômicas que procuram perpetuar o atraso estrutural da situação de subdesenvolvimento reaparecem sem disfarces e devem ser enfrentadas. Essa contraposição requer o amparo em uma interpretação que reconheça que quando se fala em desenvolvimento, no adequado sentido de "alargamento dos horizontes de possibilidades", se está falando necessariamente na construção de ações e políticas públicas desmanteladora de dinâmicas e estruturas que representam o atraso econômico e político.

Há nestes momentos históricos cruciais a necessidade de construção de elementos teóricos e práticos – resgatando a História e as especificidades nacionais em situação de subdesenvolvimento –, para engendrar e potencializar centros de decisão alternativos e estruturar respostas sóciopolíticas com vigor e criatividade, não seguindo "modelos ideais traçados por outros".

Seria necessário buscar nossos próprios caminhos, nesta conjuntura sombria, em que o pior da "civilização brasileira" aflora e em que nossas mazelas sociais e heterogeneidades estruturais se aprofundam. Se no médio prazo lograrmos superar a fase atual de trevas e iniciarmos a constituição de um projeto alternativo de desenvolvimento, o país não poderia, como ciclicamente o faz ao longo de sua história de longa duração, esterilizar a potência, muitas vezes oculta, de suas diversidades e da sua criatividade. É nesse sentido que ganhar espaço de atuação e comando, com maior grau de autodeterminação e endogenia, envolve necessariamente tratar de forma criativa as diversidades geográfica, demográfica, social, cultural, produtiva etc. brasileiras. É preciso entender como as forças conservadoras destroem ou interditam a criatividade e a diversidade cultural e regional "dos de baixo", para manter o padrão de privilégios "dos de cima". Neste contexto, "o desafio que se coloca à presente geração é, portanto, duplo: o de reformar as estruturas anacrônicas que pesam sobre a sociedade e comprometem sua estabilidade; e o de resistir às forças que operam no sentido da desarticulação do nosso sistema econômico, ameaçando a unidade nacional" (Furtado, 1992, p. 13).

Ainda segundo nosso autor, importaria analisar o contexto em que se constituíram e reproduziram (inconclusa e travadamente) as classes sociais em um ambiente de atraso estrutural e subdesenvolvimento. Não obstante, torna-se difícil tensionar a correlação de forças políticas postas no bloco do poder, de natureza oligárquico-mercantilista, tendo "camadas baixas" difusas, deserdadas e com fratura orgânica na falta de propriedade e de direitos. Neste contexto de apatia e desorganização política "dos de baixo", uma massa amorfa e informe, vai se cristalizando um tipo muito peculiar e impiedoso de dominação interna, com desigualdades estruturadas, sistemáticas e reprodutíveis de poder.

Nas condições de subdesenvolvimento seria indispensável acicatar atitudes e iniciativas que rompam com estruturas anacrônicas e decisões retrógradas de mera manutenção patrimonial do estoque de riqueza velha (líquida e de bens de raiz). O centro de comando desnacionalizado não tem correlação de forças apta a tomar decisões legitimadas transformativas que pudessem romper com os interesses heterogêneos, e é carente de capacidade de mobilização das massas de capitais dispersivas e fragmentárias que pudessem ser aglutinadas e alavancadas para constituir núcleo decisório autônomo de acumulação reprodutiva nacional. Tal hegemonia política não possibilita nitidez para o Estado priorizar, desobstruir e catalisar inversões que promovam rupturas na situação de subdesenvolvimento.

A intenção do agir estratégico envolve, necessariamente, dimensionar e vergar a correlação de forças políticas. Neste sentido, nas palavras de Furtado, o "comportamento diacrônico das comunidades humanas (que chamo de História) comporta um elemento de intencionalidade que se traduz pelo exercício de opções" (Furtado, 1989, p. 7). Assim, o Estado legitimado politicamente em torno de vontades, seria o espaço para o exercício de ações no sentido da ampliação do leque de possibilidades. Dessa forma, "mais do que transformação, o desenvolvimento é invenção. As condições requeridas para que este elemento se manifeste com vigor, dão-se historicamente" (Furtado, 1994, p. 37).

Contudo, se o processo de desenvolvimento envolve estes movimentos construtivos legitimados social e politicamente, de intenção e invenção, ele envolve também uma espécie de desconstrução, de desmonte, por exemplo, no caso brasileiro, da reprodução permanente do sistema de privilégios. Há uma unidade dos donos do poder *vis-à-vis* o heterogêneo e desabilitado conjunto das classes subordinadas no Brasil, tendo por base o travamento do acesso à elementos habilitadores de cidadania, à propriedade e aos direitos. Consolidou-se uma supremacia rentista-mercantil-oligárquica imediatista na condução do poder de decisão e comando e na assunção da regulação da reprodução das massas dispersivas de capital, que soldou um modo de reprodução de certo tipo de dominação interna, com desigualdades estruturadas, sistemáticas e auto reprodutíveis de poder.

Por sua vez, o subdesenvolvimento é uma estrutura com grande capacidade de persistência e reprodução de estruturas tradicionais e anacrônicas de dominação. Mesmo com aumento do nível médio de vida da população, muitas vezes não se conduz a um processo homogeneização social. Há a contínua reafirmação da dependência, posta a pretensão das elites de imitação da cultura material do capitalismo avançado em um contexto de privação, desfiliação e desabilitação das massas populares.

Como Furtado afirmou "em subsistemas dependentes, renunciar a ter objetivos próprios, aceitar progressivamente a desarticulação interna, quiçá a perda mesma do sentido de entidade nacional" (Furtado, 1980, p. 44) é a ruína e o fracasso dos esforços que almejaram construir a nação enquanto uma legítima civilização brasileira.

Assim, ele nos deixa uma mensagem consistente de necessidade contínua de construção de cidadania, dignidade, segurança e proteção, com radicalidade democrática, e redistribuição de renda, riqueza, poder e acesso ao Estado.

Sua obra associa o esforço pelo desenvolvimento recorrentemente aos processos de iniciativa, criatividade, melhorias no "sistema de incitações", inventividade e enriquecimento do universo de valores capaz de incrementar a capacidade de ação, superando a passividade e o imobilismo das decisões. Uma vez consolidadas, essas ações estratégicas pelo desenvolvimento podem constituir estruturas sociais capazes de gerar "forças preventivas e corretivas nos processos de excessiva concentração de poder".

Ele propõe um esforço intelectual e político de transformação social que, enraizado em nossas especificidades históricas, seja capaz de lograr a constituição de formas sociais mais acionadoras de nossa criatividade e diversidade cultural, "fazendo aflorar nossas energias contidas", para desmontar vigorosamente nossas desigualdades sociais e regionais. "Na diversidade das regiões estão as raízes de nossa riqueza cultural. Mas a preservação desta riqueza exige que o desenvolvimento material se difunda por todo o território nacional" (Furtado, 1999, p. 46).

O legado de seu programa de estudos e reflexões nos deixa também uma agenda política de ação:

> O ponto de partida do processo de reconstrução que temos de enfrentar deverá ser uma participação maior do povo no sistema de decisões. Sem isso, o desenvolvimento não se alimentará de autêntica criatividade e pouco contribuirá para a satisfação dos anseios legítimos da nação. [...] A superação do impasse com que nos confrontamos requer que a política de desenvolvimento conduza a uma crescente homogeneização de nossa sociedade e abra espaço à realização das potencialidades de nossa cultura. [...] A questão central se limita a saber se temos ou não possibilidade de preservar nossa identidade cultural (FURTADO, 2000, p. 6).

Segundo ele, o esforço de acumulação reprodutiva do capital, de ampliação da riqueza material e de aperfeiçoamento das forças produtivas deveria vir acompanhada de profundas "modificações nas estruturas sociais", que possibilitem politicamente melhor habilitação pela propriedade e melhor distribuição de renda. Só com distribuição de riqueza e renda é que uma sociedade pode lograr que "a capacitação política se difunda no corpo social, abrindo caminho às formas pluralistas de organização do poder que estão na base dos regimes democráticos. Existe evidência estatística de que os regimes autoritários favorecem a concentração de renda" (Furtado, 1992, p. 55).

Assim ele lembrava que historicamente, "as burguesias que lutam pelo controle do sistema de dominação social na periferia não se transformam em instrumento de reconstrução das estruturas sociais, à diferença do que se produziu nas regiões cêntricas em que teve lugar a revolução burguesa" (Furtado, 1989b, p. 21). Dessa disjuntiva histórica colocada pelo autor, tudo indica que atualmente no Brasil "prevaleceram as forças que se empenham em interromper o nosso processo histórico de formação de um Estado-nação" (Furtado, 1992, p. 35).

Celso Furtado na parte final do texto *Entre inconformismo e reformismo*, intitulada "Frustrações de um reformista", conclui dizendo: "Há exemplos, na história de outros povos, de avanços rápidos no plano político após o despertar de uma longa noite de imobilismo, como se a sociedade fosse dotada de um inconsciente, onde laboram forças criativas que ampliam o horizonte de possibilidades futuras". Podem desatar uma "rica fermentação de ideias e iniciativas políticas" (...), "traduzir uma ânsia de recuperação do tempo perdido". Entretanto, ao final ele afirma que infelizmente ainda "mais se distanciou a realidade daquilo que minha reflexão indicava como desejável para o futuro de meu país" (Furtado, 1989b, p. 27).

Nos tempos de pandemia e profunda crise, caberia, ainda mais, lembrar as palavras de Celso Furtado, adaptando-as para os imensos enfrentamentos que teremos que realizar politicamente nesta terceira década do século XXI: "o desafio é nada menos do que mudar o curso da civilização, deslocar o seu eixo da lógica dos meios a serviço da acumulação, num curto horizonte de tempo, para uma lógica dos fins em função do bem-estar social e do exercício da liberdade" (...) "estabelecendo novas prioridades para a ação política" (Furtado, 1992, p. 76).

O que Celso Furtado vislumbraria e qual mensagem teria para a conjuntura brasileira no seu centenário? Talvez começasse repetindo que "vivemos atualmente uma dessas fases da história em que o grau de incerteza com respeito ao futuro passa a cota da tolerância, pondo em risco a coesão social" (Furtado, 1992, p. 14). Em seguida, muito provavelmente faria um chamamento nacional pela união das forças democráticas para que estas se aglutinasse em torno de um projeto nacional a fim de buscar o que ele chamava de *"superar o círculo fechado do absurdo"*. Ótima expressão, que ele utilizou no passado, mas muito adequada para os dias que correm.

O certo é que reler, reatualizar e revigorar o pensamento furtadiano ainda é uma necessidade neste país que tem dificuldade de constituir-se enquanto uma nação.

Referências bibliográficas

BERCOVICI, Gilberto. *O poder constituinte do povo no Brasil:* um roteiro de pesquisa sobre a crise constituinte. Lua Nova, São Paulo, 88: 305-325, 2013.

BRANDÃO, Carlos. Prefácio In: FURTADO, Celso. *Essencial Celso Furtado*. São Paulo: Penguin/Companhia das Letras, 2013.

___________ y SOUZA, Marcos B. Variaciones del capitalismo dependiente y subdesarrollado brasileño In: FERNÁNDEZ, Victor y EBENAU, Matthias (orgs.). *Variedades de capitalismo entre centro y periferia:* miradas críticas desde América Latina. Buenos Aires: Miño y Davila, 2018.

___________ and SIQUEIRA, Hipólita. Interpretations of the underdevelopment in Brazil. In: *Oxford Research Encyclopedia of Latin American History*. Oxford: Oxford University Press, 2020.

___________. The multi-scalar articulation of economic development. In: Víctor Ramiro Fernández; Gabriel Brondino. (org.). *Development in Latin America*: critical discussions from the periphery. New York: Palgrave Macmillan, 2018.

FURTADO, Celso. *Brasil: a construção interrompida*. Rio de Janeiro: Paz e Terra, 1992.

___________. *Desenvolvimento e subdesenvolvimento*. Rio de Janeiro: Fundo de Cultura, 1961.

___________ [1967]. *Teoria e política do desenvolvimento econômico*. São Paulo: Abril Cultural, 1983.

___________. *O mito do desenvolvimento econômico*. São Paulo: Paz e Terra, 1974.

___________. *Análise do "modelo" brasileiro*. Rio de Janeiro: Civilização Brasileira, 1975.

___________. *Prefácio a nova economia política*. Rio de Janeiro: Paz e Terra, 1976.

___________. *Criatividade e dependência na civilização ocidental*. Rio de Janeiro: Paz e Terra, 1978.

___________. *Pequena introdução ao desenvolvimento:* um enfoque interdisciplinar. Rio de Janeiro: Companhia Editora Nacional, 1980.

___________. *Essencial Celso Furtado*. São Paulo: Penguin, 2013.

___________. *A fantasia desfeita*. São Paulo: Paz e Terra, 1989a.

___________. Entre conformismo e reformismo. *Revista de Economia Política*, São Paulo, v. 9 (4): 6-28, out./dez., 1989b.

___________. *Brasil: a construção interrompida*. São Paulo: Paz e Terra, 1992a.

___________. O subdesenvolvimento revisitado. *Economia e Sociedade*, Campinas (1): 5-19, agosto, 1992b.

___________. A superação do subdesenvolvimento. *Economia e Sociedade*, Campinas, (3): 37-42, dezembro, 1994.

___________. A invenção do subdesenvolvimento. *Revista de Economia Política*, 15 (2), abr./jun., 1995.

___________. *O capitalismo global*. São Paulo: Paz e Terra, 1998.

___________. *O longo amanhecer:* reflexões sobre a formação do Brasil. São Paulo: Paz e Terra, 1999.

___________. *Em busca de novo modelo:* reflexões sobre a crise contemporânea. São Paulo: Paz e Terra, 2002.

O desenvolvimento brasileiro e pensamento de Celso Furtado

Antônio Corrêa de Lacerda[1]
Julio Manuel Pires[2]

No ano do centenário de Celso Furtado, o artigo propõe reflexão sobre os dilemas do desenvolvimento brasileiro à luz do seu pensamento. Para isso, a primeira seção analisa obras selecionadas do pensamento furtadiano, seus principais conceitos, metodologias empregadas e revelações a respeito do tema. A segunda seção faz uma análise dos principais dilemas enfrentados pela economia brasileira e uma reflexão crítica das escolhas das políticas econômicas no período 2010-2018 para o desenvolvimento.

Discorrer sobre a relevância das ideias de Celso Furtado para a estruturação do pensamento econômico crítico brasileiro soa, ao mesmo tempo, como tarefa prodigiosa e redundante. Prodigiosa porque estamos a nos reportar a uma vastíssima obra, construída em mais de meio século de reflexões atiladas e eruditas sobre a realidade econômica, política e cultural brasileira, e redundantes porque são inúmeros os artigos versando sobre sua personalidade, obra e alcance de suas ideias.

Advogado formado em 1944, logo se interessou pela economia, mais particularmente pela história econômica. A oportunidade de cursar o doutorado na Sorbonne resultou, em 1948, na tese sobre *L'Économie coloniale brésilienne*. De regresso ao Brasil, foi logo designado para representar o Brasil na recém-criada Comissão Econômica para a América Latina (Cepal), na

---

1. Antonio Corrêa de Lacerda, professor doutor, diretor da Faculdade de Economia e Administração (FEA) da PUC-SP, presidente do Conselho Federal de Economia (Cofecon) e membro do Conselho Deliberativo do Centro Internacional Celso Furtado de Políticas de Desenvolvimento (CICF). É doutor pelo IE/Unicamp.

2. Julio Manuel Pires, professor doutor, docente do Departamento de Economia da Faculdade de Economia e Administração (FEA) e do Programa de Estudos Pós-Graduados em Economia da PUC-SP e do Departamento de Economia da FEA-RP da Universidade de São Paulo.

qual permaneceu até 1953. Seguiram-se os trabalhos no Grupo Misto Cepal/ BNDE, no Grupo de Trabalho para o Desenvolvimento do Nordeste, Sudene, Ministério Extraordinário para o Planejamento no governo Jango. Cassado pela ditadura militar, dedicou-se à vida acadêmica nos Estados Unidos e França até poder retornar ao Brasil no início da década de 1980, quando participou ativamente do grupo de economistas de oposição ligados ao PMDB de Ulysses Guimarães, assumindo o Ministério da Cultura no governo Sarney (GOULARTI FILHO, 1999, p. 124). Posteriormente e até o final de sua vida, Furtado continuou participando do debate econômico brasileiro, finalizando sua obra autobiográfica e publicando outros livros.

Celso Furtado, na feliz definição de Mallorquín (2005), era um intelectual político. Não um político intelectual, de forma alguma! Sem qualquer demérito para aqueles que, optando pela carreira política não deixaram de lado sua verve acadêmica, para Furtado, a ocupação de cargos políticos foi apenas uma contingência relacionada à sua vocação de fato, a de servidor público. Tal expressão alcança, em Furtado, seu mais nobre significado, mediante a aplicação sistemática e incansável de seu intelecto ao objetivo de entender o processo de constituição econômica, política, social e cultural do Brasil, para, a partir daí, sugerir caminhos. Caminhos estes que tinham como norte a melhoria do padrão de vida dos brasileiros por meio de um processo de desenvolvimento econômico e social distinto do então percorrido pelo país, consistente com uma sociedade moderna, industrial, solidária e democrática.

Para tanto, cabia rejeitar dois trajetos possíveis: a inércia e a cópia pura e simples. Tratava-se, portanto, de não só mirar um modelo distinto do então existente – e isso vale para todas as décadas nas quais ele se mostrou mais ativo intelectualmente, dos anos 1950 à década de 1990 – mas também recusar o simples pastiche dos processos econômicos característicos dos países centrais.

O modelo buscado, conquanto possa incluir elementos típicos do desenvolvimento observado na Europa Ocidental e Estados Unidos, deveria se firmar sobre parâmetros e critérios próprios à realidade brasileira, respeitando seus aspectos sociais, culturais e históricos característicos.

Com base em tais considerações sintéticas iniciais, nosso intuito neste artigo é tentar colocar em destaque alguns dos problemas econômicos atuais mais relevantes e observar em que medida o pensamento Furtadiano pode contribuir para um melhor entendimento dos problemas econômicos atuais e referência para a busca de soluções que possam, de fato, indicar caminhos alternativos para a crise contemporânea.

O baixo desempenho do Produto Interno Bruto (PIB) brasileiro no período tem sido um retrato da incapacidade da retomada do crescimento econômico. Depois da recessão de 2015 e 2016, nos quais, no acumulado, houve uma queda de 7% na atividade econômica, 2017 e 2018 apresentaram crescimento de apenas cerca de 1%. Em 2019, o crescimento foi pouco superior a 1% e, em 2020, o Brasil viverá certamente a maior recessão da nossa história.

Em um de seus livros publicado no início da década de 1990, Furtado chama a atenção para o papel relevante emprestado ao crescimento econômico como estratégia de legitimação política num contexto de exacerbamento da concentração de renda:

> O que permitia aos brasileiros conviver com as gritantes injustiças sociais era o intenso dinamismo da economia. Muitos observadores (inseridos nos segmentos sociais privilegiados, evidentemente) descobriram nesse dinamismo uma fonte de legitimidade para um sistema de poder que gerava tantas injustiças. Outros (entre os quais me incluo) consideravam que o preço social que estava sendo pago pelo desenvolvimento era exorbitantemente elevado, e sua razão de ser estava na obstinada resistência da aliança de interesses oligárquicos à introdução de reformas modernizadoras das estruturas. Mas, pelo menos sobre um ponto havia consenso: interromper o crescimento econômico não contribuiria senão para agravar os problemas sociais. (FURTADO, 1992, p. 12)

Assim, conquanto as oportunidades de ascensão se revelassem bastante díspares – com alguns grupos sociais usufruindo muito mais do que outros dos benefícios do crescimento econômico –, a possibilidade de certa mobilidade social e os ganhos econômicos marginais propiciados pelo aumento da renda serviam como forma de contenção dos ímpetos sociais mais exaltados numa sociedade tão desigual. Também, como observado por Furtado, a despeito da resistência das elites em promover qualquer medida efetiva para promover melhorias na distribuição de renda, havia um consenso quanto à desejabilidade deste crescimento.

Se até a década de 1970 é possível identificar um dinamismo expressivo da economia, o que certamente colaborou para, em parte, "legitimar" os governos estabelecidos, tal não ocorreu nas décadas seguintes. Não se trata de simples coincidência, nos anos 1980, 1990 e na segunda década do século XXI, a emergência de profundas crises econômicas, com fortes recessões, concomitantes às mudanças no controle do poder executivo federal[3].

O quadro econômico atual, no qual após dois anos de profunda recessão se viu seguido por três anos seguidos de estagnação, serve para intensificar o processo de perda de legitimidade do atual bloco de poder, com consequências imprevisíveis nos próximos anos.

O desempenho pífio da economia nos últimos anos tem impactado diretamente o mercado de trabalho. O desemprego atingiu 11,6 milhões de pessoas, o equivalente a 11,9% da População Economicamente Ativa (PEA), em média, considerando o trimestre encerrado em dezembro de 2019, com base na Pesquisa Nacional por Amostras de Domicílios (PNAD Contínua), do Instituto Brasileiro de Geografia e Estatística (IBGE). Ressalte-se também o número recorde de trabalhadores sem carteira e por conta própria, fazendo com que os trabalhadores informais ascendessem a 41,1% do total da força de trabalho ocupada.

Em um conceito mais amplo, considerando o total das pessoas subutilizadas, chega-se a um universo de 27,6 milhões de pessoas. Isso abrange, além dos desempregados, que trabalham menos do que poderiam, os que não procuraram emprego, mas estavam disponíveis para trabalhar ou aqueles que procuraram emprego, mas não estavam disponíveis para a vaga. O dado também inclui os 4,8 milhões de pessoas desalentadas (que desistiram de procurar emprego).

Como cada desemprego a mais é um consumidor a menos, a retração do consumo dos que se encontram sem ocupação e o maior receio dos que permanecem empregados faz com que a demanda desabe. Além disso, o crédito continua muito caro, a despeito do fato de que a taxa de juros básica (Selic) se encontre em patamar historicamente baixo para padrões brasileiros.

Talvez uma das ideias mais reiteradas por Furtado em todas suas obras seja a necessidade de lastrear o desenvolvimento econômico brasileiro no mercado interno. O fato de sermos uma nação com amplo território e vasta população ensejam oportunidades ao Brasil não disponíveis de forma profusa. É evidente que as políticas atualmente desenvolvidas, assim como as

3. Conquanto a ditadura militar já estivesse experimentando um processo de enfraquecimento desde meados dos anos 1970, parece-nos evidente que a profunda recessão de 1981-83, acompanhada de expressiva aceleração inflacionária e deterioração social tenha contribuído decisivamente para o fim do ciclo militar, o qual, em condições diversas, talvez tivesse perdurado até finais da década.

reformas liberais implementadas e que se anunciam para os próximos meses, caminham exatamente no sentido oposto, na direção de debilitar ainda mais a capacidade de consumo da grande maioria da população.

> O que veio a chamar-se desenvolvimento econômico, no Brasil, traduz a expansão de um mercado interno que se revelou de enorme potencialidade. Longe de ser simples continuação da economia primário-exportadora que herdamos da era colonial – constelação de núcleos regionais autônomos –, a industrialização assumiu a forma de construção de um sistema econômico com considerável autonomia no que respeita à formação de poupança e à geração de demanda efetiva. Graças ao efeito de sinergia, esse sistema representava bem mais do que a soma dos elementos que o formavam. (FURTADO, 1998, p. 39)

Dessa forma, também chama a atenção a ausência de políticas e medidas que impulsionem a produção, os investimentos e o consumo. Na já mencionada problemática do crédito, por exemplo, há muito a ser feito, mas, pelo contrário, as poucas medidas em curso têm sido no sentido de contraí-lo ainda mais, considerando a atrofia dos bancos públicos.

O governo Bolsonaro e sua equipe econômica têm enfatizado seu discurso no papel da reforma da Previdência como fator de confiança, reversão das expectativas e retomada das atividades. Trata-se, no entanto, de superestimar o seu efeito sobre as expectativas, assim como na ação do mercado para isso. Tal perspectiva fundamentalista em relação à capacidade do mercado de equacionar os principais problemas do país vai de encontro ao ponto de vista de Furtado, cuja desconfiança relativamente a essa onipotência do mercado constitui-se num traço marcante de toda sua obra. Segundo a excelente síntese de Arturo Guillén:

> A concepção do desenvolvimento segundo Furtado sempre deixou de lado qualquer possibilidade de que ele pudesse ser conseguido por meio do *laissez faire*. Para ele, o desenvolvimento envolvia, como já vimos 'uma estratégia de modificação de estruturas', um projeto nacional de caráter social e cultural capaz de chegar a essa transformação de forma planejada e de reverter as tendências à concentração da renda e à exclusão social. (GUILLÉN, 2007, p. 157-8)

Portanto, é preciso ir muito além do que medidas paliativas como as que têm sido adotadas para que se possa ter efeito positivo sobre a demanda, estimulando produção e investimentos. Para isso, é necessário criar um ambiente mais favorável ao crescimento diversificando suas estratégias e medidas, uma vez que muitas delas têm um tempo de maturação considerável.

A redução observada nos últimos meses da taxa juros básicos (Selic) é positiva. Mas, para além disso, o governo carece de melhorar a articulação, tanto internamente, quanto na sua relação com os demais poderes e os agentes econômicos. Da mesma forma, precisa ir além da ênfase excessiva colocada reforma da Previdência como único elemento de transformação e apresentar um conjunto mais abrangente de medidas para acelerar a recuperação da economia.

A questão fiscal é relevante, mas é preciso lembrar que sem crescimento econômico, qualquer tentativa de ajuste esbarra no impacto restrito da arrecadação em função da fraca atividade econômica, pois "com a economia em recessão, todas as prioridades perdem nitidez, reduz-se o espaço para a ação" (FURTADO, 2002, p. 23). Portanto, fomentar a atividade econômica, dado o seu efeito multiplicador, produz impactos positivos sobre a arrecadação tributária e, portanto, sobre o quadro fiscal. Na contramão, insistir no discurso autofágico dos cortes de gastos, inclusive investimentos públicos, que já se encontram no menor nível histórico, não contribui para reverter o quadro adverso que persiste há anos.

No âmbito da macroeconomia, especialmente os aspectos fiscal, monetário e cambial, são elementos cruciais para o crescimento em bases sustentadas. Tendo em vista as circunstâncias do cenário internacional e doméstico, como, por exemplo, o impacto da queda da arrecadação devido à crise, as vinculações orçamentárias e outros, as questões mencionadas definirão o rumo dos próximos anos.

Na questão fiscal, além da menor arrecadação decorrente da crise e do baixo crescimento econômico, destaca-se a restrição imposta pela Emenda Constitucional (EC) 95, que limita a expansão dos gastos públicos, e tende a cada vez mais reduzir o investimento público, como de fato já vem ocorrendo.

Além disso, faz-se necessário que o problema fiscal brasileiro deva ser abordado no âmbito das políticas macroeconômicas, assim como seu papel para o desenvolvimento econômico e social. O custo de financiamento da dívida pública, que no Brasil atinge a média de 5,5% do Produto Interno Bruto (PIB) ao ano, o equivalente a R$ 380 bilhões, em 2018.

Logo na apresentação de seu livro *Em busca de um novo modelo*, Furtado alerta para a necessidade de "sabermos nos defender dos falsos 'consensos' que nos impingem as metrópoles imperiais" (FURTADO, 2002, p. 7). E, dentre estes, talvez um dos mais nefastos na atualidade diz respeito ao papel da política fiscal na saída da crise econômica hodierna. A aposta em que a prometida "austeridade" levaria ao resgate da confiança que pudesse estimular a realização de investimentos e produção não tem dado resultado. Os investimentos, medidos pela Formação Bruta de Capital Fixo (FBCF) embora apresentem leves sinais de reação, ainda se encontram em um nível médio cerca de 25% inferior ao observado em 2014, antes do início da crise. É inegável que a confiança seja importante. No entanto, ela, por si só, não garante um ambiente promissor para estimular a produção, o consumo e os investimentos.

As empresas não tomam decisões apenas levando em conta o grau de confiança, mas a expectativa de desempenho futuro da economia. Da mesma forma a elevada ociosidade, na média de cerca de 25% na indústria, associada ao elevado custo de financiamento também diminui o "apetite" para novos investimentos.

Ademais, nosso modelo tributário regressivo, incidindo fortemente sobre o consumo e produção – e não sobre a renda e a riqueza – além de contribuir para uma maior concentração de renda, sobrecarrega o chamado "custo Brasil", prejudicando o crescimento da atividade e a realização de investimentos. Há que se buscar, no âmbito de uma profunda reforma tributária, uma simplificação dos impostos, visando, além de maior justiça social, um sistema mais dinâmico, transparente e eficiente. Tal problema, como sabemos, não é recente, sendo, infelizmente, de longa data. No início deste século, Furtado chama a atenção para esse problema, sobretudo para a reduzida incidência sobre o setor econômico mais rentável da economia, numa citação que, a despeito de ser datada de quase duas décadas, mostra-se atualíssima:

> Mudar esse quadro [de concentração da renda] exigiria, para começar, que o país se dotasse de um sistema tributário socialmente mais justo. É urgente repensar o sistema tributário. Foge ao bom senso que o setor da economia de maior rentabilidade – o sistema financeiro – praticamente não seja tributado. Ora, nos anos recentes de crise ou recessão, os bancos foram os grandes beneficiários. (FURTADO, 2002, p. 21)

Outro ponto relevante: é crucial buscar a desindexação da economia, inclusive da dívida pública.

O Brasil é o único país que remunera parcela expressiva da sua dívida a taxas de juros reais altíssimas, independentemente do prazo de vencimento, oferecendo pelos seus títulos, ao mesmo tempo, liquidez, segurança e rentabilidade, na contramão de outros países, que estimulam o financiamento de longo prazo. Este quadro cria um constrangimento para os gastos públicos, tornando mais difícil a execução dos investimentos, assim como a manutenção da qualidade dos programas sociais.

Torna-se fundamental ainda resgatar e aperfeiçoar a atuação dos bancos públicos, como impulsionadores do financiamento dos investimentos para a infraestrutura e outros setores. Tendo em vista a inexistência, ou insuficiência, de instrumentos de financiamento de longo prazo no mercado financeiro privado a taxas de juros minimamente compatíveis com a rentabilidade esperada dos projetos, a atuação dos bancos públicos revela-se crucial no atual quadro.

Uma das propostas que vez ou outra aparece como balão de ensaio por parte do governo – e não só este, em governos anteriores também –, diz respeito à necessidade de maior abertura da economia brasileira. Segundo grande parte dos economistas liberais, a despeito das reduções expressivas das alíquotas de importação e eliminação da maior parte das barreiras não alfandegárias desde o final da década de 1980, a economia brasileira ainda caracterizar-se-ia por ser uma das mais fechadas do mundo. Nesse sentido, uma nova rodada de reduções tarifárias seria um instrumento importante para conduzir nossa economia a níveis de produtividade mais elevados. Nos anos iniciais desse processo de abertura – início dos anos 1990 – Furtado já identificava a principal virtude e crítica a esse tipo de política:

> Os resultados de uma crescente abertura para o exterior são de início positivos, pois permitem que se intensifique a competitividade e promovem o acesso a economias de escala. Mas essa abertura, ao reduzir o grau de governabilidade, repercute negativamente no nível de emprego. (FURTADO, 1992, p. 24)

Por conseguinte, voltando a um de seus temas preferidos, relacionado à necessidade de ampliar o grau de autonomia do centro de decisões nacionais, Furtado identifica como principal inconveniente da maior abertura da economia a redução operada na margem de manobra com que pode contar o Estado brasileiro na gestão econômica e social.

Ademais, há que se acrescentar os impactos negativos sobre os vínculos de solidariedade interna entre as diversas regiões do país.

> Ora, a partir do momento em que o *motor* do crescimento deixa de ser a formação do mercado interno para ser a integração com a economia internacional, os efeitos de sinergia gerados pela interdependência das distintas regiões do país desaparecem, enfraquecendo consideravelmente os vínculos de solidariedade entre elas. (FURTADO, 1992, p. 32)

Um outro aspecto que chama a atenção na política do atual governo diz respeito ao desprezo sistemático ao qual é relegada a área educacional. Além de um ministro que se assemelha mais a um *crown* grotesco do que a um gestor comprometido com a área, esse desprezo patenteia-se pelo corte brutal de recursos destinados ao financiamento da pesquisa no Brasil, mediante cortes no orçamento da Capes e CNPq, e também reduções de recursos destinados à educação básica realizados no primeiro ano de governo, assim como pelo total descaso em relação à renovação do Fundo de Manutenção e Desenvolvimento da Educação Básica (FUNDEB), cujo prazo de validade se encerra no final de 2020. A esperança de que este que é o principal fundo de recursos para a escola pública no Brasil[4] persista, reside apenas em iniciativas que começam a se esboçar no Congresso Nacional.

Nesse sentido, a observação feita por Furtado, há quase três décadas, ganha ainda maior relevância quando passamos a lidar com um governo cuja ojeriza a tudo que diga respeito a educação, cultura e conhecimento científico revela-se tão patente.

> Para o conjunto da população, o ativo de mais peso na distribuição de renda é aquele que está incorporado como capacitação no próprio fator humano. Com efeito, outra característica básica do subdesenvolvimento é a existência de um amplo segmento da população privado de qualquer habilitação profissional. Inclusive daquela habilitação sem a qual não se tem acesso a nenhuma outra, que é a alfabetização. Os mecanismos de mercado tendem a agravar essa situação, pois o acesso à habilitação é principalmente função do nível de renda do grupo social. (FURTADO, 1992, p. 56)

Considerações finais

O conjunto das políticas públicas desenvolvidas no Brasil desde 2015 – e fortemente acentuadas nos anos seguintes com os *dream teams* de Meirelles e Guedes, que não conseguiram entregar nada mais do que pífios resultados em termos de crescimento econômico – caminharam fundamentalmente no sentido de desarticular as ações do Estado como agente promotor do desenvolvimento, com a frívola esperança de que o setor privado ocuparia automaticamente o papel do Estado no tocante à retomada do investimento

4. Em 2019, dos R$ 258 bilhões que as escolas públicas do país aplicaram no ensino básico, R$ 156 bilhões (65%) vieram do FUNDEB. (https://exame.abril.com.br/brasil/em-2020-congresso-tera-desafio-de-manter-fundeb-e-garantir-recursos/). Acesso em 16/02/2020.

e da geração de emprego. Nada mais distante da realidade! A respeito disso, em livro publicado no final dos anos 1960, Furtado já alertava para tal perspectiva equivocada:

> Debilitar o Estado como centro autônomo de decisões, não significa entre nós fortalecer a iniciativa privada; significa, sim, renunciar à formação de um sistema econômico nacional, isto é, um sistema de produção articulado em função dos interesses da coletividade nacional. (FURTADO, 1969, p. 133)

Ou seja, as políticas debilitantes do Estado ora praticadas servem a alguns interesses muito bem identificados, mas, com certeza, não são políticas que atendem ao proveito do conjunto da população brasileira, notadamente os mais pobres.

> Um certo grau de centralização das decisões de investimento é condição necessária para que a estrutura de uma economia dependente se transforme, e mais ainda para que o faça com rapidez. Entre nós a interferência do Poder Público nas decisões econômicas assumiu a forma de um complexo sistema de subsídios, implícitos na política de câmbio, na política fiscal e monetária, na política de preços e salários etc. O custo social dessas medidas nunca foi explicitado, mas não resta dúvida de que ele tem sido considerável, pois vem transferindo para a propriedade de um grupo ínfimo de pessoas, vultosos recursos retirados pelo Poder Público à coletividade. Não resta dúvida que essa política foi responsável pela elevação do volume dos investimentos e pela aceleração do desenvolvimento. Nem por isso se deve desconhecer que ela está na fonte da concentração da riqueza e da renda que são hoje um obstáculo a esse mesmo desenvolvimento. *Assim, o problema não é apenas de articular, através do planejamento, os investimentos que visam modificar a estrutura do sistema econômico; é igualmente necessário que os meios utilizados não se transformem num mecanismo de concentração da riqueza e da renda.* (FURTADO, 1969, p. 51, grifos nossos)

A citação acima, conquanto relativamente longa, vale por sua precisão e impressionante atualidade No que tange às políticas mais adequadas para a promoção do desenvolvimento econômico no sentido pleno da palavra, ou seja, um crescimento econômico que, entre coisas, não se caracterize pelo aumento da concentração de renda e sim promova uma melhor distribuição dos benefícios do aumento da produção, Furtado, embora se referindo claramente ao contexto da economia brasileira nas décadas de 1950 e 1960, formula uma crítica totalmente consentânea com nossa experiência recente. No centenário de seu nascimento o pensamento de nosso mais importante economista se mostra cada vez mais vivo!

Referências bibliográficas

FURTADO, Celso. *Um projeto para o Brasil*. 5ª. ed. Rio de Janeiro: Editora Saga, 1969.

_______________. *O capitalismo global*. São Paulo: Paz e Terra, 1998.

_______________. *Em busca de um novo modelo*. 2ª. ed. São Paulo: Paz e Terra, 2002.

_______________. *Essencial Celso Furtado*. Rosa Freire D'Aguiar (Org.). São Paulo: Penguin e Companhia das Letras, 2013.

GARGIULO, Felipe Freitas. *As desventuras de um "intelectual político": teoria e desenvolvimento econômico no pensamento de Celso Furtado (1958-1988)*. Dissertação de Mestrado, FFLCH/USP, 2019.

GOULARTI FILHO, Alcides. "O pensamento de Celso Furtado: crenças e desilusões". *Economia*, Curitiba, n. 23, p. 123-137, 1999.

GUILLÉN, Arturo. "A necessidade de uma estratégia alternativa de desenvolvimento no pensamento de Celso Furtado" In: SABOIA, João & CARVALHO, Fernando J. Cardim de (Org.). *Celso Furtado e o século XXI*. Barueri: Manole; Rio de Janeiro: Instituto de Economia da Universidade Federal do Rio de Janeiro, 2007, p. 139-65.

LACERDA, Antonio Corrêa de. Por uma estratégia de política econômica para crescer e gerar empregos. In: *Revista Interesse Nacional*. São Paulo, setembro de 2020.

MALLORQUÍN, Carlos. *Celso Furtado: um retrato intelectual*. São Paulo: Xamã / Rio de Janeiro: Editora Contraponto, 2005.

MENDES, Candido. "Celso Furtado: fundação e prospectiva do desenvolvimento". *DADOS – Revista de Ciências Sociais*, Rio de Janeiro, Vol. 48, n. 1, 2005, pp. 7-20.

SZMRECSÁNYI, Tamás. Celso Furtado. *Estudos Avançados* 15 (43), 2001, pp. 347-362.

Celso Furtado: O método histórico, as coalizões de forças políticas e a longa duração da dependência no Brasil

Nelson Victor Le Cocq D'Oliveira[1]

Introdução

O centenário de Celso Furtado coincide com a incidência de uma verdadeira crise sistêmica sobre a sociedade brasileira. A um quadro recessivo que já perdura cinco anos, juntou-se o impacto de uma pandemia que tem causado graves danos nos diferentes países a ela submetidos. No caso brasileiro, a incidência da Covid-19 acirrou desequilíbrios políticos, econômicos e sociais arraigados. A contribuição teórica para formulação de políticas transformadoras do quadro atual requer pensar com um grau de independência crítica que está muito além da fraseologia formal dos modelos que animam os manuais convencionais de macroeconomia. Faz-se necessário o reconhecimento de que a predominância do pensamento liberal não decorre da força intrínseca da sua argumentação, já que a muito baixa aderência à realidade de seus pressupostos, e os resultados socialmente adversos de suas realizações tornam flagrante sua fragilidade. Ele retira sua força da conveniência de seus argumentos perante a imposição dos interesses políticos e econômicos que determinam as condições pre-

1. Doutor em Economia pela Universidade Federal do Rio de Janeiro (2005), mestre em Economia pela Universidade Federal do Rio de Janeiro (1993). Bacharel em Economia nesta mesma instituição (1988). Funcionário do Banco Nacional de Habitação e da Caixa Econômica Federal entre 1982 e 2000. Diretor de Ensino e Pesquisa da Escola Nacional de Seguros entre 2004 a 2010. Professor Adjunto da UNIGRANRIO (1999-2003) e professor substituto da UERJ (2001). Foi Diretor de Autorizações na Superintendência de Seguros Privados (Susep) entre agosto de 2011 e abril de 2015. Diretor administrativo e financeiro da Companhia de Pesquisa de Recursos Minerais (CPRM) entre 2016 e 2017.

valecentes na sociedade contemporânea. Dele podemos repetir aquilo que Keynes observou sobre o pensamento de um de seus principais próceres e precursores, David Ricardo:

> Deu-lhe autoridade o fato de poder explicar muitas injustiças sociais e crueldades aparentes como incidentes inevitáveis na marcha do progresso, e de poder mostrar que a tentativa de modificar este estado de coisas tinha, de modo geral, mais chances de causar danos que benefícios. Por ter formulado certa justificativa à liberdade de ação do capitalista individual, atraiu o apoio das forças sociais dominantes agrupadas atrás da autoridade. (KEYNES, 1985)

Keynes ilumina as condicionalidades políticas e sociais que validaram a abordagem ricardiana em seu tempo. Da mesma forma, a hegemonia do capital financeiro, a ascendência do agronegócio exportador e a inserção geopolítica subordinada nos processos decisórios das cadeias produtivas internacionais respondem pela manutenção de políticas econômicas incompatíveis com a superação do quadro de desfazimento industrial e exclusão social que se impõe sobre o Brasil.

Em suas relevantes contribuições ao entendimento da realidade brasileira, Celso Furtado torna-se exemplo na construção e aplicação de um método histórico-estrutural que capacita a compreensão dos vetores sociopolíticos responsáveis pela permanência de políticas econômicas bloqueadoras do desenvolvimento e de uma melhor distribuição da renda nacional. Durante mais de cinquenta anos travou batalhas intelectuais e políticas a favor de um projeto de desenvolvimento nacional, democrático e inclusivo, tendo como perspectiva a superação da condição de dependência. Dependência esta compreendida enquanto ausência de autonomia interna em relação às decisões cruciais que regem os destinos do país, e são determinantes na continuidade e aprofundamento das condições de precariedade características da formação social brasileira.

Neste breve artigo, a atenção será direcionada para lições sobre o método de abordagem e os instrumentos de análise que perpassam os estudos de Furtado. As referências à realidade econômica brasileira pretérita se justificam apenas como suportes ao reconhecimento do método de Furtado e, ademais, terão como limite acontecimentos que não irão ultrapassar as cercanias da década de 1980.

A próxima seção está dirigida ao enfoque histórico-estrutural que constitui a marca distintiva do pensamento de Celso Furtado. Na terceira, os conceitos de longa duração e de coalizão de forças políticas e sociais serão introduzidos a partir da interlocução com as contribuições de Furtado. A quarta e última seção dará lugar a uma brevíssima conclusão.

O método histórico-estrutural e os sentidos da *longa duração*

Em suas paradigmáticas exposições sobre o pensamento econômico latino americano, Bielschowsky (2000) irá ressaltar que a evolução teórica da Cepal se caracteriza pela investigação das questões do desenvolvimento econômico da América Latina a partir de um enfoque histórico-estrutural:

> Na análise econômica cepalina o estruturalismo é essencialmente um enfoque orientado pela busca de relações diacrônicas, históricas e comparativas, que presta-se mais ao método indutivo do que a uma "heurística positiva. (BIELSCHOWSKY, 2000, p. 21)

Como será visto adiante, esta escolha será definida pelo próprio campo de trabalho da instituição, focado na realidade objetiva da América Latina. Em relação a Furtado, sua vasta erudição lhe proporcionou o contato com diferentes abordagens metodológicas. Todas elas serão parte de um compósito onde, indubitavelmente, terá papel preponderante a inclusão dos aspectos históricos na definição do viés analítico a ser implementado pelo autor. Em profícuo artigo de 2015, Boianovsky registra a mútua influência em Furtado das duas correntes em debate nas ciências sociais francesas no pós-guerra. A divergência tem como participantes os estruturalistas franceses, Lévi-Strauss à frente, e os integrantes de École des Annales, onde Braudel é proeminente. O cerne da controvérsia gira em torno das questões metodológicas, e o estruturalismo francês se mostra avesso a reconhecer a importância da abordagem histórica para a compreensão dos fenômenos sociais. Estes deveriam se tornar inteligíveis a partir de uma ótica sincrônica, onde a determinação das estruturas operantes e seus mútuos relacionamentos seriam a chave para o conhecimento científico nas ciências sociais. No que se refere em particular as ciências econômicas, os modelos matemáticos comportamentais, como os da Teoria dos Jogos, se constituem como referência.

Do ponto de vista da sociologia, o estruturalismo francês apropria-se de uma parcela do pensamento de Weber no que diz respeito à definição dos "tipos ideais" onde são materializadas características representativas dos atores sociais. Enquanto tal, são cristalizações a-históricas de comportamentos sociais, próximas ao *homo economicus* da formulação neoclássica. Mas a fonte talvez principal da construção teórica de Lévi-Strauss será o estudo das estruturas de linguagem desenvolvidas por Saussure, cujo instrumental analítico é, por definição, sincrônico. Por extensão, qualquer olhar diacrônico em ciências sociais seria considerado equivocado. Em Furtado, entretanto, esta presença abarcará apenas aspectos instrumentais do cálculo econômico, sem que sejam a eles atribuídos status teórico quanto às razões do subdesenvolvimento. Um exemplo pode ser encontrado nas referências quanto às pesquisas de Chenery, no capítulo 16 de *Teoria política do desenvolvimento econômico* (1983). Partindo de um estudo deste autor envolvendo matrizes com variáveis de diversos países, Furtado irá validar suas próprias hipóteses sobre as relações entre nível de renda e composição da estrutura industrial (quanto maior o nível de renda, maior a participação do setor de bens de capital na economia). Furtado não irá rejeitar *in limine* os aportes do estruturalismo de Lévi-Strauss, nem tampouco os estudos sobre o desenvolvimento econômico cuja metodologia decorra de enfoques de sincronicidade entre os elementos em análise; mas estes serão utilizados como eventuais instrumentos subsidiários para organização e aferição de dados. Pode-se supor que Furtado compartilhasse uma atitude em relação aos aportes de filiação neoclássica similar ao estabelecido por Bresser-Pereira:

> Limitada a esse papel de ferramenta, a microeconomia neoclássica continuou sendo relevante. E, como já acontece com outras ciências metodológicas como a econometria ou a teoria dos jogos, não se exigirá dela que seja realista. (BRESSER-PEREIRA, 2009, p. 173)

Convergente com a visão quanto ao caráter subsidiário das ferramentas da microeconomia neoclássica, e sua vinculação a métodos sincrônicos, horizontais e a-históricos, Furtado nos dirá que:

> O modelo walrasiano de equilíbrio geral, único quadro teórico com pretensões a abarcar o conjunto do processo econômico é, a rigor, microeconômico, no sentido de que se funda em dados que se referem diretamente ao comportamento de agentes que tomam decisões em caráter individual. (FURTADO, 1983)

Quanto a construção de modelos macroeconômicos, não seria possível:

> [...] se o economista não dispusesse, de antemão, de uma ideia global da realidade econômica. E como essa ideia global se refere a uma realidade histórica, o modelo macroeconômico deve ser igualmente referido a essa realidade histórica. (FURTADO, 1983, p. 84)

As premissas de Furtado demarcam ainda um campo próprio na relação com a literatura de viés anglo-saxão, surgida próximo do fim da Segunda Guerra, a qual apresenta um elemento de forte sincronicidade em algumas de suas concepções. Estes exercícios de projeção, ainda sem a posterior formalização matemática, podem ter suas raízes localizadas no trabalho pioneiro de Rosenstein-Rodan (2010), o qual se destinava ao planejamento da industrialização de regiões atrasadas da Europa, em um contexto onde já se antecipava a vitória das forças aliadas no conflito. O estudo de Rodan introduz o conceito de "crescimento equilibrado", e propõe um conjunto de investimentos simultâneos, forjando as "externalidades" necessárias a uma demanda sustentável pelas mercadorias produzidas nas diferentes indústrias a serem instaladas. É um exercício de industrialização com total sincronicidade, onde a produção de cada empresa seria absorvida pelos trabalhadores empregados nas demais, a partir da entrada em funcionamento deste complexo industrial. A pressuposição de Rodan é que o poder nestas áreas seria exercido por um consórcio, o qual supervisionaria as respectivas operações empresariais. A questão subjacente do poder político e militar requerido, fica explícita quando Rodan propõe que os bens de capital necessários à implementação deste projeto venham a ser fornecidos pela Alemanha a título de reparações de guerra.

A concepção de crescimento equilibrado será também enfatizada por Nurkse, nos termos definidos pelo extrato abaixo, retirado de sua tréplica a Furtado:

> Esse processo de crescimento equilibrado, caracteriza-se pela aplicação mais ou menos simultânea de capitais adicionais, a um grande número de indústrias complementares, criando o aumento da produtividade em cada uma dessas indústrias, um mercado em expansão para as demais. (NURKSE; FURTADO, 2007, p. 238)

Tanto em Rosenstein-Rodan como em Nurkse, a solução para a demanda capaz de absorver a oferta a ser subitamente expandida passa por esta versão desenvolvimentista da Lei de Say, onde o bloco de investimentos irá gerar o simultâneo poder de compra requerido. Furtado (2007), quando da réplica a Nurkse, defendeu a ampliação das exportações e o estímulo ao processo de substituição de importações, o qual já era um movimento real em alguns países da América Latina, em particular no caso brasileiro. O viés de enfrentamento da questão por Furtado corrobora a avaliação de Bielschowsky, segundo o qual:

> A motivação original para a inclinação cepalina pelas tendências históricas é conhecida. A agenda de reflexão e investigação inaugurada por Prebisch em 1949 compunha-se essencialmente do diagnóstico da profunda transição que se observava nas economias latino-americanas, do modelo de crescimento primário exportador, *hacia fuera*, ao modelo urbano industrial, *hacia dentro*". (FURTADO, 2000, p. 20)

A definição concreta do objeto a ser teoricamente apreendido e as proposições de política visando sua transformação, não poderiam ser derivados de modelos focados no "crescimento equilibrado" e suas supostas externalidades sincrônicas. Quanto ao modelo de etapas de Rostow (2010), é por definição a-histórico, pois ao supor o subdesenvolvimento como mera etapa de um processo que seria similar ao de todos os países que teriam superado esta fase, faz "*tabula rasa*" de qualquer particularidade no desenvolvimento de diferentes nações. Mesmo a contribuição de Hirschman (1961), que se caracteriza pelo que ficou conhecido como "crescimento desequilibrado", embora forneça argumentos sugestivos sobre o impacto de inversões que desencadeiem necessidades de novos investimentos "a jusante" e "a montante", não adentra ao contexto político e social subjacente, nem insere suas proposições na trajetória dos países latino-americanos.

Como já foi referido acima, o método histórico-estrutural irá partir, especialmente no que tange a substantiva contribuição de Furtado, de uma interlocução com o debate travado entre diferentes cientistas sociais franceses em meados dos anos de 1950. A referência metodológica ao estruturalismo francês, contudo, vem no sentido explícito de demarcar a diferença, ou seja, a opção por outra abordagem que, em suma, será radicalmente distinta:

> O que se entende por pensamento "estruturalista" em economia não tem relação direta com a escola estruturalista francesa, cuja orientação geral tem sido privilegiar o eixo das sincronias na análise social e estabelecer uma sintaxe das disparidades nas organizações sociais. O estruturalismo econômico (escola de pensamento surgida na primeira metade dos anos 50 entre economistas latino-americanos) teve como objetivo principal pôr em evidência a importância dos "parâmetros não econômicos" dos modelos macroeconômicos. (FURTADO, 1983, p. 83)

A continuidade do texto tem o dom de deixar claro a que se refere a denominação de estruturas por parte do autor. Pouco adiante, Furtado escreve:

> [...] Como esses fatores 'não econômicos' - regime de propriedade da terra, controle das empresas por grupos estrangeiros, existência de uma

> parte da população 'fora' da economia de mercado – integram a matriz estrutural do modelo com que trabalha o economista, aqueles que deram ênfase especial ao estudo de tais parâmetros foram chamados de 'estruturalistas." (FURTADO, 1983, p. 84)

O arcabouço teórico – e metodológico – de Furtado se orienta, assim, para priorizar o desenvolvimento histórico das estruturas sociais da sociedade real que constitui o objeto das transformações almejadas.

A longa duração e a coalizão política dominante

A recusa em adotar a priori modelos abstratos de orientação neoclássica está vinculada ao ânimo de investigar e apreender uma realidade singular. Em Furtado, a busca de uma visão abrangente e histórica era um ponto de partida inato, como o testemunho autobiográfico torna explícito:

> Dessa forma, a economia não chegaria a ser para mim mais que um instrumental, que me permitia, com maior eficácia, tratar problemas que me vinham da observação da história ou da vida dos homens em sociedade. Pouca influência teve na conformação do meu espírito. Nunca pude compreender a existência de um problema estritamente econômico. (FURTADO, 2013, p. 45)

Uma curta frase de Braudel, "é evidente que a economia, em si, é coisa que não existe" corresponde a mesma percepção de Furtado. Adiante, o historiador francês irá aduzir que a história econômica é "a história dos grandes acontecimentos, a história da conjuntura e das crises e, enfim, a história maciça e estrutural que evolui lentamente ao longo dos tempos" (Braudel, 1987, p. 8).

Braudel, no trecho transcrito a seguir, apresenta um exemplo da abrangência da longa duração:

> Assim, por minha vez, defini ou antes, evoquei após alguns outros, os traços principais, do capitalismo comercial, para a Europa Ocidental, etapa de longa duração. Não obstante todas as modificações evidentes que os percorrem, esses quatro ou cinco séculos de vida econômica tiveram uma certa coerência, até a agitação do século XVIII e da revolução industrial da qual ainda não saímos". (BRAUDEL, 2007, p. 52)

Braudel irá assinalar os traços que asseguram uma permanência estrutural em todo este período, ou seja, a dominância do capital mercantil, do comércio de navegação, da preponderância das cidades litorâneas etc. *Formação econômica do Brasil*, ao dedicar seus dezessete primeiros capítulos a etapa colonial do Brasil, abarca evidentemente um período de longa duração em nossa economia e sociedade. A longa duração supõe a permanência de estruturas ou instituições capazes de atravessar diferentes ciclos enquanto se mantém, todavia, atuantes. Braudel se refere a estruturas também como limites ou envoltórios perante os quais as atividades humanas estão circunscritas. No caso do estudo de Furtado, algumas são evidentes no período abarcado pelos referidos capítulos de sua obra, como a condição colonial e a permanência da escravidão. Poderíamos aduzir, como condição de permanência, o caráter reflexo da economia colonial e escravocrata, cujos impulsos são determinados pela dinâmica externa, seja na fase de predomínio do capital mercantil europeu, seja em fases posteriores. A permanência da escravidão será uma estrutura também no sentido de impor um limite a constituição de um mercado interno para manufaturas, o qual só poderá se constituir com o advento da mão de obra assalariada.

Contudo, cada fase estudada por Furtado terá em si características próprias, e encontrará limites estruturais externos e internos ao seu desenvolvimento. Na geopolítica, vale dizer, os conflitos interestatais irão determinar os destinos da produção açucareira, a partir do conflito com a Holanda; o ciclo do ouro subordinará Portugal inexoravelmente às manufaturas produzidas na Inglaterra e ajudará Londres a se consolidar como centro financeiro da Europa. O esgotamento das reservas de fácil obtenção do ouro é um condicionante interno, e interrompeu a expansão dos fluxos de renda na colônia; e foi a sua extração que, preliminarmente, reordenou e expandiu os contingentes demográficos e as atividades subsidiárias desenvolvidas em outras regiões. O ciclo do café, já na fase da independência e depois, no início da república, irá colocar em xeque a estrutura escravocrata, que se verá premida seja pela pressão inglesa, seja pelo perfil de mão de obra que será demandado pela oligarquia cafeeira em ascensão.

A longa duração tem o atributo ímpar de retirar o foco da análise do imediato; para usar exemplos de Braudel, não se deter num modelo jornalístico de observação, preso ao factual, onde as ocorrências são vistas de uma forma desconectada das estruturas subjacentes e, portanto, das forças responsáveis em profundidade pela condução dos acontecimentos. Pode-se dizer que a percepção abrangente de um largo ciclo histórico ilumina e qualifica mais facilmente as condições, circunstâncias e agentes da sua própria transformação e ruptura. Se tomarmos como exemplo a prolongada hegemonia inglesa em termos geopolíticos – e, portanto, também econômicos – veremos que persiste, e persistirá até o século XIX, uma aguerrida política de abertura e manutenção forçada de mercados, que são assegurados pelo poderio da marinha britânica (Braudel, 1996, p. 329). É no bojo desta prática que serão reunidas as condições para a própria eclosão da revolução industrial. Para compreendermos a gênese desta ruptura, a qual irá por sua vez desencadear uma nova longa duração em termos econômicos, sociais e políticos, podemos nos referenciar em Hobsbawm, o qual irá situar a formação da coalizão de interesses que, ao comandar as políticas inglesas, irá desencadear em seu proveito o crescimento explosivo da produção de manufaturas. Hobsbawm nos dá um panorama elucidativo da Inglaterra nas cercanias de 1750:

> As relações monetárias já são complexas e dominantes. As manufaturas se expandem pelo interior e assim fazem proliferar as vilas industriais, atraindo o interesse dos proprietários de terras, classe que efetivamente detinha o poder político. Isto possibilitou que os interesses manufatureiros pudessem determinar a política governamental a seu favor. (HOBSBAWM, 2009, p. 29)

Conforme o mesmo autor:

> O poder político era concentrado em mãos de 200 chefes das grandes famílias *whig*. Estes constituíam uma elite pós revolucionária, herdeira dos puritanos dos tempos de Cromwell. Seus parlamentos e governos faziam a guerra e a paz visando ao lucro, ou a colônias e mercados como meio de esmagar concorrentes comerciais. (HOBSBAWM, 2009, p. 31)

Este historiador britânico, ao focar a gênese deste novo período, assinala como ponto de partida os interesses e o poder do agrupamento social e político que irá conduzir este processo, o qual desde seus primórdios na época moderna esteve vinculado ao papel da industrialização.

Em Celso Furtado, as mudanças no padrão das atividades econômicas estarão naturalmente entretecidas com estas coalizões, como fica explícito tanto no clássico *Formação econômica do Brasil* como em textos posteriores. Se em Hobsbawm as "duzentas famílias" que controlam o parlamento são responsáveis por patrocinar as manufaturas inglesas, no Brasil, em seu momento de independência política, Furtado ressalta que:

> Não existindo na colônia sequer uma classe comerciante de importância - o grande comércio era monopólio da Metrópole -, resultava que a única classe com expressão era a dos grandes senhores agrícolas. Qualquer

> que fosse a forma como se processasse a independência, seria essa classe a que ocuparia o poder, como na verdade ocorreu, particularmente a partir de 1831. (FURTADO, 1977, p. 101)

O agrupamento social que ocupa o poder terá uma relação ambivalente com a posição hegemônica da Inglaterra. Se por um lado, como observa Furtado, a forma particular com que se deu a independência – sob patrocínio inglês – permitiu a preservação da integridade territorial em um momento onde nenhuma região do país tinha dinamismo suficiente para exercer ascendência sobre as demais, por outro lado:

> Os ingleses não se preocuparam em abrir mercados aos produtos brasileiros, os quais competiam com os de suas dependências antilhanas. (...) É nesse ambiente de dificuldades que a Inglaterra pretende impor a eliminação da importação de escravos africanos. Assim, entre as dificuldades que encontravam para vender os seus produtos e o temor de uma forte elevação de custos provocada pela suspensão da importação de escravos, a classe de grandes agricultores se defendeu tenazmente, provocando e enfrentando a ira dos ingleses. (FURTADO, 2007, p. 95)

A evolução da economia brasileira na primeira metade do século XIX se dará assim em um contexto onde os produtos brasileiros estão submetidos a restrição de mercados por parte dos ingleses, e o poder é exercido de acordo com os interesses e discernimento de representantes da grande lavoura escravocrata. Ao comparar a evolução do Brasil com os Estados Unidos na primeira metade do século XIX, nosso autor considera que:

> [...] no Brasil a classe dominante era o grupo dos grandes agricultores escravistas, nos EUA uma classe de pequenos agricultores e um grupo de grandes comerciantes urbanos dominava o país. Nada é mais ilustrativo dessa diferença do que a disparidade que existe entre os dois principais intérpretes dos ideais das classes dominantes nos dois países: Alexander Hamilton e o Visconde de Cairu. Ambos são discípulos de Adam Smith, cujas ideias absorveram diretamente e na mesma época na Inglaterra. Sem embargo, enquanto Hamilton se transforma em paladino da industrialização, mal compreendida pela classe de pequenos agricultores norte-americanos, advoga e promove uma decidida ação estatal de caráter positivo – estímulos diretos às indústrias e não apenas medidas passivas de caráter protecionista –, Cairu crê supersticiosamente na mão invisível e repete: *deixai fazer, deixai passar, deixai vender*. (FURTADO, 1977, p. 101)

Furtado não se resume a verificar os acertos da condução política de incentivo às manufaturas por parte do governo norte-americano. Ele irá enfatizar a tolerância com que a Inglaterra havia permitido – e em alguns casos incentivado – determinados setores manufatureiros em suas colônias do Norte. Aponta também a fundição de ferro e as tarifas absolutamente favoráveis com que os lingotes eram recebidos pela metrópole britânica. A produção de aço estava interditada aos norte-americanos, mas muitas manufaturas eram ainda permitidas, desde que sua comercialização ficasse restrita a cada colônia onde se dera sua produção. Além dessa base prévia de organização manufatureira, Furtado ressalta, como essencial, os crescentes volumes de algodão exportados para a Inglaterra no século XIX. Estas exportações foram responsáveis por um significativo crescimento da renda interna, formando uma demanda ampliada para as manufaturas norte-americanas.

Em Furtado estará presente o amálgama entre as diretrizes forjadas por uma determinada coalizão social e politicamente dominante, e as condições objetivas – internas e externas – que irão contribuir para sua efetivação. Um aspecto crucial na evolução da economia brasileira na segunda metade do século XIX, e que irá perdurar até os três primeiros decênios do século XX, é a ascensão dos negócios gerados pelas exportações de café.

> A etapa de gestação da economia cafeeira é também a de formação de uma nova classe empresária que desempenhará papel fundamental no desenvolvimento subsequente do país. Essa classe se formou inicialmente com homens da região. (...) Muitos desses homens, que haviam acumulado alguns capitais no comércio e transporte de gêneros e de café, passaram a interessar-se pela produção deste, vindo a constituir a vanguarda da expansão cafeeira. (FURTADO, 1977, p. 114-115)

O autor prossegue assinalando que, na economia cafeeira, em toda a etapa de sua gestação os interesses da produção e do comércio estiveram entrelaçados, desde cedo compreendendo estes empresários a importância das relações com o governo.

A resolução da questão da mão de obra foi talvez o primeiro dos movimentos de organização da ação estatal a favor dos cafeicultores. A partir de 1870 o governo central assumiu os custos do ingresso de trabalhadores europeus, oriundos predominantemente do sul da Itália. Outro movimento permanentemente coadunado com os interesses da oligarquia cafeeira será, conforme Furtado, a política cambial. Nos momentos de expansão das vendas externas, os cafeicultores não transferiam aos salários nenhuma parcela dos lucros ampliados, destinados parcialmente à própria expansão da lavoura. Nos momentos de baixa na cotação internacional do café as desvalorizações cambiais atuavam para a manutenção do grosso da renda – em moeda interna – dos cafeicultores. Este mecanismo foi denominado por Furtado como "socialização das perdas", em detrimento dos setores urbanos que não auferiam suas receitas do exterior e sentiam o encarecimento dos artigos importados, que pesavam fortemente em sua pauta de consumo.

O outro mecanismo fundamental para a preservação dos interesses da cafeicultura foi a imposição de políticas de retenção dos estoques para controlar a oferta internacional de café. Com a proclamação da república, o raio de manobra da oligarquia se ampliou:

> A descentralização do poder permitirá uma integração ainda mais completa dos grupos que dirigiam a empresa cafeeira com a maquinaria político-administrativa. Mas não é o fato de que hajam controlado o governo o que singulariza os homens do café. E sim que hajam utilizado esse controle para alcançar objetivos perfeitamente definidos de uma política. E por essa consciência clara de seus próprios interesses que eles se diferenciam de outros grupos dominantes anteriores. (FURTADO, 1977, p. 116)

Em 1907, mediante o Convênio de Taubaté, se impõe a primeira ação para retenção dos estoques de café. Durante os próximos três decênios, inclusive após a crise de 1929, estas políticas terão continuidade. Recorrendo a síntese de Bielschowsky:

> Ao irromper a Crise de 1929, o setor cafeeiro encontrava-se debilitado por uma crise de superprodução sem precedentes, que acarretou drástica redução no preço do produto. No entanto, o nível da produção e a renda do setor cafeeiro não chegaram a ser profundamente afetados. Em primeiro lugar, porque ocorreu uma forte desvalorização cambial, que permitiu socializar as perdas provenientes da queda no preço internacional do produto; e, em segundo, porque pôs-se em marcha uma política de retenção e destruição de parte da produção cafeeira. (BIELSCHOWSKY, 1989, p. 52)

É na avaliação das resultantes destas políticas de desvalorização cambial e retenção dos estoques de café que poderá ser encontrada a razão do processo de industrialização que, a partir de São Paulo, irá transformar a estrutura produtiva nacional. Furtado assinala a passagem de uma economia primário exportadora para uma economia industrial, com o concomitante "deslocamento do centro dinâmico" para os limites das fronteiras nacionais. A manutenção da renda interna pela política de aquisição governamental da produção cafeeira irá se somar a uma brutal queda na capacidade para importar. O que se verifica então, é uma forte e continuada expansão da oferta interna industrial no processo de substituição de importações.

A crise de 1929 marcará o início do processo de dissolução da hegemonia do arranjo estabelecido na República Velha, a partir do somatório dos impactos que acarretou na dinâmica liderada pelos produtores de café, e todo o aparato comercial, financeiro e estatal articulado em torno dos negócios do café. Nem por isso a constituição do governo revolucionário de 1930 veio a lograr uma coalizão de forças que transformasse aquela janela de oportunidade em um vigoroso e bem-sucedido movimento de constituição de um capitalismo industrial autônomo.

Olhando retrospectivamente, talvez a morte de Getúlio Vargas em 1954 tenha demarcado, simbolicamente, os limites e fragilidades do projeto de um desenvolvimento econômico sob controle nacional. A industrialização veio com o Plano de Metas, apoiada sim no crescimento das atribuições do Estado nacional brasileiro, mas estas atribuições estavam principalmente destinadas a dar suporte ao controle das empresas estrangeiras na dinâmica da industrialização brasileira. Em sua apresentação ao clássico de Carlos Lessa, Belluzzo sintetiza aquela que talvez seja a essência deste momento crucial então ocorrido:

> Nestes anos foram travadas as batalhas decisivas pela consolidação do processo de industrialização. Juscelino ganhou as batalhas que Getúlio concebeu. O 'desenvolvimentismo' como projeto de um capitalismo nacional cumpriu seu destino através do Plano de Metas: integrou definitivamente a economia brasileira ao movimento de internacionalização do capitalismo. Neste sentido, Juscelino perdeu as batalhas que Getúlio teria imaginado ganhar. (BELLUZZO, 1983, p. 7)

A superação das profundas desigualdades e as limitações à "difusão do progresso técnico" não vieram como decorrência da industrialização, consolidada pelo transplante da produção pelas multinacionais de automóveis, geladeiras e outros bens de consumo duráveis no território brasileiro. Esta constatação, que irá se materializar já no final da década de 1960, gerou forte frustração na intelectualidade latino-americana comprometida com o projeto de desenvolvimento social, econômico e político da região. Avançando em questões que Cardoso e Falletto (1969) já haviam tangenciado, Oliveira (2003) irá ressaltar como, na conjuntura aberta pelos anos 1930, a decisão para a via da industrialização foi tomada no âmbito interno, a partir de um novo arranjo de forças políticas e sociais que se articularam e, a partir do aparelho estatal, impuseram as condições que retiraram a vida econômica daqueles que seriam os automatismos do mercado. O Estado irá assumir a implantação da grande siderurgia, dos insumos químicos, da extração de ferro em grande escala e da extração e refino do petróleo. Oliveira assinala, acertadamente, que, se este conjunto de decisões, estimulou o florescimento das indústrias, nem por isso foram protagonizadas pelos empresários industriais, por mais que estes tenham sido grandes beneficiários. Neste mesmo sentido, Furtado irá registrar, ainda em 1964, que:

> A classe capitalista industrial, amplamente associada a grupos externos nos quais encontrou sempre uma chave para solucionar problemas ocasionais, não está capacitada para captar a natureza e a profundidade do problema. Ainda é corrente supor-se que este poderá ser solucionado "recuperando a confiança externa" e atraindo novos capitais alienígenas, como se a contradição não tendesse necessariamente a agravar-se uma vez que se repita no futuro o que se fez no passado. (FURTADO, 1964, p. 133)

Esta passagem, escrita no calor da hora, é certeira ao apontar a fragilidade da coalizão comprometida com a efetivação de um projeto autônomo e inclusivo de desenvolvimento nacional. Não pela tibieza em si dos representantes da indústria, mas pela associação preferencial com os interesses externos. Conforme Furtado irá verificar, tanto a evolução das políticas dos Estados Unidos para o Brasil, como o conjunto de interesses locais passaram a identificar fatores de riscos nas políticas de desenvolvimento econômico. Convergiam na percepção de que o impulso ao mercado interno, conjugado a intensificação da democratização, viesse a transtornar a hierarquia do poder político prevalecente.

Fiel ao método histórico-estrutural, Furtado irá avançar sua análise quanto ao aspecto determinante dos arranjos políticos perante as opções de política econômica já nos anos de 1960, e adentrando na década de 1970. Em um livro de 1972, o autor irá descrever a evolução da política externa norte-americana desde a independência da Inglaterra. O foco da análise, entretanto, está no período após o fim da Segunda Guerra Mundial. De forma lúcida, Furtado irá detalhar como a evolução da política externa norte-americana para a América Latina, a princípio orientada por auxílio governamental aos projetos de desenvolvimento na região, passou a ser direcionada ao ingresso de empresas privadas dos conglomerados americanos nos países do continente. Furtado irá assinalar que esta política "tem suas raízes na própria evolução estrutural do capitalismo americano, no qual o poder econômico tende a concentrar-se, ao mesmo tempo que a estrutura da grande empresa se diversifica funcional e geograficamente". A hegemonia política norte-americana irá assim ter sua manifestação plasmada nas estruturas econômicas internacionalizadas da América Latina, submetidas a liderança industrial dos conglomerados estrangeiros. Quando na segunda metade da década de 1970, ainda sob a tutela militar, o Brasil empreendeu uma última tentativa de promover um surto industrial em bases relativamente autônomas, a resistência dos grupos empresariais associados a interesses externos tomou a forma de uma campanha contra a estatização. Não é por outro motivo que a fase de alto crescimento da economia brasileira estará encerrada em 1980. O período enfeixado pelo último vintênio do século passado assistiu a campanhas contrárias a ação estatal em prol de desenvolvimento econômico. E a fase atual da sociedade brasileira, desde 2015, viu uma aguda reincidência de políticas de cortes de gastos públicos, privatização de empresas estatais e consequente retração da atividade econômica. Publicadas em 1972, as considerações de Celso Furtado a este respeito permanecem absolutamente válidas:

> Debilitar o Estado como centro de decisões independente dos conglomerados internacionais não significa, na América Latina, fortalecer a iniciativa privada; significa sim renunciar a formação de um sistema econômico nacional, isto é, um sistema de produção articulado em função dos interesses da coletividade nacional. (FURTADO, 1972, p. 55)

Ao longo de sua trajetória intelectual Celso Furtado compartilhou de início, junto ao corpo de intelectuais agrupados em torno da Cepal, a expectativa de que o processo de industrialização do Brasil reorientasse a sociedade em direção a padrões de convivência social mais inclusivos e democráticos, melhorando gradativamente as condições gerais da vida material da população. Ao se evidenciar que a configuração do modelo de industrialização adotado, subordinado a liderança das empresas internacionais, não contemplaria essas expectativas, foi tornando-se claro que a perda do controle nacional da dinâmica econômica só poderia ser contrabalanceada pelo fortalecimento da ação do poder público. O Estado é o *locus* potencial de iniciativas que poderiam articular os interesses nacionais em torno de um projeto autônomo e democrático para o desenvolvimento capitalista no Brasil. Esta conclusão, em Furtado, é corroborada pelo desvendamento das estruturas sociais que foram se consolidando, em um processo histórico que tem o retorno do modelo primário exportador como paradigma. Mesmo em seus últimos trabalhos, Celso Furtado reitera os riscos deste imenso retrocesso na trajetória da sociedade brasileira:

> Em um país ainda em formação, como é o Brasil, a predominância da lógica das empresas transnacionais na ordenação das atividades econômicas conduzirá quase necessariamente a tensões inter-regionais, à exacerbação de rivalidades corporativas e à formação de bolsões de miséria, tudo apontando para a inviabilização do país como projeto nacional. (FURTADO, 2000, p. 12)

Decorridos vinte anos, a veracidade desta constatação se faz evidente. E também a necessidade de uma compreensão não episódica, nem meramente conjuntural, quanto às consequências da crise sistêmica que ora se coloca na ordem do dia, com toda a sua inexorável dramaticidade.

Brevíssima conclusão

As vicissitudes da conjuntura têm mobilizado, de forma concentrada e intensa, o pensamento social comprometido com a democracia inclusiva e o desenvolvimento econômico. A temática foi uma constante ao longo de toda a trajetória de Celso Furtado. Organizando de forma sumária seus ensinamentos, podemos afirmar que o método histórico-estrutural viabiliza a interpretação das condicionalidades que se manifestam no plano econômico. A conjuntura é sempre uma situação concreta, e o concreto é a síntese de múltiplas determinações. Avaliar a força relativa de cada uma destas determinações implica utilizar uma metodologia diacrônica, apta a apreender a constituição e densidade dos processos e procedimentos que convergem no sentido de manter ou alterar o *status quo*. A construção de políticas efetivas de superação da crise implica na compreensão dos fatores históricos e sociais que, em sua já longa duração, conformaram as circunstâncias imediatas. Políticas que foram formando estruturas, estabelecendo limites sob os quais o leque de alternativas foi se estreitando, ao mesmo tempo que atores políticos hegemônicos foram consolidando prerrogativas e privilégios. Uma coalizão de forças cuja ideologia é contrária tanto à ação estatal autônoma em termos geopolíticos, quanto à promoção de políticas internas voltadas ao pleno emprego.

Desde a última década do século XX, todo um arcabouço legal restritivo foi se constituindo, mediante projetos propostos por diferentes governos ao Congresso Nacional, e por ele aprovados. Toda a legislação que restringiu a capacidade do Estado em agir no sentido do fortalecimento da indústria, da ciência e da tecnologia nacionais só fez acelerar a volta de um modelo primário exportador fortemente concentrador de renda e promotor dos desequilíbrios sociais. O principal limite, todavia, está talvez nas concepções que a massiva propaganda neoliberal foi sedimentando na intelectualidade nacional, inclusive em economistas sinceramente comprometidos com o exercício democrático da vida política. Romper com a platitude destas concepções e recobrar a independência do pensamento crítico é parte essencial do bom combate a ser travado no campo da teoria e da prática.

Referências bibliográficas

BELLUZZO, L.G.M. Apresentação, In: LESSA, Carlos. *15 Anos de Política Econômica*, São Paulo: Ed. Brasiliense, 1983.

BIELSCHOWSKY, R. (org.). *Cinquenta anos de pensamento na CEPAL*, vol. 1, Rio de Janeiro: Record, 2000.

BIELSCHOWSKY, R. Formação Econômica do Brasil: uma obra-prima do estruturalismo cepalino, *Revista de Economia Política*, vol. 9, n. 4, outubro dezembro 1989.

BOIANOVSKY, M. Between Lévi-Strauss and Braudel: Furtado and the historical-structural method in Latin American political economy. *Journal of Economic Methodology*, vol. 22, nº 4, 2015.

BRAUDEL, F. *O tempo no mundo*. S. Paulo: Martins Fontes, 1996.

____________. *A dinâmica do capitalismo*. Rio de Janeiro: Ed. Rocco, 1987.

____________. *Escritos sobre a História*. São Paulo: Ed. Perspectiva, 2007.

BRESSER-PEREIRA, L.C. Os dois métodos e o núcleo duro da Teoria Econômica. *Revista de Economia Política*, vol. 29, n. 2 (114), pp. 163-190, abril-junho/2009.

CARDOSO, F.H. e FALETTO, E. *Desenvolvimento e dependência na América Latina*. Rio de Janeiro: Ed. Zahar, 1970.

FURTADO, C. *Dialética do desenvolvimento*. Rio de Janeiro: Fundo de Cultura, 1964.

_______________. *Formação econômica do Brasil*. São Paulo: Companhia Editora Nacional, 1977.

_______________. *A hegemonia dos Estados Unidos e o subdesenvolvimento da América Latina*. Rio de Janeiro: Editora Civilização Brasileira, 1978.

_______________. *Teoria e política do desenvolvimento econômico*, São Paulo: Companhia Editora Nacional, 1983.

_______________. O fator político na formação nacional. *Revista Estudos Avançados,* v. 14 n. 40, São Paulo, set./dez. 2000.

_______________. Aventuras de um economista brasileiro, in: *Essencial Celso Furtado,* com organização, apresentação e notas de Rosa Freire d'Aguiar. São Paulo: Companhia das Letras, 2013.

HIRSCHMAN, A. O. *Estratégia do desenvolvimento econômico*. Rio de Janeiro: Editora Fundo de Cultura S. A., 1961.

HOBSBAWM, E.J. *Da Revolução Industrial inglesa ao imperialismo*. Rio de Janeiro: Forense Universitária, 2009.

KEYNES, J.M. *A teoria geral do emprego, do juro e da moeda*. São Paulo: Editora Nova Cultural, 1985.

NURKSE, R. Notas sobre o Trabalho do Sr. Furtado Relativo a "Formação de Capitais e Desenvolvimento Econômico" In: *Cadernos do Desenvolvimento* – ano 1, n. 1 (2006). Rio de Janeiro: Centro Internacional Celso Furtado de Políticas para o Desenvolvimento, 2006.

OLIVEIRA, Francisco de. *Crítica à Razão Dualista* – O ornitorrinco. São Paulo: Boitempo, 2003.

ROSENSTEIN-RODAN, Paul. Problemas de industrialização da Europa Oriental e Sul-Oriental. In: AGARWALA, A.N.; SINGH, S.P. (org.) *A Economia do Subdesenvolvimento*. Rio de Janeiro: Contraponto, 2010.

ROSTOW, W.W. A decolagem para o crescimento autossustentado. In: AGARWALA, A.N.; SINGH, S.P. (org.) *A economia do subdesenvolvimento*. Rio de Janeiro: Contraponto, 2010.

Celso Furtado, capital transnacional e controle sobre a periferia

Rubens R. Sawaya[1]

"As velhas ideias sobre imperialismo, fundadas nas rivalidades entre Estados nacionais manipulados por interesses econômicos, eram de pouca valia para entender a ação transnacional das grandes empresas que entrelaçam os circuitos econômicos e financeiros nacionais. [...] Logo percebi que era importante repensar as estruturas de poder e sua nova configuração mundial; [...] como desconhecer que nos países do Terceiro Mundo – dadas as condições atuais de entrosamento internacional dos sistemas produtivos e dos circuitos financeiros – as estruturas de privilégios praticamente são irremovíveis?" (FURTADO, 1992, p. 13-15)

Introdução

Depois de uma longa carreira dedicada ao mais importante projeto de desenvolvimento responsável pela industrialização brasileira e de alguns países da América Latina, ex-ministro do Planejamento de João Goulart, Celso Furtado deixa o Brasil após o golpe de 1964. Saia para o exílio com a necessidade de repensar o que estava ocorrendo após longos anos de trabalho para a superação do subdesenvolvimento da América Latina, tanto na implementação de planos de desenvolvimento como na construção teórica que fundamentava o projeto.

A estratégia de superação do subdesenvolvimento foi exposta em *Teoria política do desenvolvimento econômico* (1971), escrito entre 1952 e 1960. Furtado buscava então, de forma didática – ele mesmo afirma, para estudantes formados na ortodoxia –, expor a teoria estruturalista de superação do subdesenvolvimen-

1. Possui graduação em Ciências Econômicas (1985), mestrado em Economia (1998) e doutorado em Ciência Política (2003) pela Pontifícia Universidade Católica de São Paulo. Atualmente é professor do Depto de Economia da PUCSP e Coordenador da Pós-graduação (strictu sensu) em Economia Política na mesma instituição. É Diretor do IIPPE - International Initiative for Promoting Political Economy.

to desenvolvida em anos de trabalho na Cepal. Trazendo pare este volume partes do que havia exposto em *Desenvolvimento e subdesenvolvimento* (1961), o autor tinha consciência do problema que lhe seria central no exílio: a questão do processo de industrialização centrado na atração capital estrangeiro em setores de média e alta tecnologia. Em suas palavras, aponta que o resultado "Tratava-se, [...] de um tipo de estrutura econômica subdesenvolvida bem mais complexo que o da simples coexistência de empresas estrangeiras com remanescentes de um sistema pré-capitalista" (Furtado, 1971, p. 185; 1961, p. 189). Assim, mesmo antes do exílio, já via, ainda que de forma sem o nível necessário de aprofundamento, o desenvolvimento apoiado no capital transnacional como um novo problema. O entendimento das relações de poder e controle sobre uma economia industrializada tardiamente, com capital transnacional em setores de média e alta tecnologia, deveria ser profundamente estudado.

O golpe o surpreendeu, mesmo já tendo em mente o problema estrutural da industrialização com capital estrangeiro. Abordava até então o problema das novas relações de dependência que resultavam em uma economia dual com foco em questões como a dependência de tecnologia e sua tendência dinâmica à concentração de renda[2]. Com o golpe, a questão das relações de poder engendradas pela nova estrutura deveria ser aprofundada. O golpe parecia bloquear o desenvolvimento ao impedir a constituição da dinâmica capitalista esperada, a criação dos fatores desenvolvimento capitalista autônomo. Bloqueava o processo, justamente no momento em que deveria, como num capitalismo normal regido por pressões sociais naturais sobre os salários, distribuir renda e pressionar o próprio capital à modernização endógena esperada. Boqueava a dinâmica que havia exposto em seu *Teoria e política do desenvolvimento econômico* (1971, p. 119-123). Referindo-se à natureza do desenvolvimento capitalista histórico nas economias do centro, resume a questão em *Ares do Mundo*:

> A urbanização ocorrida paralelamente à industrialização, [...] deu origem a sociedades estruturadas em classes com antagonismos e complementaridade de interesses a um só tempo. A luta pela elevação dos salários reais traduz-se a curto prazo em ameaça aos interesses da classe capitalista. Contudo, a pressão daí resultante provoca uma resposta no plano tecnológico, acarretando a elevação da produtividade. Dessa forma, o antagonismo põe em movimento forças que engendram sua superação. (FURTADO, 1992, p. 127)

2. O tema da concentração de renda sempre estará no centro da pauta.

Nos meses que passaria no Chile, coloca-se a questão que iria lhe perseguir pelas próximas décadas como descreve em *Ares do Mundo*. O que havia ocorrido? Porque tal bloqueio da lógica dinâmica? Quais os interesses políticos e econômicos envolvidos em tal violência? De início, o motivo mais aparente era o jogo geopolítico engendrado pela guerra fria que envolvia golpe. Os EUA tinham que demarcar seu território. Mas seria apenas isso? Ao longo do exílio, Furtado perceberá que a questão está nas estruturas de poder político e econômico constituídas pelo processo de industrialização, na origem do processo, e se intensifica e se mostra integrado às estruturas políticas pela ditadura militar.

Com o objetivo de se aprofundar na questão, depois de alguns meses no Chile, Furtado decide ir ao centro do poder hegemônico em busca de respostas. Já sabia que o processo de industrialização da América Latina havia criado novas formas de dependência, mas precisava entender profundamente essas formas, as relações de poder político que traziam. Essas questões estavam muito além da dependência tecnológica e da liberdade de condução das políticas macroeconômicas.

O golpe revelava as relações de poder do centro hegemônico sobre as periferias subjacentes. A cada movimento em seu exílio, Furtado se dava conta do papel do grande capital transnacional (ETs) constituído a partir do processo de internacionalização do capital do após Segunda Guerra por investimento direto estrangeiro (IDE) que havia industrializado a periferia. Percebe que as ETs funcionam como braços de poder do centro hegemônico atuando na periferia através da estrutura de poder local, por dentro dos próprios Estados nacionais e por meio de alianças de classe.

Tornavam-se claras, em outra escala, as contradições do projeto de desenvolvimento brasileiro frente à industrialização com capital estrangeiro, a pressão e a subordinação às políticas e estratégias impostas pelo grande capital transnacional que ocupou setores estratégicos da economia brasileira. O sistema de poder internacional, servindo inclusive os interesses geopolíticos do Estado hegemônico, agora se dava por dentro da estrutura produtiva periférica.

A trajetória de Furtado na compreensão das relações internacionais que naquele momento nasciam e se tornavam claras, mostra a atualidade de sua percepção sobre as novas formas de subordinação estrutural e política da economia brasileira que nasciam e hoje estão claras. Ajudam a compreender como, no contexto internacional, as economias latino-americanas se subordinam às estruturas de poder global e, ao invés de caminharem no sentido da superação do subdesenvolvimento e acumulação de capital dinamicamente independente pelo processo de industrialização, aprofundam as formas de dominação e controle a partir do centro hegemônico, fato que se agrava nas décadas dominadas pelo neoliberalismo dos anos 1990.

Este artigo seguirá essas reflexões que aparecem em *A hegemonia dos Estados Unidos e o subdesenvolvimento da América Latina* (1978), escrito entre 1966 e 1968, *O mito do desenvolvimento econômico* (1974), *Criatividade e dependência na civilização industrial* (1978; 2008) escrito entre 1973-74. A lógica que amarra esse processo está em *Os ares do mundo* (1992) que narra sua trajetória no exílio. Esses passos de Furtado são centrais na compreensão das formas de controle por dentro das relações de poder na periferia já aparentes no golpe de 1964 e que, de certa forma, ajudam a entender melhor, pela história, como o Brasil chegou aonde está.

Depois de construir uma estrutura industrial nos anos 1950 aproveitando a onda de internacionalização do capital a partir do centro; depois de anos de neoliberalismo que, ao procurar aprofundar as relações de dependência com o capital transnacional, provocou desindustrialização em meio à mundialização do capital – reordenação global das cadeias de valor; e, finalmente, após a maior crise mundial depois dos anos 1930 que ora se apresenta, o que realmente significa uma política de industrialização ou de busca de uma autonomia que viabilize estratégias próprias de desenvolvimento (algo muito além do crescimento)?

Há uma ampla literatura antiga e recente acerca do papel da industrialização no processo de desenvolvimento pelos ganhos de produtividade e elevação de salários que provoca, puxando inclusive o crescimento dos setores de serviços e pressionando o desenvolvimento tecnológico, mas como construir esse mecanismo hoje? Talvez a crise atual e as mudanças que podem ocorrer no processo mundial de acumulação abram possibilidades para se pensar uma estratégia. A China soube aproveitar a mundialização do capital dos anos 1980-90, soube tirar proveito da liberalização e das políticas neoliberais das potências centrais, em seu processo de industrialização autônomo com reflexos positivos sobre o desenvolvimento.

A análise de Furtado nos instiga à necessidade de pensar em estratégias de desenvolvimento diante da especificidade histórica do momento, do processo atual de acumulação mundial de capital, como fizemos nos anos 1950-60 e como a China fez nos anos 1980-90. Foram estratégias diferentes para momentos diferentes. Caso contrário, teremos que nos contentar com a posição de quintal do centro hegemônico como temos sido, qualquer que venha a ser esse centro e que, no processo recente, apenas esfacela o país.

Reflexões no exílio

Em 1964, depois de alguns meses no Chile, ciente da ligação do golpe com os interesses norte-americanos, Furtado escolhe propositalmente solicitar asilo no centro do pensamento do império, nos EUA. Sabe que, para entender o que ocorrera, "era necessário acompanhar de perto o que se passava nos Estados Unidos, em cujo campo gravitacional estávamos todos inseridos" (Furtado, 1992, p. 23). Tinha que mergulhar no centro do império para entender o que havia ocorrido com a estratégia de desenvolvimento brasileiro.

As políticas cepalinas que haviam permitido a industrialização brasileira partiam da "ideia de que a progressiva diferenciação dos sistemas produtivos permitida pela industrialização conduziria ao crescimento autossustentado. Criado um setor produtor de bens de capital e assegurado o financiamento – o que em boa parte competia ao Estado – o crescimento se daria apoiando-se na expansão do mercado interno" (Furtado, 1992, p. 28). Não ocorreu como o previsto. Como afirma o autor, "a questão primordial deitava raízes nos constrangimentos criados pela forma de inserção internacional" (1992, p. 29), resultado do próprio processo de industrialização. O que havia ocorrido?, se pergunta Furtado.

De início, ainda no Chile, aponta que era preciso compreender melhor as relações de poder que regem a economia internacional, principalmente, o papel das empresas transnacionais (ETs) que haviam ocupado a estrutura produtiva brasileira no processo de industrialização. As ETs "estavam ocupando espaços crescentes nos novos sistemas produtivos em emergência na América Latina". Já estava claro para ele no Chile, que o processo de industrialização resultou em uma "perda de autonomia de decisão", e "novas formas mais complexas de dependência" (Furtado, 1992, p. 39-40) haviam sido construídas. Essas questões não abondarão o pensamento de Furtado durante seu longo período de exílio.

A percepção de que o Brasil havia entregue a dinâmica da economia para as corporações transnacionais estava clara. E, o golpe havia sido dado em "perfeita sincronia dos militares brasileiros com o governo norte-americano" (1992, p. 62), o que demonstrava que "assumíamos uma situação de dependência". Era preciso compreender como o Brasil chegou a este ponto e como essa nova estrutura de relações funciona.

> Nossa esperança de que o quadro de dependência que nos constrangia pudesse ser rompido – o que havia ocorrido no caso do Japão no curso de uma geração – de que nosso desenvolvimento viesse a ser mais e mais fruto de decisões internas, de que nossa política daria prioridade ao social, de que escaparíamos da armadilha do subdesenvolvimento sem exigir da população pobre sacrifícios adicionais – nossa esperança seria agora vista como devaneio idealista, hipótese sem substância, doutrina anacrônica. (FURTADO, 1992, p. 64).

Furtado percebia que o que estávamos vivendo era o resultado de um processo estrutural de desenvolvimento dependente suscitado a partir do processo de expansão do capital transnacional do centro para a periferia. Neste processo, nossas elites se subordinaram não apenas estruturalmente, mas politicamente ao longo da etapa de industrialização, antes do golpe, o que ficava claro pelo grau de integração do capital nacional de forma subalterna ao grande capital transnacional aqui instalado, por dentro das cadeias de valor internas que se constituíram no processo de industrialização.

Assim, Furtado se dá conta de uma realidade que já se revelava com o golpe e que ganhará ainda mais força com a estratégia neoliberal dos anos 1990, do governo Fernando Henrique Cardoso. Vale lembrar que este último, participando das mesmas reuniões no Chile com Furtado, ao contrário dele, defenderá o fortalecimento da aliança com o capital transnacional como estratégia de desenvolvimento em seu *Dependência e desenvolvimento na América Latina*, escrito entre 1966 e 67 – publicado em 1970 –, o aprofundamento da associação com o capital transnacional.

Ao contrário da proposta de Cardoso – que propõe inclusive a substituição do termo "dependência' por "interdependência" (Cardoso e Faletto, 1970, p. 142)[3], numa clara defesa do aprofundamento das relações com o capital transnacional que nos custará a desindustrialização – Furtado buscava entender a lógica que rege o movimento mundial do grande capital transnacional. Percebe que a subordinação aos interesses das ETs torna o Brasil apenas "peças de uma engrenagem abrangente" (1992, p. 66). No exílio, debruça-se sobre as relações de poder subjacentes que perpetuam e aprofundam a dependência estrutural

3. CARDOSO; FALETTO, *Dependência e desenvolvimento na América Latina, ensaio de interpretação sociológica*, Rio de Janeiro: Zahar Editores, 6º edição, 1981.

econômica e política, relações de poder que já estavam visíveis no golpe de 1964. Precisava compreender essa "nova" inserção estrutural do Brasil no capitalismo global. Por que a dependência se torna mais complexa.

Nos EUA tomou consciência de que a própria economia do centro hegemônico era fundada em grandes corporações centralizadas (Furtado, 1992, p. 88). Em seu contato com Adolph Berle[4] e Stephen Hymer[5], percebe que "O poder real, no vasto sistema econômico americano, é exercido, dessa forma, por estruturas intermediárias, [...] uma oligarquia relativamente pequena de homens" (1992, p. 91) que controlam as corporações e a política. Notou que são essas corporações os agentes da expansão dos EUA para a periferia que, em seu processo de internacionalização, adentraram estruturas produtivas na América Latina, embora mantenham os centros de decisão no país de origem. Descobrirá uma nova forma de imperialismo e seus mecanismos de controle.

Na discussão teórica descobre o crescimento da hegemonia da ortodoxia nas ciências econômicas apoiada em modelos de equilíbrio geral. Aponta que os objetivos dos pesquisadores nos EUA era integrar as teorias do desenvolvimento dual (Lewis) à "corrente do pensamento neoclássico, então nos começos de sua ofensiva contra o keynesianismo" (Furtado, 1992, p. 120). Descobre nos EUA um intelectual aparentemente "sem política", adepto de uma ciência econômica pensada como se fosse "ciência da natureza", desvinculada da organização social, da política, justamente o contrário do que pensava Furtado. Testemunha o crescimento da ortodoxia, o retorno à teoria do equilíbrio geral que se espalharia na ciência econômica na década de 1970, no processo de construção da ideologia neoliberal que hoje domina a economia. Com uma percepção de até onde a ortodoxia do pensamento poderia chegar, Furtado afirma que:

> [...] Ninguém se atrevia a afastar-se do paradigma dominante, temendo uma inevitável desqualificação acadêmica. Até então, não me apercebera do verdadeiro terrorismo que exerce na economia a escola do pensamento dominante. Trabalhar fora do paradigma do equilíbrio geral era autodesqualificar-se. [...] O positivismo impregnava o estudo do ensino em economia". (FURTADO, 1992, p. 124)

4. Seu trabalho tornou-se conhecido no clássico com Means, "A moderna sociedade anônima e a propriedade privada" publicado na coleção de Os Economistas em 1984.

5. Conhecido por seu clássico *Empresas multinacionais: a internacionalização do capital*, Graal, 1978.

Adiantava, portanto, o movimento que será avassalador da hegemonia da ortodoxia no neoliberalismo que se aproximava. Fica claro à época que o uso da ortodoxia serve como base ideológica para as teorias do desenvolvimento e como armas de controle do centro hegemônico sobre a periferia. Os estudos sobre o desenvolvimento com abundância de recursos "era uma indicação clara de que o governo e as grandes empresas haviam tomado consciência" de que necessitavam de instrumentos mais sofisticados "para manter sob controle essa vasta periferia do mundo capitalista" (Furtado, 1992, p. 119). Os golpes na América Latina não poderiam estar relacionados apenas às questões geopolíticas, mas profundamente conectado às formas de controle por dentro das estruturas produtivas e de poder na periferia.

Seria preciso se aprofundar nas relações de poder internacionais. As corporações transnacionais estavam no centro delas em sua atuação mundial. É em seu contato com Stephen Hymer que percebe que "a grande empresa é forma de organização econômica que se sobrepõe aos mercados". Aponta que "seus trabalhos [de Hymer] foram seminais para a compreensão do fenômeno da transnacionalização das empresas" (Furtado, 1992, p. 120). Passou então a "discutir o tema do poder econômico" a partir "de uma visão global da economia internacional, em particular das economias dominantes", do estudo dos EUA e o "papel das grandes empresas na economia internacional", para entender o que se passa na América Latina (1992, p. 148-9).

O grande capital transnacional e o poder hegemônico

A ideia de que a economia capitalista é constituída de muitas empresas atuando na lógica da concorrência não fazia mais sentido na estrutura produtiva dos Estados Unidos. A grande corporação, conglomerados de empresas organizadas sob a forma de sociedade anônima, dominava a estrutura produtiva desse país. O processo de concentração e centralização de capital era um fenômeno do século XIX e era visível na estrutura da própria economia norte-americana no início do século XX.

Os estudos (de Berle) que influenciaram Furtado em sua compreensão sobre a estrutura centralizada das economias, fundadas em conglomerados como sociedades anônimas datam dos anos 1930. Apontavam que o sistema econômico dos Estados Unidos é "tutelado por poderosas sociedades anônimas" regida por um poder impessoal "que não deriva de ninguém, senão dela mesma", em uma lógica hierárquica que automaticamente se perpetua (1978, p. 40). Parecia clara a lógica impessoal do grande capital.

Furtado nota que é a grande corporação que detém – não apenas nos países centrais do sistema capitalista – o poder de determinação da dinâmica da economia mundial, poder que se constitui e se espalha pelos espaços relevantes do mundo pela criação de novas bases pelo investimento direto estrangeiro (IDE), tanto cruzado entre os países do centro como do centro para a periferia – principalmente na América Latina – após a Segunda Guerra Mundial. Esse fato tornava claro o movimento dessas grandes corporações no processo de industrialização que lhes dava o domínio sobre as estruturas produtivas, bem como poder político na periferia que se industrializou pelas mãos do capital transnacional.

Furtado percebia também a simbiose estratégica entre poder econômico e geopolítico no desenvolvimento de países da periferia pela ação expansiva das grandes corporações, que se materializa como uma forma de manter a "esfera de influência" dos EUA sobre a periferia, bem como de aliciar as elites locais desses países no empenho para conservá-los fora do comunismo (1978, p. 36-7) e sob controle econômico estruturalmente.

> Sendo a área latino-americana o círculo mais interno da zona de influência dos Estados Unidos é natural que a ação tutelar desse país aí se exerça de forma exemplar. [...] Nesse ponto é que cabe às empresas privadas norte-americanas um papel básico no desenvolvimento, devendo a política de ajuda dos Estados Unidos realizar-se principalmente por intermédio dessas empresas, [...] um sistema econômico tutelado por poderosas sociedades anônimas norte-americanas. (FURTADO, 1978, p. 39-40)

São as grandes corporações que estruturam a economia dos próprios países do centro. Conforme aponta Furtado, a economia norte-americana é estruturada por organizações oligopolísticas constituídas por um número reduzido de grandes empresas que "controlam uma fração crescente do poder de decisão na economia [...]" (1978, p. 44). São "conglomerados econômicos – firmas que controlam múltiplas atividades produtivas não relacionadas – [que] constituem o traço dominante do atual processo de concentração [centralização] nos Estados Unidos" (1978, p. 49). Não apenas detém o poder financeiro como o controle sobre mercados.

É essa grande corporação, sociedades anônimas em sua impessoalidade, mas com estrutura organizada de planejamento e desenvolvimento estratégico, que se torna "o elemento estruturador do capitalismo" (Furtado, 1974, p. 12) em escala mundial, passando a deter o poder sobre a dinâmica da economia mundial no após Segunda Guerra.

Dessa forma, Furtado aponta que a indústria constituída na periferia nasceu integrada a esse sistema econômico internacional controlado pela grande corporação: "A rápida industrialização da periferia no mundo capitalista, sob a direção dos países cêntricos que se observa a partir do segundo conflito mundial e se acelerou no último decênio, corresponde a uma terceira fase da evolução do capitalismo industrial" (1974, p. 28). O processo de industrialização da periferia "realiza-se [...] com extraordinária rapidez, graças à cooperação dos grandes oligopólios internacionais" (1974, p. 45).

Por isso, a expansão do capital transnacional via processo de substituição de importações na América Latina sob "controle de empresas estrangeiras merece atenção". Essas empresas "são parte de um sistema de decisões que transcende o horizonte nacional de cada país". São elas que decidem, segundo sua estratégia de controle sobre mercados e de custos, "descentralizar geograficamente determinadas atividades e centralizar outras", tornando muito mais complexa a inserção internacional das economias periféricas e a lógica da dependência (Furtado, 1798, p. 82). Assim, o autor percebe claramente o desenho da nova divisão do trabalho que estava em processo de formação e as complexas relações de dependência no qual a estrutura produtiva nacional se orienta no sentido de "completar o sistema econômico internacional" (1974, p. 25).

Por isso, para Furtado, trata-se de uma nova dependência apoiada em um sistema de divisão internacional do trabalho cujo controle se dava "por grupo integrados [corporações] nas economias dominantes" (1978, p. 8) e por suas atividades produtivas instaladas nas economias periféricas.

Assim a estrutura econômica da periferia torna-se não apenas financeira e tecnologicamente dependente dos grupos estrangeiros, mas, para completar, subordinam também as elites latino-americanas pela posição nas cadeias de valor "restritas a setores secundários" (Furtado, 1974, p. 54). O processo constituiu assim uma classe que se apresenta sempre de forma submissa aos interesses do grande capital transnacional que controla os nódulos das cadeias de valor tanto internamente como internacionalmente. Serão essas elites os agentes complementares do controle político, sempre disponíveis a processos pouco ou nada democráticos seguindo os interesses que representam.

Assim, de acordo com os interesses geopolíticos e econômicos do centro hegemônico, segundo Furtado, as corporações são "convocadas a atuar na América Latina com uma série de privilégios, [...] com cobertura político-militar e terão necessariamente de transforma-se em superpoder em qualquer país ou região, [...] com sua alavanca tecnológica e elevada capitalização [...]" penetram as economias subdesenvolvidas drenando sua capacidade de desenvolvimento autônomo (1978, p. 41).

> Do ponto de vista dos países do terceiro mundo, as esferas de influência devem ser interpretadas como sistemas de dominação econômica, os quais reduzem a liberdade desses países; [...] a estratégia de ajuda dos Estados Unidos mediante a criação de privilégios para as grandes empresas e de controle [social] preventivo da subversão contribui para preservar as retrógradas formas de organização social [...]. (FURTADO, 1978, p. 85-6)

Assim, para Furtado, para além da geopolítica da Guerra Fria, é a necessidade de garantir o espaço político para a estratégia e os interesses da grande corporação enraizada na periferia que explica o caráter social repressivo nos estados periféricos. As contradições e as tensões sociais que esse tipo de desenvolvimento geram na periferia fazem com que a "ação do Estado tenda a assumir um caráter essencialmente repressivo" (1978, p. 42).

Parece claro que para Furtado o golpe de 1964, a ditadura que daí se segue e, poderia se dizer, a construção de uma subordinação estrutural fundada no controle econômico e político que se arrastam no Brasil ao longo de décadas, não está centrada em questões geopolíticas, embora a inserção do capital transnacional na periferia tenha ocorrido em simbiose com os interesses geopolíticos. Passam a ser os interesses das grandes corporações transnacionais que definem o tipo de desenvolvimento com exclusão social, fortemente concentrador de poder e riqueza, que caracteriza o Brasil.

O poder político por dentro

Com o controle do processo de acumulação mundial pela grande corporação, os "sistemas nacionais que constituíram os marcos delimitadores do processo de industrialização da fase anterior foram perdendo a individualidade" (Furtado, 1974, p. 28). Os Estados nacionais, tanto no centro como na periferia perdem poder de controle sobre o grande capital que agora passa a atuar mundialmente: "[...] as grandes empresas operam internacionalmente através de centros de decisão que escapam [...] ao controle dos governos nacionais dos respectivos países (1974, p. 33).

Com o processo de internacionalização do capital capitaneado pelas grandes corporações, os Estados nacionais tiveram que se adaptar:

> A experiência tem demonstrado que a margem de manobra que gozam os Estados para atuar no plano econômico é relativamente estreita; [...] pressões são exercidas por outros governos, por instituições internacionais [controladas pelos países centrais] e pelas próprias empresas. (FURTADO, 1974, p. 56)

Assim, as corporações buscam cooptar ou fazer alianças com os Estados nacionais para "obter vantagens internas e externas". Com a mesma lógica, atuam conjuntamente grupos transnacionais e seus Estados de origem "visando fazer pressão sobre governos (1974, p. 56-7).

Parece claro como se transformam as relações de poder global com o advento da grande corporação transnacional como eixo da dinâmica e controle sobre os Estados e suas políticas. O interesse nacional passa agora a ser tutelado e permeado pelo interesse da grande corporação, que se mistura com os interesses geopolíticos. A diferença, a partir do controle estrutural das economias periféricas pelo capital transnacional é a internalização dos sistemas de controle que agora são exercidos pela lógica econômica com interferência política por dentro das estruturas de poder dos países. Os mecanismos de controle estão internalizados.

Por esse processo, as ETs buscam adentrar as estruturas de poder, se necessário pela força. Como aponta Furtado, em momentos de tensão entre os Estados nacionais e as grandes empresas, estas "poderão provocar reações no plano superestrutural tutelar, [...] levando à constituição de órgãos dotados de poder coercitivo. [...] Cabe à superestrutura tutelar a função de velar pela integridade das fronteiras e de atender-se com o adversário em, [...] momentos em que problemas [...] ameaçam escapar do controle [...]", numa nítida alusão à possibilidade de medidas drásticas de controle social. E completa, "O comportamento da grande empresa é tudo menos ideologicamente neutro, [...] não relutam em uma confrontação [...] a praticar atos de verdadeiro banditismo internacional" (Furtado, 1974, p. 58-60).

Tratando especificamente dos países periféricos, Furtado aponta que esse fato torna "considerável a dificuldade de coordenação de suas economias no plano interno em razão da forma como estão articuladas com a economia internacional no quadro das grandes empresas", e "as frustrações políticas levam à instabilidade institucional e ao controle do Estado pelas forças armadas" numa direta alusão ao golpe militar como forma de controle, mas que não é exercido de fora (como no imperialismo clássico) mas em aliança com grupos sociais "surgidos do processo político interno" (1974, p. 62).

Parecem claras as relações entre as ditaduras na América Latina e os interesses das grandes corporações transnacionais, para além dos interesses geopolíticos. Anos mais tarde, em *Brasil: a construção interrompida* (1992b), Furtado afirma que:

> A atrofia dos mecanismos de comando dos sistemas econômicos nacionais não é outra coisa senão a prevalência de estruturas de decisão transnacionais voltadas para a planetarização dos circuitos de decisão. [...] A perda de governabilidade se apresenta com maior gravidade [...] nos países subdesenvolvidos. (FURTADO, 1992b, p. 25)

Assim, no final da década de 1990, após os anos de neoliberalismo que promoveram a desindustrialização do país e uma enorme perda estrutural de poder de ação do Estado, pelo programa que privatizou núcleos centrais de cadeias de valor que permitiam ainda algum controle nacional sobre a dinâmica interna, Furtado afirma que:

> Pensar que o mercado vai substituir o Estado é uma ilusão. São as grandes empresas que têm planejamento próprio que vão comandar o processo social em função de objetivos que nos escapam. As empresas têm uma lógica própria, que eu respeito: é a lógica do complexo multinacional, que age no quadro de sistemas jurídicos diversos, trata de maximizar vantagens atravessando fronteiras e ignora a racionalidade própria de cada país, [...] o quadro em que se estabelece a racionalidade é político. Por isso a economia deve ser vista como um ramo da ciência política. [...] Portanto, o que está acontecendo é um processo de relocalização das atividades produtivas, com concentração de renda em escala planetária. São os interesses das grandes empresas que estabelecem os parâmetros de racionalidade, atropelando em muitos casos o interesse nacional (FURTADO, 1999, p. 80; 88).

Conclusão

Furtado demonstra de forma clara já no final dos anos 1960 os problemas – para além das questões de cunho econômico como a impossibilidade de desenvolvimento tecnológico e a realização de políticas econômicas de interesse nacional – que envolvem as relações políticas resultantes da industrialização dependente do capital transnacional, da entrega de setores estratégicos e mais dinâmicos à lógica de grande corporação estrangeira, portanto, à lógica do processo mundial de acumulação de capital regido por elas.

O golpe de 1964 aparecia como elemento concreto dessas novas relações de dependência que se realizam por dentro do próprio tecido social periférico, pelas elites cooptadas e subordinadas aos interesses do grande capital que apoiam o golpe. Elites estas que nasceram estruturalmente subalternas pelo lugar secundário que ocuparam nas cadeias de valor internamente constituídas, e que sua submissão se estende à sua ação política dentro da estrutura de poder local, dentro da burocracia do próprio Estado, com seus economistas ortodoxos neoliberais que ganharam espaço nos anos 1990.

Furtado antecipa por sua compreensão desse processo a posição que essa classe dos "extratos superiores" toma nas relações de conflito, diante de tentativas de realizar políticas sociais para diminuir a desigualdade e distribuir renda, agindo sempre com radicalismo em ameaça à democracia. Esses grupos sociais viveram nas franjas do crescimento concentrador de renda, bastante explorado por Furtado, capitaneados pelos grandes grupos estrangeiros que dominam a estrutura produtiva, principalmente de bens de média e alta tecnologia, bens de consumo duráveis, nos nódulos de controle das cadeias globais de valor.

Furtado percebe que as relações de dependência que são estruturantes da economia brasileira se refletem nas estruturas de poder e impedem, como em 1964, a cada tentativa sua transformação, o próprio desenvolvimento do país. Já sabia porque a estratégia neoliberal da década de 1990 que tinha como ponto central privatização, liberalização comercial e financeira para atrair com o capital transnacional estava fadada ao fracasso. Não é da natureza do grande capital transnacional jogar com outros interesses que não os empresariais de maximização do lucro e controle sobre mercados. Pior, a estratégia dos anos 1990 ocorreu justamente em um momento em que a grande corporação reestruturava suas cadeias de valor globais segundo seus interesses, o que provocou a desindustrialização do país.

Os *insights* de Furtado nos permitem pensar a complexidade da situação política e econômica que o país se encontra. O que temos hoje é o resultado de uma história política e econômica que já mostrava seus sinais e suas contradições com o próprio golpe de 1964, apoiado por amplas camadas das elites que se constituíram subordinadas ao grande capital transnacional. O enfraquecimento do Estado Nacional ao longo do projeto neoliberal dos anos 1990 apenas reforçou essa estrutura de controle e subordinação. O resultado é o retorno do país à condição primário-exportadora, sob ameaça de uma nova ditadura.

Como para Furtado na década de 1960, no exílio, a crise atual, também mundial, é o momento de repensar as estruturas de poder que adentraram a ossatura do Estado e seus braços burocráticos nas últimas décadas, movimento que invadiu as estruturas de representação política dadas as frações de classe que essas estruturas burocráticas representam, derivadas do próprio poder econômico que se refletem no poder político. Por ser estrutural, a situação é muito mais complexa do que simplesmente a realização de políticas econômicas corretas ou de medidas pontuais necessárias, mas que não conseguirão atingir seus objetivos sem romper com essas estruturas. O poder que impede parece, como Furtado demonstra, estar por dentro delas.

> Quando comecei a estudar economia, a solidariedade social tinha reconhecida importância porque todos estavam de acordo para desenvolver o Brasil. E desenvolver o Brasil era desenvolver o mercado interno. Hoje em dia, o que é desenvolver o Brasil? É desenvolver as empresas transnacionais aqui instaladas?. (FURTADO, 1999, p. 95)

Referências bibliográficas

FURTADO, C. *Desenvolvimento e subdesenvolvimento.* Rio de Janeiro: Editora Fundo de Cultura, 1961. 1ª ed.

____________. *Teoria e política do desenvolvimento econômico. São Paulo:* Companhia Editora Nacional, 1971. 4ª ed.

____________. *A hegemonia dos Estados Unidos e o subdesenvolvimento da América Latina.* Rio de Janeiro: Civilização Brasileira, 1978. 3ª ed.

____________. *O mito do desenvolvimento econômico.* Rio de Janeiro: Paz e Terra, 1974. 3ª ed.

____________. *Criatividade e dependência na civilização industrial.* São Paulo: Companhia das Letras, 2008.

____________. *Transformação e crise na economia mundial.* Rio de Janeiro: Paz e Terra, 1987.

____________. *Ares do Mundo.* São Paulo: Paz e Terra, 1992. 2ª ed.

____________. *O longo amanhecer – Reflexões sobre a formação do Brasil.* São Paulo: Paz e Terra, 1999.

____________. *Brasil a construção interrompida,* Paz e Terra, Rio de Janeiro, 3ª edição, 1992b.

As contribuições de Celso Furtado ao estruturalismo, e sua atualidade[1]

Ricardo Bielschowsky[2]

Introdução

Nesta breve nota apresento as principais contribuições de Celso Furtado ao estruturalismo, ou seja, à teoria de Raúl Prebisch e da Cepal sobre o desenvolvimento periférico. São aportes analíticos ao debate latino-americano e brasileiro sobre crescimento e desenvolvimento que tiveram grande impacto intelectual e ideológico, especialmente no Brasil. Argumento, em seguida, que o exame das principais tendências na América Latina e no Brasil nos últimos 25 anos por meio dessas contribuições, elaboradas há quase meio século, mostra impressionante atualidade. Isto é assim, infelizmente, por razões nada animadoras: nosso crescimento, emprego e distribuição de renda, no último quarto de século, confirmaram o ceticismo de Furtado sobre desenvolvimento na ausência de projetos nacionais de desenvolvimento adequadamente desenhados e implementados.

Prebisch e o desenvolvimento econômico sob as condições estruturais da periferia

De maneira a apresentar as contribuições de Furtado, é necessário abordar brevemente a teoria das condições periféricas de desenvolvimento formulada por Prebisch para a América Latina[3]. O é porque Furtado foi um seguidor

1. O artigo nos foi generosamente enviado pelo autor para compor esse volume. Foi publicado, originalmente, em setembro de 2005. [N.E.]
2. Economista do escritório da Cepal em Brasília. Bacharel (UFRJ, 1972), mestre (UnB, 1975) e doutor (University of Leicester, Inglaterra, 1985) em Economia. Agradecimento do autor ao Carlos Mussi e Carlos Aguiar de Medeiros pelos excelentes comentários ao texto, e a Franklin Serrano pela preciosa conversa prévia a sua elaboração. As opiniões aqui expressas são de minha exclusiva responsabilidade.
3. Em Prebisch (1949) e Cepal (1949 e 1950).

de Prebisch, porque este foi o fundador do estruturalismo latino-americano; e porque a teoria de Prebisch raramente é abordada de forma adequada na literatura sobre desenvolvimento econômico, já que em geral as referências limitam-se à tese da deterioração dos termos de intercâmbio. Como Octavio Rodriguez (1981) argumentou corretamente em seu livro sobre o pensamento da Cepal, trata-se de todo um corpo analítico voltado à análise do subdesenvolvimento na América Latina.

É uma teoria de restrições ao crescimento determinada pelas condições específicas da América Latina como periferia do mundo desenvolvido. As economias latino-americanas são caracterizadas, por Prebisch, por meio de seu contraste com as economias "centrais". O argumento é o de que as diferenças correspondem à inadequadas condições de crescimento na periferia, impõem restrições ao processo de industrialização e ao progresso técnico e requerem estratégias de crescimento coordenadas pelo Estado, porque, nessas condições, as forças de mercado são incapazes de, por si só, viabilizar o crescimento.

A tabela abaixo resume os principais elementos da formulação prebischiana sob o subdesenvolvimento latino-americano e seus problemas, absorvida por Furtado e demais intelectuais estruturalistas:

Tabela 1 – Quadro-síntese da formulação estruturalista original

Características das economias latino-americanas	Implicações para industrialização e crescimento
Baixa diversidade produtiva	Necessidade de investimento simultâneo em muitos setores - o processo é muito exigente em matéria de poupança, investimento e divisas estrangeiras
Especialização na agricultura e em mineração	Limitada capacidade de gerar divisas externas devido a baixa demanda mundial por exportações e a deterioração dos termos de intercâmbio, e forte pressão por divisas devido à elevada elasticidade-renda das importações
Dualidade (ou forte heterogeneidade tecnológica) – coexistência entre setores com alta produtividade e abundante ocupação de mão de obra a níveis próximos à subsistência	Baixa produtividade média e reduzido excedente, como proporção da renda
Institucionalidade inadequada e falta de capacidade empresarial	Baixa proporção a poupar e a investir, e insuficiente acumulação de capital e progresso técnico (parte do excedente é desperdiçado com consumo supérfluo e investimentos improdutivos)

Foi com base na identificação desse conjunto de problemas estruturais da periferia que Prebisch e a Cepal construíram sua análise do crescimento, do desenvolvimento periférico e das relações centro-periferia, e suas teses fundamentais: deterioração dos termos de troca; não-convergência entre as rendas por habitante do centro e da periferia; desequilíbrio estrutural da balança de pagamentos; vulnerabilidade externa; brecha de poupança de divisas; e dinâmica do processo substitutivo de importações.

Nessas condições altamente problemáticas, o planejamento e a ação estatal são requeridos para sustentar a industrialização e o progresso técnico, e para evitar as tendências perversas inerentes a tais condições. Para Prebisch, a principal tendência perversa era o desequilíbrio estrutural da balança de pagamentos; para alguns seguidores, como Noyola Vasquez (1956) e Osvaldo Sunkel (1958), havia também uma tendência estrutural à inflação. Furtado temia ambas, mas sua principal contribuição analítica veio pelo lado da tendência à preservação do subemprego e da má distribuição de renda.

As contribuições de Furtado ao estruturalismo

Furtado deu três importantes contribuições ao corpo analítico estruturalista:

Primeiro, ele adicionou uma perspectiva histórica de longo prazo (1959-1970). Mostrou que durante séculos, em sucessivos períodos de crescimento e retração (no Brasil, os ciclos da cana de açúcar, da mineração e do café), ocorreu a produção e reprodução de dualidades (ou heterogeneidades) econômicas e sociais, assim como uma baixa diversidade produtiva. Seu *Formação econômica do Brasil* é uma bem-sucedida tentativa de apontar para os elementos históricos na formação brasileira que legitimam o uso do estruturalismo e de suas conclusões de política econômica (Bielschowsky, 1988). O objetivo era mostrar que a economia brasileira foi formada com as duas especificidades apontadas por Prebisch – baixa diversidade e dualidade –, de modo que o processo de industrialização nos anos 1950 fosse entendido como problemático devido às restrições "histórico-estruturais" ao crescimento resultantes dessas especificidades, e que a coordenação estatal fosse entendida como indispensável para contorná-las.

Segundo, no livro *Desenvolvimento e subdesenvolvimento na América Latina* (1961) ele introduziu no arcabouço analítico estruturalista a discussão sobre a dificuldade que os setores urbanos modernos têm para absorver a massiva força de trabalho que se transfere do campo às cidades. Muito provavelmente, ele foi o primeiro a levantar a possibilidade da persistência a longo prazo de subemprego na América Latina, ou a persistência a longo prazo da dualidade analisada por Arthur Lewis (1954); terá sido, conseqüentemente, pioneiro no argumento de que a elevação de produtividade em setores modernos pode por um longo período coexistir com baixos salários e confirmar a secular má distribuição de renda na América Latina. Furtado alertou para a possibilidade de que, mesmo que o crescimento seja sustentado é difícil absorver a oferta abundante de mão de obra, no contexto das sociedades latino-americanas, isto é, para a ideia de que o crescimento pode por um largo período prosseguir com a preservação de desemprego e subemprego, e de heterogeneidade tecnológica, concentração de renda e injustiça social.

De fato, em meus estudos sobre o pensamento econômico brasileiro e sobre o pensamento da Cepal (Bielschowsky, 1995 e 2000, respectivamente) não encontrei argumentação prévia à de Furtado com esse conteúdo. Por essa razão, sou levado à conclusão de que ele estava inaugurando o debate latino-americano sobre a relação entre desenvolvimento, determinação de salários e concentração de renda em condições de subemprego rural e urbano.

Creio poder também concluir que nesse livro de 1961 – o qual, diga-se de passagem, reúne ensaios escritos na segunda metade dos anos 1950 – Furtado estava, provavelmente, antecipando algumas das ideias básicas das teorias da dependência discutidas ao longo da década de 1960. No livro, ele argumenta que o padrão de crescimento latino-americano corresponde a uma das projeções históricas de economias desenvolvidas sobre o resto do mundo, em que empresas estrangeiras modernas e suas competidoras locais tendem, durante a industrialização na periferia, a dividir o sistema produtivo com estruturas arcaicas, conduzindo os sistemas periféricos a uma nova forma de economia "dual", fortemente dependente de métodos de produção inadequados à constelação local de recursos, e incapaz de superar o subdesenvolvimento em parte significativa do sistema produtivo.

A terceira contribuição veio alguns anos mais tarde, quando Furtado (1965, 1968, 1972, 2000) aprofundou-se na análise das relações entre crescimento e distribuição da renda. Argumentou que a concentração da renda e da propriedade pré-determina a composição setorial do investimento e as escolhas tecnológicas, levando a fração moderna da estrutura produtiva na América Latina a um grau de intensidade de capital similar ao praticado por países desenvolvidos. Entendia que, no caso desses países a tecnologia empregada pode não ser inadequada para manter o pleno emprego e altos salários, mas é inadequada para exaurir a oferta abundante de mão de obra e elevar salários de forma sistemática na América Latina. Tal padrão de investimento significa reforçar o excesso de oferta de trabalho, os baixos salários e a concentração da renda, que, num círculo vicioso, fortalece a inadequada composição de investimentos. Observe-se que o método de contrastar a periferia com o centro é de novo empregado, para argumentar que, ao contrário do que ocorre no centro, os padrões de crescimento nos países da periferia mantêm abundância de mão de obra e não permitem adequada transmissão de produtividade a rendimentos dos trabalhadores.

Cabe, aqui, apontar para duas falhas na análise de Furtado. Primeiro, em seu livro de 1965 ele argumentou que no padrão latino-americano de crescimento e industrialização ocorriam rendimentos decrescentes de escala, resultando numa tendência à estagnação na América Latina; mais tarde ele foi levado a abandonar o argumento, à luz de evidências sobre forte crescimento na região. Segundo, ele não discutiu a possibilidade de exaurir o excedente de mão de obra por meio de controle de natalidade e de crescimento rápido dentro do padrão distributivo existente. Nada disso, porém, pode obscurecer o fato de que ele inaugurava – mais ou menos em simultâneo com Maria da Conceição Tavares (1964) e Aníbal Pinto (1965) – a discussão brasileira e latino-americana sobre padrões de crescimento e de distribuição de renda.

Em resumo: o esquema analítico prebischiano-furtadiano é uma análise histórico-estrutural da persistente heterogeneidade produtiva e da persistente insuficiência na diversificação da estrutura produtiva, e é uma análise das conseqüências dessas duas características em termos de crescimento, emprego e distribuição de renda, que devem ser tomadas como referências centrais quando agendas de reforma e de desenvolvimento são desenhadas e implementadas.

As contribuições analíticas de Furtado e as tendências econômicas atuais da América Latina

As estatísticas sobre a evolução socioeconômica na grande maioria dos países da América Latina evidenciam um desempenho medíocre, em termos absolutos e quando comparadas com os 30 anos prévios, de expansão orientada pelo Estado: crescimento muito inferior do PIB e da produtividade, taxas de investimento muito menores, maior desemprego, ampliação do subemprego, e índices de concentração de renda rígidos, apesar do aumento nos gastos sociais.

Nada disso foi surpresa para Celso Furtado. Ele sempre se mostrou cético quanto à geração de crescimento e emprego e à redistribuição de renda na América Latina na ausência de estratégias de crescimento conduzidas pelo Estado. Em diferentes ocasiões, desde o início dos anos 1980, referiu-se à situação corrente como resultante de reformas inadequadas, de falta de novas estratégias desenvolvimentistas, e de erros de política no que se refere a dívida, volatilidade de capitais e globalização.

No entanto, em sua crítica, Furtado foi apenas mais um entre bom número de economistas heterodoxos, que pensam na mesma linha e acreditam que a persistência nos rumos ditados pelas reformas liberalizantes levam as economias latino-americanas a permanecer reféns de um processo de baixo investimento, emprego e crescimento, baixos salários, pobreza e concentração de renda. Neste breve ensaio não há espaço para resenhar as interpretações das correntes de pensamento neoliberal e heterodoxo na América Latina. O ponto que desejo levantar, aqui, é o de que a contribuição analítica de Prebisch e Furtado é relevante e rica para analisar as tendências atuais.

A demonstração do ponto esbarra numa limitação, ou seja, no fato de que nem Prebisch, que faleceu ainda nos anos 1980, nem Furtado, que abordou a questão das tendências apenas em breves artigos, fizeram análises sistemáticas da evolução da economia latino-americana no último quarto de século. De maneira a contornar a limitação, construí, eu mesmo, uma lista de afirmações que ambos poderiam ter feito, para a qual tomei por base a teorização por eles formulada.

Antes de passar a elas, cabe observar que as afirmações inspiradas em Prebisch e Furtado não devem ser tomadas como uma crença na possibilidade de voltar às políticas dos anos 1950, 1960 e 1970. Por certo, novas estratégias, alternativas às neoliberais, têm que ser adaptadas ao novo contexto: as economias encontram-se abertas ao comércio de bens e serviços, políticas macroeconômicas voltadas ao crescimento são limitadas pela vigilância de mercados financeiros selvagens e pela influência desestabilizadora de fluxos de capitais voláteis e, em muitos países, por grandes dívidas domésticas e externas; ademais, os Estados nacionais dispõem de recursos relativamente mais limitados do que no passado para enfrentar agendas de desenvolvimento. Nada disso, porém, torna o esquema analítico de ambos menos relevante à análise das tendências e perspectivas da América Latina, e à formulação de novas estratégias de crescimento.

No que se refere a tendências, Prebisch ou Furtado poderiam perfeitamente ter feito as seguintes afirmações:

a) Os últimos 25 anos têm sido um período de relativa estagnação na América Latina. Ocorreram muitas mudanças, algumas delas positivas – como o fim da inflação e desequilíbrios fiscais, e a elevação de produtividade em muitos segmentos – mas o resultado geral econômico e social foi altamente desfavorável. O período corresponde à fase de retração do ciclo longo de industrialização, e reproduz algumas das principais características das fases recessivas de ciclos prévios (agrícolas e mineiros): diversificação inadequada, heterogeneidade e subemprego, baixos rendimentos do trabalho e concentração da renda;

b) Com poucas exceções, na maioria dos países as reformas e a política econômica implementadas contribuíram a que o período fosse de relativa desindustrialização, com perdas de elos de cadeias produtivas e de complementaridades inter e intra-setoriais no setor industrial. Houve reversão da tendência prévia à diversificação produtiva, e uma desindustrialização prematura (UNCTAD, 2003), porque ocorrida bem antes do estágio de formação de segmentos intensivos em tecnologia e de promoção do ambiente adequado para um sistema de inovações eficaz. Isto enfraqueceu as bases estruturais do crescimento.

c) Foi um período de aumento na heterogeneidade entre setores, subsetores e empresas. Empresas de maior porte, nacionais e estrangeiras, estão operando plantas produtivas na fronteira tecnológica, mas a modernidade se difundiu de forma pobre e desigual ao longo do sistema econômico. A evolução da heterogeneidade foi marcante especialmente por meio do aumento na participação de setores de baixa produtividade na ocupação da mão de obra.

d) O subemprego e o desemprego explicam por que, apesar do aumento nos gastos sociais, a distribuição de renda permaneceu rígida; elevações eventuais na produtividade tendem a dirigir-se primariamente ao lucro – e em alguns casos a salários de trabalhadores altamente qualificados - e muito pouco à grande massa de trabalhadores com baixa qualificação.

De forma mais sintética, o conjunto anterior de afirmações pode ser expresso da seguinte forma: "É grande a responsabilidade de reformas e de políticas equivocadas – tanto em questões de alocação de recursos como em questões macroeconômicas e financeiras –, bem como da ausência de estratégias nacionais de desenvolvimento no desempenho medíocre das economias latino-americanas nos últimos 25 anos. O desempenho confirmou diversificação produtiva inadequada, heterogeneidade estrutural, desemprego e subemprego, baixos salários, pobreza e concentração de renda, e provocou a persistência de hiatos de divisas, vulnerabilidade externa e divergência de renda por habitante relativamente às economias desenvolvidas.

Também, no que se refere à análise das perspectivas, podem ser construídas afirmativas relevantes com inspiração em Prebisch e Furtado. Por exemplo, pode-se dizer que de forma semelhante a outras retrações ocorridas ao longo de 500 anos de história econômica da região, quando transcorreram longos períodos antes que o crescimento fosse recuperado, até aqui nenhum novo motor de crescimento parece ter surgido. As perguntas relevantes são: trata-se de uma estagnação de longo prazo, que confirmará dualidade, heterogeneidade, restrição da balança de pagamentos e "divergência"? Quais são atualmente as forças impulsionadoras potenciais para investimento, progresso técnico, e aumento de produtividade em nossas economias? Podemos vislumbrar algum novo padrão de crescimento? Quais as conexões entre estratégias de prosperidade econômica no futuro, emprego e distribuição de renda?

Furtado, o estruturalismo e o neo-estruturalismo

A aceitação de que a listagem acima é relevante para entender as tendências no último quarto de século implica dizer que a abordagem "Prebisch-Furtado" é relevante e atual.

Entre as melhores interpretações heterodoxas das tendências correntes na América Latina encontramos no neo-estruturalismo cepalino[4] – e em suas cercanias – boas análises de questões monetárias e financeiras. Trata-se de um progresso necessário em relação às interpretações estruturalistas inaugu-

4. A expressão foi cunhada após a assimilação, pela Cepal, da irreversibilidade das reformas liberalizantes, às quais a Cepal reagiu com críticas a suas falhas e com recomendações para correções de rumos. O documento considerado inaugural da etapa neo-estruturalista é o Transformação Produtiva com Equidade, da Cepal (1990), coordenado por Fernando Fajnzylber (que transferiu à Cepal o pensamento que vinha desenvolvendo nos anos anteriores, ver Fajnzylber 1988)

rais, especialmente considerando-se a presente era de incertezas macroeconômicas, volatilidade de capitais, e problemas financeiros[5].

Nos níveis meso e microeconômicos, a capacidade analítica dos textos dos neo-estruturalistas atuais faz justiça aos fundadores dessa corrente. A conclusão deriva da constatação de que os textos atuais apontam adequadamente à necessidade de promover infraestrutura e investimentos intensivos em tecnologia, sistemas nacionais de inovação e educação, complementaridades setoriais, economias de aglomeração e pequenas e médias empresas. Há, contudo, duas insuficiências no conjunto de trabalhos neo-estruturalistas, relativamente à que faziam seus precursores: são escassas as análises sobre determinantes do investimento, e sobre "padrões" de crescimento.

Acumulação de capital foi uma obsessão estruturalista e furtadiana, infelizmente negligenciada nos tempos atuais. A análise neo-estruturalista é adequada quando relaciona escassez de investimentos a incertezas macroeconômicas, como volatilidade de capitais, instabilidade nas taxas de câmbio e de juros e retração e oscilação nos níveis de atividade. Mas pouco tem sido dito sobre a relação entre propensão a investir e reformas (liberalização comercial e privatização) e sobre propensão a investir em geral.

Em uma das raras abordagens sobre o tema, Moguillansky e Bielschowsky (2000) argumentaram que, com a abertura comercial, as firmas domésticas nos setores de bens transáveis passam a ter menor rentabilidade e maiores incertezas e riscos, o que significa dizer que têm menor incentivo a investir; do mesmo modo, em comparação com o período posterior as privatizações, as empresas estatais investiam com menos preocupações com rentabilidade e menor aversão a riscos e incertezas, o que leva a crer que a privatizações reduzem a propensão a investir na economia, ainda que eventualmente possam aumentar a eficiência microeconômica dos investimentos. Há, portanto, razões para crer que a baixa propensão atual a investir pode estar relacionada com as reformas, e que o novo contexto requer coordenação público-privada para favorecer a elevação dos investimentos.

Por fim, o neo-estruturalismo está em dívida com o estruturalismo original no que diz respeito ao exame de modelos de crescimento alternativos ao neoliberal, considerando-se as condições idiossincráticas de cada país da América Latina. Penso que muito se ganharia se houvesse um retorno à tradi-

5. Sobre o tema ver, por exemplo, Cepal, 1994 e 2002, Ffrench Davis (1999) e Ocampo e outros (2001).

ção de pensar projetos de desenvolvimento nacionais na linha do que vem a ser a síntese de todo o pensamento de Furtado, ou seja, a de padrão ou modelo de crescimento – que outros, como Aníbal Pinto (1976), Conceição Tavares e José Serra (1972) e Pedro Sainz e Alfredo Calcagno (1992) por vezes chamaram de "modelos", "estilos", ou "modalidades" de crescimento.

O que vem a ser padrão de crescimento na abordagem histórico-estrutural? Trata-se de combinação historicamente determinada, e específica a cada país, de uma série de elementos estruturais, responsáveis pela dinâmica do crescimento, do investimento, da produtividade, do emprego e dos salários. Entre esses elementos podem-se destacar: a) Os principais agentes do investimento (estado, capital nacional e capital estrangeiro); b) A equação financeira do investimento (lucros retidos versus financiamento local e internacional); c) A composição da produção e do comércio externo, e as opções tecnológicas; d) A direção do crescimento (para dentro, para fora, ou ambos); e) A evolução do emprego e subemprego; f) A evolução da distribuição da renda e da propriedade.

Se a este conjunto de elementos se adiciona o regime macroeconômico, as relações financeiras com o resto do mundo e a institucionalidade existente em cada país, tem-se uma boa agenda de estudos sobre o que está ocorrendo com cada economia latino-americana. O exercício corresponderia a uma excelente base de partida para levantar um mapa de semelhanças e diferenças no comportamento dos diferentes países da América Latina, que pode ajudar a desenhar projetos de desenvolvimento em cada um deles e construir uma rica e diversificada agenda estratégica para a região como um todo.

Resumo e conclusão

Este breve artigo apresentou as três principais contribuições analíticas de Celso Furtado ao estruturalismo. A primeira, criadora do método histórico-estrutural, foi a adição da história brasileira e latino-americana às formulações estruturalistas. A segunda foi a interpretação de que o subdesenvolvimento na periferia latino-americana tende a ser preservado por muito tempo, devido à dificuldade de se superar suas duas condições básicas, ou seja, o subemprego e de inadequada diversificação da atividade produtiva; de acordo com Furtado, o subdesenvolvimento não é uma simples fase de transição ao desenvolvimento, mas um fenômeno mais permanente, que exige tenaz e prolongada dedicação política para ser superado. A terceira contribuição consiste na argumentação de que a evolução dos investimentos na periferia é pré-determinada pela composição da demanda, que espelha concentração de renda e de propriedade; reproduzem-se, na América Latina, estruturas de oferta pouco apropriadas à absorção da mão de obra abundante, o que implica em preservação de baixos salários e na tendência a que se reforce a má distribuição da renda.

Argumentou-se, em seguida, que à luz do que ocorreu na América Latina nos últimos vinte e cinco anos, a análise manteve-se, infelizmente, com enorme atualidade. O subdesenvolvimento não foi vencido em seus dois elementos centrais, ou seja, na inadequada diversidade da base produtiva e na dualidade ou heterogeneidade estrutural, e o resultado foi a preservação de baixos salários, concentração da renda e elevados níveis de pobreza.

Não é difícil concluir que uma agenda de pesquisas inspirada em Celso Furtado sobre tendências e perspectivas atuais na América Latina seria ampla, necessária, e confirmaria a atualidade e relevância de suas contribuições[6].

Referências bibliográficas

BIELSCHOWSKY, Ricardo. *Pensamento econômico brasileiro – O* ciclo ideológico do desenvolvimentismo. Rio de Janeiro: Contraponto, 1995.

___________ (org), *Cinquenta anos de pensamento na CEPAL.* Rio de Janeiro: Record, 2000.

BRASIL. *Plano Plurianual 2004-2007.* Brasília: Ministério do Planejamento, 2003.

CEPAL. *Estúdio Económico de América Latina,* 1949. (E/CN.12/217). Santiago de Chile: CEPAL, 1951a.

___________. *Estúdio Econômico de América Latina,* 1950. (E/CN.12/217). Santiago de Chile: CEPAL, 1951b.

6. Vale notar que para o caso do Brasil, a abordagem furtadiana já se encontra no momento atual muito além do "status" de agenda de investigação. Ouso dizer que está presente como projeto nacional de desenvolvimento no Plano Plurianual do governo federal, o PPA 2004-2007 (Brasil, 2003). O Plano, apesar de assinado pelo Presidente da República e aprovado pelo Congresso, infelizmente não parece ter sido adequadamente "apropriado", difundido e seguido pelo governo. Nele define-se, contudo, uma alentadora estratégia de desenvolvimento de longo prazo cujas origens conceituais estão precisamente nos trabalhos de Furtado dos anos 1960 e 1970, em que este reclama a formação de um circulo virtuoso entre investimento, salários e consumo de massa.

__________. *Transformación productiva con equidad.* Santiago do Chile: CEPAL, (LC/G.1601-P), março de 1990.

__________. *América Latina y el Caribe: políticas para mejorar la inserción em la economia mundial.* (LC/G.1800/Ver.1-P). Santiago de Chile: CEPAL, 1995.

__________. *Globalización y desarrollo.* (LC/G.2157(SES.29/3). Santiago de Chile: CEPAL, abril de 2002.

FAJNZYLBER, Fernando, "Industrialización em América Latina: la ´caja negra al casillero vacío´", *Cuadernos de la CEPAL,* nº 60. Santiago de Chile, 1989.

FRENCH Davis, R. *Macroeconomía, comercio y finanzas: para reformar las reformas en América Latina*, Santiago do Chile: CEPAL/McGraw-Hill, 1999.

FURTADO, C. *Formação econômica do Brasil.* Rio de Janeiro: Fundo de Cultura, 1959.

__________. *Desenvolvimento e subdesenvolvimento.* Rio de Janeiro: Fundo de Cultura, 1961.

__________. *Subdesenvolvimento e estagnação da América Latina.* Rio de Janeiro: Civilização Brasileira, 1966.

__________. *Um projeto para o Brasil.* Rio de Janeiro: Saga, 1968.

__________. *Formação econômica da América Latina.* Rio de Janeiro: Cia Editora Nacional, 1970.

__________. *Análise do "modelo" brasileiro.* Rio de Janeiro: Fundo de Cultura, 1972.

__________. *Teoria e política do desenvolvimento econômico.* Rio de Janeiro: Paz e Terra, 2000.

LEWIS. 1954. "Economic development with Unlimited Supplies of Labour", in: *Manchester School of Economic and Social Studies*, 1954, vol.22, p. 139-191.

MOGUILLANSKY e BIELSCHOWSKY, *Investment and economic reforms in Latin América.* Santiago de Chile: CEPAL, 2001.

NOYOLA-VÁSQUEZ, J. "Inflación y desarrollo económico em México y Chile", *Panorama Económico*, nº 170. Santiago de Chile, julho, 1957.

OCAMPO, J.A; BAJRAJ R. e MARTIN, J. *Una década de Luces y Sombras. América Latina y el Caribe en los años noventa.* Santiago de Chile: CEPAL, 2001.

SUNKEL, Osvaldo. "La inflación chilena, um enfoque heterodoxo", in: *El Trimestre Econômico*, outubro-dezembro, 1958.

RODRIGUEZ, Octávio. *Teoria do subdesenvolvimento da CEPAL.* Rio de Janeiro: Forense Universitária, 1981.

PINTO, Anibal. "Concentración del progreso técnico y de sus frutos en el Desarrrollo de América Latina", *El Trimestre Econômico,* nº 125, 1965.

__________. "Naturaleza e implicaciones de la ´heterogeneidad estructural´ de la América Latina", *El Trimestre Económico*, nº 145, janeiro-março, 1970.

__________. "Notas sobre los estilos de desarrollo em América Latina". *Revista de la CEPAL*, nº 1, primeiro semestre, 1976.

PREBISCH, Raúl. *El desarrollo económico de América Latina y sus principales problemas*. (E/CN.12/89). Santiago de Chile: CEPAL, 1949.

SAINZ, Pedro e CALGAGNO, Alfredo. "En Busca de outra modalidad de desarrrollo" *Revista de la CEPAL*, nº 48, dezembro, Santiago, 1992.

TAVARES, M.C. "Auge e declínio da substituição de importações". *Da substituição de importações ao capitalismo financeiro*. Rio de Janeiro: Zahar, 1972.

TAVARES, M. C. e SERRA, J. "Além da estagnação", in: *Da substituição de importações ao capitalismo financeiro*. Rio de Janeiro: Zahar, 1972.

UNCTAD. *World development report*. Genebra: United Nations, 2003.

O papel da ciência, tecnologia e inovação ao desenvolvimento: relendo Furtado em tempos de pandemia

José E. Cassiolato

Helena M. M. Lastres[1]

Introdução

O centenário de nascimento de Celso Furtado coincide com a pandemia de coronavírus (Covid-19), um dos maiores e mais urgentes desafios da história da humanidade. Suas contribuições se tornam especialmente valiosas num momento como este. A celebração do centenário oferece a oportunidade de rever a sua obra e extrair elementos que auxiliam compreender os atuais desafios que se colocam ao desenvolvimento brasileiro.

A crise aguda trazida pela pandemia é de significativa importância, não apenas por suas implicações em termos de saúde pública, mas porque, também, ela se sobrepõe a uma crise crônica – econômica, social, política e ambiental – que marca o sistema mundo.

A radicalização neoliberal, acirrada a partir da crise financeira de 2007-2008, além de beneficiar apenas as elites dos diferentes países, intensificou e aprofundou as desigualdades. Levou ainda, na grande maioria dos países, à deterioração dos serviços públicos essenciais à vida, capacitação e dignidade humana, em especial saúde, educação, ciência e tecnologia.

1. Coordenadores da RedeSist (www.redesist.ie.ufrj.br), Instituto de Economia da Universidade Federal do Rio de Janeiro e membros fundadores do Centro Internacional Celso Furtado (CICEF).

A situação precária e de abandono desses serviços se faz sentir sobremaneira no momento atual.

Na década de 2010, a crise mundial foi marcada por baixo crescimento real do PIB e da produtividade, estagnação no comércio mundial, baixo investimento em atividades produtivas e aumento no investimento em ativos financeiros, sendo uma boa parte de caráter especulativo. Na grande maioria dos países mais importantes, a isso se somam o aumento do protecionismo, ataques à democracia, escalada dos conflitos comerciais, tensões geopolíticas de diversas ordens e, não menos importante, o agravamento dos impactos ambientais, com diversos resultados irreversíveis sobre a sobrevivência de várias espécies, inclusive a humana. E no Brasil, desde o golpe midiático, jurídico e parlamentar de 2016, a situação política, social e econômica se deteriorou em níveis inimagináveis.

Este texto objetiva resgatar os principais aportes furtadianos sobre o papel da ciência, tecnologia e inovação (CT&I), tomando como eixo central aquele mais original da sua teorização: a visão ampla, contextualizada e integrada do desenvolvimento. Esta destacava a função central do progresso técnico na reprodução do capitalismo, suas transformações e determinação do processo histórico, no qual as hierarquias de regiões e países são formadas. E revelava a importância imperativa do caráter territorial e específico dos processos de inovação e desenvolvimento científico-tecnológico. Mais que isso, pretende-se refletir sobre a importância das contribuições de Furtado sobre CT&I no quadro atual de crises superpostas e crônicas, atiçadas e reveladas pela pandemia, e associadas aos impasses do capitalismo globalizado e financeirizado.

O texto estrutura-se da seguinte maneira, a segunda seção sintetiza os principais aportes de Furtado sobre os seguintes grandes temas: enfoque histórico, sistêmico e contextualizado e ênfase à endogeneização da tecnologia; papel do Estado e ação das empresas transnacionais (ETNs); aceleração dos processos de internacionalização e de financeirização. A terceira sessão apresenta as principais características da crise atual global e discute brevemente a reação brasileira. Ao final, propõe-se extrair as conclusões da discussão realizada ao reler as contribuições de Celso Furtado em tempos de pandemia.

As contribuições de Celso Furtado sobre o papel da ciência, tecnologia e inovação no desenvolvimento[2]

Visão histórica, sistêmica e contextualizada do desenvolvimento e da inovação

Em uma época em que a discussão do papel da tecnologia nos processos de desenvolvimento era embrionária, Furtado foi um dos pioneiros no tratamento dessa temática. Seu foco principal foi nas origens e características do progresso técnico na industrialização europeia[3], com destaque à sua influência na reprodução e transformação da sociedade capitalista e na determinação do processo histórico pelo qual as hierarquias de regiões e países são formadas (Furtado, 1961). De acordo com o próprio Furtado, foi em um dos primeiros estudos por ele realizado na Cepal, em 1950, e no bojo de "uma série de discussões em torno de dados empíricos (...) [sobre] (...) a situação da indústria têxtil de sete países latino-americanos (...) levaram-nos a introduzir o conceito de produtividade social, global" (Furtado 1989, p. 10).

A percepção da produtividade enquanto:

> [...] fenômeno social global levou-me a recuperar o conceito de sistema de forças produtivas, que havia sido introduzido um século antes por Friedrich List. As atividades produtivas passavam a ser vistas como um todo articulado, cuja compreensão deveria anteceder a de seus elementos constitutivos. Isso projetava nova luz sobre a natureza das relações externas, às quais cabia o papel de 'centro dinâmico' ou de 'motor' das transformações que estavam na base do desenvolvimento. (FURTADO, 1989, p. 10)

Além de enfatizar a importância de uma noção histórica, global e sistêmica para compreender os processos de desenvolvimento, Furtado, também naquele período, destacou a relevância de se incluir no seu modelo analítico o contexto social, vinculando-o à dinâmica do progresso técnico:

> Nas economias do centro as transformações têm lugar simultaneamente nas estruturas econômicas e na organização social; (...) [o] aumen-

2. Este item baseia-se e atualiza nossa contribuição ao Dossiê Celso Furtado (Lastres e Cassiolato, 2020).
3. Num dos primeiros livros de autores neoschumpeterianos (Pavitt e Worbois, 1977:9), é explicitamente reconhecida a importância da análise pioneira de Furtado sobre o papel da CT&I na revolução industrial britânica, realizada em seu livro de 1961, traduzido posteriormente para a língua inglesa.

> to da remuneração do trabalho modifica o perfil da demanda – e por esse meio, a alocação dos recursos produtivos condiciona a destinação do excedente – e por essa forma a orientação do progresso técnico. (FURTADO, 1989, p. 23)

A importância inicial da argumentação de Furtado foi a de vincular a questão da tecnologia a uma visão sistêmica, o que foi fundamental para a própria construção teórica do estruturalismo latino-americano[4]. Em 1954, ele apontava que as significativas modificações geradas pelo progresso técnico somente podiam ser captadas através de "uma visão global do sistema nacional" e nas suas relações com o "ambiente que o controla e influencia". Insistia, portanto, ser preciso compreendê-las como um todo, alertando não ser possível captar a sua natureza e impacto, limitando-se a análise ao plano macro, ou microeconômico, e principalmente isolando-o de seu caráter social. E em seguida ressaltou que (i) o "primeiro passo para qualquer estudo do desenvolvimento" deveria incluir a compreensão das complexas mudanças econômicas, sociais, políticas e institucionais associadas ao progresso técnico; (ii) os processos de desenvolvimento "são únicos e dependentes de especificidades históricas e culturais"; e, portanto, (iii) teoria e recomendações de política são altamente vinculadas a cada contexto particular.

Subjacente a essa visão, está a desmistificação de ideias simplistas sobre as possibilidades de comprar, replicar e usar tecnologias desenvolvidas em outros contextos (Furtado, 1974 e 1983). Além de explorar o papel do progresso técnico para o desenvolvimento dos países avançados, Furtado argumentou que sua evolução histórica era vinculada ao subdesenvolvimento da periferia. Ele apontou que o subdesenvolvimento (i) não se constituía em um processo sequencial ou linear (1961); e (ii) tratava-se de um processo histórico específico "e não uma etapa pela qual tenham, necessariamente, passado as economias que já alcançaram grau superior de desenvolvimento" (1961, p. 180).

Tal construção já deixava claro que superar o subdesenvolvimento na periferia implicaria na revisão, e mesmo rompimento, de seus laços de dependência com os países centrais[5]. Furtado criticou a adoção e a reprodução, por parte da periferia, do mesmo padrão de consumo, tecnologia e desenvolvimento dos países do centro, incongruente com sua estrutura produtiva e so-

4. "A visão global derivada da História, ao apoiar-se no conceito de sistema de forças produtivas, conduziu ao enfoque que viria a ser chamado de estruturalista". (Furtado, 1989, p. 10)
5. Ver Araújo et al., 2009; Tavares, 2000.

cial e grau de acumulação de capital. Alertou, sobretudo, para a inadequação das tecnologias importadas aos recursos produtivos disponíveis nos países periféricos e seus efeitos na geração de exclusões, desemprego, subemprego, má distribuição de renda e de severos obstáculos ao desenvolvimento. Apontou que esses processos não podem ser captados por visões baseadas em correlações estáticas entre tecnologia e fatores de produção, reiterando as limitações e as dificuldades que esses enfoques tradicionais aportam (1961, 1983). E ao demonstrar como o progresso técnico acarretava incessantes modificações nos preços relativos, precipitava a obsolescência de produtos, equipamentos e instalações, alterava a distribuição dos investimentos no espaço e no tempo, concentrava o poder econômico e ampliava assimetrias, a obra de Furtado negou qualquer hipótese de tendência ao equilíbrio. Na verdade, ele sugeriu ser mesmo possível que "não possa haver capitalismo sem as relações assimétricas entre subsistemas econômicos e as formas de exploração social que estão na base do subdesenvolvimento" (1974, p. 94).

Remarcando que a evolução do sistema capitalista produz, por um lado, desenvolvimento sistêmico e virtuoso e, por outro, subdesenvolvimento e subordinação, Furtado notou que o efeito de sua expansão nos países periféricos criava "estruturas híbridas, uma parte das quais tendia a comportar-se como um sistema capitalista, a outra a manter-se dentro da estrutura arcaica preexistente" (1961, p. 253), ampliando as condições assimétricas de desenvolvimento. Assim, constatou a possibilidade de um país se industrializar e crescer sem romper com a desigualdade que tenderia a se reproduzir e aprofundar, se insistíssemos em copiar os modelos de tecnologia, vida e de política dos países centrais. Mostrou, também, que os processos de subdesenvolvimento poderiam ser superáveis. E usando como exemplo o caso da Coreia do Sul, Furtado (1992) apontou que a constituição de um sistema produtivo nacional, baseado em autonomia tecnológica e acompanhado de uma melhor distribuição de renda visando diminuir a heterogeneidade social, poderia eliminar o atraso.

Adiciona-se que, ao ponderar sobre a possibilidade de propagação em escala universal do padrão de desenvolvimento dos centros hegemônicos, o autor, em 1974, já apontava que: "se tal acontecesse, a pressão sobre os recursos não renováveis e a poluição do meio ambiente seriam de tal ordem que o sistema econômico mundial entraria necessariamente em colapso" (p. 19). Em subsequentes contribuições Furtado voltou a manifestar preocupação, com várias décadas de antecipação, que: "Generalizar [a civilização industrial e o modelo de vida engendrado por ela] para toda a humanidade, o que é a promessa do chamado desenvolvimento econômico, seria apressar uma catástrofe planetária que, de toda forma, parece inevitável se não se muda o curso dessa civilização" (Furtado, 1995, p.76).

Furtado (1998), portanto, destacou os fatores externos e internos, vinculados ao papel e características do progresso técnico, que constituem importantes restrições ao desenvolvimento. Os externos são associados ao modo de ligação das economias periféricas à economia global (desenvolvimento no centro cria subdesenvolvimento na periferia) e à difusão e cópia de tecnologias geradas em outras condições; e os fatores internos vinculados à distribuição desigual da renda e outras características do mercado interno, em especial ao padrão de consumo da elite que mimetiza os padrões dos países mais avançados.

Ao enfatizar a importância da visão contextualizada, Furtado reiterou o entendimento da inovação como processo não linear, cumulativo, sistêmico, específico e dificilmente replicável e denunciou os modismos dos anos 1990, que ignoravam algumas das escalas territoriais, colocando-as em oposição e, geralmente, reduzindo-as apenas ao binômio local/global. E repetidamente advertiu que as políticas de desenvolvimento, que ignoram a dimensão territorial, tendem a agravar as exclusões e as disparidades econômicas, sociais e políticas. Em resumo, para Furtado:

> Graças a esse enfoque abrangente (...) visando ampliar o quadro conceitual, para abranger os condicionantes internos e externos do sistema de decisões (...), foi possível aprofundar a percepção das vinculações entre as relações externas e as formas internas de dominação social, bem como projetar luz sobre outros temas de não pequena significação, como a natureza do Estado e o papel das firmas transnacionais. (FURTADO, 1989, p. 11-12)

Esses temas foram ainda mais elaborados em suas contribuições dos anos 1980, quando foi centralmente debatido o modo de inserção brasileira numa economia em processo de crescente globalização e financeirização[6]. Em particular, foi discutido o papel que cabe ao Estado na orientação do desenvolvimento e examinado como o avanço da internacionalização e das ETNs bloqueia a endogeneização do progresso técnico na estrutura produtiva dos países periféricos.

6. Ver André Furtado, 2010.

Papel do Estado na transformação produtiva e inovativa

Furtado (1959) notou que um ativo papel do Estado se mostrava especialmente necessário, face à assimetria de poder entre os países do centro e os da periferia e às demais restrições internas e externas ao desenvolvimento, as quais impunham limites ao processo de transformação produtiva e ao progresso tecnológico. Devido às dificuldades de acumulação de capital e poupança, estes investimentos deveriam ser feitos majoritariamente pelo Estado, especialmente no apoio à educação superior, pesquisa científica e tecnológica e na criação de instituições de fomento e financiamento tanto à produção, quanto à de CT&I.

Para Furtado, dois grupos de problemas associam-se ao papel do Estado. O primeiro dizia respeito às condições efetivas de os Estados periféricos cumprirem a função de agente de desenvolvimento, o que remetia à geopolítica mundial e à composição do aparelho estatal e sua estrutura de poder. O segundo referia-se aos objetivos e às ações das políticas, assim como as condições para sua implementação. Assim, apontava ser indispensável haver um conhecimento aprofundado das potencialidades e principais desafios a serem enfrentados, salientava as vantagens do planejamento e acrescentava ser necessário realizar um esforço coletivo "para que o problema das funções do Estado em um país de economia subdesenvolvida seja compreendido à luz dos autênticos ideais da sociedade democrática" (1961, p. 77). E enfatizava a necessidade de associar – em vez de separar e antagonizar – as diferentes dimensões do desenvolvimento: a política, a econômica, a social, a cultural etc.

O desenho e a implementação de projetos nacionais de desenvolvimento, com visão de longo prazo, eram essenciais para Furtado e deveriam perseguir a criação de um "sistema econômico nacional" capaz de proteger, desbloquear e estimular o desenvolvimento das forças produtivas[7]. Sua obra explorou como as peculiaridades das economias periféricas exigiam políticas ativas, especialmente para endogeneizar "os motores do progresso técnico" e constituir "um centro dinâmico capaz de impulsionar o conjunto do sistema produtivo" que, ao lado da reforma agrária, proporcionaria uma mudança qualitativa no

---

7. Como argumentado por Fonseca (2003), deve-se fundamentalmente a Furtado (1959), "a tese clássica de que o Brasil foi um dos primeiros países ocidentais a sair da crise iniciada em 1929, e que tal fato deveu-se à política intervencionista empreendida pelo governo (p. 134). Ver também Mantega, 1989.

desenvolvimento brasileiro (Furtado, 1961)[8]. Furtado, em 1992, frisou ainda que, um ativo papel do Estado para o desenvolvimento endógeno – focado na dinamização e integração do mercado interno e garantia de bem-estar social – exigiria a internalização dos centros de decisão econômica. Assim, discutiu como o processo de internacionalização dos mercados – ao levar à concentração transnacional do poder econômico e financeiro – em muito limitou a capacidade de os Estados da periferia promoverem o desenvolvimento.

Internacionalização e papel das empresas transnacionais

Já em seu livro de 1954, Furtado discutiu o impacto negativo das ETNs nas estruturas produtivas periféricas e mostrou como a remuneração de investimentos estrangeiros levava ao vazamento de recursos, agravava o problema da vulnerabilidade externa e limitava a possibilidade de reinversão localmente. Adicionou que a entrada de capitais estrangeiros, mesmo em períodos de grande influxo, não era suficiente para compensar o pagamento dos serviços a eles associados. Observou também que ao controlar a inovação, através da introdução de novos produtos e processos, as ETNs operavam o principal instrumento de sua expansão internacional. Revelou, ainda, como - ao organizar um sistema produtivo que se estendia do centro à periferia e grande parte das principais transações internacionais - essas empresas bloqueavam a endogeneização do progresso técnico e escapavam à ação isolada de qualquer governo.

Além de notar que o controle das tecnologias e das características dos produtos finais conferia às ETNs um significativo poder de mercado[9], Furtado (1981b) apontou que o papel dominante destas empresas frequentemente levava à degradação tecnológica e até desnacionalização ou fechamento das indústrias locais. Nessa linha, Furtado questionou os benefícios resultantes da divisão internacional do trabalho comandada por tais empresas, cuja função maior seria controlar custos, e em especial os do trabalho; ampliar o prazo de

8. Como apontado por Cassiolato e Lastres, 2008; Lastres e Cassiolato, 2017, e 2020, a ênfase dada, por Furtado e outros estruturalistas, à industrialização e endogeneização do progresso técnico como elemento propagador do desenvolvimento da América Latina, nos anos 1950/60, é também similar àquela dada às novas tecnologias microeletrônicas pelos neoschumpeterianos, nos anos 1980 e 90.

9. Furtado (1981a) caracterizou a tecnologia como a "principal fonte de poder de mercado", ressaltando que, por este motivo, aqueles que a controlam só a cedem sob condições muito restritivas.

amortização dos investimentos; e garantir e expandir as lacunas de conhecimento e desenvolvimento entre as nações.

> Graças à manutenção dos baixos salários na periferia, as empresas transnacionais estão tentando reconstruir o sistema de divisão internacional do trabalho mediante deslocamento para a periferia de parte crescente da atividade industrial. Uma periferia semi-industrializada emerge assim sob a forma de um espaço em que se localizam atividades industriais controladas do centro. (...) A nova divisão internacional do trabalho permite-lhes alcançar um duplo objetivo: abrir espaço para a industrialização periférica – o que amplia o espaço de utilização da técnica disponível – e reforçar a posição que ocupam no sistema capitalista, em particular a posição frente às poderosas organizações sindicais do centro. (FURTADO, 1981b, p. 47)

Nos anos 1990, a ênfase da política brasileira na atração de ETNs levou Furtado a novamente alertar sobre as distorções na estrutura produtiva devidas ao monopólio dessas empresas. Ele reiterou que, além da redução do papel do Estado[10], a predominância da lógica das ETNs na ordenação das atividades econômicas conduziria a tensões intrarregionais, à exacerbação de rivalidades corporativas e à criação de bolsões de miséria, inviabilizando o projeto de desenvolvimento nacional (Furtado, 1992). O exame dos crescentes efeitos negativos das subsidiárias das ETNs nos países periféricos foi aprofundado acompanhando a percepção de que as estratégias dessas empresas se alteravam com a aceleração do regime de acumulação dominado pelas finanças. Ampliou-se a forma de organização global, com a constituição de *holdings*, geralmente localizadas em paraísos fiscais (fora do alcance da legislação e do controle das instituições nacionais) e aumentou a relevância das atividades financeiras e de apropriação de valor dos ativos intangíveis[11].

Financeirização e reinserção periférica

Nos anos 1980, examinando as características da evolução da economia mundial, crescentemente financeirizada e dominada por ETNs, novamente

10. Furtado apontou que o processo de "abertura", desnacionalização e destruição da capacidade produtiva e inovativa interna implicava em perda de graus de liberdade do Estado na condução de política, criando uma série de constrangimentos à implementação de políticas visando desenvolver a produção nacional e a capacidade endógena de gerar e usar conhecimentos e inovações. Ver Tavares e Fiori, 1993; Fiori, 2001; Lastres et al., 2016.

11. Sauviat e Chesnais, 2005, discutem os efeitos negativos dessas pressões e da tendência à maximização do retorno de curto prazo dos investimentos, em detrimento daqueles que geralmente implicam retorno mais longo (como em educação, capacitação e P&D). Ver também Cassiolato et al., 2017.

Furtado sublinhou a importância de entender que a orientação dada ao desenvolvimento tecnológico, obviamente, atendia às especificidades e interesses das nações líderes. Estas direcionaram não só a ascensão e difusão do novo paradigma técnico-econômico e a aceleração de algumas dimensões da globalização, mas também o movimento crescente de exclusão, privatização e liberalização dos mercados e sistemas financeiros, acompanhado pela erosão da soberania do Estado em todo o mundo. Reiterou que esses, portanto, não constituem movimentos naturais, neutros ou incontroláveis.

Ao examinar o papel desempenhado pela doutrina monetarista, a partir da década de 1970, na racionalização do processo de globalização, Furtado mostrou como as políticas nacionais se subordinavam aos interesses do sistema financeiro internacional. Especialmente preocupado com as possibilidades de desenvolvimento das regiões e países mais pobres do mundo, Furtado, colocou uma questão vital:

> A luta contra as ambiguidades da doutrina monetarista exige uma crítica da prática do desenvolvimento periférico na fase de transnacionalização. O que está em jogo é mais do que um problema de desmistificação ideológica. Temos que interrogar-nos se os povos da periferia vão desempenhar um papel central na construção da própria história, ou se permanecerão como espectadores enquanto o processo de transnacionalização define o lugar que a cada um cabe ocupar na imensa engrenagem que promete ser a economia globalizada do futuro. A nova ortodoxia doutrinária, ao pretender tudo reduzir à racionalidade formal, oblitera a consciência dessa opção. Se pretendemos reavivá-la, devemos começar por restituir à ideia de desenvolvimento o seu conteúdo político-valorativo. (FURTADO, 1981, p. 132)

Ao abordar as causas das crises internacionais dos anos 2000, Furtado concluiu que nenhuma era tão importante quanto a falta de controle da alavancagem financeira pelos sucessivos governos de diferentes países e também pelas organizações multilaterais. Em particular, a maneira como Furtado compreende os efeitos negativos das subsidiárias de empresas transnacionais a partir de então se aprofunda a partir da percepção de que toda a morfologia destas empresas e suas estratégias se alteram profundamente na globalização dominada pelas finanças, subordinando-as à lógica e comando do capital financeiro.

Essa visão furtadiana encontra ressonância exatamente nas formas em que estratégias, dinâmica organizacional e padrão de investimento (inclusive aqueles voltados à inovação) dessas empresas têm, no quadro da globalização financeira, sido modeladas por novas articulações entre finanças e indústria (Chesnais; Sauviat, 2005). Parte principal dessas estratégias estão baseadas na centralização de ativos financeiros, realizada por uma empresa *holding*, no mais das vezes localizada em paraísos fiscais e fora, portanto, do alcance da legislação e controle das instituições nacionais de seus países originários. As ETNs passam a se caracterizar por um relativo declínio da importância atribuída às atividades de produção, com um aumento associado na importância das atividades financeiras e apropriação de valor dos ativos intangíveis.

Apontando como as políticas nacionais se subordinavam aos interesses do sistema financeiro internacional, Furtado criticou os ilusórios e equivocados objetivos dos países periféricos em atrair investimento estrangeiro, como um dos principais pilares da renovação industrial e do aumento de capacitação tecnológica interna, uma linha seguida, com raras exceções, pelos países subdesenvolvidos.

Furtado se posicionou, ainda, contrariamente às hipóteses sobre o "eclipse do Estado". Reforçou seus argumentos sobre a necessidade de criar políticas e regimes regulatórios adequados para orientar as novas formas de desenvolvimento. E criticou a tendência de implementação de políticas inspiradas em um suposto único modelo padrão de desenvolvimento e inadequadas à grande maioria dos casos, advertindo que:

> A globalização não leva de forma alguma à adoção de políticas uniformes. A miragem de um mundo se comportando de acordo com as mesmas regras ditadas por um super FMI existe apenas na imaginação de algumas pessoas. As disparidades entre as economias são devidas não apenas aos fatores econômicos, mas, e isto é mais importante, à diversidade nas matrizes culturais e particularidades históricas. (FURTADO, 1998, p. 74)

Mesmo assim, a principal e permanente tônica das políticas brasileiras nos últimos trinta anos, incluindo aquelas para CT&I, tem sido a mimetização das agendas de política dos países hegemônicos, aprofundando inadequações e dependências, buscando a equiparação com tais países (em termos de investimentos em P&D, aumento da relação universidade-empresa, etc.), sinalizando implicitamente objetivos de *catch-up*, incompatíveis com as reflexões de Furtado.

Fato é que, o processo de inserção internacional do Brasil e da América Latina, ao final da segunda década do século XXI, continua: (i) reproduzindo aquele do início do século XX, caracterizado por exportações de bens primários (de base mineral e agropecuária), importação de bens industrializados e vários desequilíbrios internos; (ii) mantendo e ampliando os hiatos de desenvolvimento e de conhecimento entre e dentro das nações.

Nessa nova forma de "reinserção periférica" o centro segue ampliando seu domínio sobre as atividades produtivas intensivas em conhecimento e criatividade, notadamente estratégicas e geradoras de valor. E continuou cabendo aos países periféricos a especialização nas partes menos complexas das atividades produtivas, principalmente na produção das *commodities* intensivas em recursos naturais e energéticos e de "baixo custo". A mão de obra empregada tem baixa remuneração e condições de trabalho "flexíveis" e muito precárias, assim como os custos com a sustentabilidade ambiental são baixos ou inexistentes. Num de seus últimos textos, Furtado apontava a necessidade de se enfrentar esta situação, reconhecendo as dificuldades:

> Sabemos que uma luta dessa magnitude só terá êxito com a participação entusiástica de toda uma geração. A nós, cientistas sociais, caberá a responsabilidade maior de velar para que não se repitam os erros do passado, ou melhor, para que não voltem a ser adotadas falsas políticas de desenvolvimento cujos benefícios se concentram nas mãos de poucos. (FURTADO, 2004, p. 4)

No início do milênio, como lembrou Conceição Tavares (2000), no Manifesto da Frente de Esquerda em defesa do Brasil, da democracia e do trabalho (1999), a epígrafe era uma famosa frase dele: "Em nenhum momento da nossa história foi tão grande a distância entre o que somos e o que esperávamos ser". E ele mesmo ressaltou, de modo premonitório, que "países com grande potencial de recursos naturais e acentuadas disparidades sociais – como o Brasil – são os que mais sofrerão com a globalização. Isso porque poderão desagregar-se ou deslizar para regimes autoritários de tipo fascista como resposta às tensões sociais crescentes" (Furtado, 2000, p. 15).

A crise global e o Brasil na pandemia

Lançada nos anos 1970 e popularizada nas últimas décadas, a noção sistêmica da inovação é um dos pilares da chamada escola Neo-Schumpeteriana. Em outros trabalhos (Cassiolato e Lastres, 2008, 2015 e 2016; Lastres e Cassiolato, 2017 e 2020)[12], exploramos a conexão desta noção com o estru-

12. Os enfoques teóricos e analíticos desenvolvidos pela RedeSist (www.redesist.ie.ufrj.br) são muito influenciados por Celso Furtado, desde seu objetivo inicial de desenvolver e usar conceitos, indicadores e proposições próprios, sistêmicos e adequados ao vasto território bra-

turalismo latino-americano. No item anterior mostramos que, 20 anos antes, Celso Furtado introduziu a ideia do caráter sistêmico da produção e do progresso técnico no arcabouço intelectual do estruturalismo latino-americano.

No milênio atual, marcado por crises sociais, econômicas, políticas, institucionais e ambientais e por crescentes desigualdades e divisões entre e dentro dos países, a importância da inovação ganhou espaço acadêmico e midiático, criando-se um certo consenso nos círculos acadêmicos e políticos sobre a sua importância para o desenvolvimento. A grande maioria dos países - e o Brasil não foi exceção - estabeleceu políticas para promover a inovação cujos resultados se mostram inexpressivos (Cassiolato et al., 2017).

Várias tentativas para explicar o que tem sido chamado de "paradoxos" – fracasso em traduzir maiores investimentos públicos e privados em inovações geradoras de desenvolvimento – tem sido efetuadas (Kattel e Primi, 2012). A vasta literatura que tem sido produzida, sobre o papel da inovação no momento atual, se, por um lado, contribui significativamente para a sua compreensão no plano microeconômico, por outro se abstém de introduzir, na sua dimensão analítica, uma série de fatores que afetam e condicionam os processos inovativos.

De fato, com pouquíssimas exceções, esta literatura não incorpora as necessárias vinculações dos fenômenos em nível da firma, com uma discussão sobre as transformações no quadro do capitalismo global, em especial com a crescente financeirização da economia. Ignora também outras questões fundamentais para se compreender a dinâmica da inovação, tais como os determinantes geopolíticos e, principalmente, de que maneira as estruturas de poder afetam e condicionam as possibilidades de endogeneização do progresso técnico nos diferentes países[13]. Conforme vimos acima, Celso Furtado sempre se preocupou com tais questões. Ademais, no início do milênio ele já antevia várias das características das transformações em curso, alertando que entre as múltiplas causas das crises internacionais dos anos 2000 nenhuma era tão importante quanto a falta de controle das finanças pelos governos de diferentes países.

A percepção de que o "regime de acumulação capitalista dominado pelas finanças" (Chesnais, 1997) teria capacidade de criar situações vulneráveis de

---

sileiro, visando entender e dar sugestões para seu desenvolvimento produtivo e inovativo. Os trabalhos mencionados aqui são apenas alguns exemplos de tal influência, usados pelos coordenadores dessa rede de pesquisadores, a qual reúne mais de 200 pesquisadores de diversas partes do país.

13. Ver Chesnais, 2016; Cassiolato et al., 2017; Lastres et al, 2016.

acumulação de capital, exacerbar os ciclos e levar a crises, dado que – com a maior mobilidade e integração dos mercados de capitais – os processos de valorização tenderiam a provocar efeitos depressores mais prolongados, "aprofundando a instabilidade e os riscos sistêmicos" (Coutinho e Belluzzo, 1996). Ao realçarem as principais características do "novo regime" – a "liberalização mundial do setor financeiro" e o "descolamento progressivo das finanças" em relação ao lado real da economia – Coutinho, Belluzzo e Chesnais as apontam como capazes de levar o capitalismo a uma sucessão de crises.

A evolução da globalização nos últimos 20 anos apenas confirmou as suas especificidades[14], aprofundando a instabilidade a ela associada e gerando crises cada vez mais intensas. Inicialmente restritas a países da periferia do capitalismo, a partir do colapso da bolha da economia *ponto-com* e das bolsas mundiais, em 2000-2001, as crises financeiras passam a afetar também as economias mais avançadas, onde se situavam "as fortalezas do sistema financeiro mundial".

A intensidade da crise de 2007-2008 gerou, inicialmente, intensa pressão para uma nova regulamentação do setor financeiro, com a finalidade de minimizar as possibilidades de sua recorrência. O setor financeiro, nos EUA, afastou com êxito as propostas de regulamentação, recorrendo a três estratégias (Bello, 2016): foram capazes de difundir a ideia de que eram "grandes demais para falir"; foram capazes de impedir os dispositivos de controle de suas operações especulativas mais perigosas ativando seu poder, através de enorme pressão (*lobby*) no Congresso e mobilizando seus aliados no executivo; e, finalmente, contribuíram para difundir a ideologia neoliberal para deslocar o discurso sobre as causas da crise, daquela centrada na ganância dos bancos para outra focada na "irresponsabilidade fiscal" do Estado.

Assim, as políticas adotadas em 2008-9 para conter a crise ajudam a explicar a persistência e crescimento adicional de uma massa de capital financeiro fictício na forma de créditos especulativos, que resultaram numa instabilidade financeira global endêmica (Chesnais, 2016). Por outro lado,

---

14. Entre outras, observa-se a retirada do Estado de seu papel de provedor de bem-estar social, através da redução significativa dos gastos públicos em serviços sociais, incluindo saúde e educação, e redução do salário social da parcela mais carente da sociedade, particularmente através de reduções no gasto fiscal e desinvestimentos para a manutenção de estruturas públicas como transporte público, água e saneamento. Ao mesmo tempo em que se desestrutura o Estado do bem-estar social, em especial nos países avançados, cresce o subsídio público para intervenções de empresas privadas por meio de isenções fiscais, transferências diretas de autoridade e outros meios que privilegiam as classes dominantes da sociedade (Harvey, 2005).

como caracterizado pela UNCTAD (2014, p. 61), as políticas públicas, quase sem exceção, "não abordam o aumento da desigualdade de renda, a erosão constante do espaço político, juntamente com o menor papel econômico dos governos e o primado do setor financeiro da economia, que se constituem nas causas principais da própria crise de 2008".

Entretanto, há de se reconhecer que este movimento, embora central, é apenas uma entre outras diferentes características da economia mundial que marcam o início da terceira década do século XXI. Embora sejam fenômenos interrelacionados, não há, é claro, porque explicá-las exclusiva e diretamente apenas a partir da crescente subjugação das empresas e dos Estados às estratégias de valorização financeira.

Em outro trabalho (Cassiolato et al., 2017) sugerimos que as seguintes características compunham parte importante da visão de conjunto deste novo momento da economia mundial: (i) aumento brutal na desigualdade, tanto de renda quanto de riqueza, o qual além de expressivo, tem o seu ritmo acelerado de forma significativa nos anos posteriores à irrupção da crise de 2007/8 (Piketty, 2014); (ii) aumento significativo dos lucros corporativos e contração dos investimentos produtivos[15]; (iii) perda do dinamismo do comércio internacional[16]; (iv) aumento do endividamento público e privado; (v) crescimento exponencial do mercado de derivativos, aumentando significativamente o risco de nova crise financeira sistêmica; (vi) mudanças significativas das políticas públicas, com o aprofundamento do discurso neoliberal, em especial a destruição do Estado de bem-estar social e aumento exponencial do protecionismo, notadamente por parte dos países mais avançados, a partir da crise de 2007-2008, e com maior intensidade desde 2013[17].

Assim, de forma resumida e simplificada, uma variedade de desenvolvimentos interrelacionados fazem parte da crise global atual: declínio do cres-

15. Os enormes lucros obtidos desde 2011 geralmente se restringem às grandes empresas, que os direcionam à tesouraria, para pagar dividendos e, particularmente no caso estadunidense, para a recompra de ações (Lazonick, 2016), enquanto milhares de pequenas e médias empresas encontram-se cronicamente endividadas.

16. Dados do FMI mostram que, até 2011, as taxas de crescimento do comércio internacional eram marcadamente superiores em relação ao produto global, o qual também crescia significativamente puxado pelos países da periferia do capitalismo, em especial os BRICS. A partir de então, a situação se altera profundamente. O comércio internacional cai significativamente a partir de 2012, ficando colado ao PIB global, ambos crescendo muito pouco. A partir de outubro de 2014, a situação se deteriora rapidamente e ele passa a crescer menos (e às vezes a taxas negativas) que o também declinante crescimento do PIB global (WTO, 2020).

17. Com o aprofundamento da crise, os governos da maior parte dos países, em especial do G-20,

cimento econômico global intensificando um conflito distributivo em praticamente todos os países, inclusive naqueles chamados mais desenvolvidos; crescente desigualdade; quase falência do gerenciamento macroeconômico, que se manifesta, entre outras coisas, em crescente endividamento, e na sempre presente possibilidade de outro colapso econômico; suspensão da democracia, motor do capitalismo pós-guerra baseado no progresso social, e o associado aumento de domínio oligárquico da política e da economia; capacidade cada vez menor de governos e incapacidade sistêmica para limitar a mercantilização do trabalho, da natureza e do dinheiro; erosão das infraestruturas públicas e dos benefícios coletivos em atividades, em especial as ligadas a serviços públicos a partir das privatizações[18]. Como consequência, problemas sociais graves desencadeados pelas políticas neoliberais agravaram problemas como a fome e a falta de moradia, criando uma crise humanitária sem precedentes na história do planeta.

Do ponto de vista tecnológico, as possibilidades de acumulação de grandes quantidades de dados (*big data*) e a disseminação de seu uso tiveram um impacto de tal magnitude que se imagina um novo tipo de capitalismo (*surveillance capitalism*), no qual a coleta massiva de dados é usada tanto para a predição das condutas como para a modulação dos comportamentos das pessoas.

A análise de conjuntos de dados massivos que começou como uma forma de reduzir a incerteza, descobrindo as probabilidades de padrões futuros no comportamento das pessoas, tornou-se-se um dos recursos mais valiosos com a comercialização de dados pessoais sendo orientada para a regulação e controle das ações individuais. Elas têm servido, porém, tanto para a obtenção de lucros, como através de acordos de colaboração, altamente invisíveis com os aparelhos de segurança do Estado, para monitorar e controlar os seres humanos, representando um ataque à democracia que pode levar ao totalitarismo (Zuboff, 2019).

Nesse quadro de alta complexidade, portanto, uma dimensão crucial da crise, intensificada na pandemia é a de caráter geopolítico, observada pelo aumento significativo dos conflitos entre EUA e China. Muitas vezes reduzidos

---

têm aumentado significativamente a utilização de barreiras não tarifárias para minimizar o seu impacto nas suas estruturas produtivas. Dados compilados pelo Trade Alert Report apontam que, desde a erupção da crise em 2008 até 2019, 17773 medidas protecionistas tenham sido implementadas e que os EUA, os países europeus e a China lideraram essas iniciativas. Dados encontrados em: <https://www.globaltradealert.org/global_dynamics/area_all>.

18. Ver Streeck, 2013; Cassiolato et al., 2017, por exemplo.

à sua dimensão comercial, tais confrontos cada vez mais têm se centrado na disputa pela supremacia tecnológica, num contexto de redução da capacidade inovativa dos EUA e de ascensão acelerada da China.

A perda da liderança tecnológica dos EUA já era apontada por diversos analistas quando da crise financeira de 2007-2008 (Mandel, 2009). Desde então, vários autores têm enfatizado as deficiências do sistema estadunidense de inovação, vinculadas maiormente à crescente financeirização das grandes empresas daquele país[19]. Na raiz do problema dos EUA estão as mudanças significativas nas estratégias das suas grandes empresas, tendo em vista a crescente financeirização, como apontado por Lazonick (2012, p. 680) que mostra que "a manifestação da financeirização da economia dos EUA se mostra na obsessão dos executivos das empresas em distribuir 'valor' aos acionistas, especialmente sob a forma de recompra de ações, mesmo que eles realizem este objetivo em detrimento do investimento na inovação".

A subordinação das estratégias produtivas à lógica financeira, por parte das ETNs estadunidenses, levou a terceirização para outros países, visando diminuir custos de etapas importantes de fabricação, de engenharia e de outras atividades voltadas à inovação; resultou na perda por parte da economia dos EUA, do "*industrial commons*", a infraestrutura tecnológica e da atividade produtiva, know-how, capacidades de engenharia e de desenvolvimento de processos (Pisano e Shih, 2012). Estas representam capacitações extremamente importantes resultantes de atividades sistêmicas de fabricantes, fornecedores e organizações científicas e tecnológicas nas diferentes atividades produtivas, cuja necessidade se revela em sua totalidade nesta época de crise.

Este esvaziamento do miolo industrial estadunidense mostra-se particularmente relevante durante a pandemia, como se demonstra, por exemplo, com a falta de ventiladores pulmonares que não mais são produzidos naquele país[20], mas sim na China, onde "das mais de 1.400 peças necessárias para fabricar um ventilador, mais de 1.100 são produzidas na China, incluindo a

19. Ver, por exemplo, Chesnais, 2016, Cowen, 2011 e Gordon, 2012.

20. Em 2010, uma pequena empresa de equipamentos médicos (Newport Medical Instruments) recebeu US$ 1 milhão do Departamento de Saúde estadunidense para desenvolver e produzir 40.000 ventiladores pulmonares mais baratos e eficientes. Em 2012, ela foi adquirida pela grande empresa Covidien, que, desistiu do projeto, sob alegação de que produzia e vendia pelo triplo do preço um ventilador pulmonar semelhante (Dayen 2020), Este não é um caso isolado. Cunningham et al (2018), num estudo sobre esse fenômeno, encontraram uma média de 45 casos por ano de grandes empresas farmacêuticas adquirindo concorrentes que desenvolvem medicamentos mais eficientes e baratos e que poderiam diminuir sua lucratividade com, simplesmente, o objetivo de "colocar na geladeira" os novos projetos.

montagem final"[21]. A China, por sua vez, tem cada vez mais consolidado sua liderança tecnológica, nas mais diversas áreas. Somam-se à conhecida liderança em telecomunicações – objeto principal da guerra tecnológica com os EUA, com as empresas Huawey e ZTE[22] – as novas fontes energéticas eólica e solar, a rede ferroviária de alta velocidade e a explosão do uso eficiente das tecnologias de base microeletrônica na economia chinesa, entre outras.

As principais características do desenvolvimento chinês foram antevistas por Celso Furtado e se encaixam perfeitamente em seu modelo analítico. Ela é fruto, entre outras coisas: (i) de uma estratégia de desenvolvimento de longo prazo, conduzida pelo Estado, centrado na CT&I (Xielin et al., 2014); (ii) do reconhecimento da importância do mercado interno e da busca de inovações voltadas à realidade chinesa, como a linha mestre da política para a inovação; e (iii) do papel central de empresas chinesas neste processo, reduzindo a dependência das ETNs no desenvolvimento tecnológico (Cassiolato e Soares, 2014).

Como afirmou Celso Furtado, em entrevista ao Conselho Federal de Economia (Cofecon), em 2000, a China "colocou em primeiro plano a necessidade de preservar sua autonomia de decisão, de modo que seus interesses nacionais não fossem abandonados. Estão construindo projetos próprios" (Juruá, 2020, p. 4).

Neste cenário de crise aguda e complexa, encontra-se o Brasil em 2020, sem projeto próprio, subordinado aos ditames da especulação financeira, convivendo com uma desigualdade indecente. A crise atual, que tem origem no golpe de 2016, se aprofunda a partir de 2019 e se agrava mais ainda no momento da pandemia. No momento de finalização deste artigo (final de maio de 2020) a gravidade dessa situação se tornara ainda mais explícita. Do ponto de vista sanitário, os dados oficiais (notoriamente subestimados) compilados pela John Hopkins University, já colocavam o Brasil, em 21 de maio de 2020, como o terceiro país em número de casos confirmados de Covid-19 (após EUA) com mais de 15 mil óbitos[23], com a expectativa de crescimento significativo do número de fatalidades. A Organização das

21. Ver https://xw.qq.com/cmsid/20200502A0DY7M00

22. A China já era em 2017 o maior mercado de comércio eletrônico do mundo, respondendo por mais de 40% do valor das transações mundiais (em 2016, era responsável por menos de 1%. A China também se tornou o país mais importante em pagamentos eletrônicos utilizando os *smart phones* (11 vezes o valor da transação dos Estados Unidos, com as empresas Alibaba, Tencent e ocupando a liderança global. (Lashinsky 2018).

23. Em 14 de julho de 2020, o número de óbitos no Brasil alcançou 74.133 pessoas, e no mundo, 575.201. [N.E.]

Nações Unidas (ONU), através de comunicado oficial considerava o Brasil como sendo um epicentro da pandemia.

O país que, no passado recente, tinha ocupado papel de liderança global no combate a epidemias, como Aids e Zika, amargava a triste notoriedade de se tornar o novo epicentro da pandemia. Isso, apesar de o país ainda dispor de uma das mais respeitadas infraestruturas científico-tecnológicas mundiais nas áreas biológicas e de saúde pública e dotar, desde a constituição de 1988, de um sistema público de saúde territorializado e, em diversas localidades extremamente eficiente e bem organizado.

É verdade que, desde o golpe de 2016, a área de saúde pública, junto com educação e CT&I, foi atingida por sucessivos cortes orçamentários e objeto de mudança na legislação que resultou na queda do dispositivo constitucional que obrigava a destinação de pelo menos 20% do orçamento da união às áreas de saúde e educação. Evidentemente, tais ocorrências são vinculadas às estratégias de radicalização neoliberais e crescente privatização de atividades públicas essenciais, iniciadas com o golpe e aprofundadas pelo governo atual.

No centro de tudo encontra-se uma irresponsabilidade total e constante galopante instabilidade de natureza política. Além da negação da existência de grave problema, o governo federal estimula divisões, antagonismo e confrontos com outros poderes da república, representantes das esferas subnacionais do governo, profissionais da saúde e outras instituições e entre a própria população brasileira. São abertamente criticadas, descartada e contrariadas as contribuições do conhecimento científico e tecnológico. Mais ainda, ao tentar insistir numa equivocada dicotomia saúde-economia, viola e lança mensagens críticas e confusas sobre as medidas emitidas pelos próprios ministros da Saúde convidados para fazer parte de seu governo, como em especial as de distanciamento social[24].

Isto ocorre num momento em que, dada a extensão e dramaticidade da crise sanitária, os governos de diferentes países e regiões e inclinações ideológicas que têm melhor enfrentado a pandemia – como Coreia do Sul, Nova Zelândia, China e Vietnã – centram suas ações na solidariedade, coordenação, cooperação e integração com a sociedade.

Exemplo paradigmático é o estado de Kerala na Índia, onde surgiram os

24. Cabe registrar que até o momento de finalização deste artigo, em meio da pandemia, já foram dispensados 2 ministros e a pasta da Saúde continua vaga sendo ocupada pelo seu Secretário Executivo.

primeiros casos de coronavírus naquele país, o qual tem sido reconhecido como modelo para o enfrentamento da crise[25]. Kerala conta com uma forte infraestrutura de saúde desenvolvida ao longo de décadas, começou a testar e rastrear precocemente, impôs medidas de quarentena eficazes, articulou-as com apoio da assistência social e garantiu a disponibilidade e distribuição de bens e serviços essenciais durante o período de confinamento, com todos os domicílios recebendo alimentos gratuitos.

Além disso, entre outras medidas que visaram diminuir o impacto na economia, diversas providências foram tomadas visando aumentar a produção e o fornecimento de frascos sanitizantes para as mãos, medicamentos necessários e redirecionar a produção de diversas fábricas para a produção de máscaras faciais, luvas cirúrgicas, lençóis e toalhas de cama para uso descartável nos hospitais.

Esforços deste tipo, são radicalmente diversos do que ocorre no Brasil, onde carregada de negações e antagonismos por parte do governo, vemos nossa capacidade de lidar com a doença sendo cotidianamente prejudicada. Além dos equívocos já apontados, a resposta governamental do ponto de vista econômico tem sido medíocre, pois subordinada a uma lógica neoliberal radical já em descrédito na grande maioria dos países e organizações internacionais. Apesar de contarmos, ainda, com diversas instituições públicas que mostraram sua utilidade, por exemplo, na crise financeira de 2007-2008, a subordinação míope aos "mecanismos de mercado" tem impedido o país de reagir como deveria. Temos ainda cinco grandes bancos públicos que foram imobilizados pelo dogmatismo, preocupação com a dívida pública e fixação no "austericídio". Junto à falta de estratégia e planejamento econômico, tudo isso leva o Estado brasileiro a uma total inércia frente à crise econômica que já mostra sinais preocupantes.

A pandemia chegou ao Brasil após pouco mais de um ano de um novo governo que não apenas mostra-se incapaz de reverter a estagnação do período anterior, mas a intensifica. A ampliação das chamadas reformas que retiram direitos dos trabalhadores levou a uma explosão do desemprego. A última PNAD, relativa ao primeiro trimestre de 2020, antes portanto da percepção dos efeitos da pandemia, estima em 18,4 milhões de pessoas desocupadas ou em subocupações, ou quatro milhões a mais do que no primeiro trimestre de

---

25. Kerala, com uma população de aproximadamente 35 milhões de habitantes iniciou suas ações coordenadas ainda em Janeiro de 2020 e quatro meses depois, contava com apenas 524 casos de Covid-19, quatro óbitos e nenhuma transmissão comunitária (*The Guardian* de 14/05/2020, <https://www.theguardian.com/world/2020/may/14/the-coronavirus-slayer-how-keralas-rock-star-health-minister-helped-save-it-from-covid-19>).

em subocupações, ou quatro milhões a mais do que no primeiro trimestre de 2015. Os trabalhadores subutilizados passaram de 16,5 milhões, em 2015, para 24,4 milhões, no primeiro trimestre de 2020. E os desalentados passaram de 2,6 milhões para 7,1 milhões, no mesmo período.

O aumento das incertezas trazidas pela instabilidade do novo governo – que diuturnamente cria antagonismos, ataca parceiros comerciais importantes, nega o conhecimento, assim como a existência de sérios problemas ambientais –, afasta possíveis parceiros internacionais e inibe qualquer possibilidade de investimento. O ano de 2019 testemunhou a maior fuga de capitais estrangeiros já observada na história brasileira. De acordo com dados do Banco Central, a saída de divisas, em 2019, foi de aproximadamente US$ 45 bilhões, o maior movimento negativo, desde o início da série histórica em 1982. Nos três primeiros meses de 2020, tal montante já havia sido praticamente superado, sinalizando o abandono total do país por parte do grande capital internacional do país.

Na falta de parceiros internacionais afastados por incertezas e instabilidades, com o baixo dinamismo do mercado internacional e com a queda acentuada do mercado interno, o resultado das políticas que levaram à destruição de sua capacidade produtiva e inovativo e à diminuição do poder de compra da grande maioria da população, as perspectivas do Brasil não são animadoras.

As taxas de investimento e poupança têm diminuído e o país que chegou a representar a sexta maior economia do ano, caiu para a nona colocação, após as retrações do PIB em 2016-2017 (-3,5% ao ano) e crescimento pífio em 2018-2019 (1% ao ano). Para este ano, o Banco Mundial e o FMI preveem uma queda de mais de 5% e projeções do GIC do Instituto de Economia, da Universidade Federal do Rio de Janeiro, com base na Matriz Insumo-Produto de 2017 do IBGE, estimam a queda de 11%, com uma perda de até 15 milhões de postos de trabalho e redução de até 14% no total da arrecadação de tributos.

Aprofundou-se especialmente o sistemático ataque governamental ao conhecimento e à CT&I. E não apenas os orçamentos do governo federal, aprovados e executados em 2019 foram inferiores, em termos reais, aos de 2005 e aproximadamente 40% menores do que 2015. O ataque ao conhecimento tem se caracterizado, também, por uma depreciação das atividades de busca por conhecimento, cerceamento da liberdade de pesquisa e da gestão das organizações de ensino e pesquisa e até, ao estímulo à denúncia, perseguição e agressão física de professores e pesquisadores.

Não por acaso, observa-se no Brasil o aprofundamento da regressão da capacidade produtiva e inovativa de empresas e instituições. Estas resultaram da destruição de grandes empresas brasileiras em áreas nas quais o país havia alcançado liderança tecnológica global. Exemplos incluem as áreas de petróleo, engenharia de construção pesada, aeronáutica, construção naval e alimentos. A galopante desnacionalização da economia e o aumento significativo da importação desorganizada de produtos finais e insumos intermediários de diferentes intensidades tecnológicas levaram à destruição e desorganização dos sistema produtivo brasileiro, o que fica ainda mais evidenciada e grave quando se observam os sérios gargalos e a falta de produtos e insumos essenciais na área de saúde.

Relendo Celso Furtado em tempos de pandemia

Vimos que em grande parte de suas seminais contribuições, Celso Furtado visou transformar o Brasil superando seus impasses e estimulando meios de crescimento capazes de melhorar as condições de vida da população e integrá-las com democracia e liberdade. E, assim, discutiu as bases para alcançar um desenvolvimento nacional soberano e de longo prazo, enfatizando o papel do Estado na transformação produtiva e na promoção da endogeneização da tecnologia, a partir de uma situação periférica e dependente. Insistentemente argumentou que a economia política não pode prescindir da visão territorial e que não há como realizar análises ou implementar políticas que separem o ser humano de seu contexto.

Além de contribuir com sua visão inovadora, histórica e contextualizada do desenvolvimento e da CT&I, Furtado sobretudo apontou que o problema do subdesenvolvimento é político, muito mais que econômico, e reafirmou a necessidade de uma refundação do político para transformar os rumos do país. Em muito criticou as distorções da importação de teorias e conceitos e deixou claro que sem o conhecimento das estruturas de poder envolvidas, tanto nas atividades acadêmicas, quanto nos esforços de planejamento e implementação de políticas, é impossível avançar no estudo do desenvolvimento das forças produtivas e inovativas.

No momento de encerramento deste artigo - marcado pela pandemia em conjunto com o acirramento de crises políticas e institucionais[26] financeiras,

26. Finalizamos esse artigo entre março e maio de 2020, quando no Rio de Janeiro, todas as noites, sem exceções, se faz ouvir o "panelaço" criticando o presidente da república e exigin-

econômicas, sociais e ambientais - as ideias de Furtado são ainda mais essenciais. Mostra-se fundamental resgatar seus aportes, explorando e atualizando sua visão do desenvolvimento e do papel da CT&I.

Argumentamos que a atual crise sanitária não pode ser entendida como contraposta a uma situação de normalidade e que, desde os anos 1980, com o neoliberalismo e a crescente financeirização se impondo como a versão dominante do capitalismo, as crises mundiais têm se aprofundado. Além das crises econômicas e financeiras deste padrão de capitalismo, têm se sucedido diferentes catástrofes ambientais, constantes guerras (comerciais, semióticas, híbridas, biológicas etc.) com uma constante ameaça nuclear, até a vergonhosa exclusão e desigualdade que ainda impera no mundo e no Brasil.

Esses e os demais desafios a serem enfrentados no Brasil, no curtíssimo e longo prazo, foram ainda mais magnificados e devem ser compreendidos e enfrentados. No entanto, realçamos também as teses, em grande parte inspiradas nas contribuições de Celso Furtado, as quais advogam a grande oportunidade de mobilizar os "reservatórios de desenvolvimento e conhecimento" relacionados à inclusão no esforço produtivo e inovativo brasileiro dos atores, conhecimentos, regiões e atividades até então invisíveis e marginalizados nas agendas de política[27].

Acreditamos que a redução da dívida histórica da desigualdade e da discriminação social, sexual, racial e o aproveitamento das sociobiodiversidades regionais brasileiras podem gerar novas rotas de desenvolvimento sustentável, movimentando capacidades produtivas e inovativas, com justiça social e sustentabilidade econômica, cultural, política e ambiental. Nessa linha é que salientamos o objetivo estratégico de promover os sistemas de produção e inovação e seus APLs fundados em nossa diversidade ambiental e social, com suas formas próprias de relacionamento entre natureza, economia e cultura.

Destacam-se, em especial, as oportunidades do apoio aos "APLs portadores de futuro e mobilizadores do desenvolvimento" com eixo nos serviços públicos essenciais: saúde, alimentação, educação, habitação, saneamento e acesso à água e energia, tratamento de resíduos, mobilidade, cultura e outros serviços. Nessa linha reiteramos que: (i) os sistemas produtivos ancorados nesses serviços essenciais encontram-se espalhados por todo o país; (ii) a am-

---

do seu afastamento. Consideramos importante reiterar a extrema gravidade do ambiente de instabilidade política e de pressões diárias.

27. Para detalhes ver Cassiolato e Lastres, 2016 e Lastres e Cassiolato, 2008.

pliação e qualificação dos serviços essenciais oportunizam APLs baseados no fornecimento local de itens básicos: como alimentação, uniformes, mobiliário, equipamentos, sistemas e tecnologias de informação e comunicações e serviços de manutenção etc.; (iii) a garantia de demanda constitui-se no mais efetivo mecanismo de desenvolvimento industrial e tecnológico, o que, dadas as dimensões e potencialidades do território brasileiro, transforma-se em um ainda mais poderoso instrumento.

Adiciona-se que políticas desse tipo, além de reforçarem os objetivos do desenvolvimento inclusivo e sustentável, podem ser potencializadas pela utilização do poder de compra dos governos federal, estaduais e municipais. Uma outra convergência com as contribuições de Furtado remonta à ênfase à definição de prioridades e ações para o desenvolvimento apropriado, inclusivo, sustentável e coeso, *capazes de angariar o necessário consenso e apoio para sua implementação*. Nessa perspectiva, a maior abertura dos governos à participação popular constitui condição central para a implementação de novas estratégias focadas numa melhor distribuição dos frutos do progresso técnico. Conforme sublinhou o próprio Furtado: "o ponto de partida de qualquer novo projeto alternativo de nação terá que ser, inevitavelmente, o aumento da participação e do poder do povo nos centros de decisão do país" (2000, p. 35).

A contextualização e democratização da política produtiva e de inovação reforça o objetivo de focalizar e equacionar os principais problemas da nossa sociedade. Aqui, o ponto central é a articulação da agenda de desenvolvimento produtivo e inovativo com a política e as ações de impacto social, político, econômico e ambiental. A melhora na distribuição de renda e a incorporação na economia brasileira de milhões de pessoas, anteriormente marginalizadas, ocorrida na primeira década e meia do milênio, confirmaram a oportunidade de promover sistemas e arranjos produtivos e inovativos voltados à sustentabilidade social e ambiental e à provisão dos serviços públicos essenciais. Estratégias nessa direção em muito podem contribuir para inverter a lógica que tem prevalecido no Brasil, descortinando, mobilizando e enraizando essas potencialidades portadoras de futuro.

A realização de tal possibilidade depende de uma condição colocada já há muito tempo por Furtado: a de avançarmos no entendimento dos reais dilemas colocados a nosso desenvolvimento e perseverarmos em decifrar formas para seu alcance. Assim, reiteramos suas críticas à abstração do pensamento econômico e seus alertas que a adoção descontextualizada de teorias, conceitos, indicadores e modelos analíticos e normativos importados, além de produzir várias distorções, coloca nossas condições "fora do radar" e acirra as "exclusões invisíveis". Sublinha-se, portanto, a relevância de superar o predomínio das visões e modelos de conhecimento e de política elaborados para e no contexto dos países centrais, os quais – além de produzir novas desigualdades e reforçar as antigas – limitam a possibilidade de criar alternativas apropriadas a nosso desenvolvimento.

Referências

ARAÚJO, T. P.; VIANNA, S. T. W.; MACAMBIRA, J. (Orgs.). *50 anos de formação econômica do Brasil:* ensaios sobre a obra clássica de Celso Furtado. Rio de Janeiro: Ipea, 2009.

BELLO, W. *The tiranny of finance* – State of power, 2016. Amsterdam: The Transnational Institute, 2016.

BIELSCHOWSKY, R. Formação econômica do Brasil: uma obra-prima do estruturalismo cepalino. *Revista de Economia Política*, v. 9, n. 4, São Paulo, 1989.

CASSIOLATO, J. E.; LASTRES, H. M. M. O desenvolvimento brasileiro no século XXI, In: LASTRES, H. M. M. et al. (Orgs.) *O futuro do desenvolvimento:* ensaios em homenagem a Luciano Coutinho. Campinas: Unicamp, 2016.

CASSIOLATO, J. E.; LASTRES, H. M. M. Celso Furtado e os dilemas da indústria e inovação no Brasil. *Cadernos do Desenvolvimento*. v 10, n 17: 188-213. Rio de Janeiro, CICF, jul.-dez. 2015.

CASSIOLATO, J.; SOARES, M. *BRICS:* National Systems of Innovation. Londres: Routledge, 2014.

CASSIOLATO, J. E.; LASTRES, H. M. M. Discussing innovation and development: Converging points between the Latin American school and the Innovation Systems perspective? *Globelics Working Paper Series*, 01-08, 2008.

CASSIOLATO, J. E.; ZUCOLOTO, G.; ABROL, D.; XIELIN, L. *BRICS national systems of innovation:* Transnational corporations and local innovation. Londres Routledge, 2014.

CASSIOLATO, J. E.; ZUCOLOTO, G. ; GONZALO, M.; TAVARES, J. APLs, a crise atual do capitalismo e a globalização dominada pelas finanças. In: Matos, M. et al. (Orgs.) *APLs: Referencial, experiências e políticas em 20 anos da RedeSist*. Rio de Janeiro: E-papers, 2017.

CHESNAIS, F. *Finance capital today:* corporations and banks in the lasting global slump. Leiden: Brill, 2016.

CHESNAIS, F. *La mondialisation du capital*, Paris: Syros, 1997.

CHESNAIS, F. Sauviat, C. The financing of innovation-related investment in the contemporary global finance-dominated accumulation regime. In: CASSIOLATO, J. E.; LASTRES, H. M. M.; MACIEL, M. L. (Orgs.) *Systems of innovation and development:* evidence from Brazil. Cheltenham: Edward Elgar, 2003.

COUTINHO, L. G., BELLUZZO, L. G. M. Desenvolvimento e estabilização sob finanças globalizadas. *Economia e Sociedade*, Campinas, n. 7, p. 129-54, dez. 1996.

COWEN, T. *The great stagnation:* How America ate all the low-hanging fruit of modern history, got sick, and will (eventually) feel better. Nova Iorque: Penguin, 2011

CUNNINGHAM, C.; EDERER, F.; M.A., S. Killer acquisitions. Yale University, mimeo, 2018. disponível em .https:// ssrn.com/abstract=3241707, consulta em 3 maio de 2020.

DAYEN, D. Unsanitized: Covidien's Story Is Corporate America's Story. American Prospect, 20/03/2020, disponível em https://prospect.org/coronavirus/unsanitized-covidien-story-corporate-america-ventilatos, consulta em 3 maio de 2020.

FIORI, J. L. A propósito de uma "Construção Interrompida". *Economia e Sociedade*, v. 14, p 1-19, 2000.

FONSECA, P. C. D. Sobre a Intencionalidade da Política Industrializante do Brasil na Década de 1930. *Revista de Economia Política*, v. 23, n. 1, 2003.

FURTADO, A. Progresso técnico no pensamento de Celso Furtado. In: CORSI, F.; CAMARGO, J. (Orgs.) *Celso Furtado: os desafios do desenvolvimento*. São Paulo: Cultura Acadêmica, 2010.

FURTADO, C. Os desafios da nova geração. *Jornal dos Economistas*. Corecon. Rio de Janeiro, 2004.

___________. *Em busca de novo modelo* – Reflexões sobre a crise contemporânea. São Paulo: Paz e Terra, 2002.

___________. *Teoria e política do desenvolvimento econômico*, 10 ed. São Paulo: Paz e Terra, 2000.

___________. *O capitalismo global*. São Paulo: Paz e Terra, 1998.

___________. O exílio na França, retorno ao Brasil; do Ministério da Cultura aos dias atuais. In: GAUDÊNCIO, F. de S.; FORMIGA, M. (Orgs.) *Era da esperança:* teoria e política no pensamento de Celso Furtado. São Paulo: Paz e Terra, 1995.

___________. *Brasil: a construção interrompida*. São Paulo: Paz e Terra, 1992.

___________. Entre inconformismo e reformismo. *Revista de Economia Politica*, v. 9, n. 4, p. 6-28.1989.

___________. *Accumulation and development*. Oxford: Martin Robertson. 1983.

___________. *O Brasil pós-milagre*. Rio de Janeiro: Paz e Terra, 1981a.

___________. Estado e empresas transnacionais na industrialização periférica. *Revista de Economia Política*, v. 1, n. 1, jan./mar. 1981b.

___________. *O mito do desenvolvimento econômico*. Rio de Janeiro: Paz e Terra, 1974.

___________. *Análise do "modelo" brasileiro*. Rio de Janeiro: Civilização Brasileira, 1972.

___________. *Desenvolvimento e subdesenvolvimento*. Rio de Janeiro: Fundo de Cultura. 1961.

___________. *Formação econômica do Brasil*. Rio de Janeiro: Fundo de Cultura. 1959.

___________. *A economia brasileira:* contribuição à análise do seu desenvolvimento. Rio de Janeiro: A Noite, 1954.

GORDON, R. J. Is US economic growth over? Faltering innovation confronts the six headwinds. *NBER Working Paper* 18315, National Bureau of Economic Research, 2012.

HARVEY, D. *A brief history of neoliberalism*. Oxford: Oxford University Press, 2005.

LASHINSKY, A. ALIBABA V. Tencent: the battle for supremacy in China fortune, 21/06/ 2018 https://fortune.com/longform/alibaba-tencent-china-internet/,consulta em 10 maio de 2020.

KATTEL, R.; PRIMI, A. The periphery paradox in innovation policy: Latin America and Eastern Europe compared. In: BOSCHI, R,; SANTANA, C. H. (Orgs.) *Development and semi-periphery:* Post-neoliberal trajectories in South America and Central Eastern Europe, p. 265-304, 2012.

JURUÁ, C. Celso Furtado. A questão da soberania nacional, *mimeo*, Rio de Janeiro, 2020.

LASTRES, H. M. M.; CASSIOLATO, J. E. As contribuições de Celso Furtado sobre o papel da ciência, tecnologia e inovação ao desenvolvimento. Dossiê Centenário de Celso Furtado, *Cadernos do Desenvolvimento* v. 15 n. 26, Centro Celso Furtado, jan/jun 2020.

LASTRES, H. M. M.; CASSIOLATO, J. E.. Development and innovation: Learning from the legacies of freeman and Furtado. *Innovation and Development*. 2017 v. 7 n. 2, p. 271-286.

LASTRES, H. M. M.; CASSIOLATO, J. E. Políticas para arranjos produtivos locais no Brasil. In: OLIVEIRA, F. B. *Política de gestão pública integrada*. Rio de Janeiro: FGV, 2008.

LASTRES, H. M. M.; CASSIOLATO, J. E.; ARROIO, A. (Orgs.). *Conhecimento, sistemas de inovação e desenvolvimento*. Rio de Janeiro: UFRJ/Contraponto, 2005.

LASTRES, H. M. M. et al. (Orgs.) *O futuro do desenvolvimento:* ensaios em homenagem a Luciano Coutinho. Campinas: Unicamp, 2016.

LAZONICK, W. The financialization of the US corporation: What has been lost, and how it can be regained. *Seattle University Law Review*, v. 36, p. 857-909, 2012.

MANDEL, M, The failed promise of innovation in the United States. *Business Week*, 3 de junho, 2009.

MANTEGA, G. "Celso Furtado e o pensamento econômico brasileiro". *Revista de Economia Política*, v. 9, n. 4, out.-dez. 1989.

PAVITT, K.; WORBOYS, M. *Science, technology and the modern industrial state*, Londres: Butterworths, 1977.

PIKETTY, T. *O Capital no século XXI*. Rio de Janeiro: Intrínseca, 2014.

PISANO, G.; SHIH, W. *Producing prosperity:* Why America needs a manufacturing renaissance. Cambridge: Harvard Business Review Press, 2012.

SAUVIAT, C.; CHESNAIS, F. As Transformações das Relações Salariais no Regime de Acumulação Financeira. In: LASTRES, H. M.; CASSIOLATO, J. E.; ARROIO, A. (Orgs.). *Conhecimento, sistemas de inovação e desenvolvimento*. Rio de Janeiro: UFRJ/Contraponto, 2005.

STREECK, W. *Tempo comprado* – A crise adiada do capitalismo democrático. Coimbra: Actual, 2013.

TAVARES, M. C. (Org.) *Celso Furtado e o Brasil*. São Paulo: Fundação Perseu Abramo, 2000.

TAVARES, M. C.; FIORI, J. L. (Orgs.). *Desajuste global e modernização conservadora*. Rio de Janeiro: Paz e Terra, 1993.

UNCTAD. *World Investment Report 2014*. Genebra: UNCTAD, 2014.

XLELIN, L.; HAN, S.; CHEN, A. Innovation system and inequality reduction in China In: SOARES, M.; SCERRI, M.; MAHARAJH, R. (Orgs.) *BRICS national systems of innovation:* Inequality and Development Challenges. Londres: Routledge, 2014.

WTO. Trade set to plunge as COVID-19 pandemic upends global economy. Genebra: WTO, 2020. Disponível em: <https://www.wto.org/english/news_e/pres20_e/pr855_e.htm>. Acesso em: 17 mai. 2020.

ZUBOFF, S. *The age of surveillance capitalism:* The fight for a human future at the new frontier of power. Londres: Profile Books, 2019.

PARTE 3

O COMBATE PELA IMPORTÂNCIA DA CULTURA NO PROCESSO DE DESENVOLVIMENTO

Economia política da comunicação, cultura e desenvolvimento no Brasil: um desafio ao pensamento furtadiano nas primeiras décadas do século XXI

César Bolaño[1]

Como pensar hoje a velha problemática do desenvolvimento, considerando-se os impactos das mudanças impostas pela expansão do capitalismo globalizado sobre a cultura nacional e as condições estruturais para a construção da hegemonia? Trata-se de um processo que se desdobra ao longo do século XX, tendo por elemento crucial a organização dos grandes sistemas de comunicação de massa, os quais se encontram hoje em profunda reestruturação, fruto da própria reestruturação capitalista, que implica e exige a expansão das tecnologias da informação e da comunicação (TIC). Como pensar comunicação e cultura, nessas condições, na perspectiva da construção de um projeto nacional de desenvolvimento?

Essas questões foram levantadas, de forma preliminar, em 2010, num pequeno texto, reproduzido na primeira parte deste artigo, onde se procurava recuperar o aporte teórico de Celso Furtado, na perspectiva da Economia Política da Informação, da Comunicação e da Cultura (EPC). No concernente à análise histórica, como se verá, o texto terminava com a proposição de questões referentes à relação entre comunicação, cultura e desenvolvimento, tal como elas se apresentavam ao final do segundo governo Lula (2006-2010).

---

1. Professor titular da Universidade Federal de Sergipe ((UFS), com formação em comunicação (graduação pela ECA/USP) e economia (mestrado e doutorado pelo IE/Unicamp). Fundador do campo da Economia Política da Comunicação no Brasil, foi presidente da Asociación Latino-americana de Investigadores de la Comunicación (ALAIC). Autor de *Mercado brasileiro de televisão* (1988; 2004), *Indústria cultural, informação e capitalismo* (2000; 2013; 2015) e *O conceito de cultura em Celso Furtado* (2015).

Dez anos após, a problemática geral, em termos teórico-analíticos, permanece válida, mas a conjuntura política e social passou, primeiro, por importantes mudanças no governo Dilma e, em seguida, por uma inflexão fundamental, em 2016, culminando com a eleição de 2018.

Assim, na segunda parte, tratarei de realizar uma breve atualização histórica para, em seguida, retomar a problemática da relação entre cultura e desenvolvimento no momento atual, marcado pela crise do neoliberalismo, impulsionada agora pela expansão da pandemia de coronavírus, tornando o futuro incerto. Não é esse evidentemente o tema do presente artigo, senão aquele furtadiano – especialmente dos trabalhos dos anos 1970 do nosso autor de referência – de crítica do desenvolvimento, nas novas condições históricas que se apresentam hoje de forma tão impactante e urgente.

Comunicação, Cultura e Desenvolvimento no Brasil em perspectiva histórica[2]

É chegado o momento de retomar as velhas discussões sobre desenvolvimento que a agenda neoliberal havia varrido do debate internacional e, nesse sentido, a recuperação recente do chamado "estruturalismo latino-americano", por parte dos economistas, procurando uma nova relevância para instituições como a Cepal (Rodriguez, 2009), é um sinal a ser seguido também por outros campos que no passado tiveram papel importante na matéria, como é o caso da Comunicação, cujo objeto privilegiado – a comunicação de massa – é elemento central na construção da hegemonia.

No caso brasileiro, o Estado moderno, construído a partir da Revolução de 1930 e ao longo do processo de industrialização, teve no rádio um elemento-chave para a consolidação da hegemonia daquela burguesia industrial que sucedera, no poder, as oligarquias agrárias da Velha República. A cultura de massa serve à consolidação de uma estratégia hegemônica, de construção da nacionalidade, que recupera as tradições da cultura popular de origem não europeia, alçando-as à condição de cimento da identidade nacional, rompendo aquela separação povo-elite, característica do século XIX, de que falava Furtado (1984), a qual se traduzia em marginalização, de um lado, e imitação de outro, reduzindo as enormes potencialidades do caldo cultural criado ao longo dos séculos, argutamente percebidas pela elite intelectual de 1922.

2. Esta parte tem uma versão original, apresentada na IV Conferência ACORN-REDECOM, Brasília, DF, 14-15 de maio de 2010, aqui apenas devidamente revista e ajustada.

Durante o período militar pós-64, o quadro hegemônico se altera, colocando a televisão no centro de um processo de consolidação do mercado nacional, cuja base se encontrava na reforma e expansão das infraestruturas de telecomunicações. Sobre estas circulariam publicidade, propaganda e conteúdos produzidos e difundidos por empresas privadas, concessionárias de televisão, responsáveis por uma verdadeira política cultural não declarada, que trataria de consolidar a hegemonia dos novos donos do poder, centrada, naquele momento, na ideologia da segurança nacional, mas essencialmente vinculada a um conceito de modernidade identificado aos modelos de produção e administração norte-americanos, que só aceitava a cultura nacional popular se enquadrada em sistemas industrializados de produção mercantil, a serviço da acumulação capitalista.

O modo de regulação setorial então definido só se alterará, em parte, com a privatização das telecomunicações, nos anos 1990, e isso num sentido ainda mais aberto à cultura norte-americana, primeiro com a TV paga, que amplia a penetração do conteúdo estrangeiro, depois com a internet, que dissolve barreiras institucionais e de mercado, dificultando a regulação e o controle pelo Estado e capital nacionais. Do lado da demanda, esse movimento se traduz numa profunda mudança dos hábitos de consumo cultural. A consequência para as empresas hegemônicas das velhas indústrias culturais é um rebaixamento das barreiras à entrada, acentuado pela convergência tecnológica que abre a possibilidade de ingresso de capitais poderosos do campo das telecomunicações nos setores de produção e distribuição de conteúdo.

Se na época do desenvolvimentismo, na chamada era do rádio, tratava-se de construir uma identidade nacional de massa – para além das contradições de classe – visando a consolidação daquela "ideologia da cultura brasileira" (Mota, 1978) que nos levaria à superação do subdesenvolvimento e à construção de uma nova civilização, mestiça e vitoriosa, nos anos que se seguiram ao movimento militar de 1964, o conteúdo do ideal de modernidade muda, americaniza-se, ainda que o ideal de soberania nacional permaneça. Na verdade, do ponto de vista do modelo econômico, a internacionalização já vinha ocorrendo a passos largos, sobretudo no momento da industrialização pesada. Do seu lado, o regime militar, ao estatizar as telecomunicações, avança também no sentido do planejamento e do desenvolvimento nacional.

No plano cultural, no entanto, foi diferente. Ocioso lembrar o respaldo dado à TV Globo pelo novo regime por ocasião do questionamento da legalidade do acordo com a americana Time-Life, que viabilizou a sua entrada no mercado brasileiro, redundando na criação de uma Comissão Parlamentar de Inquérito cujas recomendações não foram seguidas pelos generais no poder (Bolaño, 2004; Bolaño e Brittos, 2005). O fato é que o velho modelo de regulação das comunicações e da cultura então constituído compõe-se, em suma, de um monopólio estatal no campo das telecomunicações e um oligopólio altamente concentrado, e com forte liderança por parte da Rede Globo de Televisão, na radiodifusão, que se vincula, por um lado, ideologicamente, em termos de padrões de produção, organização empresarial e gerência, ao modelo norte-americano, e, economicamente, após a saída do grupo Time-Life, a Hollywood e à indústria fonográfica dos Estados Unidos.

Assim, ainda que o capital nacional não estivesse excluído dos mercados do cinema e do disco, estas serão indústrias amplamente internacionalizadas, dominadas por um oligopólio global que convive perfeitamente com o oligopólio nacional da radiodifusão e a organização estatal das telecomunicações. O Código Brasileiro de Telecomunicações (CBT), de 1962, é um instrumento perfeitamente adequado a essa estrutura hegemônica. Ainda que o progresso tecnológico nesses setores o torne crescentemente anacrônico, ele assim permanecerá até a reforma iniciada com a aprovação da Emenda Constitucional de 15 de novembro de 1995, que redundará na privatização das telecomunicações, as quais passarão a ser regidas pela Lei Geral de Telecomunicações (LGT), de 7 de julho de 1997.

Privatiza-se e internacionaliza-se, assim, o sistema de telecomunicações. Na radiodifusão, a Lei do Cabo de 1995 abre também a possibilidade de entrada de capital estrangeiro no setor até um limite de 49% e a regulamentação posterior dos sistemas de TV paga via satélite (DTH) ou micro-ondas (MMDS), considerados serviços de telecomunicações, seguirão a lógica da LGT, que permite a participação do capital estrangeiro sem limites. Há, portanto, um aprofundamento da internacionalização, especialmente, no que se refere à propriedade, nas telecomunicações, mas também, na década seguinte, na TV paga. Na TV de massa, a liberação de participação do capital estrangeiro em até 30%, com a Emenda Constitucional 36, promulgada em 28 de maio de 2002, até o momento não teve consequências práticas.

O fundamental, no entanto, é que, seja na TV a cabo, seja nas outras tecnologias, o conjunto da TV por assinatura no Brasil se caracterizará pela internacionalização dos conteúdos, com pacotes de programação importados, vinculando intrinsecamente o oligopólio nacional da televisão, nessa área, com o oligopólio global da TV segmentada. O mais interessante, dada a baixa penetração da TV paga no país, é a coexistência de dois sistemas, um massivo – acessível à quase totalidade da população brasileira, crescentemente homogêneo de conteúdo majoritariamente nacional, baixa diversidade editorial e qualidade estética discutível – e outro, segmentado, basicamente internacional, apresentando pacotes de programação, sobretudo norte-americana.[3]

Furtado não analisou esse setor, mas a sua teoria do desenvolvimento econômico dá uma relevância fundamental à cultura e à disputa hegemônica a ela vinculada. Assim, excluindo-se a hipótese de um controle crescente das decisões econômicas pelo Estado, "a economia de livre-empresa, para crescer, necessita criar seu próprio mercado. Os períodos de concentração de renda e elevação da taxa de inversão tendem a ser sucedidos por outros de mais intensa difusão dos frutos do desenvolvimento, a fim de que se mantenham as oportunidades de inversão" (Furtado, 1961, p. 101). A dinâmica do desenvolvimento é marcada, assim, pela existência de dois vetores – incremento da produtividade e diversificação do consumo – que se alternam no tempo, definindo dois momentos complementares: acumulação-invenção (quando o empresariado se coloca em posição privilegiada "para reter os frutos do incremento da produtividade e, dessa forma, aumentar a sua participação na renda" – idem, p. 104) e acumulação-difusão de inovações, quando se amplia a participação dos salários na renda.

A luta de classes assume, assim, um caráter funcional no processo de desenvolvimento, nos países centrais, permitindo, como tendência, a ampliação, passo a passo, dos limites à ampliação das taxas de inversão, ao generalizar padrões de consumo sofisticado, criando uma poderosa base de mercado interno:

> Ora, o sistema de divisão internacional do trabalho permitiu isolar esses dois processos. Um país que se especializasse na produção agrícola para a exportação podia ter acesso à moderna tecnologia sob a forma de produtos de consumo, sem ter que investir para elevar a produtividade física do trabalho. (FURTADO, 1984, p. 22)

3. Este segundo sistema é também bastante homogêneo, tendo em vista que os pacotes à disposição dos consumidores no mercado nacional são muito semelhantes, com uma diferenciação que se limita basicamente ao número de canais disponível, de acordo com o preço do pacote e não com a empresa ofertante.

Do ponto de vista da cultura, os padrões de comportamento imitativos ligados a essa "modernização dependente", própria do subdesenvolvimento – isto é, própria da expansão da "civilização industrial" na periferia do sistema capitalista, beneficiada pelas "vantagens comparativas estáticas criadas pela especialização e o acesso a um mercado externo em expansão" (idem) – se traduzirão na "ruptura da síntese barroca" e no distanciamento entre elite e povo:

> As elites, como que hipnotizadas, voltam-se para os centros de cultura europeia, de onde brotava o fluxo dos bens de consumo que o excedente do comércio exterior permitia adquirir. Na escala de valores desse quadro cultural, a simples visita de uma companhia teatral europeia a uma cidade do País assumia a significação de acontecimento cultural marcante na vida de uma geração. O povo era reduzido a uma referência negativa, símbolo de atraso, atribuindo-se significado nulo à sua herança cultural não europeia e recusando-se valia à sua criatividade artística. O indianismo de um Carlos Gomes ou de um Alencar, ao atribuir aos homens da terra valores emprestados de outra cultura, expressa a rejeição do povo real. E a ironia sutil com que Machado observa esse povo tem o sabor de uma escusa em face de um tema proibido. (Idem, p. 23)

Em compensação, o povo brasileiro, desprezado pelas elites, poderá prosseguir "seu processo formativo com considerável autonomia, o que permitirá que as raízes não europeias de sua cultura se consolidem e que sua força criativa se expanda menos inibida, em face da cultura da classe dominante" (idem). É sobre a base dessa cultura popular que se construirá, posteriormente, a hegemonia da burguesia industrial, ainda que essa identidade nacional nunca tenha sido bem digerida pelas elites econômicas brasileiras, em que pese a unificação do país em nível cultural, promovida pela intelectualidade que, ao longo do século XX, procurou naquela cultura popular, até então desprezada, uma nova síntese cultural e, a partir da Revolução de 1930, encontrou no Estado brasileiro o instrumento para a consolidação de uma cultura nacional distinta daquela das elites agrárias do século anterior.

A televisão brasileira dos anos 1970 em diante, quando se constitui definitivamente o oligopólio e se consolida o meio como núcleo essencial da Indústria Cultural nacional, beneficiar-se-á da existência já de uma rica e diversa cultura popular-nacional, com grande diversidade regional e enorme prestígio internacional. O grande mérito, se é que se pode dizer assim, da Globo, nesse sentido, foi o de ter se apropriado de certos elementos dessa cultura para produzir um determinado tipo de mercadoria. Mas como não se trata de uma mercadoria qualquer, as condições que a alçaram a líder do mercado de bens simbólicos no Brasil terão repercussões profundas sobre aquela cultura, as quais dificilmente poderiam ser definidas como enriquecedoras, a não ser que se esteja referindo à fortuna da família Marinho ou do *star system* brasileiro.

Ao contrário, a enorme concentração das capacidades produtivas do país naquela empresa, que lhe garantirá inclusive certa competitividade externa, reduzirá brutalmente, por outro lado, a competitividade sistêmica do país no setor, fato que se tornará evidente justamente no momento das mudanças globais iniciadas, no que nos ocupa aqui, com a implantação da TV segmentada nos anos 1990. Em suma, a TV de massa foi, após 1964, instrumento de construção de uma nova hegemonia política e cultural. As mudanças após 1995 não chegarão a alterar os dados básicos dessa nova hegemonia, mas aprofundarão a internacionalização do conjunto, o que acabará por, ao final da primeira década dos anos 2000, colocar em cheque o conjunto do modelo.

O aspecto mais evidente dessa crise do modelo de regulação das comunicações, que afeta as barreiras à entrada dos principais radio difusores, é o desenvolvimento das tecnologias da informação e da comunicação, responsáveis pela possibilidade de formas de convergência que abrem a perspectiva de entrada de atores com forte poder competitivo, provenientes do setor de telecomunicações, como ocorre já desde 2006 no mercado brasileiro de TV segmentada (Bolaño, 2007, p. 72), com base em mudanças legislativas – e graças à entrada prévia no mercado das telecomunicações, com a privatização dos anos 1990 – que culminam com a Lei do Serviço de Acesso Condicionado (SEAC), de 2011. Chega-se, assim, a uma divisão de trabalho que libera a operação do chamado *triple play* (telefonia, operação de TV paga, oferta de serviço de internet) às grandes operadoras internacionais de telecomunicações, enquanto o oligopólio televisivo se contenta na produção de conteúdo e operação de canais (Bolaño, Santos, Mota, 2015).

Ao longo de todo o governo Lula, algumas iniciativas democratizantes foram aventadas (Bolaño, 2007), mas a reação da grande mídia, que tem o virtual monopólio da comunicação com as massas de consumidores e eleitores do país, foi sempre a de denunciar o perigo do "retorno à censura", impossibilitando qualquer debate público racional sobre a democratização, ou sobre a cultura brasileira e sua relação com o desenvolvimento. Exerce, assim, neste e em outros campos, feroz censura privada sobre os conteúdos que serão afinal oferecidos à população brasileira e vai garantindo a permanência, no campo cultural, da mesma estrutura hegemônica vigente no período em que a censura oficial realmente existia, período precisamente em que conquistou, com o apoio do regime de exceção, o poder de que dispõe hoje.

O resultado, como sugerido acima, é uma extensa americanização da TV paga, paralela a uma banalização da TV de massa, reproduzindo de alguma forma a velha separação elite-povo, em que ambos se subordinam, na qualidade de consumidores, a padrões de produção cultural industriais, adequados aos processos de acumulação de capital típicos do período neoliberal. A expansão da internet, das redes sociais e das plataformas digitais não fará senão aprofundar essa tendência, que sofrerá, por outro lado, os impactos do processo de inclusão social promovido pelas políticas públicas dos governos petistas, inclusive as políticas culturais adotadas pelo Ministério da Cultura no governo Lula.

A questão não é simples, mas uma linha de raciocínio nesse sentido é aquela sugerida mais uma vez por Furtado, ao defender a necessidade de um novo modelo de desenvolvimento, em seu livro de 1984:

> O caminho será certamente mais curto e mais fácil se soubermos tirar partido da própria crise para fundar as bases de um pacto social que viabilize a transição para uma política de desenvolvimento voltada para o bem-estar da massa da população. A crise destruiu grande parte das ilusões de uma classe média que, em sua grande maioria, vinha de estratos sociais de padrões de consumo modestos. Em face do desemprego ou da brusca redução dos salários, muitos dos membros dessa classe média incipiente reaproximaram-se de suas origens sociais. (...) O processo de adoção, por parte dessa nova classe média, da visão do mundo dos grupos privilegiados que controlam o poder econômico ainda se encontra em seus primeiros estágios. (FURTADO, 1984, p. 14)

Trinta e cinco anos após esse diagnóstico – que depositava, não sem motivos, enormes esperanças na expansão da democracia que a convergência de interesses dessa classe média com os da massa trabalhadora poderia trazer –, em condições bem diferentes, cabe verificar como evoluiu a estrutura social brasileira, inclusive do ponto de vista dos seus impactos sobre a cultura e sobre as condições de produção cultural dos setores populares que pudessem garantir um mínimo de autonomia cultural na produção de um projeto de desenvolvimento – se é que essa expressão pode ganhar ainda alguma validade – alternativo, uma vez passado o pesadelo em que nos encontramos. Furtado define bem o desafio (ainda) atual:

> Com o avanço da internacionalização dos circuitos econômicos, financeiros e tecnológicos, debilitam-se os sistemas econômicos nacionais. As atividades estatais tendem a circunscrever-se às áreas sociais e culturais. Os países marcados por acentuada heterogeneidade cultural e/ou econômica serão submetidos a crescentes pressões de forças desarticuladoras. A contrapartida da preeminência da internacionalização é o afrouxamento dos vínculos de solidariedade histórica que unem no quadro de certas nacionalidades populações marcadas por acentuadas disparidades culturais e de nível de vida. (FURTADO, 1998, p. 38)

Este trecho representava ainda muito bem o ponto em que nos encontrávamos ao final do segundo governo Lula, quando estas notas foram redigidas pela primeira vez. Os dados da problemática econômica certamente se alteraram em relação ao momento da crise dos anos 1980 e 1990, mas a situação das relações de poder e hegemonia no sistema de comunicação seguia sendo a mesma dos anos 1970, agravada pela internacionalização do período neoliberal. No próximo item, tratarei de atualizar o quadro histórico sobre o qual teremos que repensar a problemática das relações entre comunicação, cultura e desenvolvimento no Brasil.

Comunicação, ruptura política e o fracasso do projeto neodesenvolvimentista dos governos do Partido dos Trabalhadores (PT)

A transição política no Brasil de um governo de centro-esquerda, responsável por treze anos de um processo inédito de inclusão social, para outro, promotor de enormes perdas em relação aos avanços sociais conquistados não apenas durante o referido período (2002-2015), mas especialmente os decorrentes da Constituição de 1988 e mesmo aqueles derivados da Consolidação das Leis do Trabalho (CLT), do presidente Getúlio Vargas, e do tímido Estado de bem-estar social construído ao longo das décadas que se seguiram à Revolução de 1930 – um retrocesso histórico que nem o regime militar (1964-1985) logrou promover – é um processo evidentemente complexo, cuja análise envolve uma multiplicidade de fatores.

A inversão de tendência afigura-se mais espetacular se considerarmos que o retorno às ruas dos movimentos sociais, em junho de 2013, foi obra de grupos que reivindicavam mobilidade urbana, saúde e educação "padrão FIFA", em suma, nada além do aprofundamento da agenda social do governo petista, mas a resposta deste foi tímida e errática. Diferentemente de 2008, a crise internacional afetou fortemente a economia brasileira em 2011 e as até então bem-sucedidas políticas anticíclicas já não funcionavam. Nessas condições, o governo balançava entre o clamor das ruas e a pressão do grande capital por um enfoque mais decididamente neoliberal em matéria de política de ajuste.

De outra parte, ao lado daqueles movimentos sociais com pautas de esquerda, outros, bem distintos, começavam a insinuar-se, representantes de certa classe média, brandindo palavras de ordem contra a corrupção e pelo *impeachment* da presidenta Dilma Rousseff. Entre 2013 e 2016, esse segundo grupo chegará a dominar completamente as ruas, constituindo finalmente a base social das mudanças radicais que ocorrerão no sistema político nacional entre 2016 e 2018. É claro que essa participação da classe média em movimentos desse tipo não é nenhuma novidade no país. As manifestações "com Deus, pela família e a liberdade", às vésperas do golpe militar de 1964, são célebres.

O otimismo de Furtado, aliás, no último trecho citado acima, em relação à aliança entre classe média e povo, nos idos da Assembleia Constituinte, não o impedia, mesmo na euforia democrática daqueles anos, de apontar, no seu livro de 1984, os riscos envolvidos na existência de uma Indústria Cultural de dimensões "ciclópicas" e na descaracterização da cultura popular brasileira enquanto fonte de autonomia e de identidade nacional. Nos anos 2010, a crise econômica se transforma, como sempre no capitalismo monopolista, em crise do pacto político que sustentava os governos de centro-esquerda, deslocando novamente para a direita a volúvel classe média. Tampouco é nova a articulação entre certo tipo de políticos de direita, militares – parte também da classe média, com larga tradição política no país – e a mídia hegemônica, a serviço, em última instância, de um projeto político da elite econômica contra governos trabalhistas reformadores.

Duas inovações do processo recente são particularmente interessantes: (a) o impressionante ativismo político de uma parte significativa de setores do sistema judiciário nacional, isto é, de uma alta burocracia, classe média também, portanto, mas desfrutando de níveis de remuneração e privilégios que lhe garantem condições de conforto e boa vida muito mais próximas das elites econômicas nacionais do que do povo ou da imensa maioria das camadas médias; (b) a explicitação de uma nova forma de mediação social, articulando mídia e redes sociais, o que torna o sistema mais complexo, mas não no sentido de enfraquecer o poder do grande capital atuante nos meios de comunicação de massa, senão de aprofundar o papel deste de mediador entre os interesses das elites políticas, das classes médias e da massa da população, a serviço do capital financeiro e da elite econômica, da qual ele mesmo faz parte.

No que se refere à mediação realizada pelos meios de comunicação de massa, nas condições presentes, ela deve submeter-se a uma dinâmica que combina comunicação vertical e horizontal, envolvendo, em todo caso, protagonismo de atores não hegemônicos, organizados em redes sociais, abrindo as portas para uma ação estratégica – no caso, de coletivos e ativistas de extrema- direita, organizados em nível nacional e internacional – que inclui a produção industrial de *fake news* e outras formas de propaganda que escapam de alguma forma ao controle da mídia hegemônica. A eleição de Bolsonaro em 2018 foi resultado dessa complexa articulação.

A ideia de um retorno dos movimentos sociais, com as manifestações de junho de 2013, faz parte de uma caracterização dos governos do Partido dos Trabalhadores (PT), até então, como um momento de contenção da classe trabalhadora, fiadora do programa de raiz social-democrata no poder, por razões que não cabe analisar aqui, mas que foram bastante discutidas pelos críticos à esquerda daqueles governos. O fato é que a evolução da economia internacional, em especial o crescimento da demanda chinesa por bens primários – mas também a oferta chinesa de certos bens industrializados, reduzindo preços e ampliando as possibilidades de inclusão de novos setores da população mundial a certos padrões de consumo antes inacessíveis – permitiram um avanço inédito das economias ditas emergentes, entre elas o Brasil, que se beneficiou ainda, é preciso reconhecer, de uma política social muito bem-sucedida, incluindo aumentos do salário mínimo acima da produtividade, ampliação do ensino superior, com programas de quotas, variadas políticas compensatórias que ampliaram a renda disponível dos setores até então mais desassistidos, programas de financiamento à habitação popular etc.

Tudo isto é muito conhecido, assim como a contrapartida: a aceitação, desde o início dos referidos governos petistas, materializada na famosa “carta aos brasileiros” firmada pelo então candidato Luiz Inácio Lula da Silva, em 2002, do pacto neoliberal implantado com o Plano Real, no governo Itamar Franco, após a tentativa desastrada de Collor de Mello. A *pink tide* brasileira, como as outras experiências semelhantes na América Latina à mesma época, adota o pacto de governabilidade das elites vinculadas aos interesses do capital financeiro e das burguesias nacionais, oferecendo, por outro lado, à classe trabalhadora, em condições extremamente favoráveis da evolução da economia mundial, perspectivas de acesso a padrões de consumo das classes médias, inclusive no plano da educação superior, fato que acabará por se tornar mais incômodo do que se poderia imaginar para a classe média tradicional, que se sentia, não totalmente sem razão, preterida pelo governo de centro-esquerda que ajudara a eleger, acreditando especialmente no seu discurso anticorrupção.

Se a decepção da classe média com as políticas do PT e, em particular, o seu receio de perda de status frente ao avanço econômico das camadas populares explica o surgimento, já em 2013, daqueles movimentos de rua de direita, acima citados, a retomada dos movimentos sociais da classe trabalhadora, por seu turno, explica-se pela frustração, seja em relação à incapacidade do padrão de desenvolvimento adotado garantir empregos de qualidade e bem remunerados para aqueles beneficiados pela expansão do sistema educacional mas que, uma vez formados, não encontram no mercado os empregos que a posse do diploma prometia, seja pela incapacidade do governo em resolver efetivamente os problemas de ordem qualitativa dos sistemas de ensino, saúde pública, segurança, mobilidade urbana etc.

Do ponto de vista dos movimentos populares, tratava-se da reivindicação de uma mudança no padrão de desenvolvimento visando a universalização da cidadania que o país deve a seu povo desde a fundação da nação. Do ponto de vista dos movimentos de classe média referidos, ao contrário, tratava-se de buscar no passado uma era de ouro, de bons salários, abundância de pobres para realizar trabalhos domésticos e serviços pessoais mal remunerados e, sobretudo, um mundo sem corrupção! Surge, assim, como resposta, o passado idealizado de um regime militar que, no final, logrou preservar uma imagem fantasiosa, mantida ao longo das décadas pela incapacidade dos sucessivos governos democráticos em acertar as contas com a história e realizar o trabalho pedagógico essencial de respeito aos direitos humanos e aos princípios de convivência democrática, contra os quais justamente se articulou o discurso da extrema-direita.

Um olho posto no futuro, outro no passado, vai-se esgarçando a máscara de unidade do povo nação que iludira os presidentes Lula – que se gabou muitas vezes do fato de que, segundo ele, pela sua competência e dos que o cercavam, no seu governo todos ganharam, do mais humilde trabalhador ao mais rico banqueiro – e Dilma, convencida de que o Brasil seria um grande país de classe média, sem perceber que o impressionante processo de inclusão por eles promovido se tratava da ascensão da massa de miseráveis à pobreza, mas não da pobreza à classe média, como bem esclarece André Singer (2018, cap. 2), resenhando o debate sobre a chamada "nova classe média" que ocorreu no período.

O autor define essa perspectiva equivocada como o "sonho rooseveltiano" que embalou a presidenta e alguns de seus assessores e aponta que, se o ideal de classe média fixou-se em determinadas faixas das camadas populares é porque é compatível, tanto "com a socialização em um ambiente cultural de forte carga capitalista, em que a expansão da chamada teologia da prosperidade que difunde uma visão de mundo segundo a qual o esforço individual é o caminho do sucesso", como com a "ideologia hipercapitalista, de que a adoração das marcas, presente no 'funk ostentação, é outro sintoma" (Singer, 2018, p. 98).

Para completar o quadro, seria necessário analisar a atuação das elites econômicas na referida transição, elas que se beneficiaram do processo expansivo vivido ao longo do período dos governos de centro-esquerda. A esse respeito, é interessante lembrar, a resposta da presidenta Dilma à crise de 2011 apostava numa aliança produtivista entre trabalhadores e industriais, através de um programa que Laura Carvalho denomina, de forma emblemática, "agenda Fiesp", por referência à poderosa Federação da Indústrias do Estado de São Paulo – e Singer chama "ensaio desenvolvimentista" – que obteve, com isso, importantes vantagens para seus ricos associados. A tentativa era de reunir todos os setores ditos produtivos da burguesia dita nacional visando reduzir a lucratividade dos bancos e favorecer a produção, como no episódio conhecido como a "batalha do *spread*" (Carvalho, 2018). A aliança produtivista, no entanto, teve vida curta, com a burguesia industrial passando, a partir de 2012, para as fileiras rentistas, onde se abrigariam todos os setores do capital monopolista.

A acusação de incompetência, depois de uma década de crescimento com inclusão social e virtual silêncio do pensamento ortodoxo, cujos representantes, aliás, estiveram em postos-chave da administração do Estado durante todo o tempo, é particularmente interessante num momento de crise, quando, como aponta a boa teoria, o capital exige a concentração de todos os esforços na política econômica a serviço da acumulação, em prejuízo da política social. Todos os partidos de centro-esquerda que optaram por assumir a administração do capitalismo em algum momento enfrentaram o dilema e, ao longo das décadas que se seguiram à crise estrutural dos anos 1970, todos eles sucumbiram ao neoliberalismo, inclusive após a terrível crise de 2008. Não é de se estranhar que, a termo, as alternativas da extrema direita tenham acabado por seduzir uma grande parte das classes trabalhadoras e da massa daqueles postos na condição de perdedores pelas políticas neoliberais. No Brasil não foi diferente.

Mas, se concordarmos com Francisco de Oliveira, em que as administrações petistas fazem parte do "ciclo neoliberal" brasileiro, cujo "grande *condottiere*" foi Fernando Henrique Cardoso, "pois seus dois mandatos foram precedidos pela sua presença no Ministério da Fazenda de Itamar Franco, e o mandato de Lula não se diferenciou muito em vários aspectos, sobretudo no econômico" (Oliveira, 2018, p. 66), não há como escapar, em meio à catástrofe que se seguiu, à questão: não seria esta, a derrocada do neoliberalismo e, portanto, a oportunidade para uma alternativa nova, verdadeiramente radical?

Conclusão

As ilusões em relação às políticas de desenvolvimento não foram propriamente perdidas ao final do período das tentativas de industrialização por substituição de importações, quando ficou claro que, nos poucos países, como o Brasil, que chegaram a concluir o processo, como ensina João Manuel Cardoso de Mello (1982), as disparidades sociais e os males do subdesenvolvimento permaneceram ou intensificaram-se. Surgiram então diferentes qualificativos (desenvolvimento humano, endógeno, sustentável, novo, pós), tentando corrigir as deficiências do conceito original. No interior do estruturalismo histórico latino-americano, a ideia de padrões de desenvolvimento ganha relevância e, em especial, a crítica do desenvolvimento de Celso Furtado, em seus livros dos anos 1970, apresenta uma alternativa interdisciplinar que está na base das reflexões aqui apresentadas.

Dois aspectos da contribuição de Furtado – segundo minha interpretação, centrada na análise do conceito de cultura presente em sua obra teórica (Bolaño, 2015) – são especialmente relevantes: (1) a ênfase na autonomia cultural como condição essencial na luta pela superação da dependência e do subdesenvolvimento; (2) a perspectiva histórico-estrutural na caracterização do processo de difusão da civilização industrial e na análise das especificidades do caso brasileiro.

Do exposto anteriormente, deduz-se, em síntese, que (1) o período ditatorial inaugurado em 1964 construiu, sobre os escombros da anterior, a estrutura básica dos sistemas de mediação cultural, o que constitui a maior vitória, mais duradoura, do regime militar; (2) os governos posteriores à redemocratização não foram capazes de mudar essa estrutura e construir as condições culturais para a consolidação da democracia, que pressupõe, como elemento indispensável, a democratização dos meios de comunicação; (3) mesmo os governos do Partido dos Trabalhadores (PT), apesar de alguns avanços na área das políticas culturais e das pressões do movimento pela democratização da comunicação, não chegaram a entender o significado e a importância – não meramente na disputa ideológica imediata, mas especialmente no plano, mais fundamental, de construção e consolidação da hegemonia – da mudança da estrutura dos meios de comunicação de massas; (4) esse erro estratégico demonstrou-se de extrema gravidade no momento em que uma poderosa coalizão de forças políticas constituiu-se visando, com sucesso, imprimir uma derrota histórica, de enormes consequências, ao conjunto das forças de esquerda do país.

A essa incompreensão a respeito da problemática da cultura e da comunicação soma-se outra, ligada à ideia de desenvolvimento, à qual é preciso dar o maior destaque. Nesse sentido, e para ir mais diretamente ao ponto, acompanhemos o (longo, mas de leitura agradável e necessária) trecho de conclusão do primeiro capítulo d'*O mito do desenvolvimento*, de Furtado:

> [...] o estilo de vida criado pelo capitalismo industrial sempre será o privilégio de uma minoria. O custo, em termos de depredação do mundo físico, desse estilo de vida é de tal forma elevado que toda tentativa de generalizá-lo levaria inexoravelmente ao colapso de toda uma civilização, pondo em risco as possibilidades de sobrevivência da espécie humana". (FURTADO, 1974, p. 74-75)

Por isso, entre outras coisas, "a nova orientação do desenvolvimento teria que ser num sentido muito mais amplo e igualitário, favorecendo as formas de consumo coletivo e reduzindo o desperdício provocado pela extrema diversificação dos atuais padrões de consumo dos grupos privilegiados" (idem, p. 74), o que, segundo o autor, provavelmente reduziria a pressão sobre os recursos naturais, além de, acrescento, ir ao encontro justamente das demandas dos movimentos sociais de esquerda de 2013.

Na sequência do trecho anterior, Furtado conclui que esta seria "a prova definitiva de que o *desenvolvimento econômico* – a ideia de que os *povos pobres* podem algum dia desfrutar das formas de vida dos atuais povos ricos – é simplesmente irrealizável" (idem, p. 75). E emenda com uma observação que desmonta qualquer ilusão no citado *sonho rooseveltiano*: "sabemos agora de forma irrefutável que as economias da periferia nunca serão desenvolvidas, no sentido de similares às economias que formam o atual centro do sistema capitalista" (idem). E segue explicitando o caráter fetichista do conceito de desenvolvimento:

> Mas como negar que essa ideia tem sido de grande utilidade para mobilizar os povos da periferia e levá-los a aceitar enormes sacrifícios, para legitimar a destruição de formas de cultura *arcaicas*, para explicar e fazer *compreender* a *necessidade* de destruir o meio físico, para justificar formas de dependência que reforçam o caráter predatório do sistema produtivo?". (Idem)

E conclui que "cabe, portanto, afirmar que a ideia de desenvolvimento econômico é um simples mito" (idem), para retomar a explicação do caráter ideológico do conceito em termos de uma crítica da economia política, lembrando que, graças à ideia de desenvolvimento "tem sido possível desviar as atenções da tarefa básica de identificação das necessidades fundamentais da coletividade e das possibilidades que abre ao homem o avanço da ciência, para concentrá-las em objetivos abstratos como são os investimentos, as exportações e o crescimento" (idem).

Decidi, nas poucas linhas que me restavam, citar esse longo trecho, pois coincide precisamente com o ponto de vista defendido neste artigo a respeito do desenvolvimento: um mito mobilizador, até aqui usado ideologicamente a serviço de um sistema de dominação e de exploração do trabalho que cabe às forças de esquerda, como as que foram apeadas do poder no Brasil recentemente, superar, em benefício de formas superiores de organização social. Nesse sentido, é importante considerar as diferentes perspectivas críticas, seja aquelas que seguem reivindicando a ideia de desenvolvimento, com algum dos seus vários qualificativos, seja aquelas que rejeitam o próprio conceito, como as teorias pós-coloniais, de-coloniais, do *buen vivir* etc.

Em qualquer caso, uma vez decididos, numa perspectiva democrática radical (como a de Furtado, 1978), os objetivos a alcançar, que se traduzirão em um novo padrão de desenvolvimento, será preciso promover mudanças institucionais, entre as quais uma profunda democratização da comunicação. Na coalizão de forças que sustentava o regime militar inaugurado em 1964, o neoliberalismo já estava posto e bem plantado no campo cultural. Se o citado CBT representava a institucionalidade adequada ao período da modernização autoritária, com as mudanças legislativas ao longo dos anos 1990, aprofundando o enfoque neoliberal, ele permanece como elemento não meramente anacrônico, herança do regime autoritário, mas fundamental na proteção dos interesses oligárquicos – econômicos e políticos – dos operadores de radiodifusão, eixo estruturante da produção cultural e da construção da hegemonia, constituindo-se em sério déficit democrático do Estado brasileiro pós-1988. Se aos governos de centro-esquerda, entre 2002 e 2015, faltaram as condições objetivas ou a vontade política para mudar essa situação, é hora de sanar o equívoco, redesenhando em profundidade não apenas o padrão de desenvolvimento, mas todo o sistema global de cultura que lhe dá substância.

Referências bibliográficas

BOLAÑO, César Ricardo Siqueira. *Mercado brasileiro de televisão*. São Paulo: EDUC, 2004 (segunda edição) [primeira edição de 1988, baseada na dissertação de mestrado de 1986].

__________. *Qual a lógica das políticas de comunicação no Brasil?* São Paulo: Paulus, 2007.

__________. *O conceito de cultura em Celso Furtado*. Salvador: EDUFBA, 2015.

BOLAÑO, César Ricardo Siqueira; BRITTOS, Valério Cruz. *Rede Globo: 40 anos de poder e hegemonia*. São Paulo: Paulus, 2005.

BOLAÑO, César Ricardo Siqueira; MOTA, Joanne; SANTOS, Anderson. "*Introdução*". In: BOLAÑO, César Ricardo Siqueira; BRITTOS, Valério Cruz. *Rede Globo: 40 anos de poder e hegemonia* – 2ª Edição. São Paulo: Barão de Itararé, 2015.

CARVALHO, Laura. *Valsa brasileira*: do boom ao caos econômico. São Paulo: Todavia, 2018.

FURTADO, Celso (1961). *Desenvolvimento e subdesenvolvimento*. Rio de Janeiro: Contraponto, 2009.

__________. *O mito do desenvolvimento econômico*. São Paulo: Cículo do Livro, 1974.

__________. *Criatividade e dependência na civilização industrial*. São Paulo: Paz e Terra, 1978.

__________. *Cultura e desenvolvimento em época de crise*. São Paulo: Paz e Terra, 1984.

__________. *O capitalismo global*. São Paulo: Paz e Terra, 1998.

MELLO, João Manuel Cardoso. *O capitalismo tardio*. São Paulo: Brasiliense, 1982.

MOTA, Carlos Guilherme. *Ideologia da cultura brasileira (1933-1974)*. São Paulo: Ática, 1978.

OLIVEIRA, Francisco. *Brasil: uma biografia não autorizada*. São Paulo: Boitempo, 2018.

RODRIGUEZ, Octavio. *O estruturalismo latino-americano*. Rio de Janeiro: Civilização Brasileira, 2009.

SINGER, André. *O lulismo em crise*: um quebra-cabeça do período Dilma (2011-2016). São Paulo: Companhia das Letras, 2018.

Celso Furtado e a importância do desenvolvimento atrelado à criatividade e ao patrimônio cultural

Luise Villares[1]

Introdução

O presente artigo tem a intenção de sistematizar e contextualizar os conceitos de criatividade e patrimônio cultural elaborados por Celso Furtado na perspectiva do desenvolvimento. Com isso, a análise se volta para reconstruir sua trajetória teórica a partir das obras *Criatividade e dependência na civilização industrial* (1978), *Pequena introdução ao desenvolvimento* (1981) e *Cultura e desenvolvimento em época de crise* (1984). Além dos textos *Criatividade cultural e desenvolvimento dependente* (197?) e *Que somos?* (1984), presentes no livro *Ensaios sobre cultura e o Ministério da Cultura* (2012).

Procura-se apresentar suas principais contribuições ao tema proposto, além de sua visão inovadora a respeito de um projeto de desenvolvimento, levando em conta nossa diversidade cultural. Como um intelectual mediador, Celso Furtado não limitou sua atuação política ao campo da economia e aperfeiçoou um possível projeto de nação que levasse em conta as potencialidades criativas do povo brasileiro.

Com isso, as reflexões de Furtado apresentadas nas seções seguintes demostram uma agenda política de ação, com um sentido claro da necessidade crescente de democratização, para que houvesse um programa de desenvol-

1. Mestra em Patrimônio, Cultura e Sociedade, pela UFRRJ. Museóloga, formada pela UNIRIO, e Historiadora, pela UFRRJ. Integrante dos grupos de pesquisa MAR e NUPEP, ambos vinculados à UFRRJ. Atualmente é professora de história e subcoordenadora no núcleo Juventude e Democracia da ABED no Distrito Federal.

vimento atrelado à criatividade e ao patrimônio cultural. Portanto, como afirmou Furtado, são as formas que assumem "a criatividade [em] que podemos encontrar a chave para captar as tendências mais profundas de nossa civilização" (1978, p. 164).

Criatividade cultural e desenvolvimento

A criatividade cultural é o tema central desta seção e aparece diversas vezes nas obras de Celso Furtado, sempre relacionada ao desenvolvimento e apresentada como estrutura social que alimenta a invenção e a inovação. Entre as inúmeras manifestações de criatividade, procura-se entender a cultura e o patrimônio da sociedade brasileira através do desenvolvimento, como dependente de uma atividade criadora. Afinal, para Furtado (1984), o desenvolvimento está diretamente ligado ao processo criativo de invenção da história pelos seres humanos em contraste aos quadros sociais e práticas existentes.

Furtado (1978) afirma que a criatividade é uma atividade humana admitida e, por isso, tem a capacidade de interferir no determinismo causal, acrescentando novos elementos em qualquer processo social. Neste sentido, a criatividade se encontra em todos os lugares, em todos os indivíduos e se apresenta como potencializadora da capacidade produtiva. Desenvolver as esferas da vida e ascender na escala de realização das potencialidades dos seres humanos a nível individual e coletivo leva ao processo de criação de valores. Portanto, quando a capacidade criativa se volta para a descoberta dos diversos tipos de possibilidades e para a essência dos seres humanos, temos um enriquecimento de valores. Porém,

> [...] não se trata de postular a existência de um sujeito transcendental, anterior a realidade social. O que importa é identificar o espaço dentro do qual se exerce a criatividade, concebida no seu sentido amplo de invenção da cultura. (FURTADO, 1978, p. 85)

Ademais, podemos afirmar que o desenvolvimento conduz à criação de valores difundidos em importantes segmentos da coletividade. Conforme Furtado (1984), existe a preocupação com dois processos de criatividade: o primeiro, diz respeito à técnica, ao empenho dos seres humanos de dotarem-se de instrumentos e aumentar sua capacidade de ação. O segundo refere-se à utilização desses meios, aos valores que os seres humanos adicionam ao seu patrimônio cultural existente. Para Furtado, "parece não haver dúvidas que nos últimos dois séculos a criatividade humana tem sido principalmente canalizada para a inovação técnica" (1981, p. 157). Ao observar as possibilidades atuais, a criatividade não repousa apenas no conhecimento técnico, mas na apropriação simultânea de competências técnicas e sociais, fortalecendo, por exemplo, nosso patrimônio cultural e suas relações com o local e o global.

Como demostrou Furtado (1984), o desenvolvimento não deve ser visto apenas como um processo de acumulação e de aumento de produtividade, mas, principalmente, como uma via de acesso às formas sociais mais aptas para estimular a criatividade humana e responder às aspirações de uma coletividade. A ideia de desenvolvimento refere-se diretamente à realização das potencialidades dos seres humanos. O desenvolvimento, atrelado à criatividade, é visto como um fator de transformação no contexto social, cultural e ecológico no qual estamos inseridos. Mais "do que *transformação*, o desenvolvimento é *invenção*, comporta um elemento de intencionalidade" (FURTADO, 1984, p. 105).

> As condições requeridas para que esse elemento se manifeste com vigor dão-se historicamente, ou seja, são irredutíveis a esquemas formalizáveis. Somente o enfoque analógico nos permite abordar questões como: por que se intensifica a criatividade e por que os frutos desta convergem para produzir e realizar um projeto de transformação social com o qual se identificam os membros de uma coletividade?. (FURTADO, 1984, p. 106)

Por mais que a criatividade represente um sentido de responsabilidade, deve-se entender que o legado histórico não é imune à transformação e, por isso, é preciso considerar tais elementos como espaços abertos à criatividade e à inovação. Logo, é por dispor de meios diversos que os seres humanos inovam na medida em que a criatividade é vital para o desenvolvimento social e comunitário. Nesse sentido, empregar a criatividade em diferentes áreas e, especificamente, junto ao patrimônio cultural, determina a capacidade de alcançar a ação individual e coletiva de inovar e inventar. Em Furtado, inovação e invenção têm um significado abrangente, quando alimentadas pela criatividade estão presentes em diversos campos das atividades humanas e na busca por soluções de problemas.

Todos nós somos potencialmente criativos, portanto, a criatividade deve ser nutrida e cuidada onde quer que apareça. Ela tem maiores chances de ser despertada e aperfeiçoada em ambientes saudáveis. Uma sociedade aberta e plural valoriza seus processos criativos e os utiliza em prol do bem-estar social. Encorajar ideias e expressões, vindas de fontes tradicionais ou recentes, requer um ambiente que incentive a autoexpressão.

Os programas de desenvolvimento devem permitir uma interação imaginativa entre as tradições culturais e as novas tecnologias, que devem ser incentivadas. As estratégias que estimulam iniciativas criativas em matéria de formação devem ser construídas de forma a promover a criatividade cultural na diversidade. Por isso, os esforços e estímulos às atividades culturais precisam, em primeiro lugar, ser mais amplos. Em segundo, é necessário se afastar das noções monolíticas e passar a aceitar a diversidade, tanto ética quanto moral da coletividade. A diversidade é fonte de criatividade capaz de prover novos modos de vida e definir novos rumos. Essas capacidades não podem ser impostas e sim cultivadas. A criatividade é um elemento intangível cuja natureza deve ser nutrida no tangível e "somente se manifesta quando, à aguda percepção do momento histórico, adiciona-se um elevado ingrediente de vontade coletiva" (FURTADO, 1984, p. 28).

Para Furtado, o "desenvolvimento é a utilização de um excedente, o qual abre um horizonte de opções, vale dizer, um excedente adicional cria um desafio à inventividade" (2012, p. 43).

> [...] o processo de mudança social que chamamos desenvolvimento adquire certa nitidez quando relacionamos com a ideia de criatividade. [...] O novo excedente constitui, portanto, um desafio à inventividade. [...] Em sua dupla dimensão de força geradora de novo excedente e impulso criador de novos valores culturais, esse processo libertador de energias humanas constitui a fonte última do que entendemos por desenvolvimento. (FURTADO, 1978, p. 81-82)

Celso Furtado reafirmou esta ideia na década seguinte, atrelando o desenvolvimento ao nosso gênio criativo. Não existe um gênio criativo dissociado de um grupo humano, de instituições e valores sociais específicos e, até mesmo, de coerção política.

> [...] falar de desenvolvimento com o reencontro com o gênio criativo de nossa cultura e como realização das potencialidades humanas pode parecer simples fuga na utopia. Mas que é a utopia senão o fruto da percepção de dimensões secretas da realidade, um afloramento de energias contidas que antecipa a ampliação do horizonte de possibilidades aberto ao homem?. (FURTADO, 1984, p. 30)

Um dos elementos fundamentais para o aumento da qualidade de vida é a cultura, pois representa a dimensão qualitativa de tudo que envolve os seres humanos e os objetos – impregnados de significados atribuídos pelo nosso gênio criativo. Além de ser uma mudança na qualidade de vida, fornece autonomia às pessoas que, no exercício da liberdade, são estimuladas ao processo inventivo e inovador, servindo como catalisador do desenvolvimento e da criatividade.

O desenvolvimento é um fenômeno com fortes implicações para indivíduos e comunidades, cujo objetivo último deve ser o bem-estar geral – físico, mental e social – de todos os seres humanos. Furtado propôs que devemos fundar bases para criar "um pacto social que viabilize a transição para uma política de desenvolvimento voltada para o bem-estar da massa da população" (1984, p. 14), assegurando as necessidades básicas e, ao mesmo tempo, apresentando formas de convivência democrática orientadas para a realização das potencialidades humanas. A questão central aqui é: para que haja diversidade e pluralismo precisamos buscar incentivos que satisfaçam, minimamente, as necessidades básicas da população, a fim de afastar a exclusão e a marginalização social, provendo recursos e capacidades, que garantam a conscientização das pessoas para reivindicar seus direitos e o acesso à cultura. Isso requer intervenção política e social para solucionar esses problemas.

Celso Furtado defendeu a elaboração de incentivos capazes de fomentar o gênio criativo da cultura brasileira, de forma a instruir a autonomia e a abertura de espaços mais próximos de diálogos dos indivíduos com o Estado. O maior desafio, para ele, consistia em passar dos princípios à prática. Outro grande desafio de garantia da liberdade é a afirmação da diversidade cultural, na qual propicia encontrar caminhos para abrir o pensamento às vozes até então subterrâneas. Isso exerce um efeito multiplicador em todas as interações criativas que o processo possa gerar. Como demonstrou Furtado, "nada é mais indicativo da canalização de forças criadoras para os fins, na vida social, do que a existência de atividade política" (1978, p. 87). Portanto, a política é atividade criadora. Se a criatividade é também liberdade, a única forma autêntica de liberdade que existe é a política.

Assim, somente a criatividade política impulsionada pela vontade coletiva poderá superar o embargo entre desenvolvimento e práticas voltadas para salvaguardar o patrimônio cultural. A superação do impasse estrutural que está no pano de fundo da crise que vivemos somente tomará forma, como nos mostrou Furtado (1984), se o desenvolvimento conduzir a uma crescente homogeneização de nossa sociedade e à realização das potencialidades de nossa cultura.

> A homogeneização das formas de vida ocorreria no que concerne à satisfação das necessidades básicas (inclusive no campo da cultura não-material), se bem que a heterogeneidade se mantivesse, ou mesmo se acentuasse, no que respeito às necessidades menos essenciais e ao supérfluo. Os bens coletivos, de crescente importância na definição do estilo de vida, seriam um fator de homogeneização social, ainda que em grau que varia consideravelmente entre países. (FURTADO, 1978, p. 69)

Um quadro como esse só pode ser gerado dentro da realidade democrática: "A atividade política é condição necessária para que se manifeste a criatividade no plano institucional, vale dizer, para que se inovem as formas sociais de maneira a reduzir as tensões geradas pela acumulação" (FURTADO, 1978, p. 88). Grandes temas políticos ligados à democracia, à autonomia, à criatividade e ao patrimônio cultural, implicam direito de expressão e acesso ao poder. Todavia, cultivar a criatividade significa encontrar meios de ajudar as pessoas a idealizar novas e melhores formas de vida e trabalho em comunidade. Se a sociedade cria um ambiente no qual os indivíduos desenvolvem plenamente suas habilidades criativas, a redução das desigualdades torna-se viável.

> Necessitamos de instrumentos para remover os obstáculos à atividade criativa [...]. Trata-se, em síntese, de defender a liberdade de criar, certamente a mais vigiada e coatada de todas as formas de liberdade. Portanto, essa terá que ser uma conquista do esforço e da vigilância daquele que creem no gênio criativo de nosso povo. A política de desenvolvimento deve ser posta a serviço do processo de enriquecimento cultural. (FURTADO, 1984, p. 32)

Em outras palavras, a democracia, como sistema político que visa a capacitação e a autonomia, constitui um requisito essencial para o desenvolvimento do pensamento humanitário. O verdadeiro desenvolvimento é muito mais do que crescimento econômico, é a busca por potencializar nosso gênio criativo e o enriquecimento cultural. O sentimento de capacidade, autonomia e realização pessoal devem ser o núcleo desse processo. A ideia de capacidade e criatividade, contida na identidade cultural, se manifesta em todos os níveis de interação social e é encontrada quando se concede a palavra aos que não têm acesso aos seus direitos.

Somente assim, com base nesses princípios norteadores, seremos capazes de assegurar que os valores humanos e culturais ocupem um lugar fundamental no combate às desigualdades sociais existentes. Nessa perspectiva, o desenvolvimento requer democracia, para que haja uma autêntica capacitação e estímulo à criatividade. Quando esse ideal for alcançado, a criatividade, a valorização do patrimônio cultural e o desenvolvimento deverão combinar-se naturalmente. Nesses ambientes saudáveis todos os indivíduos serão reconhecidos e terão espaços construtivos para que o potencial criativo seja realizado em sua plenitude.

Patrimônio cultural e desenvolvimento

Em termos históricos o patrimônio é uma categoria que não surgiu na modernidade. Como afirma Gonçalves (2009), possui um caráter milenar. Por isso, estamos diante de uma estrutura de longa duração. A categoria patrimônio, tal como define o próprio autor, nem sempre conheceu fronteiras tão bem delimitadas. Ao longo dos séculos, diversas dimensões foram atribuídas a esse conceito, porém, sua definição, tal como conhecemos hoje, é fruto do pensamento ocidental moderno.

Contudo, não podemos negar que o patrimônio cultural está intrinsicamente ligado à acumulação. Dentre as diversas sociedades e suas respectivas culturas que já surgiram ao longo da história, o processo de inovação e invenção dos seres humanos sempre foi indissociável de suas potencialidades de criatividade cultural. Como demonstrou Furtado, “a níveis de acumulação que hoje nos parecem extremamente baixos produziram-se civilizações que, sob muitos aspectos, não foram superadas” (1978, p. 82).

> O excedente, ao permitir aprofundar no tempo e no espaço a divisão social do trabalho, viabiliza a acumulação, e o desenvolvimento não é senão uma das formas que esta pode assumir. Muitos têm sido os fins a que se tem destinado o excedente: construção de muralhas, de pirâmides, manutenção de cortes, etc. Só excepcionalmente ele foi usado para o desenvolvimento, ou seja, para abrir caminho à realização das múltiplas potencialidades dos membros de uma sociedade. (FURTADO, 1984, p. 106)

O patrimônio cultural nada mais é do que acumulação do excedente nas mãos de grupos dominantes que constroem seu patrimônio, que, por sua vez, vira patrimônio universal. Então, o patrimônio particular, vira um patrimônio cultural comum da humanidade. Assim, como o poder de Estado, normalmente o que é preservado são os grandes feitos nacionais e de grupos dominantes do passado. Porém, como setores e grupos sociais não dominantes constroem seu patrimônio? Não é a partir da preservação/conservação de bens universais, mas a partir do processo criativo. Temos, então, uma dimensão política a partir disso, criando e recriando as heranças culturais para manter viva a tradição que não depende dos processos impostos pelas classes ociosas.

Alguns bens culturais movem-se e resistem ao longo da história, mas muitas dessas referências foram transferência de propriedade, resultado de espoliações e conquistas. Por isso, a ideia de herança cultural admite que diferentes visões possam coexistir acerca de um bem, e que os valores e as práticas sociais a ele atribuídos o tornem uma representação coletiva. Essa representação pode ser reconhecida por um ou mais grupos, pelo sentido de identidade que desperta, transformando-a em um patrimônio da nação.

Por isso, é necessário reavaliar o que definimos como patrimônio e redefini-lo em termos de uso, proteção e manutenção. Sem o conhecimento apropriado dos valores e aspirações, um bem cultural pode ser desviado de seu contexto e sua compreensão será incompleta. Conhecer também significa identificar o que pode ser salvo, bem como o que deve ser salvo. Existe uma resistência, tanto nas políticas nacionais como nas estaduais, em considerar os instrumentos de proteção – inventário, tombamento, registro, chancela – do patrimônio aptos a promover o desenvolvimento. São conceitos capazes de reconhecer significados e de viabilizar a salvaguarda de uma diversidade de manifestações que não encontravam respaldo nos instrumentos de gestão então vigentes.

Neste sentido, a preservação do patrimônio ganha um novo significado, um compromisso irrestrito com o desenvolvimento e com as gerações futuras. A dimensão cultural, como lembra Celso Furtado, deve ter o ponto de partida na percepção dos fins e dos objetivos a serem alcançados pelos indivíduos e as comunidades. Por isso, o patrimônio cultural na medida em que é reconhecido por um grupo (e institucionalizado pelo Estado) como algo que lhe é próprio, e associado à sua história, passa a definir a identidade dos membros da nação.

O patrimônio tem inúmeras relações com a identidade. Analisando como atributo coletivo, o patrimônio é um elemento fundamental na construção da identidade nacional e sua materialização. O patrimônio remete ao passado, é uma manifestação da tradição, um testemunho, uma invocação ao que foi idealizado, expressando a identidade histórica e as vivências de determinada comunidade. Herança cultural do passado, vivida no presente, o patrimônio cultural contribui para manter e preservar a identidade de uma nação e transmiti-la. Tem, portanto, a função de (re)memorar acontecimentos escolhidos e (re)afirmar o conjunto de símbolos sacralizados e ideológicos, que a sociedade decide preservar como patrimônio coletivo.

A identidade do povo brasileiro tem raízes profundas na sua inserção regional, refletindo um sistema de valores que amadureceu, a partir de elementos comuns ou não, em cada sub-região, ligada ao fortalecimento de uma identidade nacional comum. Portanto, foi "graças ao centralismo que uma constelação de regiões ligadas por uma herança cultural comum, mas com frágeis vínculos econômicos entre si, transformou-se em uma nação consciente e orgulhosa de sua unidade [...]" (FURTADO, 1984, p. 48).

> Não se coloca sobre nós o problema de choques de nacionalidades, de agressões culturais ligadas a disparidade étnicas ou religiosas. Mas sim o da dependência econômica de certas regiões com respeito a outras, de dissimetrias nas relações econômicas, de transferência unilaterais de recursos encobertas em políticas de preços administrados. (FURTADO, 1984, p. 46)

Pode-se afirmar que a identidade é um processo de identificações historicamente apropriadas que confere sentido ao grupo. Ela é capaz de conduzir um sentimento de pertencimento a um determinado grupo étnico, cultural, religioso, dentre outros. Esse sentimento vem à tona através das percepções das diferenças e semelhanças entre determinados grupos sociais. Os grupos, que compõem uma determinada nação, constroem e reproduzem a sua identidade através do apego constante ao seu passado histórico, principalmente, através de referências simbólicas. Portanto, as identidades são diferenciações em curso, emergem dos processos interativos que os indivíduos experimentam e se materializam em trocas reais e simbólicas.

Assim, como demonstrou Furtado, o maior problema se encontra na dependência econômica e nas dissimetrias das relações entre as regiões do Brasil. As transferências não são dadas na mesma proporção e isso impede o fortalecimento de políticas voltadas ao desenvolvimento nacional. O mesmo ocorre com as desigualdades regionais de proteção do patrimônio cultural, dado que a maioria dos bens protegidos se concentra nas regiões Sudeste, Nordeste e Sul. Por isso, é necessário investir em políticas públicas que valorizem a diversidade cultural nas regiões do país.

De acordo com a primeira seção, a sociedade brasileira possui elevada capacidade assimilativa e criativa, "dois traços fundamentais do nosso povo, que são a consciência de unidade nacional e o irredutível da identidade regional" (FURTADO, 1984, p. 46), os quais devem ser levados em conta na busca pela construção do desenvolvimento atrelado ao nosso patrimônio cultural. Segundo o autor, "é exatamente na diversidade dessas regiões que estão as raízes de nossa riqueza cultural. Mas a preservação dessa diversidade e riqueza exige que o desenvolvimento material se difunda por todo o território nacional" (FURTADO, 1984, p. 46).

> [...] O objetivo estratégico é assegurar um desenvolvimento que se traduza em enriquecimento da cultura em suas múltiplas dimensões e permita contribuir com criatividade própria para a civilização que se mundializa. A ideia de desenvolvimento endógeno funda-se nesse desejo de preservação da própria identidade na aventura comum de unificação do processo civilizatório. (FURTADO, 1984, p. 124)

O que Celso Furtado exprime no trecho acima é a ideia de endogeneidade do modelo de desenvolvimento, conceito que deve passar pela oferta de possibilidades reais de melhoria de vida e que assegure a satisfação das necessidades básicas da população. Inúmeras estratégias podem ser tomadas, mas essas decisões políticas não podem deixar de lado os bens culturais de seu povo e tampouco as práticas que os compõem.

Maior acesso dos cidadãos a bens culturais, ou seja, ao patrimônio cultural, melhora a qualidade de vida dos membros de uma coletividade (FURTADO, 1984). Devemos ter estruturas no bojo da sociedade que permitam à criatividade em um amplo horizonte cultural e gerem forças preventivas e corretivas dos sistemas de concentração de poder. Nos países, cuja prioridade foi o avanço do processo de desenvolvimento atrelado à criatividade, os movimentos políticos passaram a direcionar o olhar para "as lutas contra a despoluição, contra o desperdício de recursos não-renováveis, a defesa do patrimônio cultural, a rejeição do consumismo" (FURTADO, 1978, p. 59), dentre outros pontos. Esses movimentos, segundo Furtado (1978), pretendiam explicar um conjunto de fins a partir de uma visão global da sociedade.

> Todos os povos lutam para ter acesso ao patrimônio cultural comum da humanidade, o qual se enriquece permanentemente. Resta saber quais serão os povos que continuarão a contribuir para esse enriquecimento e quais aqueles que serão relegados ao papel passivo de simples consumidores de bens culturais adquiridos nos mercados. Ter ou não direito à criatividade, eis a questão. (FURTADO, 1984, p. 25)

Neste fragmento, Furtado nos apresenta a questão dos povos que possuem ou não o direito à criatividade como contrapartida do desenvolvimento. O que é preciso para ter acesso à criatividade? Queremos que a nossa cultura e o nosso patrimônio sejam valorizados, que possuam representatividade frente ao patrimônio cultural comum da humanidade. Mas é preciso criar, identificar e divulgar o que queremos assumir como prerrogativa.

Ademais, no Brasil, o patrimônio cultural sofre um processo generalizado de falta de incentivos e de reconhecimento. As políticas, voltadas para o desenvolvimento, desconsideram os bens culturais como propulsores de melhorias na qualidade de vida da população. Porém, sob este prisma, podemos afirmar que o patrimônio se encontra em todas as áreas, em maior ou menor escala. Se estivermos buscando as relações entre patrimônio cultural e desenvolvimento, como afirma Brandão, devemos apontar "estratégias de desenvolvimento que acionem/mobilizem a riqueza cultural presente na diversidade brasileira e legitimem um renovado padrão civilizatório", que ousem "forjar novo patamar de homogeneidade social e se traduza em enriquecimento cultural" (2013, p. 236). Assim, o autor questiona:

> Como desatar as energias da criatividade contida e valorizar a riqueza cultural, revelada ou latente, de uma civilização nacional com altas heterogeneidade e diversidade? Como construir trajetórias mais autônomas, ancoradas em seu patrimônio cultural específico, e vias mais plurais a alternativas de desenvolvimento?. (BRANDÃO, 2013, p. 235)

Ao direcionar para um contexto maior, de opções societais e busca da ampliação de oportunidade, Celso Furtado articulou o processo de desenvolvimento com os conceitos de criatividade e patrimônio cultural. As formas de reconhecimento dos bens culturais devem ser elaboradas, a fim de considerar a verdadeira diversidade e a riqueza do nosso patrimônio. São necessárias novas ideias e novas formas de criatividade, capazes de reavaliar as junções entre a sociedade e seu patrimônio e a continuidade da cultura. Devemos promover diferentes vias de desenvolvimento, com base no reconhecimento dos nossos bens culturais. O modo como a sociedade concebe seu futuro e escolhe os meios de construí-lo são pontos determinantes para entender como o patrimônio cultural está ligado diretamente com o bem-estar coletivo.

Portanto, o patrimônio cultural é o conjunto de diversas práticas sociais que adquirem um valor único e de representatividade simbólica/material. Porém, de acordo com as significativas formas de expressões culturais que compõem o conjunto de bens de uma nação, o patrimônio não pode ser separado de outras práticas que entendemos por cultura, história, arte e o que nos distingue, como a identidade. O patrimônio pode ter características específicas como conceito e prática, mas não pode ser separado do processo social geral.

É importante frisar que a adoção de políticas de reconhecimento dos bens culturais permite a construção do pertencimento comunitário, rompendo com as possíveis diferenças regionais e desenvolvendo ações de impacto na melhoria de vida da população. O patrimônio cultural é uma peça fundamental de transformação social e precisa ser conquistado, transmitido e idealizado. As expressões culturais, a nível regional ou nacional, precisam ser utilizadas por agentes propagadores do fortalecimento da identidade coletiva.

Não podemos deixar a sociedade perder a esperança em seu patrimônio cultural por políticas que ameaçam a diversidade das culturas, pois ele é um elemento essencial para alcançar o bem-estar social. Precisamos da consolidação da consciência crítica sobre o nosso patrimônio cultural atrelado ao desenvolvimento, "pois somente ela pode preservar os espaços de criatividade que sobrevivem na massa popular" (FURTADO, 1984, p. 25). Com isso, o patrimônio cultural constitui o exemplo da emergência da consciência crítica numa cultura.

Tal condição possibilita pensarmos na associação entre desenvolvimento e patrimônio cultural como instrumento de promoção de outras formas de crescimento econômico e social, com base no acesso à cultura de forma ampla e em um modelo que leve em conta nossa diversidade. As estratégias devem estimular e fomentar a heterogeneidade estrutural, as múltiplas identidades e as variedades regionais e históricas do nosso imenso território.

Ao combinar uma série de fatores, com base na construção de uma melhor homogeneização social, isto é, viabilizar mudanças nas relações de sociabilidade, seremos capazes de desvelar recursos materiais e simbólicos para capacitar os que não têm acesso. É necessária a qualificação e mobilização dos sujeitos sociais e políticos, a fim de reconhecer o patrimônio cultural como o campo de ação da coletividade, aumentando a autoexpressão e a liberdade de decisão do povo brasileiro. Porém, importa saber se temos a possibilidade de preservar nossa identidade e nosso patrimônio cultural. Afinal, quem somos e o que queremos?

Considerações finais

Celso Furtado, ao orientar que a nova síntese cultural deveria partir do estímulo à força criativa do povo, ansiava pela participação ativa dos sujeitos no processo de definição dos objetos culturais. Para tanto, seria importante aperfeiçoar os processos de democratização e contenção da heterogeneidade social. O enriquecimento cultural, segundo Furtado, depende de projetos de desenvolvimento que germinem na sociedade civil ao comprometer-se na elaboração de propostas e controle das aplicações. No tocante ao Estado, convém garantir a mobilização de recursos e as condições necessárias para integralizar as atividades culturais que surjam.

Como observamos ao longo do texto, para Furtado, desenvolvimento não é apenas o acesso a bens e serviços, mas a possibilidade de mudança social que seja satisfatória, plena e agradável para todos. De forma construtiva e inventiva, temos que pensar o desenvolvimento de maneira a englobar a criatividade e o patrimônio cultural.

Cada vez mais se manifestam no Brasil as questões estruturais colocadas por Celso Furtado no tocante aos impasses do desenvolvimento atrelado à criatividade e ao patrimônio cultural. Furtado (1984) já nos lembrava que é próprio das situações de crise o aumento do poder de percepção dos seres humanos com respeito às contradições do mundo que criamos. Por isso, precisamos indagar as relações existentes, entre o patrimônio cultural, como sistema de valores, e o processo de desenvolvimento das forças produtivas, "entre a lógica dos *fins*, que rege a cultura, e a dos *meios*, razão instrumental inerente à acumulação" (FURTADO, 1984, p. 31). Como preservar o gênio criativo de nossa cultura e salvaguardar o nosso patrimônio frente a realidade que nos é imposta? Esta ação se constitui como uma tarefa a ser realizada pelos agentes que tentam entender os processos históricos e os vetores que mutilam a nossa identidade cultural.

Problemas complexos não possuem uma solução única, mas temos possibilidades de preservar a nossa identidade e nosso patrimônio cultural. Como afirma Furtado (1984), não precisamos nos reduzir a meros consumidores passivos de bens culturais concebidos por outros povos. Nossa história e as lutas populares devem ser, sem dúvida, preservadas, com atenção dada às manifestações regionais. Temos inúmeros recursos culturais tangíveis e intangíveis que fazem parte da nossa memória coletiva e proporcionam sentido de identidade em períodos de incerteza e crise. Esses recursos chamados de patrimônio cultural são essencialmente não-renováveis.

A consciência da responsabilidade pela proteção dessa riqueza, que pode ser destruída, cabe à vontade política. Uma prática "capaz de canalizar as forças criativas para a reconstrução de estruturas sociais avariadas e a conquista de novos avanços na direção de formas superiores de vida" (FURTADO, 1984, p. 28). Assim, Furtado nos deixa uma mensagem plausível da necessidade contínua de construção da integridade, segurança e proteção dos bens culturais. Através da cidadania com radicalidade democrática, redistribuição de renda, acesso ao poder e ao Estado e combate à heterogeneidade estrutural, construiremos uma valorização progressiva da nossa riqueza cultural e civilizacional em escala regional e nacional.

Existe uma questão que se coloca à sociedade brasileira, a velha máxima "que somos?" (FURTADO, [1984] 2012, p. 29). Para responder essa pergunta devemos abrir espaço para as forças criativas que alimentam a sociabilidade em todos os planos. Em relação ao patrimônio cultural, temos a responsabilidade de buscar um desenvolvimento fundado no fortalecimento das matrizes históricas de nossa cultura e fortalecer os movimentos regionais que tentam preservar suas identidades culturais particulares que formam a nação.

Nesse sentido, devemos lutar por espaços de atuação, com maior grau de autonomia. Isto envolve, necessariamente, novas formas criativas para dar conta das diversidades culturais existentes na sociedade brasileira. Nossa heterogeneidade se acentua ao longo do tempo. Não podemos malograr nosso potencial criativo, muitas vezes oculto, de nossas diversidades e do nosso patrimônio cultural. É preciso compreender como determinados processos destroem a criatividade, nosso gênio criativo e a diversidade cultural e regional do povo, para manter o padrão de privilégios das classes dominantes.

Por isso, é grande a responsabilidade na "elaboração de conhecimento de tipo instrumental e a criação de conhecimentos capazes de ampliar o horizonte de aspirações dos membros da coletividade, mediante o enriquecimento de seu patrimônio cultural" (FURTADO, 1984, p. 57). A sociedade brasileira possui muitos desafios a serem vencidos. É imprescindível lutar a favor dos estímulos à identidade, diversidade e criatividade. Mediante a participação política e cidadã, a consciência do respeito à memória social e à cultura, formará valores intrínsecos que constituirão a base de gerações futuras. Os interesses coletivos devem nutrir a busca pelo desenvolvimento vinculado aos bens culturais e ao nosso gênio criativo.

Referências bibliográficas

BRANDÃO, Carlos. Celso Furtado: subdesenvolvimento, dependência, cultura e criatividade. In.: D' AGUIAR, R. F. (Org.). *Celso Furtado e a dimensão cultural do desenvolvimento*. Rio de Janeiro: E-papers / Centro Internacional Celso Furtado, v.1, 2013, p. 235-254.

FURTADO, Celso. *Criatividade e dependência na civilização industrial*. Rio de Janeiro: Paz e Terra, 1978.

________________. *Pequena introdução ao desenvolvimento*: um enfoque interdisciplinar. São Paulo: Editora Nacional, 1981.

________________. *Cultura e desenvolvimento em época de crise*. Rio de Janeiro: Paz e Terra, 1984.

________________. Criatividade cultural e desenvolvimento dependente. Texto escrito na segunda metade dos anos 1970. In.: D' AGUIAR, R. F. (Org.). *Ensaios sobre cultura e o Ministério da Cultura*. Rio de Janeiro: Contraponto / Centro Internacional Celso Furtado, v.5, [197?] 2012, p. 43-48.

________________. Que somos? Conferência no I Encontro Nacional de Política Cultural. In.: D' AGUIAR, R. F. (Org.). *Ensaios sobre cultura e o Ministério da Cultura*. Rio de Janeiro: Contraponto/Centro Internacional Celso Furtado, v.5, [1984] 2012, p. 29-41.

GONÇALVES, José Reginaldo. O patrimônio como categoria de pensamento. In.: ABREU, Regina; CHAGAS, Mário (Org.). *Memória e patrimônio:* ensaios contemporâneos. Rio de Janeiro: Lamparina, v.2, 2009, p. 25-33.

Desenvolvimento Substantivo: uma perspectiva a partir dos sentidos e dimensões furtadianos

Sérgio Kapron[1]

O aporte de Celso Furtado (2000; 1974, 1976, 2008, 1980, 1984)[2] contribuiu para um avanço na compreensão do desenvolvimento econômico enquanto processo de transformação das estruturas econômicas e sociais, sistemicamente interdependentes, movido pelas capacidades e criatividade humanas, que transformam e são transformadas, estabelecendo novas possibilidades. Ao superar a visão de desenvolvimento estritamente relacionada ao crescimento, à acumulação, ao progresso material, à eficiência técnica e ao aumento da capacidade produtiva de geração de bens, consumo e acúmulo de riquezas, Furtado evidenciou o valor substantivo para o qual a humanidade deveria dirigir suas potencialidades e capacidades: a vida! A primazia dos potenciais endógenos de autotransformação e da criatividade voltada aos valores e à subsistência, que dão sentido à vida humana envolta em culturas e modos de vida, permite mais do que uma crítica às (in)capacidades do sistema

---

1. Professor de economia do Instituto Federal de Educação, Ciência e Tecnologia do Rio Grande do Sul (IFRS). Formado em Ciência Econômica pela Universidade Federal de Santa Maria (UFSM), com mestrado em Economia do Desenvolvimento da Pontifícia Universidade Católica do RS (PUC-RS). Este texto é um extrato da tese de doutorado apresentada ao Programa de Pós-Graduação em Economia da Universidade Federal do Rio Grande do Sul, em fase de defesa, que contou com a orientação e inestimáveis contribuições do professor Ronaldo Herrlein Jr.
2. Trata-se das seguintes obras, com respectivos anos de publicação original: *Teoria e política do desenvolvimento econômico*, 2000 (10ª edição revisada pelo autor; a publicação original é de original de 1967); *O mito do desenvolvimento econômico*, 1974; *Prefácio à nova economia política*, 1976; *Criatividade e dependência na civilização industrial*, 2008 (1978); *Pequena introdução ao desenvolvimento: enfoque interdisciplinar*, 1980; e, *Cultura e desenvolvimento*, 1984.

econômico da civilização industrial e ao convencional olhar instrumental da ciência econômica. Permite, contemporaneamente, renovar e atualizar o entendimento do desenvolvimento e do econômico como processos e relações, respectivamente, de que dispõem as sociedades para enfrentar os desafios de realização plena e sustentada da vida humana em sociedade e no planeta, que persistem e se avolumam no século XXI.

Essas contribuições se revelam cada vez mais atuais e necessárias. Sobretudo em tempos onde se faz cada vez mais necessário reafirmar que é a economia que deve estar em função da vida e não o contrário. O que significa colocar no imediato a superação das mazelas sociais como a fome, as doenças curáveis, a falta de saneamento e habitação digna, a educação emancipadora, criadora de bem viver e a recuperação da degradação ambiental do planeta. O imediato é o essencial, é o substantivo para o desenvolvimento pleno do viver, das capacidades e potencialidades humanas.

Sentidos do desenvolvimento

Para Furtado (1976, 1980), o conceito de desenvolvimento aplicado às sociedades humanas foi utilizado em dois sentidos. Um sentido vinculado ao processo evolutivo do sistema social de produção, que aumenta sua eficiência e capacidade de ampliar o produto em relação à população, permitindo maior disponibilidade de bens para satisfazer necessidades. Nesse sentido, o desenvolvimento resulta de uma relação dinâmica e cumulativa, baseada em intensa divisão social do trabalho e ampliação da produtividade, envolvendo processos produtivos e territorialmente sincrônicos, mas também distribuídos no tempo, de forma diacrônica.

Esse sentido, evidenciado pelas noções de progresso e crescimento, experimentou um salto qualitativo e quantitativo com a economia capitalista. As relações de poder, assentadas na apropriação e decisão do uso dos excedentes econômicos, assumiram por finalidade a acumulação material e encontraram no progresso técnico um elemento central de expansão quantitativa. A partir destes ergueu-se a ciência econômica e as visões predominantes e convencionais. Se o horizonte é a acumulação de riquezas e o meio de gerá-las passa pela produção, venda e consumo da maior quantidade de bens e serviços, enquanto mercadorias, a eficiência técnico-produtiva-quantitativa na relação entre insumos e produtos é condição para produzir, realizar as vendas e captar o excedente gerado socialmente ante as demais unidades produtivas, concorrentes, e de capital. A economia de mercado expandiu ao máximo a proeminência do sentido da eficiência técnico-produtiva. Pois desta resulta a eficácia em lograr excedentes, apropriar-se e acumulá-los, quantitativa e monetariamente mensurados. O resultado foi uma incessante produção de mercadorias, cuja escala e intensificação técnica as tornam cada vez mais "baratas", exigindo logo novas mercadorias e, necessariamente, novas técnicas a fim de engendrar um novo processo capaz de gerar novos excedentes apropriáveis. Uma combinação entre escala e inovação impõe ritmo e tendência de ampliação consumista, nada lineares e tampouco equilibrados, de reprodução e acumulação dos capitais investidos. São exitosos os que conseguem mais eficiência para alcançar sua eficácia acumulativa. O êxito está na apropriação dos excedentes, que confere um horizonte de poder sobre as possibilidades, para uma nova e incessante acumulação.

Esse sentido do desenvolvimento atravessa a tradição que compreende os autores clássicos da economia, passando por Marx e Schumpeter, mas adquire maior centralidade na tradição legada de Jean-Baptiste Say e do quantitativismo utilitarista neoclássico. Nos clássicos, esse sentido compreende a eficiência da divisão do trabalho, da especialização e do progresso técnico, mediados pela concorrência mercantil, como meios para a geração de maior riqueza social, através da ação individual, sua referência de bem-estar. Em Marx, aponta-se a dinâmica compulsiva de reprodução do capital, da acumulação pela acumulação através da produção de mercadorias, mesmo sem conduzir a qualquer cenário próximo de um bem-estar social. Com Schumpeter, o mesmo sentido do desenvolvimento implica o desequilíbrio da inovação empreendedora, necessariamente incessante, que permite a apropriação de maiores fatias do excedente. Na ortodoxia neoclássica, o mesmo sentido é apreendido pela adoção da eficiência técnica racional otimizadora da combinação de insumos, que resultaria em uma sempre maior quantidade de bens e serviços disponíveis a um menor custo produtivo.

A proeminência do sentido da eficiência produtiva em função da quantidade resultante reforçou e ampliou a percepção da racionalidade instrumental dos meios, cuja medida de êxito está na eficácia da combinação quantitativa de bens, serviços, renda e riqueza. E é esta percepção, de uma eficiência técnica virtuosa e, supostamente, descolada das relações de poder e das finalidades substantivas, que constituiu os valores culturais predominantes em torno do progresso, do crescimento e, finalmente, do desenvolvimento econômico. Não por acaso, os mecanismos instrumentais do mercado são tidos como responsáveis por essa suposta virtuosidade. Formam a percepção de um desenvolvimento relacionado ao econômico mercantil, restrito a expansão do progresso material, fundando a compreensão que legitimou e constituiu o capitalismo industrial pela sua virtude de gerar riquezas e disponibilizar maior quantidade de bens e serviços. Mesmo que tal virtude tenha como paradoxal contrapartida uma crescente geração de necessidades, sem que seja capaz de atender muitas das elementares necessidades humanas e sociais.

Não por acaso, esse sentido instrumental tornou-se a compreensão mais popularizada do "econômico". Na qual a noção de "economizar" associa-se diretamente à condição de "gastar menos", para acumular ou comprar, para ter e desfrutar maior quantidade de bens e serviços. E é desse sentido que foram extraídos os primeiros e principais indicadores do que seria o desenvolvimento – PIB e PIB *per capita* – cuja quantificação e grau de hierarquização até hoje são dominantes na política e na ciência econômica. Este sentido do desenvolvimento, com ênfase técnico-produtiva-quantitativa do sistema social de produção, reforçou sua compreensão econômica como eficiência dos meios e eficácia das quantidades como finalidade.

Mas é o segundo sentido de desenvolvimento, apontado por Furtado (1980, p. 16), que abre espaço para conceituá-lo, diferenciá-lo e relacioná-lo com os fins para os quais a humanidade organizou a esfera de relações sociais denominada de economia. Esta parte da compreensão de que o aumento da eficiência, e de todos os aspectos de eficácia quantitativa a ela relacionada, é insuficiente para responder às dimensões fundamentais da vida humana em sociedade. Furtado explicita o sentido de desenvolvimento associado ao grau de satisfação das necessidades e à ampliação das potencialidades humanas. Estas, como finalidades essenciais da vida, mas cujas delimitações requerem um sistema de valores da sociedade, levando a compreensão do desenvolvimento para uma necessária interface com o contexto cultural. Esse sentido é evidenciado quando o autor observa os contrastes entre um sistema com enorme capacidade de produção, incessante introdução de técnicas cada vez mais sofisticadas e elevação de padrões de consumo, com a degradação das condições de e para a vida e a incapacidade política de populações inteiras alcançarem os mesmos padrões materiais, dada a reprodução do subdesenvolvimento e da dependência, constituindo tal desenvolvimento como um "mito".

Enquanto o primeiro sentido tem o foco nos meios, técnicas e instrumentos econômicos, o segundo sentido remete o desenvolvimento para os fins essenciais de subsistência e ampliação das capacidades e potencialidades de viver. Mas o mais relevante, relacionado à abordagem a partir dos dois sentidos, está na distinção entre meios e fins, ou entre a racionalidade instrumental do processo econômico-material (incluídos a produtividade, o dinheiro, o consumo e a acumulação) e a racionalidade substantiva, voltada para o estabelecimento dos fins enquanto necessidades fundantes da vida.

O sentido da satisfação das necessidades também aparenta guardar relação com a noção da riqueza como decorrência da harmonia das trocas econômicas, fruto da ação econômica individual, presente na visão clássica da economia. Na versão ortodoxa, é expandido para as noções de equilíbrio, que incluem um ótimo social, como uma consequência matematicamente natural da eficiência da racionalidade técnica e do mercado, enquanto meio de coordenação fundamental das vontades maximizadoras individuais. Porém, para esta tradição parece não haver oposição entre os dois sentidos propostos por Furtado, o que, no limite, torna inócua tal separação. Afinal, o crescimento econômico conduziria e se equivaleria ao desenvolvimento.

Desde a perspectiva de Marx, em que pese sua percepção de que as técnicas e a produção de bens, serviços e mercadorias não só se aprofundariam incessantemente como se generalizariam, a noção de desenvolvimento é expressa pelo avanço das forças produtivas e compreende que a expansão da produção não se faz harmônica nem com distribuição e uso social equitativo das riquezas. Ou seja, a separação dos dois sentidos guarda sintonia com a visão crítica de Marx sobre o desenvolvimento das forças produtivas e das desigualdades sociais sob o capitalismo, bem como a submissão que estabelece de tudo e todos os espaços à lógica mercantil.

Enfim, a relevância de um sentido qualitativo e substancial para o desenvolvimento é comprovada com os inúmeros adjetivos – social, humano, sustentável, local, ambiental – que ao longo dos tempos vêm sendo acrescidos para designar e diferenciar formas e tipos possíveis, desejáveis ou não, do processo de morfogênese e transformação de estruturas sociais que é o desenvolvimento. Mas também pelo inegável e imenso progresso técnico e material contrastado com a permanência da miséria e com políticas que insistem em priorizar os meios da 'estabilidade' econômica em detrimento de condições dignas de trabalho e sobrevivência. E por algo não menor, como os limites biofísicos do planeta para suportar a lógica econômica de crescimento voltada para o produtivismo, o consumismo e à acumulação.

Dimensões do desenvolvimento

Furtado (1980) também aponta que a noção de desenvolvimento possui três dimensões. A primeira diz respeito ao sentido do incremento da eficácia do sistema, relacionada à relação técnica-produtiva-quantitativa. A segunda dimensão é a da satisfação das necessidades elementares da população. Aqui compreendida como qualitativa ou substantiva, guardando relação com o segundo sentido do desenvolvimento. Uma terceira dimensão é apontada pelo autor como a da "consecução de objetivos a que almejam grupos dominantes de uma sociedade e que competem na utilização de recursos escassos" (1980, p. 16). Com esta dimensão explícita que o desenvolvimento tem um componente político, relacionado tanto a estrutura social e a aspectos ideológicos, como suscetível de uma política para seu alcance. Esta dimensão traz elementos fundamentais para a compreensão da dinâmica, das contradições, limites, possibilidades e intencionalidades do desenvolvimento. Pode ser entendida como uma dimensão explicativa da coexistência e da contradição dos dois sentidos do desenvolvimento.

Grupos são dominantes, entre outros fatores, porque se apropriam dos excedentes econômicos, assim como se mantêm dominantes na medida em que têm sucesso em sua reprodução. Isso significa que exercem poder sobre as formas, as técnicas, os valores culturais e sobre o quê e o quanto é produzido. E exercem este poder em função da eficácia na sua própria acumulação de riquezas (que lhes confere mais poder) e não, necessariamente, em função da satisfação das necessidades humanas gerais e, tampouco, da sustentação do planeta. É nesta contradição latente que se evidenciam os dois sentidos do desenvolvimento, assim como sua existência revela o quanto o poder e a política são incrustados nas relações econômicas.

Enquanto o desenvolvimento é visto como o progresso material decorrente do mecanismo de trocas, em que a eficiência técnica no uso dos meios é expressão de uma racionalidade inata ao próprio sistema econômico, a noção de poder ou de grupos dominantes fica oculta. Estes são apenas os mais eficientes diante de técnicas e de uma coordenação, aparentemente, neutras ou naturais entre interesses diferentes. Logo, não seriam contraditórias. Mas na medida em que ficam evidentes as contradições do sistema, dadas suas crises, que a satisfação das necessidades e o bem-estar social não são automáticos e que tampouco há uma tendência harmoniosa à generalização territorial do desenvolvimento das forças produtivas, também as contradições dos interesses dos grupos economicamente dominantes, frente aos objetivos de um outro e mais amplo sentido do desenvolvimento, são explicitadas.

Compreender as três dimensões permite revelar a existência de diferentes intencionalidades no que se refere ao desenvolvimento. Ao mesmo tempo, permite perceber que as intenções podem não ser compatíveis. Em geral, não são compatíveis. Sobretudo se deixadas à mercê das relações de poder inerentes ao mecanismo da economia de mercado. Se a produção é movida por investimentos que exigem demanda e retornos para rentabilizá-los, necessidades que não se constituem em demanda ou em nível de preços suficientes para gerar os excedentes esperados pelo capital não serão satisfeitas. Mesmo entre os grupos dominantes as intenções são divergentes. Embora tenham em comum a compulsão pela acumulação, a lógica mercantil lhes impõe a competição, não só pela apropriação do excedente, mas também pelo seu destino "lucrativo". Enquanto um olho está em identificar demandas em expansão e formas de agregar ou capturar valor via algum poder sobre os preços, o outro está em reduzir custos. O que remete para uma concorrência por tecnologias poupadoras ou precarizadoras de insumos, especialmente do trabalho, e para o uso intensivo dos "recursos", sobretudo, naturais, renováveis ou não.

Em um desenvolvimento assentado na geração contínua de novas necessidades e na produção de uma subjetividade carente, como meio para a acumulação, o crescimento constante da produção (para além do aumento populacional) irá defrontar-se com as fronteiras e os recursos limitados do planeta. Para ampliar o lucro, o trabalho precisa ser "barateado", como os recursos, insumos e energias também precisam ser, e, no limite, descartado – e assim é, com as incessantes pressões por desregulamentações e avanços tecnológicos. Mas os recursos da natureza são limitados e seus preços estão sujeitos aos movimentos de oferta e demanda no mercado, cuja elevação restringe a geração de excedentes e limita as oportunidades lucrativas. Ou seja, tanto as intenções acumulativas dos grupos dominantes encontram limites para sua realização, quanto os resultantes "barateamentos" do trabalho[3] e exaustão da natureza depõem contra a compatibilização das duas primeiras dimensões do

3. Além do aspecto de que menor custo com trabalho implica em menor capacidade de demanda para a produção, constituindo uma fonte de desequilíbrio e crises.

desenvolvimento. De forma que, os interesses exercidos pelo poder dos grupos dominantes para busca de excedentes e controle dos meios produtivos, voltados meramente para acumulação de riquezas, são contraditórios com os valores mais essenciais para a existência humana.

Com os sentidos e dimensões Furtado permite o avanço na significação do desenvolvimento para além do alcance predominante na economia política e na ortodoxia do século XX. Mas haveria ainda uma "dimensão oculta" do desenvolvimento, porém essencial à existência humana, só visível com a "denúncia do falso neutralismo das técnicas" e possível com a "tomada de consciência" das restrições à periferia propiciada pela teoria do subdesenvolvimento (FURTADO, 1984).

Seu contexto de reflexão inclui a emergência e o enfraquecimento das políticas e da economia do desenvolvimento diante do quadro estrutural das formações sociais dos países da periferia, dependentes e moldados pelo exterior, que ele identificou como impeditivo ao desenvolvimento. A teoria do subdesenvolvimento afastou a noção do progresso econômico como um *continuum* e do desenvolvimento como mera decorrência da integração econômica, pelos mercados, de todos os territórios aos países líderes da industrialização. A integração da periferia a uma divisão internacional do trabalho, que combinou uma produção especializada, conforme o interesse da indústria e da técnica dos países centrais, com uma demanda importadora do padrão de consumo e de tecnologias e, ainda, com uma baixa (ou até nula) reinversão de excedentes, resultou em atraso ou até regressão dos sistemas produtivos. Sem reinversão local dos excedentes e sem um processo diversificador da produção, da inovação e da técnica local, as forças produtivas não se transformaram, decorrendo em imobilismo e malformações sociais, característicos do subdesenvolvimento e bloqueadores do processo de desenvolvimento.

A dependência dos padrões de consumo e tecnológicos bloqueia a formação de cadeias produtivas locais e o avanço das forças produtivas, incluídos o conhecimento, as tecnologias e as capacidades criativas humanas. Sem o controle da produção que, mundializada e oligopolizada, se diversifica e inova em direção aos segmentos de consumo que, em vista de sua complexidade produtiva e tecnológica, propiciam maior agregação de valor, a periferia seguiu afastada do controle dos excedentes mais significativos. Os poucos excedentes apropriados localmente acabam fluindo para a importação das novas tecnologias produzidas no centro. Não "demandam" nem provocam transformações na estrutura produtiva, preservando o imobilismo social. A pouca modernização resta atrelada e dependente das transformações e avanços técnicos e sociais monopolizada em países centrais. O que na macroeconomia aparece como ausência de poupança e pouco investimento se revela como falta de autonomia e de independência para gerar, se apropriar e redirecionar excedentes. Subemprego, trabalho precarizado, produção intensiva em trabalho e recursos naturais, complementados com atraso e falta de autonomia tecnológica, caracterizam a dependência econômica e o bloqueio nas transformações sociais. De acordo com Celso Furtado, "ao adaptar-se a esse processo de mundialização, a sociedade periférica que se moderniza conhece malformações estruturais que bloqueiam o processo de desenvolvimento" (FURTADO, 1984, p. 117).

Uma dimensão oculta do desenvolvimento é evidenciada por Furtado: a dimensão da criação de valores substantivos que reside nas capacidades inatas de criação e transformação que caracterizam os humanos. Capacidades que adquirem sentido social pelas ações econômicas que transformam os meios e os próprios humanos. Na medida em que são produzidas as substâncias para a vida, também são ampliadas as possibilidades e capacidades de viver, o que inclui novos valores culturais e capacidades criativas. Ampliar este patrimônio fundante da humanidade constitui uma dimensão que é tão latente quanto potencial, mas que é constrangida pelo domínio dos meios econômicos que subordinam e impedem o alcance das finalidades substanciais. Apontar para a criação de valores substantivos instrumentaliza buscar o desenvolvimento através dos potenciais endógenos das capacidades humanas, elevando ao primeiro plano as finalidades econômicas mais essenciais e substantivas para vida em sociedade. Compreender a dimensão da criação de valores substantivos associada ao potencial endógeno de transformação e ordenamento coletivo da acumulação constitui um subsídio para a ação diante das incapacidades de superação da pobreza e do subdesenvolvimento, assim como denuncia o falso neutralismo – social, econômico, de valores e de poder – das técnicas que dominam as relações econômicas e impedem perspectivas de desenvolvimento

Um desenvolvimento substantivo

A civilização industrial, o capitalismo e a economia de mercado impulsionaram um salto geométrico na produção de bens e riquezas, o que não significa que a finalidade tenha sido satisfazer as necessidades sociais, preservar e ampliar as bases e as potencialidades substanciais da vida. Para formular uma compreensão mais abrangente de desenvolvimento, Furtado (1976, 1978, 1980, 1984) partiu das principais motivações das ciências econômicas e as relacionou aos fins mais substantivos da existência humana: a "realização das potencialidades do *homem*", a "descoberta de si mesmo", a "autotransformação" com a "criação de valores que se difundem" na "coletividade" e são adicionados ao "patrimônio existencial" (1984). O desenvolvimento das potencialidades humanas, enquanto autotransformação, é tomado como princípio, dimensão e finalidade do desenvolvimento econômico. São a iniciativa e a ação humanas que aprimoram a criatividade transformadora e ampliam os potenciais materiais, a criação de valores culturais, a satisfação das necessidades e a ampliação das possibilidades e potencialidades humanas. Diante das contradições e iniquidades do capitalismo, ampliar a percepção e voltar-se aos potenciais endógenos de transformação constitui uma tentativa de construir o desenvolvimento pelo "caminho da criatividade ao nível dos fins" da existência humana. Essa percepção transcende o que é normalmente tido como o "econômico" restrito a sua racionalidade técnica e, embora o autor não destaque, resulta na ampliação do conceito de desenvolvimento e de econômico para além do convencionalmente reproduzido, inclusive na ciência econômica.

Polanyi (2012), ainda na primeira metade do século XX, chamou a atenção para dois significados do "econômico" que coexistem: um, formal e técnico, compreendido pelas relações meios/fins que geram algo a "baixo preço" e que remete ao "economizar"; o outro, um significado "substantivo" por remeter aos meios físicos necessários para a subsistência humana. Estes significados são tão distantes quanto o primeiro insistentemente é sobreposto e praticamente universalizado no senso comum, com ampla base de sustentação da ciência econômica, sobretudo na medida em que esta é afastada de sua origem enquanto ciência política. As compreensões de Furtado do "potencial endógeno" e da "dimensão oculta" do desenvolvimento comungam da mesma racionalidade de Polanyi e permitem sustentar a perspectiva de um desenvolvimento econômico substantivo.

A produção material foi constituída, originalmente, para satisfazer as necessidades humanas mais elementares para a sobrevivência e foi aprimorada com o avanço das capacidades decorrentes. Todas as sociedades, inclusive antes do capitalismo e do advento da ciência econômica, tiveram alguma forma de economia. A eficiência advinda das relações sociais, do conhecimento e da técnica na combinação dos recursos e meios de produção ampliou a capacidade de produção de bens e riquezas. Mas este potencial nem sempre objetivou satisfazer as necessidades do conjunto da comunidade humana, mas sim o interesse material e de poder de grupos dominantes. De forma que também constrangeu o potencial desta comunidade de criar, aprimorar e difundir valores substantivos ampliadores de seu potencial de transformação e realização humana.

Aprimorar as relações, os meios e as técnicas de produção foi condição para a satisfação e até ampliação das necessidades da humanidade, ou de setores desta. Mas foi, antes, fruto das capacidades de trabalho e de criatividade humanas em sociedade. Os humanos que realizam suas necessidades mais básicas também ampliam suas próprias capacidades, inclusive de definir objetivos e prover os meios para alcançá-los. Ao mesmo tempo em que a ação humana transforma o meio, gera as condições para a sua própria transformação enquanto ser.

> A rigor, é quando a capacidade criativa do homem volta-se para a descoberta dele mesmo, empenha-se em enriquecer o seu universo de valores, que se pode falar de desenvolvimento. Efetiva-se o desenvolvimento quando a acumulação conduz à criação de valores que se difundem em importantes segmentos da sociedade. (FURTADO, 1984, p. 106)

Criar as condições para satisfazer suas próprias necessidades é um ato de realização humana, de autorrealização. É esta capacidade de transformar e de criar, ampliadora de possibilidades e novas capacidades, que Furtado aponta como a gênese da transformação e do desenvolvimento. Para este, dois são os processos de criatividade: o da técnica, enquanto meios e capacidade de ação humana; e o dos valores, que vão sendo acrescentados à existência humana (1984, p. 107). E foi na medida em que a civilização industrial perpetuou técnicas e meios que aparecem como supostamente neutros socialmente, é que se tornou necessário dar visibilidade à "dimensão oculta do desenvolvimento, que é a criação de valores substantivos" (FURTADO, 1984, p. 108).

É diante da contradição no avanço das dimensões do desenvolvimento – da eficiência técnica na produção, da satisfação das necessidades sociais e da consecução do projeto de interesse dos grupos dominantes – associada com as condições do subdesenvolvimento, que Furtado aponta para a possibilidade e importância de que a coletividade constitua autonomia para ordenar ações em direção aos fins materiais e aos valores que permitem a plena realização humana. "A endogeneidade outra coisa não é senão a faculdade que possui uma comunidade humana de ordenar o processo acumulativo em função de prioridades por ela mesma definidas" (FURTADO, 1984). Tornar possível esta "faculdade" é um chamado à ação, um desafio para o desenvolvimento.

As relações materiais de produção, transformadoras dos meios e ampliadoras de possibilidades, em particular pela capacidade de gerar excedentes sociais, são fundamentais, mas não suficientes em si. Implicam e decorrem, em interação mutuamente constitutiva, na criação de determinados valores e em relações de poder, ambos decisivos para o ordenamento das prioridades a serem buscadas. De forma que, para o desenvolvimento, importam as mais amplas capacidades humanas, inclusive aquelas que não têm, necessariamente, finalidades produtivas ou de satisfação de necessidades materiais. As potencialidades criativas, transformadoras e ampliadoras de liberdades podem ser artísticas, culturais ou filosóficas, assim como podem alimentar ou não, diretamente, transformações sociais e econômicas.

A visão furtadiana do desenvolvimento guarda sintonia com a abordagem do desenvolvimento como liberdade, de Amartya Sen (2010). Este coloca em primeiro plano o desfrute de liberdades individuais como condição definidora do desenvolvimento, assim como seu elemento avaliativo e de sua eficácia. O desenvolvimento é visto como "um processo de expansão das liberdades reais que as pessoas desfrutam" (2010, p. 55). E tal expansão é separada em dois sentidos: como "o fim primordial", configurando o "papel constitutivo" da liberdade no desenvolvimento; e, como "o principal meio" do desenvolvimento, que configura o "papel instrumental" da liberdade. Note-se que em tal distinção há uma grande aproximação com os sentidos dos "fins" (ou "substantivo") e dos "meios" (ou da racionalidade da eficiência técnica), formulados por Furtado[4]. Para Sen, as liberdades substantivas, ou de finalidade maior e constitutivas do desenvolvimento, são as mais básicas e essenciais à vida humana, como a liberdade de evitar a fome e as doenças e privações, evitáveis, que ceifam a vida. Outras liberdades levam à "expansão das capacidades" humanas que garantem condições de iniciativas de transformação, ou seja, a condição de agentes causadores de mudança. Entre estas pode-se considerar as capacidades de leitura e escrita, de apreensão dos conhecimentos básicos acumulados socialmente, assim como as liberdades de expressão e de participação política. Note-se que tais liberdades também guardam relação

4. Entre as mais de cinco centenas de autores referidos por Sen (2010), não consta nenhuma obra de Celso Furtado.

com as capacidades e criatividade humanas, que definem o desenvolvimento como endógeno, em Furtado.

Outras liberdades, como liberdades políticas, facilidades econômicas, oportunidades sociais e segurança, que até podem se confundir com as já referidas, constituem as liberdades instrumentais, no sentido de que seu alcance e exercício são condições que permitem às pessoas ampliarem as possibilidades de desenvolvimento. É claro que exercício e alcance das liberdades dependem de disposições econômicas, sociais e políticas. Mas a argumentação fundamental de Sen vai no sentido da importância de priorizá-las como meio imediato para que as pessoas possam ser agentes sociais construtores das condições do desenvolvimento. Ou seja, gozem de autonomia para ordenar o processo de acumulação conforme suas prioridades, como assevera Furtado (1984). Se privadas das liberdades substantivas, não conseguirão sequer contribuir social e economicamente. De forma que, compreende Sen, "a liberdade humana é tanto o principal fim como o principal meio de desenvolvimento" (2010, p. 76).

Dadas as capacidades de ação, transformação e criatividade associadas aos potenciais de autotransformação e de criação de valores e liberdades, as necessidades mais essenciais ou substantivas para a realização humana e social devem ser entendidas para além das necessidades humanas biológicas elementares. Devem incluir a realização das potencialidades, a criação de valores substantivos e a ampliação de liberdades, de capacidades e da criatividade cultural, individuais e sociais, assim como as condições para a existência da vida, como a preservação ecológica do planeta. Estas necessidades são condicionadas tanto às possibilidades materiais quanto aos valores culturais e às relações de poder que as ordenam, ou não, como prioridade. Essa perspectiva de necessidades constitui as prioridades e os fins essenciais e substantivos, aos quais o processo acumulativo precisa ser ordenado para que a comunidade humana alcance a realização plena de seus potenciais. É nesse sentido que dar visibilidade e priorizar a criação de valores substantivos, a dimensão oculta do desenvolvimento apontada por Furtado, são chaves para ordenar o processo acumulativo em função de prioridades substantivas. A realização desta capacidade de ordenação endógena pode permitir a compatibilização das três dimensões do desenvolvimento de Furtado. Superar as contradições entre estas dimensões em favor de prioridades e fins substantivos permitiria liberar as condições para um desenvolvimento, também, substantivo.

A noção de desenvolvimento endógeno de Furtado explicita a preocupação do economista em buscar caminhos e alternativas para as contradições que as três dimensões do desenvolvimento deixam evidentes, em particular através da reprodução do subdesenvolvimento. A dimensão oculta revela que as técnicas, as necessidades atendidas e os interesses para reprodução do poder não são neutros socialmente e sim, carregados de valores. Assim como os meios, as técnicas e os fins atendidos.

Esta abordagem também tem o mérito da motivação para encontrar formas possíveis de orientar a organização social e econômica para um desenvolvimento que dê conta da superação da pobreza e do provimento de todas as condições materiais cuja ausência degrada a vida humana. Sem diminuir a importância da técnica, das tecnologias e de seus progressos, evidencia a capacidade de atitude humana, individual e coletiva, principalmente no espaço da política, como a definidora e realizadora das prioridades capazes de alterar a realidade constituída. As noções de processo entre variáveis, de eficiência e de causalidades que geram produto e alteram estruturas, são fundamentos do econômico na vida social. Mas não são suficientes para derivar o futuro da experiência passada.

> O homem, atuando individual ou coletivamente, é um agente ativo: seu comportamento inclui um elemento de intencionalidade que pode ser determinante. Poder romper com o passado é exatamente sua especificidade. É porque o homem é um agente criador que o desenvolvimento significa a gênese de formas sociais efetivamente novas. (FURTADO, 1980, p. 43)

E é a faculdade de criar opções que permite um horizonte de intenções, conformando a noção de que "mais do que *transformação*, o desenvolvimento é *invenção*, comporta um elemento de intencionalidade" (FURTADO, 1984, p. 105, grifo do autor). As capacidades de ação e de transformação expandem a criatividade e assim permitem projetar intenções sobre novas possibilidades e realizações. Assim como o desenvolvimento é decorrência da ação transformadora, ele também é a intenção projetada para o futuro a partir da experiência e da criatividade inerente e da que se constrói no processo de transformação.[5]

Agora, se as capacidades de agir, criar e transformar são intrínsecas ao ser humano e à sociedade, a sua realização – da capacidade e das pessoas – depende tanto dos meios e da ação coordenada social e tecnicamente, quanto

5. "Entre o futuro e o passado social existe uma descontinuidade que é incompatível com a

do poder de decidir dentre as possibilidades e os valores que ordenam quais os meios e, principalmente, as finalidades que devem ser buscadas. Os valores também são base da faculdade de ordenar os processos, os meios e os fins priorizados. De forma que uma percepção social de que necessidades e prioridades substantivas podem e devem ser alcançadas implica, também, na criação, difusão e adição de valores substantivos ao patrimônio existencial da coletividade. Constituir estes valores é tanto uma questão de poder quanto exige ação e intencionalidade.

A eficiência da técnica e das relações ampliam os excedentes sociais, portanto os meios e as possibilidades para a satisfação e a criatividade humana. Assim como o uso de quais meios e quais as necessidades serão atendidas estão no campo das opções. E as opções dependem das possibilidades materiais, dos valores que prevalecem e do exercício do poder. "E [como] são aqueles que exercem poder que mais possibilidades têm de exercer essa opção" (FURTADO, 1980, p. 45) seus valores são definidores das prioridades. De forma que a opção por um desenvolvimento substantivo exige que as necessidades e prioridades essenciais da coletividade sejam ordenadas acima dos interesses particulares de grupos, segmentos ou classes sociais que exercem o poder em benefício privado. Valores culturais e poder estão assentados no excedente social, o que se justifica na afirmação de Furtado de que esse "surge como pedra angular do estudo do desenvolvimento" (FURTADO, 1984, p. 106). Fazer opções por intenções diversas daquelas que atendem interesses de poder estabelecidos e padrões materiais de vida já constituídos implica em alterar tanto a estrutura do sistema produtivo quanto a ordenação de valores e as relações sociais de poder. Eis que promover um desenvolvimento substantivo da coletividade requer romper com *status quo*, valores e relações de poder que o impedem.

A capacidade de transformação é endógena ao ser humano tanto quanto é social. É a ação social, coletiva e ordenada (a partir de valores e poder sobre

---

ideia de tempo cosmológico, o que limita a significação das formalizações correntes e coloca as ciências sociais num plano epistemológico irredutível ao das ciências da natureza" (FURTADO, 1980, p. 43). Compreender que o tempo evolutivo está sujeito a ação social, que intencionalmente o transforma e o modifica, constitui uma ruptura com a pretensão de encontrar leis naturais e universais que possam reger a economia e a sociedade. Tanto a noção da "mão invisível" quanto a proposição dos mercados autorregulados, parecem pretender encontrar alguma lei cósmica que explique as relações sociais e econômicas, constituídas no planeta terra pela sua humanidade, independente da vontade desta. Longe de supor que a humanidade possa alterar alguma lei do universo, é razoável compreender que esta mesma humanidade construiu capacidade, não de determinar, mas de incidir sobre aspectos do meio e do futuro ao seu alcance, por mais ínfimo que estes sejam perante o universo.

os meios) que pode exercer a capacidade de transformação social substantiva. O potencial reside no ser humano, mas deve guardar "um equilíbrio dinâmico com [o seu] contexto [social e ecológico]: é transformando-o que ele avança na realização de suas próprias virtualidades" (FURTADO, 1984, p. 105). As capacidades de agir, criar e projetar uma intenção de futuro com mais opções de realização são inerentes ao ser humano. Mas a amplitude da ação, da criação e das possibilidades é determinada pela comunidade, pelo caráter de interdependência social das relações de produção e pelas estruturas de valor e de poder de deliberação sobre os meios.

As capacidades inatas que distinguem os humanos – sintetizadas na criatividade, na autotransformação que exercem socialmente sobre si e sobre os meios que produzem e na capacidade de deliberar intencionalmente sobre os fins que desejam alcançar – sustentam o seu potencial inato de ordenar a economia em função de seus valores e prioridades substantivas. Esta faculdade potencial transformada em capacidade de ordenação traz um elemento de síntese para as contradições expostas pelas três dimensões do desenvolvimento. O potencial humano de ordenar os meios em função dos valores e dos fins substantivos, sustentado em relações de poder dominantes, abre espaço para um desenvolvimento substantivo em todas as dimensões.

As contribuições de Furtado revelaram-se à frente de seu tempo. O avanço da globalização, da financeirização, dos retrocessos sociais movidos pelo neoliberalismo e dos limites ambientais do planeta ao padrão de desenvolvimento capitalista, só as tornam mais e mais atuais. Por isso é importante compreender o desenvolvimento como um processo endógeno a uma coletividade, decorrente de suas capacidades humanas de criar, deliberar e ordenar intencionalmente as relações e os processos em função dos valores que essa mesma coletividade considere os mais substantivos para a existência humana. E na medida em que as decisões individuais são interdependentes, conformando um todo social, a ordenação das ações e prioridades, em verdade, é uma ordenação intencional distribuída e coletiva, uma coordenação substantiva do desenvolvimento.

Referências bibliográficas

FURTADO, Celso. *Cultura e desenvolvimento em época de crise*. 3. ed. Rio de Janeiro: Paz e Terra, 1984.

___________. *O mito do desenvolvimento*. 2. ed. Rio de Janeiro: Paz e Terra, 1974.

___________. *Prefácio a nova economia política*. Rio de Janeiro: Paz e Terra, 1976.

___________. Pequena introdução ao desenvolvimento: enfoque interdisciplinar. São Paulo: Ed. Nacional, 1980.

___________. *Teoria e política do desenvolvimento econômico*. 10. ed. São Paulo: Paz e Terra, 2000.

___________. *Criatividade e dependência na civilização industrial* (edição definitiva). São Paulo: Cia das Letras, 2008.

POLANYI, Karl. *A subsistência do homem e ensaios correlatos*. Rio de Janeiro: Contraponto, 2012.

SEN, Amartya. *Desenvolvimento como liberdade*. São Paulo: Cia das Letras, 2010.

Cultura e desenvolvimento na Amazônia: reflexões sobre a contribuição de Celso Furtado

Harley Silva[1]
Valcir Bispo Santos[2]
Danilo Araújo Fernandes[3]

Introdução

O objetivo deste ensaio é discutir como Celso Furtado elaborou teoricamente o papel da cultura nos processos de desenvolvimento, e como essas reflexões podem contribuir para formulações de estratégias de desenvolvimento endógeno na Amazônia, tendo a cultura como eixo fundamental. Começamos por expor de modo breve a trajetória intelectual de Furtado e os impasses no tratamento da temática do desenvolvimento dentro dos cânones da teoria econômica. Em seguida, apresenta-se o arcabouço interpretativo de Furtado para explicitar a importância da dimensão cultural nos fenômenos do desenvolvimento. Na terceira parte, trata-se da importância desse arcabouço para a compreensão da trajetória do (sub)desenvolvimento na Amazônia. Nas considerações finais, apresenta-se alguns aportes de como a cultura e a criatividade podem se tornar eixos para projetos de desenvolvimento endógeno na Amazônia, a partir de orientações teóricas furtadianas.

Furtado escreveu pouco sobre a realidade da região amazônica. Porém, sua reflexão sobre a relação entre cultura e desenvolvimento fornece elemen-

---

1. Doutor em Economia pelo Cedeplar UFMG. Professor da Faculdade de Ciências Econômicas da UFPA.
2. Doutorado em Planejamento Urbano e Regional pelo IPPUR-UFRJ. Professor da Faculdade de Ciências Econômicas da UFPA.
3. Doutorado em Desenvolvimento Socioambiental pelo NAEA-UFPA. Professor da Faculdade de Ciências Econômicas da UFPA.

tos importantes para compreender os problemas da região. A Amazônia é uma região cuja especificidade desafia as ciências sociais e a teoria econômica brasileiras. O relativo insucesso destas áreas de pesquisa para essa tarefa deve-se, em parte, a tentativas de compreender a realidade do país como um todo com base em hipóteses e modelos de interpretação que passam ao largo do que é regionalmente específico.

1. A trajetória de Celso Furtado: entre a ortodoxia relutante e a afirmação da originalidade

A dimensão cultural não era um aspecto relevante nos trabalhos iniciais de Celso Furtado. Entretanto, ela adquire importância a partir do final dos anos 1960, quando Furtado empreendeu algumas mudanças em relação à sua visão de desenvolvimento do chamado período cepalino (décadas de 1950 e 1960).

Os primeiros ensaios de Furtado apresentavam uma vinculação um pouco relutante à chamada teoria econômica convencional. Havia certa insatisfação em relação às teorias do desenvolvimento, pois pareciam insuficiente para enfrentar os problemas da periferia do capitalismo como ele colocaria claramente em *Desenvolvimento e Subdesenvolvimento* (FURTADO, 1961).

Nas décadas de 1950 e 1960, Furtado se vinculou, sobretudo, à posição teórica de Raul Prebisch e à crítica que este fez ao pensamento econômico *mainstream*, cujos ensaios tiveram grande repercussão no debate econômico sobre os problemas do desenvolvimento (Bianchi, Salviano Jr. 1999). Prebisch se tornou a principal referência teórica e dirigente maior da recém-criada Comissão Econômica para a América Latina - Cepal, uma das cinco comissões regionais estabelecidas pela Organização das Nações Unidas nos primeiros anos do pós II Guerra. Em ensaios que marcaram a fundação da Cepal, Prebisch fez forte crítica às possibilidades de progresso econômico por meio da especialização produtiva dentro da divisão internacional do trabalho. Propõe a famosa hipótese de que a economia mundial se organiza como uma estrutura hierarquizada em um centro e periferias, e não como uma divisão internacional do trabalho de feição horizontal na qual as *vantagens do comércio* se distribuem de modo equilibrado (GURRIERI, 2011).

Essa interpretação teve influência decisiva na obra de Celso Furtado. Prebisch propôs a alternativa inovadora da industrialização das economias periféricas como forma de superação das desvantagens da condição periférica, abrindo caminho à construção de núcleos industriais nas economias latino-americanas. A industrialização deveria dotar as economias periféricas do que era sua insuficiência principal: um núcleo dinâmico capaz de criar acumulação e progresso técnico suficiente para a expansão da produção-renda-consumo.

Essa foi a estratégia de superação da condição econômica primário-exportadora que caracterizava as economias dos países latino-americanos, pressupondo um papel-chave para a ação do Estado em diversas frentes do processo de industrialização - investimento, coordenação, mudanças institucionais, crédito e financiamento, gasto público, entre outros aspectos (RAMIRO FERNANDEZ, ORMAECHEA, 2018).

A influência da Cepal foi decisiva no sentido de condensar um diagnóstico econômico da realidade da América Latina e prescrever ações para a transformação de sua estrutura econômica. O caso do Brasil é talvez o mais ilustrativo, dadas as modificações de grande envergadura que a economia brasileira atravessou entre 1950 e 1970. Foi notavelmente intenso e rápido o processo de industrialização brasileiro e fundamental o papel do Estado na criação de uma economia industrial e moderna, malgrado as distorções e problemas que persistiram na economia brasileira (BIELSCHOWSKY, 1988).

Porém, o modelo de industrialização por substituição de importações, como ficou conhecida a dinâmica de modernização da economia brasileira no período 1930-1980, passou por forte reorientação a partir do golpe militar de 1964. O regime ditatorial provocou um desenlace autoritário para as tensões variadas acerca do processo de transformação social e econômica pelo qual o país passava. O regime autoritário cassou os direitos políticos de Furtado e o levou ao exílio, primeiro no Chile, depois nos EUA e em seguida na França, onde construiu uma carreira universitária sólida na Sorbonne durante 20 anos.

A interpretação de Furtado do processo econômico brasileiro sob o regime autoritário antevia um fracasso, dado que o modelo assumido pela economia do país, segundo Furtado, tendia para a estagnação (Furtado, 1967). Porém, como se sabe, as previsões de estagnação não se confirmaram. O modelo autoritário encontrou seu caminho de crescimento com concentração de renda e com piora das condições estruturais do subdesenvolvimento. Isso trouxe fortes críticas à posição de Furtado, sendo a mais famosa a de Tavares e Serra (1972), cujas trajetórias intelectuais estavam relacionadas à própria tradição cepalina.

Foi no decênio que se seguiria, entre a publicação de *Subdesenvolvimento e Estagnação na América Latina* (1967) e a de *Criatividade e dependên-*

cia na Civilização Industrial (1978), que Furtado realizou seus maiores esforços para reelaborar sua visão dos problemas do desenvolvimento e do subdesenvolvimento.

Uma das frentes dos esforços de Furtado foi compreender a importância da dimensão cultural no processo de desenvolvimento, tanto naquilo que caracterizava a experiência das economias centrais quanto nas economias periféricas. Isso sinaliza que, mais do que abandonar os elementos fundamentais de sua elaboração cepalina e estruturalista, Furtado iria se desprender do marco *estrito* da teoria econômica como estratégia de compreender os impasses e as possibilidades do desenvolvimento na América Latina. Essa disposição é debatida explícita ou implicitamente nas obras do período 1967-1978, assim como nos trabalhos escritos e engajamentos pessoais que Furtado teria nos anos 1980.

O método histórico-estrutural, caminho metodológico trilhado e parcialmente construído por Furtado, já havia impulsionado o autor nessa direção. Segundo tal método de investigação, as especificidades históricas e geográficas do fenômeno do desenvolvimento eram no mínimo tão importantes como o das formulações abstratas e das relações estáveis, ou seja, das regularidades (FURTADO, 1961). Assim também a discussão explícita da própria cultura como um elemento fundamental do desenvolvimento em *Dialética do desenvolvimento* (1965). O desenvolvimento pode ser compreendido como um processo de mudança social no qual intervêm muitos outros fatores além dos estritamente econômicos. Cabia alargar o campo das preocupações da pesquisa do desenvolvimento e recorrer ao diálogo com outras ciências sociais.

Essa inflexão da obra de Celso Furtado, afastando-se de uma interpretação do fenômeno do desenvolvimento estritamente orientada pela dinâmica industrial, aparece claramente em *Criatividade e Dependência na Civilização Industrial* (1978). Essa obra demonstra como Furtado se move para uma perspectiva no qual as singularidades e diversidades culturais assumem protagonismo.

2. A cultura como elemento forte dos processos de desenvolvimento

Na década de 1970, o problema da cultura no processo de desenvolvimento constitui o elemento-chave da obra de Furtado. Segundo Rodriguez (2009), Furtado foi o único entre os quadros iniciais da escola estruturalista latino-americana a considerar de maneira sistemática a importância da cultura no processo de desenvolvimento. Rodriguez elabora uma apresentação teórica da construção de Furtado recorrendo a diferentes obras (FURTADO, 1965, 1974, 1977, 1978, 1981). A elaboração de Rodriguez tem a virtude de trazer à luz, de modo analítico e sintético, o argumento que Furtado elabora em bases históricas e dialéticas. Essa simplificação relativa é útil do ponto de vista da exposição e compreensão, embora exija uma recomposição do analítico à complexidade do todo.

Recorrendo à antropologia, Furtado introduz a cultura na investigação econômica dos processos próprios de desenvolvimento, conduzindo a abordagem da cultura como um *sistema* e como um *processo acumulativo*. Compreendida como um todo "cujas partes guardam coerência entre si", a cultura é uma realidade abrangente no qual tem lugar elementos e fenômenos *materiais* e *não materiais*. Essas partes, no entanto, não expressam o significado da totalidade, que as ultrapassa em sentido e importância. Compreendida como processo acumulativo, a cultura se manifesta como uma realidade em constante ampliação, mudança e enriquecimento, que ao mudar e crescer, se transforma e se amplia, enriquecendo-se.

Aqui as dimensões, cumulatividade e unidade, se conectam: a cultura muda, mas como sistema se mantém coerente. O movimento, i.e., as mudanças são possíveis pela introdução constante de transformações, inovações. Como um todo aberto, mas articulado, a mudança em um componente "suscita cadeias de ações e reações" que tendem a se difundir aos outros componentes. Essas modificações sistêmicas não têm direção necessária ou preestabelecida, mesmo não sendo propriamente aleatórias. As modificações podem se encaminhar para o restabelecimento do padrão inicial de coerência; mas podem também se encaminhar para transformações crescentes, que podem determinar um novo padrão de existência conectada.

Furtado adiciona uma segunda perspectiva à análise. Após distinguir na cultura as dimensões de *unidade sistêmica* e de *processo acumulativo*, o autor "gira" o objeto e esclarece agora a distinção entre as dimensões *material* e *não material*. Explora o fato de que, segundo ele, "por toda parte, no tempo e no espaço, a invenção cultural tende a ordenar-se em torno de dois eixos: a) ação do homem e b) os fins a que o homem liga a própria vida" (FURTADO, 1981). Essa separação assinala que "a capacidade criativa" das sociedades humanas é dirigida ora para um âmbito de cultura material, onde se constituem o avanço da técnica e a própria acumulação, ora em direção à cultura não material, na qual se constitui o "patrimônio de ideais e valores" que as sociedades vão construindo. Na dimensão material "as inovações permitem gerar excedentes econômicos adicionais, renovando o horizonte de opções aberto aos membros da sociedade". Mas assinala, "são as inovações da cultura não material que, ao ampliar o universo de ideias e valores, abrem caminhos de realização às potencialidades latentes" nas sociedades (RODRIGUEZ, 2009, p. 416).

A argumentação, inicialmente construída para examinar o conceito de cultura, se ajusta de maneira bastante clara à análise dos processos de desenvolvimento, que é a intenção de Furtado. Se o desenvolvimento é abordado como processo de transformação social, não é difícil perceber que ali intervêm mudanças, acumulação, escala, diversidade e inovações, tal qual se discute no terreno da cultura de maneira muito similar ao que foi exposto no âmbito cultural, material e não material. Os problemas do desenvolvimento têm forte homologia com os problemas da mudança cultural, como se percebe.

Em certo sentido, o desenvolvimento ocorre como mudança cultural. As transformações da cultura material (progresso técnico, acumulação, introdução de inovações tecnológicas, ganhos de produtividade, ampliação e diversificação da produção e do consumo), reconhecidas como idênticas ao desenvolvimento, têm correspondência sistêmica com outras partes do sistema global de cultura. O desenvolvimento ultrapassa a esfera das mudanças ocorridas em dimensões usuais como *acumulação, progresso técnico e crescimento da produção* e afins. Isso porque as próprias realidades captadas por esses conceitos não são indiferentes à dinâmica do desenvolvimento e da cultura não material, isto é, *ideias e valores, instituições, política, e toda a esfera artística-estética-científica.*

As transformações materiais são conectadas e (às vezes) orientadas por ideias e valores que funcionam criando ou alargando os horizontes de uso dos recursos disponíveis ou "criando recursos" a partir de elementos antes externos à dinâmica da criação material. As ideias e valores orientam a busca por meios tecnológicos para solução de problemas e necessidades sociais e individuais. Elas também criam necessidades e expandem o universo material e estético-artístico, tanto em um nível elevado de complexidade cultural - celebrar, construir e praticar formas coletivas de congraçamento, praticar e/ou ouvir música, teatro, dança, e outras formas de fruição estética, etc. - quanto no nível da expansão do consumo supérfluo, suntuário ou de primeira necessidade.

A criatividade humana também se direciona em caminhos políticos, com consequências fundamentais para o desenvolvimento. A expansão e diversificação da vida material criando abundância - mas também situações de escassez - suscita conflitos sociais e econômicos de vários tipos. Conflitos na disputa pelo controle dos excedentes econômicos no presente, ou pela decisão sobre seu uso futuro. A ampliação das oportunidades e experiências cria consciência de interesses divergentes, e elaboração de valores e ideias que se opõem e levam a embates. Assim, nos "distintos planos da cultura não material" os conflitos sociais encontram meios variados de expressão.

Levadas às últimas consequências, as tendências de conflito desembocam em tensões e incertezas que tornam inviáveis o funcionamento dos mecanismos da cultura material. Vale dizer o funcionamento do sistema econômico torna-se tenso e incerto, senão impossível. A elaboração institucional e política atua então como *criadora de estabilidade e redutora de conflitos*, e, portanto, como elemento economicamente indispensável. As instituições revelam-se uma modalidade de inovação tão fundamental como as que introduzem (diretamente) ganhos de produtividade, por acumulação, progresso técnico ou criação de novos bens e serviços. Num certo sentido, todo o aparato de regulação econômica, as regras trabalhistas, os sistemas contratuais, as regras dos sistemas bancários, os mecanismos de crédito, os direitos de propriedade, a regulação do comércio internacional e outros inúmeros artefatos da inventividade institucional, são evidências da proposição furtadiana sobre o papel da criatividade cultural na estabilidade e viabilidade dos sistemas econômicos.

Na mesma direção, a criação estética, artística e científica concorre, a seu modo, para ampliação de horizontes de emancipação social e, de modo distinto, mas concreto, para os ganhos de produtividade e ampliação da abundância material. O papel da elaboração científica é particularmente notável, considerada sua capacidade criativa incorporada na busca de novos conhecimentos aplicáveis, na elaboração de métodos de trabalho sistemático, na reunião e análise de informações e, no mundo contemporâneo, na construção dos métodos informacionais.

Obviamente é necessário perguntar se esse aparato de ampliação e enriquecimento da emancipação humana funciona de modo irrestrito e inclusivo, num movimento que tendencialmente encampasse todo o gênero humano. Esse é, afinal, o enunciado do iluminismo europeu e o cerne do seu discurso sobre a perfectibilidade humana, empregado inclusive para uma justificativa do imperialismo e do colonialismo europeu. Certamente não é o que pensa

Furtado, cuja elaboração dirige-se justamente para a compreensão do anverso desta narrativa, que é a realidade do subdesenvolvimento.

Em *Criatividade e Dependência na Civilização Industrial*, a investigação sobre a relação entre cultura e desenvolvimento atinge o maior nível de elaboração, Furtado explora os limites das narrativas do progresso, assim como de sua atualização do desenvolvimento tal qual emerge no pós II Guerra Mundial. Nesse horizonte, importante esclarecer o que Furtado chama de "tendência à transmutação de meios em fins" (Furtado, 1978; Rodriguez, 2009) e suas consequências para a deterioração das possibilidades de desenvolvimento como enriquecimento da experiência humana na "civilização industrial" como um todo e nas economias periféricas em particular.

Como referido, Furtado considera a elaboração de valores e ideias como o cerne da dimensão não material da cultura. Para ele, essa é a esfera fundamental do desenvolvimento, na medida em que aí reside a capacidade de alargar os horizontes de emancipação humana, ou seja, a possibilidade de lidar de modo prático, nos mais diversos planos - político, econômico, tecnológico, estético, etc. - com as demandas concretas e virtualmente ilimitadas de expansão da dignidade humana [pode-se acrescentar também da dignidade não-humana da natureza, dos animais e do planeta].

Nessa formulação, Furtado recorre ao fato demasiadamente conhecido, mas do qual não se tira sempre as devidas consequências heurísticas, de que os processos culturais do renascimento e iluminismo, das revoluções científicas e burguesas, são não apenas *inseparáveis* do processo histórico concreto de "desenvolvimento da Europa". Mais que inseparáveis, tais transformações culturais foram fundamentais como esfera intelectual, política, institucional e estética que orientou e abriu os horizontes desse processo de desenvolvimento, conferindo-lhe direção e sentido.

Como tratar então do fechamento destes horizontes de emancipação humana que caracterizam a relação dos países centrais - Europa, EUA, Japão, etc. - com a gama variada de periferias onde prevalece o subdesenvolvimento? Furtado realça a importância da dita transmutação de meios em fins na civilização industrial, e assinala de que maneira essa inversão opera de modo adverso à realização do desenvolvimento das sociedades periféricas, e até mesmo produzindo tendências de conservadorismo e reacionarismo nos países centrais. O mecanismo fundamental desta transmutação são os mecanismos sociais variados, pelos quais a operação dos meios técnicos e da acumulação subordinaram para si a própria orientação das ideias e dos valores. A operação concreta da esfera material alcança na "civilização industrial" tal abundância e poder que se torna suficiente para subordinar a si todos os processos e manifestações da elaboração cultural, institucional, político, científico e estético-intelectual.

Essa tendência encontra-se nas sociedades industriais como um todo, mas opera mais severamente contra a emancipação humana na periferia do capitalismo. Podemos dizer que essa operação acontece por um fechamento e fragmentação dos sistemas de cultura global periféricos, os quais são tolhidos por uma série de mecanismos culturais (portanto, políticos, institucionais, científicos, estéticos...) de sua capacidade de *renovar-se a partir de dentro* e a partir de sua *interação com a realidade social, histórica e espacial* na qual operam. Ao invés de uma totalidade dinâmica e aberta, dotada de capacidade endógena de renovação por ideais e valores e técnica-acumulação, os sistemas globais de cultura periféricos são moldados por uma *vinculação dependente*, que também pode ser denominada como *dependência cultural.*

Reencontramos desse modo, enriquecida por uma grande exploração de suas dimensões culturais, a hipótese centro-periferia enunciada por Prebisch e assumida por Furtado nos anos 1950. Os sistemas globais de cultura periféricos operam como sistemas amputados e dependentes. Sua origem colonial embutiu em seu cerne uma desvinculação fundamental de sua própria realidade cultural e, assim, uma incapacidade de derivar suficientemente ímpeto criativo de suas necessidades e potencialidades internas.

3. A trajetória do subdesenvolvimento da Amazônia a partir da (re)leitura de Celso Furtado sobre o papel da cultura e da criatividade como fundamentos do desenvolvimento

A despeito de ter escrito pouco sobre a Amazônia, a obra de Celso Furtado fornece elementos para compreender o desenvolvimento desta região de maneira promissora. Sua investigação sobre cultura e desenvolvimento nos inspira a desenvolver protocolo diferente em relação às estratégias de desenvolvimento para a Amazônia nas últimas décadas.

A elaboração furtadiana conecta de modo profundo os problemas do desenvolvimento, do subdesenvolvimento e da cultura. Sua formulação converge para uma visão do desenvolvimento como processo de transformação que deve ser endógeno, onde conceitos e formulações sobre dependência cultural e criatividade ocupam lugar privilegiado: "a endogeneidade não é outra coisa senão a faculdade que possui uma comunidade humana de ordenar o processo de acumulação em função de prioridades por ela mesma estabelecidas" (FURTADO, 1984, p. 108).

A Amazônia tem sido vista há séculos como um lugar de pobreza e atraso atávicos. Ao mesmo tempo, a percepção da região foi sempre marcada pela afirmação de uma riqueza pouco conhecida, mas associada intuitivamente à biodiversidade. Desde que a região foi invadida por europeus no séc. XVII, tais imagens contraditórias de riqueza natural e pobreza humana têm se combinado. Desde então, os colonizadores se enredaram em uma avaliação paradoxal das possibilidades de uso econômico da biodiversidade. A visão ocidental sobre a Amazônia tem se enredado numa percepção fragmentada e preconceituosa das formas de vida dos povos da região, e de suas habilidades e capacidades de manejo, utilização e convivência com a biodiversidade, fluxos e ritmos da natureza na região tropical.

De certa forma, os clássicos das ciências sociais brasileiros e seus herdeiros avaliaram a formação econômica da Amazônia de modo semelhante[4]. Usualmente, insistem que desde o período colonial a região vive ciclos esporádicos de exportação de produtos extrativos. Esses ciclos, não obstante sua capacidade de ligação da economia amazônica a economia-mundo, não construíram um padrão econômico e tecnocientífico com estruturas capazes de alcançar ganhos de escala e produtividade industrial, que seriam condições *necessárias* para o desenvolvimento econômico da Amazônia (Costa, 2018).

Esse diagnóstico assume que as fontes de inovação e progresso tecnológico se encontram no padrão da civilização industrial. Aqui, em grande medida, o receituário do "desenvolvimento" requer a repetição das trajetórias técnicas e institucionais dos países centrais, e/ou das regiões brasileiras mais dinâmicas como São Paulo. Há uma espécie de caminho conhecido que parte de condições similares, depende de condições e mediações conhecidas e chega a resultados similares às experiências de êxito dos países que antes lá chegaram. Vem daí a centralidade da industrialização nos moldes conhecidos, assim como o peso dos setores exportadores. Entretanto, a heurística que orienta essa perspectiva encontra dificuldades para tratar de condições de partida diferentes, com as mediações usuais funcionando insatisfatoriamente.

4. A visão de Caio Prado Jr. em *História econômica do Brasil* sobre a Amazônia são exemplares a esse respeito.

O próprio Celso Furtado partilhou dessa crença, quando tratou da Amazônia no seu clássico *Formação econômica do Brasil* (1959). É claro que se trata de obra anterior à fase de sua (re)visão do desenvolvimento e subdesenvolvimento a partir do papel da cultura e da criatividade de caráter endógeno, o que pode explicar vários deslizes. Naquela obra, Furtado concentra sua atenção na economia da borracha, ou antes, na sua capacidade de atrair a mão de obra nordestina para a produção do látex a ser exportado. Menciona de passagem "o engenhoso sistema de exploração da mão de obra indígena estruturado pelos jesuítas" e diz que após sua desestruturação "a imensa região reverteu a um estado de letargia econômica" (Furtado, 2000, p. 135). Nada diz sobre os fundamentos do sistema econômico organizado pelas ordens religiosas, e supõe uma letargia econômica regional atávica que não se sustenta segundo pesquisa empírica (Costa, 2018). Ademais, Furtado concentra-se naquele momento apenas na discussão do dinamismo impulsionado a partir de fora, típico da economia da borracha. Não questiona sobre os fundamentos materiais e imateriais que estiveram na base da construção da economia da borracha. Isso impediu que encontrasse ali elementos culturais enraizados na experiência, natural e humana, amazônica: conhecimento da natureza e trabalho sofisticado, articulados de modo singular na urbanidade e institucionalidade das missões religiosas.

As estruturas produtivas e reprodutivas surgidas das práticas singulares do arranjo econômico jesuítico[5] perdura quase um século, sendo então apropriado pelo estado português no séc. XVIII. Prolongou a capacidade de geração de excedentes econômicos sob o Diretório, numa capacidade de permanência ao longo de regimes institucionais díspares pouco compreendida. Depois do "terremoto" social e econômico provocado pela rebelião popular da Cabanagem[6] na primeira metade do século XIX, foi novamente apropriado pelos agentes da economia da borracha na segunda metade do séc. XIX, e projetou-se ao longo da primeira metade do séc. XX (Costa, 2018).

5. A bem da verdade não eram unicamente os jesuítas os operadores religiosos da Missões; ver Costa (2018).

6. Este movimento, ocorrido entre 1835 e 1840, foi uma das mais importantes revoltas camponesas travadas na Amazônia contra o julgo branco e português e do recém-formado Império brasileiro. Estima-se que mais de 30 mil pessoas morreram em decorrência desse movimento e da feroz reação das forças imperiais. A denominação "Cabanagem" é uma alusão à forma como viviam os segmentos sociais pobres rebelados, constituídos por pescadores, índios, caboclos, negros e uma parcela de brancos pobres, que viviam em cabanas, à margem de rios e igarapés.

A permanência dessas estruturas econômicas, cujos agentes sociais emergem dos processos coloniais mais ou menos violentos, é de difícil compreensão numa perspectiva econômica que ignora a dinâmica de invenção e/ou de incapacidade criativa material e imaterial de fundo cultural. Sua explicação puramente como atraso fracassa em compreender sua resiliência. Essa avaliação, a partir de critérios de adesão à modernização, perde de vista sua condição de *sistema global de cultura periférico*, tal como proposto por Furtado.

Assim, categorias propostas por Furtado em *Criatividade e Dependência*, permitem compreender o papel dos ideais e valores de progresso dos projetos desenvolvimentistas da segunda metade do século XX. Elementos culturais reforçaram os fatores limitantes das potencialidades de desenvolvimento endógeno na Amazônia, na medida que o estado arca com os *altos custos de transação da implantação de um novo padrão de extrativismo industrial* na região (Schmink e Wood, 1992, Costa 2000).

As condições históricas de desenvolvimento das ideologias e processos de invenção cultural que surgem em regiões periféricas, como o Brasil – e a Amazônia, em específico – impõem uma dinâmica de transmutação cultural que limita a capacidade regional de exploração de seu sistema global de cultura em todas as suas potencialidades. Ou seja, para moldar as condições políticas e ideológicas capazes de responder aos desafios da modernização em uma região periférica, Furtado propõe a interpretação de que a difusão da civilização industrial foi a argamassa que deu condições de estabilidade para o processo de construção do projeto de nação brasileiro, em meio a uma agenda de promessa de progresso e superação do subdesenvolvimento.

A ideologia do progresso alinhavou e articulou alianças de classe no Brasil da segunda metade do século XX, reunindo agentes interessados em acelerar processos de acumulação de capital encampando os recursos da região amazônica, até então bastante isolados dos circuitos econômicos internacionais. O arranjo econômico erigido pelo regime autoritário atingiu duramente as estruturas de longa duração que organizaram a extração de excedentes econômicos na Amazônia desde o séc. XVII.

Essas estruturas herdadas dos séculos anteriores, não possuíam, de fato, conteúdo socialmente emancipatório, mas tinham como fundamento material a existência do bioma. Sua capacidade de criação de excedentes se baseava na relação com a natureza como sistema vivo, não obstante essa capacidade fosse rigidamente limitada por ideais, valores e criação institucional enquadrada numa condição de dependência. A modernização autoritária de meados dos anos 1960 não só renovou as bases do processo de dependência social, tecnológico e cultural na região, como reforçou o potencial ambientalmente disruptivo dos projetos estatais e privados favorecidos.

Ainda assim, as forças criativas das populações amazônicas conseguiram manter-se em termos de diversidade cultural, que são originais mesmo em relação ao Brasil como um todo, o que reflete as singularidades da formação social, econômica e cultural da Amazônia em relação ao restante do país[7]. Mas desafortunadamente, essas raízes culturais não têm sido favorecidas por nexos sistêmicos nos sistemas globais de cultura regionais e nacionais. Como vimos, o encurtamento dos horizontes de ideais, valores, criação institucional, artística e científica formam um todo. De sua capacidade endógena de criação dependem os impulsos de enriquecimento em escala e diversidade de um sistema material e imaterial. O enrijecimento da condição dependente do sistema de cultura frustra sua capacidade endógena de criação, mesmo persistindo a força criativa de seus elementos.

4. Considerações finais: cultura e criatividade como eixos do desenvolvimento endógeno na Amazônia

A intensidade criativa da diversidade natural e social amazônica é um patrimônio de importância material e imaterial. As sociedades indígenas, construtoras de conhecimento profundo do bioma, legaram à região elementos culturais materiais e imateriais, que, no limite, continham chaves para uma sociedade amazônica moderna, mas de grande originalidade. Entre os elementos mais resilientes desse legado está uma rica elaboração estética e alimentar. Uma das manifestações dessa herança se conformou na chamada "cultura ribeirinha"[8], com muitas variantes culturais, sobretudo na cultura

7. O processo de ocupação econômica da Amazônia pelos colonizadores portugueses baseou-se inicialmente no trabalho indígena e em uma economia extrativista voltada à exploração de especiarias florestais (também chamadas como "drogas do sertão"), cujo controle econômico e social era realizado pelas ordens religiosas, principalmente jesuítas. Tais características contrastavam visivelmente com o sistema sul-atlântico implantado pelos portugueses no restante da colônia, baseado no comércio e no uso em larga escala do escravo africano em *plantations* açucareiras, relegando, dessa forma, a região amazônica a certo isolamento em relação à colônia açucareira e escravista negra (ALENCASTRO, 2000).

8. A categoria "caboclo" ou "ribeirinho" é uma nomenclatura regional utilizada para caracterizar os nativos que são descendentes da miscigenação do indígena com o colonizador português. O processo de miscigenação na qual é gerado o caboclo é resultado do processo histórico da colonização portuguesa na Amazônia, que moldou uma sociedade baseada no

popular e regional. Um exemplo disso é o "carimbó", que é um ritmo regional de música, dança e de manifestações alegóricas com fortes traços em várias regiões de ocupação tradicional da Amazônia, sobretudo no Pará, e que foi recentemente reconhecido como patrimônio cultural brasileiro pelo Instituto do Patrimônio Histórico e Artístico Nacional (IPHAN) em 2015.

Essas heranças foram reelaboradas dentro do processo de urbanização recente, com manifestações nos mercados locais, conformando até uma "indústria cultural" de corte regional, e com alcance nacional, como é o caso do gênero musical estético do tecnobrega. Festas populares amazônicas, como Círio de Nazaré, Festival de Parintins e o Sairé, manifestam impressionante amálgama urbano com elementos culturais regionais, tendo, inclusive, dimensão econômica direta de grandes proporções, mas com pouco nível de visibilidade e compreensão na sociedade brasileira (Costa, 2013).

Por outro lado, os mecanismos de dependência cultural atuam fortemente na escala regional para solapar as forças criativas culturais endógenas e locais na Amazônia. Muitas dessas tradições culturais regionais se articulam precariamente à base econômica regional e não encontram apoio por parte de políticas culturais em qualquer nível de governo. Desta forma, a continuidade dessas manifestações culturais regionais depende da atuação de mestres(as) da cultura popular e regional em condições de precarização persistente. Muitos desses mestres vivem na pobreza e dependem do apoio voluntário e/ou reconhecimento social de membros de suas comunidades locais. Como grande parte são anciãos, a sua situação de vulnerabilidade fica mais dramática[9].

Essa situação reflete o uso do excedente social que, tal como alertou Furtado, é decidido pelas elites locais, por empresas de poder oligopólico ou pelo Estado, capturado pelas entranhas da dependência cultural e do subdesenvolvimento, que adotam preferências culturais completamente exógenas, tanto de consumo como de produção. Ou seja, duplamente colonizado, pois a Amazônia é periferia em relação ao centro capitalista do Brasil (localizado na região sudeste), e se constitui em periferia da economia capitalista central.

Esse comportamento imitativo das elites (regionais e nacionais) e a sua adesão a uma modernização dependente faz com que atribua uma referência

mercantilismo e na extração de produtos florestais, utilizando o trabalho servil indígena e, posteriormente, do caboclo, que é, ao mesmo tempo, vítima e resultado da colonização portuguesa (CONCEIÇÃO, 2001).

9. A situação se torna dramática frente a crises como a atual pandemia do coronavírus em 2020, quando se escreve esse texto.

negativa à cultura popular do povo (brasileiro e/ou amazônico), recusando a valorização de sua criatividade cultural e artística.

Isso se reproduz na imagem social com imensa carga negativa em relação ao caboclo ou ribeirinho que é partilhada pelas elites locais e que influencia o restante da sociedade amazônica. Fábio Castro afirma que "o lugar social ocupado pelo caboclo na escala de tipos humanos e sociais amazônicos é determinado pela longa tradição segregatória que o envolve" (CASTRO, 2013, p. 435). E isso ocorre mesmo que o caboclo seja reconhecido como o fluxo cultural mais variado e rico do universo amazônico pelo próprio discurso que o nomeia, como revela Castro (2013). Essa conotação negativa é de tal ordem que faz com que o termo caboclo seja rejeitado inclusive por grande parte dos que são designados como tal, conforme Lima (1999).

Mas como romper com a dependência cultural e com essa visão subalterna das elites locais que inibem as forças criativas e culturais endógenas na Amazônia?

Resgatar a criatividade é o elemento central, segundo Furtado. "A luta contra a dependência não é senão um aspecto do processo de desenvolvimento, e este não existe sem a liberação da capacidade criadora de um povo" (FURTADO, 1978, p. 162). Mas é importante compreender que o significado de Criatividade para Furtado tem estreita relação com a Tecnologia. Como a tecnologia constitui a expressão final da criatividade humana, sua libertação constituiria o caminho para se alcançar o desenvolvimento endógeno. A própria inovação sempre teve como seu fundamento original ampliar o horizonte e as possibilidades humanas, segundo Furtado. Mas é preciso liberar as forças criativas que a restringem à forma da criatividade utilitarista e à serviço da acumulação capitalista no sistema da civilização industrial.

Portanto, a ideia de criatividade e de inovação de Furtado se vincula com a de liberdade, desde que se consiga romper com as amarras da dependência cultural. Por outro lado, a criatividade se ramifica em diferentes linhas de inovação, mesmo no campo da inovação criativa e cultural. Assim como as cadeias produtivas da cultura não se restringem aos setores culturais *stricto sensu*. Exemplo disso é a cadeia produtiva da cultura alimentar amazônica, que se encontra estreitamente relacionada à produção de alimentos de unidades familiares agrícolas e extrativas, inclusive de natureza sustentável. É o caso do Ponto de Cultura Alimentar "Iacitatá", localizado no bairro da Cidade Velha, em Belém, que recebe fornecimento de variados produtos alimentícios (inclusive orgânicos) de cerca de 600 famílias ligadas a assentamentos rurais de produção sustentável do MST (Movimento dos Trabalhadores Sem Terra).

Mas a inovação criativa artística e cultural também se encontra estreitamente relacionada às condições de reprodução de diversos segmentos populacionais amazônicos. Assim, muitas composições feitas por mestres(as) de carimbó retratam o cotidiano da pesca artesanal[10], lavoura, meio ambiente e outros. Em outro caso, as letras e músicas de hip-hop feitas por artistas jovens, caboclos e negros periféricos de Belém e outras cidades amazônicas refletem, em boa parte, a condição social a qual estes são submetidos, com ausência quase total do Estado e sem acesso a serviços básicos, sofrendo discriminação, marginalização, falta de oportunidades e até extermínio, mas também a luta por igualdade de oportunidades.

Para Furtado, a liberação das forças criativas se dá através da organização social, também resultado da criatividade humana. Portanto, esse processo deve ocorrer por meio da política, "único espaço em que a civilização industrial floresceu autêntica atividade criadora" (FURTADO, 1978). Ou seja, conquistar o controle político sobre as atividades econômicas, e isso passa pelo Estado.

Desse modo, pode-se dizer que há dois campos de articulação política na luta dos artistas, agentes e ativistas culturais na Amazônia. De um lado, a luta no campo institucional pelo acesso a políticas culturais democráticas, inclusivas e abrangentes e por formas inovativas de participação social na gestão das políticas culturais. De outro lado, a articulação dos movimentos culturais com outros atores sociais, no sentido de construir projetos de desenvolvimento endógeno que sejam amplos e multidimensionais, utilizando a criatividade e a cultura local como impulsionadora dos valores de uma nova sociedade. No sentido como Celso Furtado pensava o desenvolvimento e a cultura.

---

10. "Pescador, pescador por que é que no mar não tem jacaré / Pescador, pescador, por que foi que no mar não tem peixe-boi" (trecho do carimbó "Pescador", do mestre Lucindo).

Referências bibliográficas

ALENCASTRO, Luís F. *O trato dos viventes:* formação do Brasil no Atlântico Sul. São Paulo: Cia. das Letras, 2000.

BIELSCHOWSKY, Ricardo. *Pensamento econômico brasileiro:* o ciclo ideológico do desenvolvimento. Rio de Janeiro: IPEA/INPES, 1988.

BOLAÑO, César. S. Indústrias criativas e os conceitos de cultura, inovação e criatividade em Celso Furtado. *Políticas Culturais em Revista*. Salvador: UFBA, 4(2), 2011.

BRANDÃO, Carlos. Celso Furtado: subdesenvolvimento, dependência, cultura e criatividade. In: D'AGUIAR, Rosa Freire (org.). *Celso Furtado e a dimensão cultural do desenvolvimento.* 1ª ed. Rio de Janeiro: Centro Internacional Celso Furtado, 2013.

CASTRO, F. A identidade denegada. Discutindo as representações e a autorrepresentação dos caboclos da Amazônia. *Revista de Antropologia*, São Paulo, USP, 2013, v. 56 nº 2.

CONCEIÇÃO, M. F. Carneiro da. Populações tradicionais, sociabilidade e reordenação social na Amazônia. In: COSTA, Maria José Jackson. (org.). *Sociologia na Amazônia:* debates teóricos e experiências de pesquisa. Belém: EDUFPA, 2001, p. 141-164.

COSTA, F. *A brief economic history of the Amazon (1720-1970)*. Cambridge: Scholars Publ., 2018.

COSTA, Francisco A. *Economias locais baseadas em cultura na Amazônia:* o Círio de Nazaré em Belém e o Festival de Parintins. Belém: NAEA, 2013.

___________. *Formação agropecuária da Amazônia:* os desafios do desenvolvimento sustentável. Francisco de Assis Costa, 2000.

FURTADO, Celso. *Desenvolvimento e subdesenvolvimento*. São Paulo: Contraponto, 2009.

___________. *Criatividade e dependência na civilização industrial*. Rio de Janeiro: Paz e Terra, 1978.

___________. *Cultura e desenvolvimento em época de crise*. Rio de Janeiro: Paz e Terra, 1984.

___________. *Ensaios sobre cultura e o Ministério da Cultura*. Rio de Janeiro: Centro Internacional Celso Furtado de Políticas para o Desenvolvimento, 2012.

___________. Formação de capital e desenvolvimento econômico. *Revista Brasileira de Economia*, v. 6, n. 3, p. 7-45, 1952.

___________. *Formação econômica do Brasil*. São Paulo: Cia Editora Nacional, 2000.

LIMA, D. M. "A construção histórica do termo caboclo sobre estruturas e representações sociais no meio rural amazônico". *Novos Cadernos NAEA*, vol. 2(2), 1999.

MARCHI, Leonardo de. Análise do Plano da Secretaria da Economia Criativa e as transformações na relação entre Estado e cultura no Brasil. In: *Revista Intercom* – RBCC. São Paulo, v. 37, n. 1, p. 193-215, jan./jun. 2014.

RAMIRO FERNANDEZ, V.; ORMAECHEA, E. Prebisch, o Estado e o pensamento estruturalista. In: BRANDÃO, C. A. (org.) *Teorias e políticas do desenvolvimento latino-americano*. Rio de Janeiro: Centro Celso Furtado/Contraponto Editora, 2018.

RODRÍGUEZ, Octavio. *O estruturalismo latino-americano*. CEPAL. Capítulo 9. Rio de Janeiro: Civilização Brasileira, 2009.

SAWAYA, Rubens R. Celso Furtado: criatividade e dependência na periferia. *Revista Estudos Avançados*. Vol. 22, n. 64. Dez 2008. São Paulo: Instituto de Estudos Avançados – USP, 2008.

SCHMINK, Marianne; WOOD, Charles H. *Contested frontiers in Amazonia*. Columbia University Press, 1992.

TAVARES, M. C.; Serra, J. Além da estagnação. In: TAVARES, M. C. *Da substituição de importações ao capitalismo financeiro*. Rio de Janeiro: Zahar, 1972.

PARTE 4

O COMBATE PELO DESENVOLVIMENTO REGIONAL

Celso Furtado e o Nordeste brasileiro

Leonardo Guimarães Neto[1]
Tânia Bacelar de Araújo[2]

Introdução

O objetivo do artigo é examinar o Nordeste em meados do século XX – o Brasil industrial confrontado com o Nordeste agrário, na visão de Celso Furtado –, destacando o que considerou os desafios centrais da região, refletidos nas propostas do GTDN e da fase inicial da Sudene. E, sem abandonar um olhar furtadiano, apoiado no método histórico-estruturalista, abordar o Nordeste atual, destacando as permanências e as mudanças na realidade nordestina. Por fim, busca-se identificar novos desafios para o desenvolvimento regional. Uma das bases de informações é constituída, entre outros textos, pelos Diários de Furtado, organizado por Rosa Freire d'Aguiar[3], onde, no início da sua apresentação, ela assinala:

1. Economista pela Universidade Estadual de Campinas (Unicamp) e sociólogo pela Universidade Federal de Pernambuco (UFPE), doutor em Economia (Instituto de Economia da Universidade Estadual de Campinas). Foi economista da Superintendência doDesenvolvimento do Nordeste (Sudene), Conselho Estadual de Defesa dos Direitos da Pessoa Humana (CONDEPE) e Fundação Joaquim Nabuco (Fundaj); e assessor do Governo do Estado de Pernambuco. Foi Professor Adjunto do Mestrado e da Graduação em Economia da Universidade Federal da Paraíba (UFPB) e ex-professor do Departamento de Economia daUFPE e do IE-Unicamp. Atualmente é Diretor Técnico do CEPLAN – Consultoria Econômica e Planejamento.
2. Possui graduação em Ciências Sociais pela Faculdade Frassinetti do Recife (1966), graduação em Ciências Econômicas pela Universidade Católica de Pernambuco (1967), Diploma de Estudos Aprofundados (DEA) pela Universidade de Paris I, Panthéon-Sorbonne (1977) e doutorado em Economia Pública, Planejamento e organização do espaço pela Universidade de Paris I, Panthéon-Sorbonne (1979). Exerceu vários cargos públicos e atualmente é professora aposentada da Universidade Federal de Pernambuco, sendo também sócia da CEPLAN.
3. D'AGUIAR, Rosa Freire. *Celso Furtado: Diários Intermitentes*. Companhia de Letras, 2ª edição, 2019.

> Dois decênios separam o desejo do estudante do Recife, nascido em Pombal em 1920, do economista de Cambridge, que aos 38 anos, já era doutor pela Universidade de Paris e acumulava larga experiência como funcionário da Comissão Econômica da América Latina (Cepal). Nesse intervalo, as aspirações, eu diria "a consciência da missão de entender o Brasil só fizera crescer e aprofundar-se". Ela se tornaria a principal baliza de uma obra teórica, de sua atuação pública e de sua carreira acadêmica, mesmo quando exercida no exterior, pelas contingências do exílio. (AGUIAR, 2019, p. 7).

O Nordeste e seus desafios em meados do século XX na visão de Furtado

Em várias oportunidades, Celso Furtado apresenta o que considerava os desafios mais relevantes do Nordeste e, por vezes, os caminhos e soluções dos desafios assinalados nos seus textos. Destacam-se, entre os elaborados, além dos planos programas e projetos para o desenvolvimento regional, *O Nordeste e a Saga da Sudene* sob a direção editorial de Rosa Freire d'Aguiar, e, sobretudo o relatório do Grupo de Trabalho para o Desenvolvimento do Nordeste (GTDN).

Deve ser ainda ressaltado o texto de Furtado, publicado pela Fundação Joaquim Nabuco, que examina a realidade nordestina da perspectiva dos fatores endógenos e os determinantes exógenos. Para Celso Furtado, a tendência secular do atraso da economia nordestina seria resultado da combinação desses fatores. Começando pelos fatores endógenos, vale citar o texto no qual o autor explicita sua visão sobre a realidade do amplo espaço semiárido nordestino:

> [...] escassez relativa de terras aráveis, e inadequada precipitação pluviométrica e predomínio do setor de subsistência do semiárido, com baixa produtividade da agropecuária (menor quantidade de terra por pessoa ocupada e menor dotação de capital por unidade de terra), combinado com excedente de população. (FURTADO, 2017, p. 22)

Outros fatores endógenos, capazes de influir na tendência de atraso na economia regional, estão associados e presentes no litoral úmido:

> Monocultura da cana-de-açúcar da Zona da Mata com terra de qualidade e adequada precipitação pluviométrica, combinada com extrema concentração de renda, que impedia a formação do mercado interno. (FURTADO, 2017, p. 23)

Furtado destaca, assim que a terra de melhor qualidade e bem-dotada de infraestrutura estava ocupada pela monocultura da cana-de-açúcar. Em outros textos, como na "Operação Nordeste" ressalta que com o processo de crescimento demográfico nos últimos decênios havia ocorrido a saturação demográfica no Agreste, com o deslocamento progressivo da população em direção ao semiárido.

> Como resultado, na região com restrição de terras aráveis e recursos hídricos cresceu o excedente de população com impactos econômicos e sociais. Deste conjunto de fatores resultaria uma oferta inelástica de alimentos inibindo o processo de industrialização e uma elevada concentração de renda que impediria a formação de um mercado interno de bens e serviços, incluindo produtos industrializados. (FURTADO, 2017, p. 23)

Deste conjunto de fatores resultaria o obstáculo ao processo de industrialização, somado a uma elevada concentração de renda, que impediria a formação de um mercado interno de bens e serviços, incluindo produtos industrializados. Arrematando, Furtado ressalta o determinante central do atraso econômico do Nordeste resultaria da baixa produtividade da mão-de-obra, especialmente na agricultura, impedindo a elevação da renda e dificultando a redução do custo de reprodução da força de trabalho.

Repetindo suas constatações no relatório *Uma política de desenvolvimento econômico do Nordeste* (GTDN, p. 31), Celso Furtado conclui que "esta tendência à elevação relativa dos preços dos alimentos constitui, de maneira inegável, o principal óbice ao desenvolvimento industrial da região na etapa atual".

Avançando em sua análise, ele apresenta os determinantes exógenos: (1) Política de industrialização do governo brasileiro, com controle das importações e financiamento subsidiado e de longo prazo do BNDE (atualmente BNDES) concentrado onde tinha maior capacidade empresarial e mais amplo mercado interno, favorecendo concentração regional no Centro Sul; (2) Política assistencialista para o Nordeste, com transferência de renda para compensar as desigualdades econômicas e sociais, principalmente no período de seca.

A respeito da política assistencialista, Furtado examina em profundidade e constata sua visão crítica a respeito. Em primeiro lugar, constata o desequilíbrio dos fluxos de renda entre o Nordeste e o Centro-Sul. Enquanto as exportações do Nordeste financiam os investimentos e a industrialização do Centro-Sul, as transferências de renda do governo federal para o Nordeste, nos anos de seca, eram diluídas em obras de gastos assistenciais.

O GTDN afirma que:

> a política protecionista cujo louvável objetivo é proteger as indústrias nacionais tem provocado importantes transferências internas de recursos em desfavor da região potencialmente mais pobre, aumentando assim a disparidade de níveis de desenvolvimento (FURTADO, 2009, p. 101).

Explica, ainda, que o Nordeste tinha dificuldades de importar do exterior devido às tarifas altas por restrições cambiais, enquanto as divisas geradas no Nordeste eram utilizadas para a política industrial concentrada no Centro-Sul.

O diagnóstico dramático do GTDN identifica, no entanto, algumas potencialidades que poderiam ser a base para o desenvolvimento, desde que enfrentados os graves problemas e restrições endógenos e exógenos. Seriam elas (GTDN, p. 25):

1) Mercado de dimensões razoáveis para bens manufaturados – apesar da limitada renda e da sua concentração, tinha uma população de 20 milhões de habitantes.
2) Oferta elástica de energia elétrica nos principais centros urbanos.
3) Disponibilidade de certas matérias-primas com posição privilegiada.
4) Oferta francamente elástica de mão de obra não especializada, o que permitia que o Nordeste tivesse custo de mão de obra bem inferior ao Centro-Sul, embora com menor poder de compra devido à limitada produção de alimentos (O GTDN mostrou que em 1958 o salário mínimo do Recife era 25% mais baixo do que o de São Paulo).
5) Existência de instituições financeiras (BNDE e BNB) legalmente obrigadas a financiar volume substancial de recursos no Nordeste.
6) E finalmente, potencial para o deslocamento da fronteira agrícola: a abertura da fronteira agrícola no *interland* maranhense com o duplo objetivo: i) aumento da produção de alimentos; e ii) absorção do excedente da mão de obra, que decorreria da elevação da produtividade no semiárido (GTDN, p. 30)

Com base nesta análise, Furtado traça a estratégia, valendo ressaltar desde o início que a característica principal da estratégia é a ênfase no que se refere a influência dos fatores exógenos sobre os determinantes endógenos e a influência negativa sobre o desenvolvimento das regiões mais atrasadas. Para Celso Furtado, o mais grave ocorria na utilização dos fluxos de renda entre as regiões.

Para ele, o caráter assistencial do fluxo vindo para o Nordeste (transferência do governo federal) quase nenhum efeito tinha no Nordeste, sobre sua estrutura econômica ou capacidade de produção. Ao contrário dos recursos que saiam do setor privado, os capitais em busca de oportunidades de investimento não eram encontrados no Nordeste (GTDN, p. 25). A estratégia de mudança poderia ser assim sistematizada:

Vetores de transformação do Nordeste

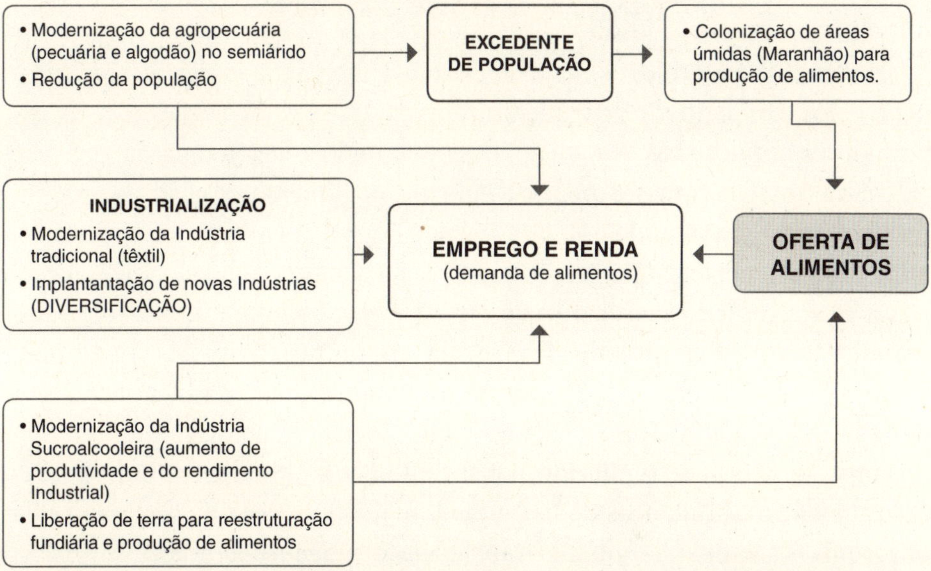

Fonte: BUARQUE, Sérgio C. O planejador Celso Furtado. In: FUNDAJ. *Celso Furtado. Desvelador da realidade nordestina*. Recife: Editora Massangana, 2017.

Como se vê, a estratégia era clara e coerente com os achados centrais do diagnóstico.

Furtado apenas começara a lançar as bases de sua implantação com o I Plano Diretor da Sudene, quando o exílio o afastou de seu objeto de interveção planejada. O Brasil dos governos militares mudou muito o país e as mudanças impactaram profundamente a realidade socioeconômica brasileira.

A economia nacional avançou para depois superar a fase de articulação comercial, na qual Furtado baseou sua análise no final dos anos 1950, e se integrou. A integração produtiva usou o sistema 34/18 (mais tarde transformado no FINOR) para trazer ao Nordeste frações do capital industrial operantes no país – em particular no Sudeste – e as grandes metrópoles nordestinas capturaram importantes investimentos industrias. A industrialização sonhada por Furtado ocorreu, mas em outras bases e capitaneadas por outros agentes. Foi movimento exógeno e não endógeno.

Por sua vez, o Maranhão se consolida como fronteira agrícola nova (que alcança o sul do Piauí e o oeste da Bahia), no entanto, o processo não foi conduzido por pequenos produtores nordestinos, mas por "gaúchos", como parte do processo de ocupação dos cerrados nacionais, patrocinado pelos governos militares. Trata-se de economia dinâmica, comandada pelo agronegócio e produtora de alimentos, mas voltada às exportações e não para o mercado interno, com pensara Furtado.

No amplo semiárido, as manchas férteis e com água (vales de rios perenes), polos competitivos de fruticultura irrigada, se estabeleceram e são exportadores importantes. Na parte mais seca, onde a hegemonia da pecuária extensiva convivia com o algodão e a policultura alimentar, assistiu-se ao "fim do algodão", desmontando o velho tripé que Furtado dissecara em seu funcionamento para afirmar que, nesta organização socioeconômica residia a real causa da seca hídrica se transformar em crise econômica e trajédia social nos períodos de estiagem prolongada. Por sua vez, outras atividades emergiram, como polos de avicultura, de apicultura, entre outros, para destacar apenas os de base agropecuária. Mas as cidades – em especial as médias – floresceram no amplo território do semiárido, constituindo-se sobretudo em importantes polos terciários. Mudanças de hegemonia política – perda de força da velha oligarquia – acompanharam tais transformações socioeconômicas.

Na mata úmida, o PROALCOOL deslocou a produção alcooleira para o Centro-Sul e o complexo nordestino perdeu peso relativo no país, ao mesmo tempo em que atividades urbanas em seu redor se ampliavam e ele perdia peso também na vida econômica e política regional. O antigo complexo açucareiro encolheu e se diversificou, sendo chamado hoje de sucro-energético.

Acompanhando o Brasil, no final do século XX o Nordeste havia passado por importantes mudanças econômicas, mas mantivera dramático quadro social. Tanto que, ao voltar do exílio, em palestra no Clube de Engenharia, no Rio de Janeiro, Furtado afirmou que "o Nordeste é a imagem onde o Brasil se reflete com brutal nitidez". E ao fazer uma autocrícica, concluiu que pensara que o investimento redimiria o Nordeste. Ele ocorreu, mas foi capturado por poderosos agentes econômicos enquanto a maioria dos nordestinos permanecia sem oportunidades. Seria, então, preciso distribuir dois ativos estratégicos – terra e educação – para promover mudanças reais na vida da maioria.

Mudanças no Nordeste nos anos iniciais do século XXI

O Brasil adentra o novo século carregando dificuldades herdadas das décadas finais do século XX, e após domar a hiperinflação nos meados dos anos 1990, passa a conviver com duas heranças importantes: i) a indústria perdendo competitividade – a política cambial pós Plano Real impacta negativamente na atividade manufatureira – ao mesmo tempo em que não demonstra capacidade de engatar nas mudanças de padrão técnico e produtivo que vinham avançando em outros lugares no mundo; e ii) com o Estado desenvolvimentista em crise desde os anos 1980, crescentemente endividado (a dívida interna cresceu muito nos anos pós Plano Real).

Em paralelo, no entanto, o processo de redemocratização deixara o legado da Constituição Federal (CF) de 1988 que criou espaço para avanços importantes nas políticas sociais, o que começa a acontecer quase que imediatamente.

A chegada ao poder central de forças políticas progressistas, coincidindo com uma janela de oportunidades criada pelo "boom" das *commodities*, possibilita iniciativas que ao mesmo tempo em que estimulam a economia via consumo interno – que, desta vez, inclui familias da base da pirâmide social – avançam na expansão e melhorias de políticas sociais, estando o significativo aumento real do salário mínimo entre as iniciativas mais impactantes.

Esse novo contexto beneficia o Nordeste, que atrai investimentos importantes e experimenta melhorias significativas nos padrões sociais, como bem atestam uma taxa de crescimento do PIB regional superior à média nacional e os avanços significativos no Indice de Desenvolvimento Humano (IDH).

Mudanças vindas do século XX, destacadas no capítulo anterior, se consolidam, enquanto novidades importantes podem ser identificadas. Dentre elas, o importante volume de investimento no sistema de ensino superior, patrocinado pelo governo federal, que financiou os estudantes pobres no ensino privado (FIES e Prouni) ao mesmo tempo em que patrocinou a expansão e interiorização do sistema de Universidades públicas. Essas eram políticas nacionais, mas que tiveram muita força no Nordeste. Tanto que entre 2000 e 2010, segundo os Censos Demográficos do IBGE, o número de pessoas frequentando cursos de gradução cresceu 116% no Brasil e 176% no Nordeste. O mais importante, no entanto, é que as matrículas se expandiram no tecido de cidades médias da Região, servindo também para ativar as estruturas de serviços e comércio locais. Essa novidade dialogou positivamente com a mudança do movimento emigratório dos nordestinos, que arrefecera a saída para outras regiões do país e busca agora as áreas urbanas da própria região. Em paralelo, governos estaduais investem em educação, sendo referência o Ceará, pela aposta estratégica no ensino fundamental, e Pernambuco pela implantação descentralizada de ampla rede de escolas de ensino médio em tempo integral. A elevação dos indicadores educacionais destes estados no ranking nacional respectivo confirma a assertividade destes investimentos. Trata-se da valorização do processo de democratização do acesso ao ativo conhecimento, através do ensino fundamental ao superior.

Outra novidade importante é o avanço dos investimentos em infraestrutura de energias limpas e renováveis, macrotendência mundial no século XXI, com destaque para a produção de energia eólica, em especial no Rio Grande do Norte, Paraíba, Bahia e Maranhão, seguindo o mapa brasileiro de potencial eólico cujo endereço privilegiado é o Nordeste. A indústria de equipamentos para a produção de tal energia, no entanto, não veio com a mesma força para o território nordestino, o que permence como desafio. Na solar, o avanço tem sido mais lento, mas o potencial latente é igualmente endereçado ao Nordeste, nos mapas de intensidade de insolação do país.

Observa-se, em paralelo, a ampliação e modernização da base de infraestrutura econômica no Nordeste, com a duplicação de rodovias, a implantação de grandes eixos ferroviários (como a Transnordestina e a FIOL); a expansão de portos (como Suape, Aratu e Pecém); a ampliação, modernização e posterior privatização de aeroportos, para dar alguns exemplos.

Por sua vez, a ampliação da infraestrutura hídrica teve duas marcas importantes: o projeto de interligação de bacias com base nas águas do rio São Francisco (o PISF), ora em fase final de implantação e o significativo avanço de infraestrutura hídrica de pequeno porte (poços e sobretudo cisternas). As cisternas (Programa 1 milhão de cisternas) se espalharam no meio rural e hoje são a marca de uma nova realidade para as famílias que ali vivem, em cujas casas chegou também a luz elétrica (Programa Luz para Todos), denunciada por milhares de antenas parabólicas presentes neste novo cenário. Junto com tais investimentos, se deu a extensão para o meio rural nordestino da Previdência Social Rural e dos programas assistenciais (destaque para o programa Bolsa Família e o Benefício de Prestação Continuada), que foram muito importantes para as pessoas, mas igualmente para as economias locais, em especial para os numerosos pequenos municípios da Região. Nesse contexto, o valor do rendimento médio mensal dos domicílios permanentes do Nordeste cresceu a uma taxa de 3,1% a.a entre 2000 e 2010, contra 2,4% de crescimento no total desses domicílios no Nordeste e os 2,1% observados nos domicílios rurais do Brasil.

As mudanças estruturais ocorridas no velho complexo gado-algodão-policultura abriram espaço para que nos agrestes e nos sertões se expandisse uma agricultura de base familiar, que ocupa milhares de produtores em busca da transição, sobretudo em locais próximos a centros urbanos, para a agricultura agroecológica; outra tendência que aponta para o século XXI. As dificuldades de elevar a produtividade e, portanto, a renda desses numerosos produtores, ainda permanecem como desafio, como destacara Furtado no passado.

Esta melhora das condições de vida dos habitantes rurais do Nordeste explica a concretização de um sonho de Celso Furtado: a ocorrência de uma seca prolongada nos anos recentes, sem que o drama social histórico se repetisse. Em paralelo, se consolidavam e expandiam no Nordeste, em particular na sua porção oeste, as estruturas produtivas agropecuárias organizadas em bases empresariais. Nas cidades, por sua vez, em especial nas metrópoles e cidades maiores, estruturas produtivas urbanas ganhavam força, com avanço dos serviços modernos e de novos padrões de organização do setor comercial, merecendo destaque a criação e consolidação de ecossistemas de inovação em diálogo, em muitos deles, com os produtores da chamada economia criativa, cujo potencial nordestino é amplamente reconhecido.

A base industrial se ampliou e se consolidou, atraindo novos segmentos, como o automotivo, em alguns poucos estados, no rastro de um modesto processo de desconcentração industrial experimentado pelo Brasil desde finais do século anterior. O mercado de trabalho se transformou, avançando na formalização – como ocorria no restante do país na década inicial do século XXI, tendo o Nordeste apresentado a maior taxa de crescimento do emprego formal dentre as regiões do país naquele decênio. Mas esse movimento foi interrompido pela crise que atingiu a economia nacional a partir de 2015, em especial no Nordeste. A informalidade voltou a crescer junto com o desemprego a ritmo intenso. Ciclo de baixa, mudanças institucionais que impulsionam a flexibilização (Reforma Trabalhista) e ampla oferta de trabalho se juntam para reconfigurar o mercado de trabalho nordestino, que volta a apresentar altas taxas de desemprego e elevada informalidade.

As mudanças e permanências não conseguem reverter a desigualdade histórica que continua como desafio central. A ela se associa a forte presença da violência, em especial no meio urbano. Uma violência que se expressa nas condições de vida de ampla maioria e que tem componentes de raça, gênero e nível de renda. Um indicador chama a atenção neste contexto: a forte presença de jovens que nem estudam nem trabalham (nem-nem): 25% das pessoas entre 15 e 29 anos no Nordeste, contra 20% na média nacional (PNAD/IBGE, 2013). Nesse contingente, as mulheres têm peso relevante. Mas elas também ganharam protagonismo no mercado de trabalho, no ambiente das ciências (Universidades), nas organizações da sociedade civil (em particular nos movimentos sociais e sindicais rurais).

No geral, o Nordeste chega ao presente tendo se transformado significativamente, quando comparado ao que era em meados do século passado. Experimentou avanços e manteve travas históricas ao reconstruir o tecido econômico, social e cultural, tendo alterado pouco a relação de suas estruturas socioeconômicas com a natureza. A questão ambiental – hoje em debate mundial – aqui se expressa como um desafio importante. Mas outros surgiram. É o que se tratará adiante.

Novos desafios para o Nordeste

O limiar de mais uma década do século XXI será marcado pela pandemia associada ao novo coronavírus (Covid-19) que se alastrou pelo mundo. Ela trouxe grandes desafios no presente, mas está sendo considerada como capaz de acelerar mudanças que já vinham ocorrendo mundo afora, e que se apresentam de maneira desafiadora para o Brasil. Imerso em momento de crise econômica, cujos impactos sociais são muito fortes, em especial no mercado de trabalho, lidando com o avanço de projeto de desmonte do Estado nacional, o país enfrenta a pandemia sem coordenação estratégica e colherá resultados adversos em número de mortes de pessoas e empresas, em particular no seu rico tecido de pequenas e médias empresas, e na dificuldade de reinserção produtiva de sua população em idade ativa.

O Nordeste, nesse ambiente, ancorou-se numa inovação institucional que vinha construindo – o Consórcio Nordeste, que articula os governadores de todos os estados da região, de partidos políticos distintos – para a coordenação estratégica que faltou ao país. Vale destacar que o Consórcio sucede anos de "guerra fiscal", na qual a disputa por investimentos dividia o Nordeste.

E começa pela construção de modelo e política de gestão compartilhada (a primeira iniciativa foram compras compartilhadas para a saúde, quando a Covid-19 ainda não chegara ao Brasil).

Na pandemia, o Consórcio Nordeste criou, em apoio aos decisores políticos, um "Comitê Científico" para mobilizar o acesso aos resultados dos aprendizados da ciência mundial sobre o novo vírus e as formas de combatê-lo. As desvantagens relativas do Nordeste – maior fragilidade da rede de assistência à saúde, em particular no interior, e a dimensão da pobreza associada à grande desigualdade social, em particular nos grandes centros urbanos – foram, assim, minimizadas pela estratégia de combate à pandemia.

Em meados do século passado, Furtado comandara uma inovação institucional na região, ao propor a criação da Sudene, não como mais uma autarquia governamental, mas como *locus* de um novo padrão de articulação interfederativa expresso no Conselho Deliberativo da Sudene (CONDEL), integrado por ministros de Estado, liderados quando necessário pelo presidente da República, e pelos governadores de Estado da região. Extinto e recriado, tal Conselho sobrevive com grandes dificuldades, mas poderá ser o *locus* de retomada do diálogo interfederativo, no futuro.

O desafio central, no entanto, será o de dar conteúdo a uma agenda nova de desafios e propostas para o desenvolvimento regional nas próximas décadas.

Essa agenda tem esboço inicial no Consórcio Nordeste – que começava a selecionar projetos estratégicos para o futuro – e no Plano Regional de Desenvolvimento do Nordeste (PRDNE) elaborado pela Sudene (2019), que contou com a participação dos governos estaduais. São sementes que tentam mirar o futuro, mesmo ainda com muita dificuldade.

Como destacou Furtado, no passado, fatores exógenos parecem ser os portadores dos principais desafios. É que as mudanças em curso no ambiente mundial sinalizam para uma "nova era". Era de mudanças nos padrões produtivos, por exemplo, com a chamada "quarta revolução industrial" – mas que não guarda como referência apenas a indústria de transformação, num mundo onde as atividades terciárias já são predominantes – capitaneadas, em particular, pela passagem da era análogica para a era digital. Mudanças igualmente portadoras de novos paradigmas na agricultura, por exemplo, com a perda gradual de hegemonia da química para duas outras vertentes produtivas, uma baseada na genética (agricultura dos trânsgênicos) e outra na biologia (agroecologia).

Tais mudanças revolucionam a organização do mercado de trabalho e impulsionam transformações na educação, posto que novas formas de ensino-aprendizagem são possíveis através da valorização de habilidades humanas que dialogam melhor com os novos paradigmas produtivos.

Em paralelo, mas igualmente importante, o desafio vem da crise ecológica denunciada pelo aquecimento global, que impulsiona a reflexão sobre novos padrões de consumo e a relação sociedade versus natureza, para redefinir as organizações produtivas e a vida social.

Nesse contexto, o Brasil e o Nordeste vinham tendo dificuldade de "engate" nestas transformações. Uma proposta de reposicionamento do país – e dentro dele, do Nordeste – neste ambiente novo, que vai avançar no pós-pandemia, ainda não está construída e muito menos ancorada em razoável consenso, numa sociedade imersa em um ambiente de polarização forte e sob a tentativa de realçar ideias que, eivadas de equívocos, miram o passado. Mas a agenda do Consórcio Nordeste e o conteúdo do PRDNE trazem *insights* sobre o futuro e parecem romper com a velha e perversa politica de lamentação ("choradeira") tão cara às elites conservadoras locais. Ao invés de lamentar não ter engatado na locomotiva da industrialização que passou no século XX – e que se concentrou no Sudeste, como denunciou Furtado –, percebem-se sinais das mudanças e busca-se identificar os potenciais nordestinos para se articular à nova agenda mundial, assim como mapear os entraves a esse movimento.

Uma primeira escolha do Consórcio Nordeste foi o projeto de complementação da infraestrutura de fibras óticas, que partiu da iniciativa cearense de construir o " Cinturão Digital do Ceará", hoje transformado no "Cinturão Digital do Nordeste", incluído na proposta do PRDNE (Sudene, 2019, p. 178-180). Como se está avançando para uma sociedade onde a informação (dados, imagens etc.) é mercadoria estratégica, tal infraestrutura torna-se fundamental. Simbólico que uma região que guarda carências importantes nas infraestruturas tradicionais de circulação de pessoas e mercadorias escolha essa outra prioridade. Embora não a esqueça, posto que o "plano de macrologística regional" também ocupa a agenda dos governadores e consta do PRDNE (Sudene, 2019, p. 189). O desafio associado à montagem da infraestrutura básica de fibra ótica é o de garantir a universalização do seu acesso à população urbana e rural, lembrando que, ao lado de grandes empresas, os provedores regionais que atuam nas "áreas de sombra" – empreendedores de médio e pequeno porte – já oferecem esse serviço e têm atestado nessa tarefa a força da capacidade empreendedora regional.

Por sua vez, um dos focos centrais de atenção de Furtado – as estruturas socioeconômicas montadas no semiárido – está sendo revisitado com o olhar dos novos tempos. Com o secular tripé desmontado, novas iniciativas vêm sendo buscadas sob a diretriz estratégica da "convivência com o semiárido", tentando encontrar alternativas viáveis que integrem também os numerosos produtores familiares ali residentes. A sustentabilidade no seu sentido amplo – ambiental, econômico e social – é o norte desta busca, lastro conceitual que avança internacionalmente. O potencial estratégico a ser aproveitado é a rica biodiversidade do bioma caatinga, visto como reservatório genômico de produtos e serviços a serem ofertados à sociedade. Produtos fitoterápicos, alimentos saudáveis, cosméticos e novos materiais são exemplos de possibilidades, algumas já em curso na região.

Ao seu lado, um novo ativo está presente no semiárido: a infraestrutura hídrica ampliada e disseminada. Nela se destaca o Projeto de Interligação do São Francisco (PISF), que pode vir a ser um novo eixo de desenvolvimento no interior do Nordeste oriental se associado a energias limpas e renováveis, abundantes nesse território, e a uma nova base produtiva a ser estimulada. Essa ideia também consta do PRDNE (Sudene, 2019, p. 158).

Para que tais estratégias avancem, o investimento em inovação é estratégico, sendo hoje muito mais viável que nos tempos de Furtado, quando a região contava com modesto e concentrado sistema universitário. A base de CT&I do Nordeste se ampliou e se interiorizou, abrigando grupos de pesquisa atuantes e articulados em redes amplas – várias delas internacionais – e que podem interagir fortemente com outros agentes no enfrentamento de desafios comuns. No auge da pandemia, esses grupos mostraram seu potencial. E a aposta na inovação é peça central da proposta do PRDNE (Sudene, 2019, p. 164) para enfrentar esse e outros desafios estratégicos.

Portanto, a pauta inicial do Consórcio Nordeste e as ideias defendidas no PRDNE (Sudene, 2019) sinalizam para novos tempos. Como sempre alertava Furtado, o importante é que os investimentos cheguem à maioria e transformem para melhor a vida dos nordestinos. Para isso, o desafio de ampliar e atualizar o sistema educacional na região precisa constar na lista inicial de prioridades, como o faz a proposta do PRDNE (Sudene, 2019, p. 149-152), quando trata do desenvolvimento das capacidades humanas que vão dialogar com as novas demandas do mercado de trabalho do século XXI.

Finalmente, a pandemia deixará como herança na memória da sociedade mundial e local a importância do sistema de saúde. E provavelmente, o debate sobre o complexo industrial da saúde – que, no Brasil e em vários países, se mostrou elemento de dificuldade face à opção relativaente recente de construção de cadeias globais de suprimento – será realizado. Atitude que se mostra interessante para o Nordeste, considerando que várias sementes deste complexo já estão presentes no território regional.

Eis indicações de uma nova agenda para o desenvolvimento regional. Certamente ainda incompleta e insuficiente. A região é portadora de muitas outras potencialidades. Mas o início é estimulante, pois impregnado de desafios relacionados com elementos exógenos e endógenos, como tratava Furtado. Pena que ele não esteja mais entre nós.

Referências bibliográficas

FREIRE d'AGUIAR, Rosa. *Celso Furtado: diários intermitentes.* 2ª edição. São Paulo: Companhia de Letras, 2019.

FUNDAJ. *Celso Furtado. O Desvelador da Realidade Nordestina.* Editora Massangana. Recife, 2017.

FURTADO, Celso. *A saga do Nordeste* – Conselho Deliberativo da Sudene. Recife, 1978.

GTDN. *Uma política para o desenvolvimento econômico do Nordeste.* 2ª Edição. Recife: Sudene, 1967.

ARAUJO, Tania Bacelar. "Revisitando a questão regional" in: *Cadernos do Desenvolvimento 1.* Centro Internacional Celso Furtado, Rio de Janeiro, 2006, ano I, nº 1.

Sudene. Plano Regional de Desenvolvimento do Nordeste. Recife, 2019. Disponível em <Sudene.gov.br/prdne>. Acesso em: 13 jul. 2020.

Áridos trajetos: Celso Furtado, a Sudene e a "nacionalização" do Nordeste entre 1960 e 1990

André Luiz de Miranda Martins[1]

Propõe-se no presente artigo uma discussão das condições em que surgiu o Nordeste como realidade histórico-conceitual (como "região-problema", destinatária de políticas públicas específicas); e das condições históricas em que se deu a capitulação/ "nacionalização" da política de desenvolvimento econômico regional entre as décadas de 1960 e de 1990. Em ambos os processos está o pensamento de Celso Furtado, em suas diferentes nuances, a partir das quais se pode entender nuances do desenvolvimentismo no Brasil na segunda metade do século XX.

O Nordeste do Brasil como periferia e "problema"

Na interpretação do Brasil, elaborada por Celso Furtado, está sempre presente um esforço de entendimento da paradoxal pobreza nordestina diante de tanta riqueza potencial. Tem-se, aqui, importante chave interpretativa da obra de Furtado. Em seus primeiros escritos histórico-econômicos, dos anos 1940, o Nordeste é tanto o centro da economia colonial quanto o retrato dos atavismos coloniais. Nestes escritos, a elucidação das questões do atraso técnico, do patriarcalismo e da monocultura pavimentaria o caminho para uma acurada descrição dos impactos sociais do "longo ciclo de agonia do açúcar" (Furtado, 2001). Preocupava ao jovem historiador, antes de tudo, um Nordeste constrangido pelo desenvolvimento nacional. O Brasil, surgido do Nordeste, parecia voltar-se súbita e tensamente contra ele.

1. Bacharel em Ciências Econômicas pela Universidade Católica de Pernambuco (1994). Doutor em Economia Aplicada pelo Instituto de Economia da Universidade Estadual de Campinas (2004). Pós-Doutor pelo Instituto de Estudos Brasileiros da Universidade de São Paulo (2018). Professor associado do Centro Acadêmico do Agreste da Universidade Federal de Pernambuco (desde 2006).

Com a grande seca de 1958-1959, o inteirar-se do fenômeno das estiagens como um condicionamento físico-geográfico que evidenciava as carências econômicas regionais, claramente expressas em desníveis consideráveis de renda, tornava, pois, premente a adoção de solução alternativa àquela hidráulica (açudagem), correntemente adotada. Não bastavam as estiagens prolongadas, e os expressivos movimentos migratórios que deflagravam: em 1951 e em 1952, com a divulgação das contas nacionais e regionais do Brasil, as desigualdades de renda inter-regionais teriam sua magnitude precisamente mensurada: taxas médias anuais de crescimento industrial de 7,9% em São Paulo e de 5,4% no resto do país, com São Paulo concentrando entre 50% e 70% do valor adicionado pelas indústrias produtoras de bens de produção (Cano, 2002).

Muito embora fossem esses três fatores os que verdadeiramente incendiariam os debates sobre a "região-problema", em meados dos anos 1950, é fato que já havia mais de um decênio que a percepção institucional dos problemas estruturais do Nordeste não se mantinha petrificada, como as relações de produção que ali, em boa parte de seu território, grassavam. Prova disso seria o estabelecimento da Companhia Hidrelétrica do Vale do São Francisco (Chesf), em 1945, e a criação da Comissão do Vale do São Francisco, em 1948. Ambas pareciam materializar a percepção de que a irrigação era uma necessidade regional premente.

Passava-se da ênfase na açudagem que, de todo modo, havia deixado algum capital físico disponível como legado de quase meio século, para a ênfase nas potencialidades da irrigação, que possibilitaria o incremento da produtividade dos capitais porventura investidos na região. Subjazia a tais mudanças institucionais, o reconhecimento de que pouco se havia logrado quanto ao fortalecimento da economia da região pelo recurso às obras "contra" as secas, empreendidas pelo governo federal.

A ênfase na irrigação, ao que tudo indicava, impunha novas concepções, que pareciam transferir o problema para uma esfera de consideração, diga-se, técnica. Outra via pela qual se materializariam essas novas concepções seria o Banco do Nordeste do Brasil (BNB). Criado por indicação do banqueiro paulista Horácio Lafer, à época ministro da Fazenda, o BNB surgiria como banco de investimento e desenvolvimento, instrumento financeiro voltado especialmente para a expansão do cultivo do algodão arbóreo, "mocó", esse velho conhecido de oligarcas e sertanejos.

A partir da segunda metade dos anos 1950, com o apoio financeiro do BNB, bem como com a Petrobras e a Chesf em operação – tendo promovido, entre 1955 e 1959, um aumento da oferta de energia elétrica de 145% nos mercados por ela servidos – algo novo, pelo menos em termos da infraestrutura disponível, parecia estar em curso no Nordeste dos coronéis e dos açudes. Pelo menos em termos da infraestrutura... porquanto a velha política, ou a velha economia política, sem querer forçar os termos, não tardaria em dar as suas cartas outra vez. O BNB, ante a expansão industrial centro-sulina, surge ungido pela oligarquia pecuária-algodoeira e pela já estabelecida burguesia industrial do Centro-Sul. Mais uma vez a ação do Estado reforçava os esquemas tradicionais de acumulação das frações mercantil e agroindustrial das classes dominantes, notadamente as indústrias de beneficiamento de algodão e de produção de óleos vegetais.

Já a Comissão do Vale do São Francisco funcionaria, logo de sua implantação, sob a mesma lógica do atendimento primordial das necessidades "hidráulicas" da oligarquia ligada ao complexo algodão-pecuária-lavouras alimentares, instalada no Vale do S. Francisco. E, na medida em que contemplava os interesses da classe proprietária dessa sub-região nordestina, ampliando o perímetro do industrialismo da seca, sua atuação acirraria as disputas inter-regionais pelas ajudas federais, carimbadas para as mesmas soluções hidráulicas de outrora.

Ou seja, antes de lindamente situar-se no âmbito de uma suposta nova esfera de consideração técnica, eram essencialmente não-transformacionais das relações sociais de produção predominantes na região. O Estado ali atuava – ao azeitar os eixos do mandonismo pré-capitalista – pela reprodução das elites locais o paliativo de uma ocupação temporária nas frentes de trabalho armadas nos períodos de estiagem mais prolongada. Eficaz paliativo, as frentes de trabalho atravessarão a história econômica do Nordeste no século XX como uma verdadeira política de combate ao desemprego em massa no curto prazo.

É certo que a produção técnica e científica sobre o Nordeste e seus problemas avançara substancialmente. Já se sabia que tais problemas não eram tão-somente devidos a um fenômeno natural, pelo que também a sua resolução exigia medidas para além das ditas hídricas – ainda que políticas de proteção hídrica continuassem sendo necessárias, conquanto não se esgotassem no atendimento emergencial e dessem azo ao assistencialismo de sempre. Na década de 1950, essa produção técnico-científica avançaria consideravelmente com a criação, pelo BNB, de um escritório de estudos técnicos sobre a economia nordestina (Etene). Aprofundar-se-ia, assim, a compreensão sistêmica dessa economia regional, bem como se formaria toda uma geração de economistas dotados de conhecimento mais específico sobre a região.

Ao final dessa mesma década, já estando o debate intelectual fortemente suscetível ao nacional-desenvolvimentismo cepalino, por um lado, e, por outro, ante a incontornável seca de 1958 – que desnudaria de vez as disparidades regionais – e a ameaça à *pax agrarie* representada pelas Ligas Camponesas de Pernambuco e Paraíba, o Nordeste converter-se-ia de vez em "Região-problema"; problema de cunho político e em âmbito nacional. O Nordeste, parteiro do Brasil, volta-se contra a nação, trombando com o bossanovismo tecnocrático modernizante do Centro-Sul. Os problemas daqui serão os problemas de lá.

Entra em cena Celso Furtado, então diretor do Banco Nacional de Desenvolvimento Econômico (BNDE) para o Nordeste, onde seria alocado em seu retorno ao país, após período de serviços prestados à Comissão Econômica para a América Latina e o Caribe (Cepal). Sob sua coordenação, durante a presidência de Juscelino Kubitscheck (JK), aprofunda-se ainda mais o conhecimento técnico do "sistema nordestino". Instituem-se a Operação Nordeste, o Conselho de Desenvolvimento do Nordeste (Codeno) e o Grupo de Trabalho para o Desenvolvimento do Nordeste (GTDN). Do trabalho deste, surgiria o famoso Relatório do GTDN, intitulado *Uma política de desenvolvimento para o Nordeste.*

Se merecer credibilidade certa constatação, segundo a qual até meados do século XX o Estado era tudo, ou quase tudo, para um nordestino, fosse ele coronel, usineiro ou homem do povo, é de se crer que o Estado, assim, como a sua Paraíba do Norte de origem, não tenha saído da cabeça de Celso Furtado. E que a inteligibilidade daquela necessidade de ação estatal esteja presente no conjunto de sua produção sobre o Nordeste, da qual destacamos *Formação econômica do Brasil* e *A operação Nordeste*, de 1959 (e também o relatório do GTDN que, ainda que não assinado por Furtado, por se tratar de um documento oficial, é clara expressão de suas ideias).

O primeiro trabalho é certamente o mais importante estudo sobre a história econômica brasileira, em que Furtado dá a qualidade teórico-econômico de suas concepções estadocêntricas, de uma autonomia do gasto estatal; N' *A operação Nordeste* o Nordeste é demarcado como problema técnico e político, cuja resolução requer intervenção estatal: "região-problema".

Nessa demarcação, o atraso nordestino, sua "fratura estrutural", constatava-se na esterilização dos ganhos com a exportação de bens primários e pelas compras de bens industrializados no "Centro-Sul", nos marcos de uma política cambial desfavorável aos estados do Nordeste. Atraso reforçado pela concentração da propriedade fundiária, fiel da monocultura açucareira nas zonas úmidas e do complexo algodão-pecuária nas sub-regiões secas, e pela industrialização ausente, ou pela ausência de "um centro autônomo de expansão manufatureira".

Se a monocultura açucareira, nas zonas úmidas, impedia a diversificação agrícola, encarecendo a reprodução da força de trabalho (pela dificuldade de incrementar a oferta de alimentos), o complexo algodão-pecuária sobrevivia à base da manutenção de relações de trabalho e de propriedade arcaicas e de seu forte traço econômico autárquico.

> Esse tipo de formação social, em que as atividades comerciais se reduzem a um mínimo, contrasta com a empresa agrícola agromercantil de que se originou. Esse contraste, entretanto, é mais aparente que real, porquanto numa e noutra se manifesta o mesmo perfil de estratificação social e extrema concentração da riqueza, da renda e do poder. Assim, se nas zonas pecuárias o estilo de vida do trabalhador ou 'morador' se assemelha ao das economias de subsistência, não se pode dizer o mesmo da forma de viver do proprietário das terras, o qual se apropria da reduzida renda monetizada e mantém-se em contato com o exterior. Do ponto de vista da classe dirigente, o grande domínio do *hinterland* pecuário continua a ser uma atividade mercantil, ainda que empobrecida pelo declínio dos mercados que absorviam sua produção comercial. Toda vez que se reavivem esses mercados, o coeficiente de comercialização e monetização das atividades do *hinterland* pecuário se elevará". (FURTADO, 1972. p. 96-97)

Em vasto trecho do Nordeste – parte do agrestino e totalmente o sertanejo –, esse Nordeste da pecuária e do algodão, quando sobrevinham as "crises de produção" que as estiagens periódicas evidenciavam, seu peso era sentido em larga medida pelo trabalhador rural pobre e sem-terra – para quem as crises se expressavas em fomes periódicas:

> Posto que sem mão de obra não havia algodão, o problema que se colocava ao senhor de terra engajado na produção algodoeira era escolher entre a aceitar o risco de ter de despender recursos para evitar a fome e/ou dispersão de sua mão de obra em caso de seca, ou adequar essa produção ao nível da colheita de alimentos nos anos secos. É fá-

> cil compreender que haja prevalecido a tendência para aceitar os riscos envolvidos pelo aumento da produção agrícola comercializada (...). Daí que se haja formado uma estrutura produtiva que submeteria a região à ameaça de fomes periódicas. Foram essas calamidades (...) que transformaram a *seca* em escândalo nacional, trouxeram o governo para o centro da arena e o tornaram fator decisivo na evolução subsequente do quadro regional". (FURTADO, 1989, p. 21. Itálico no original)

Assim, as crises findavam equacionadas pela intervenção governamental, através de obras "contra" as secas: organização de frentes de trabalho, e/ou pela migração forçada, tantas vezes para fora da região.

Em *A fantasia desfeita*, de fins dos anos 1980, Furtado revisita aquele que foi um convite à ação voltada ao desenvolvimento das forças produtivas no âmbito de uma economia regional retardatária:

> Com frequência, o desenvolvimento somente é factível mediante a diversificação da própria produção interna, ou seja, pela industrialização. Estima-se que [na segunda metade dos anos 1950] 30% da força de trabalho humana do Nordeste se encontra desempregada, ou subempregada, situação que se agrava dia a dia. A política de industrialização visaria o triplo objetivo de dar emprego a essa massa de subempregados, de criar uma classe dirigente nova imbuída do espírito de desenvolvimento e de fixar na região os capitais formados em outras atividades econômicas que atualmente tendem a migrar. (FURTADO, 1989, p. 54-55)

Uma industrialização que se espera promotora do desenvolvimento, mas impedida de ser autônoma terá de ser, assim, uma industrialização planejada, incentivada. E a medida da urgência seria a manutenção das desigualdades regionais, o acirramento de antagonismos. Não cuidar do equacionamento da "questão regional" nordestina equivalia, assim, a descuidar da segurança nacional, a acenar para o esfacelamento da federação. Para além de um encaminhamento técnico da "questão", há um encaminhamento político a ser providenciado.

As coisas na sua devida ordem: o planejamento econômico voltado ao desenvolvimento regional seria a diretriz técnica de uma cooperação política horizontal, com os governadores dos estados da região à frente das deliberações. É patente, em Furtado, o seu entendimento da política como pairando acima das querelas partidárias. E dos técnicos como verdadeiras entidades delas apartadas. Donde o seu alerta, segundo o qual o desenvolvimento econômico deve ser, sempre, desenvolvimento político-econômico, mas "economistas e outros técnicos têm fracassado na política porque tentaram transformar-se em políticos de partido. Deve-se ser político, mas não de partido. A batalha política deve tomar impulsão em termos da fortaleza do técnico" (apud Mallorquín, 2000, p. 88).

Dos *ares do mundo* à recolocada aridez da terra modernizada

O início do interregno autoritário leva Furtado aos "ares do mundo". Entre outros temas, sobre os quais se debruçaria ao longo dos quase vinte anos de um afastamento forçado da vida pública brasileira, nosso autor passa à reinterpretação do modelo brasileiro sob uma nova dependência, voltando-se ao Nordeste apenas no início dos anos 1980. Outrora subsistema econômico, agora o Nordeste já se apresenta integrado ao capitalismo excludente implantado no território nacional. Um Nordeste parcialmente industrializado, modernizado por "nacionalizado", com a discussão das potencialidades nacionais, na antevéspera da redemocratização, trazendo novas interrogantes à problemática nordestina – sendo a mais importante delas: em que falhou a política de desenvolvimento regional?

Com efeito, se se logrou, pela via da Sudene, transformar o Nordeste do Brasil, a viabilização histórica do projeto originalmente encampado por essa instituição tomou rumo distinto. As propostas reformistas para o setor primário (abarcando a irrigação e o equacionamento do problema fundiário) entraram em flagrante rota de colisão com os interesses do bloco agrário da própria região e foram bombardeadas tão logo vieram a público.

Na verdade, certas propostas no campo agrário fracassaram antes mesmo de 1964, ou antes mesmo de implementadas. A melhoria técnica da agricultura canavieira, por exemplo, aparentemente voltada aos interesses dos usineiros, passaria por percalços impeditivos a partir de 1962, quando, devido à crise política entre EUA e Cuba, os preços do açúcar sofrem brusco aumento e qualquer alteração nos esquemas lucrativos na zona da mata nordestina passa a ser fortemente rechaçada. O recrudescimento dos usineiros, em seus ataques às propostas sudenistas diversificação produtiva, ganharia as páginas do Diário de Pernambuco sob a forma da conversão em Celso Furtado no comunista que ele nunca foi.

O caso do semiárido nordestino é emblemático no que respeita à inviabilidade historicamente colocada de algumas propostas reformistas. Ali não se levou adiante qualquer intento de reforma fundiária, pelo que as relações de produção seguiram preponderantemente pré-capitalistas. Todos os programas implementados entre as décadas padeceram desse mal de origem, – insistiu-se, por exemplo, em "fixar o homem à terra", via programas os mais diversos, mesmo com as restrições ambientais dessa sub-região, o que, sem dúvida, interessava às elites, desejosas de seguir contando com força de trabalho das mais acessíveis. Por outro lado, os impactos sociais das secas se perpetuavam; amenizar esses impactos, por sua vez, tornar-se-ia tarefa delegada à Sudene, o que institucionalizaria de novo as obras contras secas.

A industrialização induzida na região Nordeste foi a linha de ação político-institucional que mais e melhores resultados obteve, e também o projeto de desenvolvimento regional ao qual relacionar-se-á mais recorrentemente a instituição mesma da Sudene. Contudo, não resultaria das recomendações originais do GTDN; ou seja, não seria implementado na região um "centro autônomo de expansão manufatureira". E terá sido a forma mesma arquitetada de financiamento do desenvolvimento regional – a atração de investimentos privados com base em incentivos fiscais e cambiais, à qual se associaria a formação de capital fixo pelo setor público – a responsável pelos rumos tão distintos que trilharia esse projeto industrializante.

O fato de *não* se ter promovido uma industrialização autônoma, *mas* se ter mantido o regime de incentivos fiscais destinados a seu financiamento talvez seja revelador das limitações do relatório-diagnóstico-plano de ação do GTDN quanto à inteligibilidade do estágio de acumulação industrial no Brasil no início dos anos 1960, bem como do papel desempenhado pelo Estado em tal estágio. Nessa linha de avaliação crítica, é conhecida a interpretação de Wilson Cano, que destaca a influência da concepção cepalina de perdas-e-ganhos na proposta industrializante do GTDN, que, quando transposta para dentro das fronteiras nacionais implicava considerar como "centro" e "periferia" diferentes regiões da nação, conforme o nível de crescimento/ desenvolvimento alcançado por cada uma.

Resultaria que a industrialização à GTDN (a efetivamente implementada) tinha de compensar financeiramente, com incentivos fiscais – e também cambiais e financeiros – a inexistência de fronteiras regionais limitadas por barreiras tarifárias e não tarifárias[2]. Subjazia a questão da concentração automática de capital, através da concorrência capitalista, em um espaço eco-

2. "A rigor, essa concepção industrializante do GTDN pode ser criticada por não ter-se dado conta de que a industrialização que se processava no país, a partir de meados da década

nômico nacional unificado, "em que os interesses privados de maior porte não são efetivamente regionais. Há, em síntese, a concentração em um centro dominante, que imprime os rumos decisivos do processo de acumulação de capital à escala nacional" (Cano, op. cit., p. 132).

Desde os anos 1930 já não pareciam haver condições histórico-concretas para a criação do propalado "centro autônomo de expansão manufatureira" no Nordeste, e a experiência nordestina de desenvolvimento regional pela via da industrialização sujeitar-se-ia às determinações desse processo oligopólico: será complementar à do Centro-Sul. Também dessa região virá parte relevante dos capitais atraídos pelo regime de incentivos estabelecido; outra parte importante virá do exterior, em consequência da quebra de restrições ao benefício pelo capital estrangeiro.

A afluência desses capitais, concretizada na instalação de empresas, ou seja, de propriedade de capital externo ao Nordeste, capitais aos quais se soma o investido por empresas da região, faria o índice de investimentos industriais (medido pelos projetos aprovados) ascender de 100 para 559 entre 1960 e 1968. Já a razão investimento industrial/ valor da transformação industrial passou, entre 1959 e 1958, de 8,1% para 31,5% – um coeficiente altíssimo desde qualquer perspectiva, cuja obtenção se tornou possível graças à importação de capitais. Uma forma de financiamento dessa transferência de capitais que se mostrava "intrinsecamente concentracionista; quem tem uma maior massa de lucros tributável deduziria mais. Esse mecanismo beneficiará, sobretudo, os grandes grupos nacionais e internacionais" (Oliveira, 2003, p. 45). Não vingaria o ideal de empresário schumpeteriano-nordestino de Furtado. E estava em curso uma industrialização efetivamente distante da projeção de autonomia, e que ademais reproduzia, no plano regional, a oligopolização em processo na economia nacional.

Adentra-se a década de 1970 com esses mecanismos de incentivo proporcionando à economia nordestina crescimento a ritmo acelerado: entre 1960

---

de 1950, já não guardava as mesmas relações que predominaram no processo até então desenvolvido por "substituição de importações" (...). O cerne da questão da industrialização nacional não residia apenas na implantação de setores modernos (bens de consumo durável e de produção), mas numa industrialização predominantemente comandada pelo capital estrangeiro ou pelo Estado, de caráter marcadamente oligopolista. Tanto é assim que a principal correção que se fez sobre a primeira formulação da política de desenvolvimento industrial (...) foi em 1963, a extensão às empresas de capital estrangeiro dos benefícios da isenção do imposto de renda para os investimentos no Nordeste, antes (1961) restritos às empresas de capital 100% nacional" (Cano, op cit, p. 135-136).

e 1978, 7 e 8% de crescimento anual global e do produto industrial, respectivamente. A expansão regional do setor terciário, no mesmo interregno, faria quadruplicar a geração de renda nesse setor (idem, p. 19). O aprofundamento da integração regional efetivamente transformou a economia nordestina, cujas taxas médias de formação bruta de capital fixo real seriam, nos subperíodos de 1965-1970, 1970-1980 e 1980-1990, de 14,6, 10,2 e 1,6%, respectivamente (contra os índices brasileiros de 10,2 e -2,6% em 1970-1980 e 1980-1990), com que a nova configuração dessa economia regional seria determinada pela atividade industrial (Sudene, 2000).

Essa determinação se estenderá ao mercado de trabalho – com suas repercussões nas posições de classe – considerado aqui pela influência que exerce, via incrementos de renda, na estrutura econômica. Em um caso como o nordestino, essa ressalva é da maior importância quando se trata de analisar a expansão do emprego urbano, porquanto não se pode simplesmente atribuí-la a um momento de dinamismo da economia urbana em si mesma, e portanto aos fatores atrativos de deslocamentos de força de trabalho para a indústria e para os serviços urbanos. São tão recorrentes as circunstâncias que põem a migração como uma necessidade!

Embora a dinâmica da expansão do emprego urbano estivesse situada na atividade industrial, talvez tenha sido essa a que deu a menor contribuição relativa ao acréscimo/ geração de empregos nas cidades do Nordeste. Ali, a razão do emprego urbano no setor secundário/ emprego urbano foi, em 1950, em 1970 e em 1980, de 31,6, 30, e 28,9% respectivamente (Souza, 2000). Esse dado é revelador da magnitude da geração de subempregos nas atividades urbanas. Tal processo, revelado e documentado ao longo dos anos 1970, evidencia as limitações apresentadas pela experiência nordestina de desenvolvimento regional quanto ao equacionamento do problema do emprego na região – que se acreditava, então, causado pela ausência de um setor secundário (particularmente a indústria transformativa) mais estruturado.

A expectativa sudeniana inicial projetava resultados auspiciosos para o nível de emprego, através de um processo de industrialização cujo elemento dinâmico era dado pelo "centro" hegemônico da economia nacional, pelo que seria complementar à estruturação industrial daquele centro – que, por seu turno, já incorporava progresso técnico havia pelo menos 25 anos. Isto em um território que contava, então, com cerca de 60% de sua força de trabalho engajada na agricultura, e frequentemente submetida a esquemas produtivos e de geração de renda pré-capitalistas. Os resultados auspiciosos alcançados para o capital, em larga medida, e não para o trabalho.

Em um território onde grassa a superpopulação relativa, os subsídios que se concederam ao capital foram de tal intensidade que "toda a população válida se transforma em 'população para o capital'. A característica do financiamento dessa maciça transferência de capitais transforma a industrialização do Nordeste num 'maná do deserto'" (Oliveira, op. cit., p. 46).

O contínuo aninhar-se dessa "população para o capital", frequentemente subempregada e sub-remunerada (somada a um grande contingente nordestino de *working poor*, igualmente mal ou sub-remunerados) na pequena produção urbana ocorreu no Nordeste no interregno considerado, em meio ao crescimento da produtividade na indústria transformativa e no setor terciário "moderno". Será efetivamente esse subsetor, entre as posições de classe assalariadas, o maior beneficiário da experiência nordestina de industrialização incentivada – com todas as distorções a que, ademais, daria azo.

Primeira distorção, um setor primário em que a polaridade minifúndio/latifúndio se exacerba, devido à concentração dos investimentos na pecuária e em cultura ligadas a complexos agroindustriais somente sobrepostos à produção tradicional, no limite da subsistência – nos termos do próprio Celso Furtado, em formulação que lhe era tão cara, "o latifúndio predatório e o minifúndio asfixiante que, conjugados, formam um sistema brutal de exploração do homem" (Furtado, 1982b, p. 129).

Segunda distorção, a consolidação de um setor industrial que afirma seu potencial exportador em detrimento do mercado interno, e à base de incentivos fiscais e de melhorias técnicas poupadoras de força de trabalho. Ou seja, cuja função esperada de criação de empregos se esvaía. Restaria, na análise retrospectiva de nosso autor, o terciário moderno, no qual os recursos federais transferidos à região gerariam empregos com padrões de remuneração tendendo aos existentes no Centro-Sul, "[com o que] o multiplicador de emprego dentro do próprio terciário passa a ser a principal fonte de absorção de mão de obra, sem que isso tenha suficiente importância para afetar o mercado de trabalho, o qual continua sob a pressão dos excedentes demográficos" (Furtado, 1982a, p. 114).

Em suma, a viabilização histórica da Sudene e de seus projetos transformadores tomou rumo distinto do preconizado. A industrialização regional nordestina foi a linha de ação mais frutífera e à qual se deu mais atenção institucional durante o governo autoritário. Efetivamente a região se industrializou e se integrou à estrutura produtiva do Centro-Sul. Ainda que o preço da integração tenha sido a complementaridade e as importações de capitais.

A complementaridade avança na década de 1970, à medida que se adota a estratégia de desenvolvimento polarizado com vistas à integração nacional, que culminará no II Plano Nacional de Desenvolvimento, o II PND. Na década anterior, enquanto o problema regional identificado pelo GTDN era a desproporção dos níveis de renda relativamente ao Centro-Sul (e a tendência, gestada na débil base produtiva nordestina, ao agravamento dessa disparidade), a preocupação explícita do II PND era a de fomentar o crescimento do produto nacional, aproveitando a "vocação" nordestina para a exploração de matérias-primas e a produção, por conseguinte, de bens intermediários. O comprometimento da indústria seria menos com a redução do desemprego do que com a geração de crescimento e com a modernização, fosse qual fosse o estado da concentração de riqueza.

A perspectiva positiva do "planejamento para o desenvolvimento regional" sucumbia à perspectiva tecnocrática – fina criação dos governos militares... – do planejamento "nacional", esvaziando as instituições encarregadas do desenvolvimento regional dos princípios federativos mais arrojados que nortearam sua criação. Caso típico da Sudene, concebida para canalizar e exercer uma vontade política regional (suprapartidária?) em âmbito federal, nos poderes legislativo e executivo. A centralização característica do governo autoritário cobra seu preço, e Furtado, no início dos anos 1980, é analítico como sempre, mas não esconde sua decepção com o desmonte do federalismo sudeniano:

> Não se tentava apenas lidar com as questões específicas da região, mas também estar presente nas instâncias que definem a política global do país, a fim de que nenhuma decisão maior fosse tomada sem ter em conta seus efeitos na região economicamente mais débil. Na medida em que o Poder Executivo foi ocupando mais espaço no campo das decisões substantivas, o princípio federativo se foi diluindo. A votação do orçamento federal, que era a expressão maior da vontade política da nação, perdeu grande parte de seu relevo, a partir do momento em que o executivo adotou a técnica da "liberação de verbas" (...). Não se pode desconhecer que o poder executivo, em particular no respeita às instâncias que atuam no campo econômico-financeiro, está sob forte influência das regiões em que se concentra o poder econômico (...). Carecendo

de poder econômico, procurava o Nordeste valorizar o peso político que lhe advém de fatores históricos e da expressão demográfica. Contudo, esse fator político se anula, ou perverte, no quadro de um regime autoritário, que por definição é centralizador. Não é de admirar que a Sudene se haja descaracterizado a partir do momento em que se esvaziou a autonomia dos Estados e os governadores já não exerciam um mandato popular". (FURTADO, 1982a, p. 136-37)

Essa "nacionalização"/federalização/centralização autoritária das instituições voltadas à questão regional começara logo após o golpe de 1964, quando a Superintendência perderia sua vinculação direta com a Presidência da República. Em 1967 viria a submissão ao Ministério do Interior.

Retorno e reflexão: a sombra do capitalismo global e a luz do princípio federativo furtadiano

Iniciadas quando do exílio de Furtado, já em 1964, as quase duas décadas de ares do mundo são marcadas por diversos paragens: Ilpes, Yale, IHSS-Sorbonne, Cambridge, Columbia. Do estrangeiro, acompanhava a descaracterização autoritariamente conduzida da Superintendência que ajudara a criar.

No exílio chileno, ocupar-se-ia das tendências estagnacionistas constatadas em diversos economias da América Latina, de cuja história econômica escreveria um dos livros mais marcantes de sua produção, já em sua estadia sorbonista. Posteriormente viria a reapreciação da metodologia da Economia e a crítica do discurso econômico ortodoxo, do monetarismo de Milton Friedman, patrono do neoliberalismo de primeira geração, *manu militari*, na América Latina. A propósito, patronato deletério, retomado e hodiernamente evocado para o Brasil, para a desgraça de nossa economia real.

No Brasil na via da redemocratização, e no decorrer de crises como a da dívida externa do início dos anos 1980 e a crise fiscal do Estado, que perdura por toda a década, seria a política de desenvolvimento regional uma das vítimas do primeiro sopro do neoliberalismo, avassalador na década seguinte. Encolhe-se o Brasil Grande dos anos 1970, e com ele o Nordeste: as estatais, que entre 1970 e 1980 apresentaram taxa de crescimento com despesas de capital 16,1%, declinam para 2,3% entre 1980 e 1990, e entre 1990-1993 *decrescem* em 12,3%! (Sudene, 1995).

No trajeto de volta, viabilizado pela redemocratização, nosso republicano economista não contemplaria a questão regional, constrangida pela reestruturação territorial imposta pelo capitalismo global e desregulado, financeiramente hegemônico, danosamente diluída nos labirintos de novos pactos federativos. Os anos 1980 seriam tempos de notável esforço estadual e municipal para atrair novos investimentos através de isenções fiscais, da facilidade de financiamento e da oferta de infraestrutura prévia, naquele movimento que ficou conhecido como "guerra fiscal".

A economia dos anos 1990 traz novo léxico: globalização, territórios flexíveis, desregulamentação... Avança a privatização; converte-se o Estado em instância somente articuladora e mobilizadora dos esforços de modernização para o aumento da competitividade internacional. O Nordeste da globalização *são* os Nordestes onde se conformam espaços dinâmicos e áreas e sub-regiões estagnadas e desarticuladas. Interrompera-se um projeto de Nação; e o primeiro livro publicado por Furtado na Nova República se intitula *Brasil: a construção interrompida*.

Teria o Nordeste do Brasil deixado de ser, em algum momento, o guia de Celso Furtado em seus trajetos? Sabe-se que na maturidade retornam os grandes temas; os furtadianos, por excelência: a superação do subdesenvolvimento e das desigualdades; e o papel do intelectual e do servidor público na defesa republicana dos projetos nacionais. Sua constatação: na conta que pede História aos brasileiros, "das oportunidades que aproveitamos ou perdemos, na luta para edificar a pátria com que sonhamos, será para o Nordeste que se voltará nosso pensamento. Lá ter-se-á consumado a nossa derrota, ou vitória" (Furtado, 1982b, p. 135).

Leitor privilegiado de Alexander Hamilton – "paladino da industrialização, mal compreendida pela classe de pequenos agricultores norte-americanos, [que] advoga e promove uma decidida ação estatal de caráter positivo" (Furtado, 2007, p. 152-153) – e de Euclides da Cunha – que ajudou-o a entender "a gravidade das contradições inerentes à nossa formação histórica (...), nas profundas desigualdades sociais que tanto demoramos a reconhecer" (Furtado, 2012, p. 156) –, Furtado sempre concebeu o federalismo, o "princípio federativo", pela autonomia da instância governativa estadual, como o fiel da sobrevivência mesma do projeto da Sudene.

Com efeito, era a autonomia a condição política para o desenvolvimento da "região economicamente mais débil". A direção dada à Sudene no pós-64 esvaziou, dissolveu esse princípio. De central, a Superintendência passaria a flagrante e crescentemente acessória. Morreria e seria reanimada algumas vezes, já neste século.

A tormenta política que atingiu as instituições republicanas do país em janeiro de 2019 – alongada em tragédia humanitária em 2020, ante uma pandemia a que o governo federal dá de ombros, ombreando-se à malta genocida que povoa a história contemporânea – deu nova mão de tinta autoritária nas relações intergovernamentais com os estados do Nordeste. Aspecto importante desse trato autoritário tem-se evidenciado na imposição de verdadeira penúria orçamentária aos *governos de Paraíba* (termos provenientes das altas esferas do Poder Executivo; Sim, chegamos a isto).

Contudo, que não se tombe; por aqui, antes de tudo, somos uns fortes. Começa o trabalho de resgate do sentido, quase perdido, do desenvolvimento regional com a recente formalização do Consórcio Nordeste, articulação entre os governadores da Região para a promoção do desenvolvimento social e a atração de parcerias e investimentos privados em infraestrutura e capacidade produtiva, contando com uma estrutura de comitês e subcomitês científicos. Na articulação de forças sociais dispersas e no impulso à batalha política "pela fortaleza do técnico", começam a se acertar as contas com o Nordeste, e com Celso Furtado.

Referências bibliográficas

CANO, Wilson. *Ensaios sobre a formação econômica regional do Brasil*. Campinas: Editora da Unicamp, 2002.

FURTADO, Celso. Revisitando Euclides da Cunha. In: *Ensaios sobre cultura e o Ministério da Cultura*. Rio de Janeiro: Contraponto: Centro Internacional Celso Furtado, 2012.

____________. *Formação econômica do Brasil*. 34. ed. São Paulo: Companhia das Letras, 2007.

____________. *Economia colonial no Brasil nos séculos XVI e XVII:* elementos de história econômica aplicados à análise de problemas econômicos e sociais. São Paulo: Hucitec; ABPHE, 2001.

____________. *A fantasia desfeita*. Rio de Janeiro: Paz e Terra, 1989.

____________. *A nova dependência:* dívida externa e monetarismo. Rio de Janeiro: Paz e Terra, 1982a.

____________. *O Brasil pós-"Milagre"*. 7. ed. Rio de Janeiro: Paz e Terra, 1982b.

__________. *Análise do "modelo" brasileiro*. 2. ed. Rio de Janeiro: Civilização Brasileira, 1972.

_________. A dialética do desenvolvimento. 2. ed. Rio de Janeiro: Fundo de Cultura, 1964.

MALLORQUÍN, Carlos. Convite a uma leitura de Celso Furtado. In: FORMIGA, Marcos e SACHS, Ignacy (Coords.). *Celso Furtado, a Sudene e o futuro do Nordeste*. Recife: Sudene, 2000.

OLIVEIRA, Francisco de. *O elo perdido:* classe e identidade de classe na Bahia. São Paulo: Fundação Perseu Abramo, 2003.

SOUZA, Aldemir do Vale. *Emprego no Nordeste:* o papel da integração regional. Recife: FJN/ Massangana, 2000.

Sudene. *Boletim conjuntural Nordeste do Brasil*. Recife: Sudene, n. 7, ago. 2000.

__________. *Formação bruta de capital fixo do setor público do Nordeste do Brasil*. Recife: Sudene, 1995.

Do GTDN a uma política de desenvolvimento do Nordeste na era digital

Sérgio C. Buarque

Apresentação

O texto apresenta uma proposta de desenvolvimento do Nordeste inspirada no clássico *Uma política de desenvolvimento econômico para o Nordeste* (GTDN) elaborado por Celso Furtado, em 1959 (Furtado, 2009). Como o primeiro plano sistemático de desenvolvimento regional, o GTDN deu origem à Superintendência de Desenvolvimento do Nordeste (Sudene), aos Planos Diretores e aos instrumentos de fomento econômico, além de inaugurar os estudos sobre desigualdades regionais e as políticas nacionais de desenvolvimento regional.

Não se trata, evidentemente, de uma tentativa de elaboração de um *novo GTDN* adequado às condições históricas do século XXI. Seria muito pretencioso e impertinente, considerando a profunda diferença da realidade do Nordeste e do seu contexto histórico. Entretanto, o contraponto com o GTDN, o método de análise, sua interpretação da realidade e, principalmente sua proposta estratégica, servem como um referencial para pensar um novo plano de desenvolvimento regional nas novas circunstâncias históricas.

O documento está dividido em três capítulos. O primeiro capítulo tenta sintetizar as teses centrais do GTDN contrastando com a evolução recente da realidade do Nordeste, procurando demonstrar que a região seguiu caminho completamente diferente do proposto por Furtado. O segundo capítulo arrisca um diagnóstico do Nordeste, destacando o que mudou na região nestes 60 anos de herança do pensamento de Celso Furtado. Finalmente, o terceiro capítulo procura compor uma proposta de estratégia que, embora seja muito diferente do que está contido no GTDN, se inspira na abordagem de Celso Furtado.

I. Desvelando a realidade

No livro *A fantasia desfeita* Celso Furtado comenta que o documento *Uma política de desenvolvimento econômico para o Nordeste* (GTDN) continuou exercendo, ao longo das décadas, "sua função de desvelador da realidade nordestina, enterrando as falácias que secularmente serviram para justificar a utilização de dinheiro público na perpetuação de estruturas anacrônicas e antissociais". A análise da estrutura econômica do Nordeste – desmistificando a visão hidráulica dominante na região – e a interpretação da natureza das relações com a economia nacional – saída de capital e entrada de transferência de renda – foi uma profunda inovação do GTDN. Além disso, ele apresentou, pela primeira vez, um plano de desenvolvimento regional no Brasil com propostas de mudanças estruturais na economia do Nordeste.

Como o primeiro esforço sistemático de diagnóstico da realidade do Nordeste e primeira formulação de uma proposta de desenvolvimento regional, o GTDN foi um plano essencialmente econômico. E não poderia ser diferente, considerando o pensamento dominante na época e a visão de Celso Furtado sobre os determinantes centrais da estagnação do Nordeste: i) a baixa produtividade da economia e, mais diretamente, da agropecuária; ii) o diferencial dos fluxos de capital e renda entre o Nordeste e o Sudeste (Centro-sul, como chamava na época). Furtado entendia que a redução das disparidades econômicas e sociais do Nordeste em relação ao restante do Brasil e a melhoria da qualidade de vida da população não seriam alcançáveis sem um crescimento da economia nordestina em ritmo superior à média do Brasil. E, para isso, era necessário elevar a produtividade e inverter os fluxos com entrada de capital no Nordeste para ampliar a base produtiva e promover a industrialização.

Ao longo de seis décadas, mudou o Nordeste e a visão de mundo de Celso Furtando sobre o desenvolvimento, como mostra toda a sua produção intelectual posterior, especialmente explícita no livro *O mito do desenvolvimento econômico* (Furtado, 1974) quando apresenta sua preocupação com os impactos ambientais do crescimento da economia e adverte para os limites do crescimento (Cavalcanti, 2003). Em livro anterior, *Análise do "modelo" bra-*

sileiro, publicado em 1972, Furtado destacou a importância da tecnologia como mecanismo de dominação mundial, com seu impacto na competitividade, embora no GTDN ele já estivesse atento para a contribuição da tecnologia para o aumento da produtividade.

Como uma ironia da história, as profundas mudanças ocorridas no Nordeste nas últimas décadas foram numa direção completamente diferente do que propunha e esperava o GTDN, com duas exceções: a formação de um mercado interno e ampliação e diversificação da indústria. Este movimento, contudo, tem mais a ver com a intensa integração e complementaridade da economia do Nordeste na dinâmica econômica nacional, que propriamente com a consolidação de um "centro industrial autônomo" na região, como pretendia Furtado. E, o que é mais grave, a industrialização foi possível apesar da persistência de elevada pobreza e desigualdade na região, fatores que tendem a contrair o mercado interno.

Analisando os pilares estratégicos do GTDN, fica evidente que as mudanças que ocorreram no Nordeste ao longo das últimas décadas seguiram uma trajetória diferente das propostas e expectativas de Celso Furtado:

1. **Transformação da economia agrária da faixa úmida da Zona da Mata** com diversificação produtiva e aumento da produtividade, com liberação de terra, de modo a ampliar a oferta de alimentos.

   Na realidade, o setor sucro-alcooleiro continua predominando na Zona da Mata com a monocultura e com baixa produtividade e reduzido rendimento industrial. Ao contrário do que propunha o GTDN, o PROÁLCOOL, lançado nos anos 70 do século passado, promoveu uma expansão da área ocupada com cana-de-açúcar e, mesmo quando houve alguma reestruturação fundiária, os pequenos e médios produtores continuaram com a produção da cana.

2. Transformação da economia das zonas semiáridas com elevação da produtividade e, como consequência, liberação de mão de obra que seria estimulada a migrar para áreas úmidas. Vale lembrar que o GTDN considerava a existência de um excesso de população na região (dados os padrões dominantes de produção) que deveria ser estimulada a migrar para áreas úmidas do Maranhão e para as terras potencialmente irrigáveis das margens do São Francisco Ao contrário do que esperava o GTDN, a população do Semiárido nor-

destino quase dobrou ao longo das décadas, passando de 12 milhões de habitantes, em 1959, para 21,3 milhões em 2010. E, excetuando as áreas irrigadas e algumas ilhas de modernidade, o Semiárido continua com uma agropecuária de subsistência de baixa produtividade. O fenômeno mais corrente na população do Semiárido tem sido a migração do campo para as cidades, dentro da própria região, e não para as áreas úmidas do *hinterland* maranhense, resultado do efeito combinado de desestruturação da base produtiva tradicional (complexo pecuária-algodão), das secas e ampliação das políticas públicas e instrumentos de assistência social (Funrural, Bolsa Família e BPC-Benefício de Prestação Continuada).

Em 2019, cerca de 3,73 milhões de famílias do Semiárido (41,4% da população) receberam Bolsa Família, num valor total de R$ 9,15 bilhões; o BPC beneficiou 782 mil pessoas com a distribuição total de R$ 9,37 bilhões (os dois mecanismos juntos distribuíram, neste ano, R$ 18 bilhões) segundo o Ministério da Cidadania (www.gov.br/cidadania/pt-br/composicao/gestao-da-informacao - consulta em 25 de maio de 2020). Na direção oposta à crítica que o GTDN fazia do assistencialismo do Nordeste, ampliaram-se as políticas tradicionais de transferência de renda para a Região.

No GTDN, Celso Furtado propunha o fomento à irrigação e não ignorava a importância de uma gestão dos recursos hídricos, embora sem grande destaque, na medida em que centrava sua crítica no diagnóstico hidráulico do atraso da região. O Nordeste teve avanços importantes nas duas áreas. O armazenamento de água deu um salto de 7 bilhões de metros cúbicos, estimados em 1959, para 63 bilhões de metros cúbicos de capacidade, já em 2001. Na irrigação também houve um grande crescimento da área utilizada no Nordeste; de 51,77 mil hectares de área irrigada, em 1960, saltou para 1,17 milhões de hectares (ANA, 2017).

3. Deslocamento da fronteira agrícola do Nordeste com incorporação das terras úmidas do *hinterland* maranhense para receber os excedentes populacionais criados pela reorganização da economia do semiárido.

Alguns poucos projetos de colonização para as terras úmidas do Maranhão foram implantados sem grande sucesso, até porque não se observou a reorganização da economia do Semiárido e, portanto, a formação de excedentes populacionais. No entanto, completamente diferente do que pensava Furtado, houve um acelerado processo de ocupação econômica na nova fronteira agrícola dos cerrados nordestinos – Bahia, Piauí e Maranhão – com a expansão da pecuária e da moderna agricultura de grãos. De acordo com o último Censo Agropecuário (2016), o Nordeste utilizou 2,88 milhões de hectares no plantio de soja (9,4% de toda área cultivada no Brasil com o produto), a maioria nos Cerrados da Bahia, Maranhão e Piauí (IBGE, 2017). Esta produção de alimentos, no entanto, se volta para a exportação e não, para o mercado interno do Nordeste, como esperava Furtado. E, ao contrário de atrair "excesso de população" do Semiárido nordestino, a expansão da agropecuária moderna dos cerrados atraiu migração em larga escala de agropecuaristas do Sul do Brasil.

4. Industrialização da economia combinando o aumento da produtividade das indústrias tradicionais com a modificação da estrutura industrial, incluindo a implantação de uma indústria de base.

   A industrialização do Nordeste talvez tenha sido o único componente da estratégia do GTDN que foi, efetivamente, alcançado. Ao longo das décadas, houve um processo combinado de desestruturação de parte da indústria tradicional com a formação de um parque industrial de bens intermediários fortemente integrados à economia nacional e com participação nas exportações brasileiras. De 12,4% do VAB regional, em 1959, o setor industrial saltou para 18,9%, em 2017, depois de ter alcançado 35,6%, em 2000; desde então, perdeu posição para os Serviços que cresceram de forma acelerada no período recente. Em todo caso, o aumento da participação da indústria no VAB está longe de indicar a formação de um centro industrial autônomo no Nordeste, como pensava Furtado. No mesmo período, o setor agropecuário registrou um movimento continuado de queda da sua participação relativa no VAB; em 1959, a agropecuária contribuía com 40,1% do VAB, tendo declinado para apenas 6,6% em 2017 (ver gráfico 1).

Gráfico 1 – Evolução da Estrutura Produtiva do Nordeste % dos Setores no VAB - 1959/2017

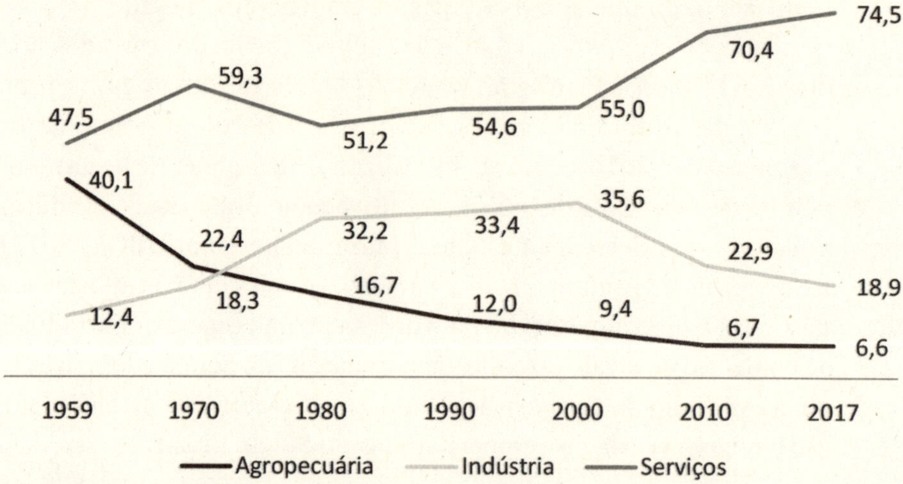

Fonte: IPEADATA com base em dados do IBGE.

II. Defasagem central do nordeste

Seis décadas depois da publicação do GTDN e da criação da Sudene, o Nordeste passou por grandes mudanças em todas as áreas: diversificou sua base produtiva, se integrou à economia nacional, se urbanizou e se modernizou, e registrou melhoras relevantes em quase todos os indicadores sociais. No entanto, o Nordeste continua com a mesma defasagem econômica e com a mesma diferença de qualidade de vida em relação à média nacional. Apesar da implementação de políticas e projetos na região, o PIB *per capita* do Nordeste continua flutuando em torno de 50% da média nacional, e quase todos os indicadores econômicos e sociais continuam abaixo ou muito abaixo da média brasileira. Para usar um indicador, em 2018, o índice de pobreza no Nordeste era o dobro da média nacional (24,4% da população com rendimento domiciliar *per capita* inferior a US$ 3,2 PPC contra 12,4%) e quase quatro vezes maior que o índice do Sudeste de 6,5% (IBGE, 2019)

O semiárido não afunda mais na fome e na miséria a cada período de seca, graças aos diferentes mecanismos de distribuição de renda (e de água), mas continua com os mesmos estrangulamentos e a mesma vulnerabilidade social e hídrica.

Desde a década de 90 do século passado, a participação do Nordeste no PIB nacional flutua em torno de 13% com tendência de elevação nos últimos anos (ver gráfico 2). Foram necessários 60 anos para esta participação do Nordeste no PIB do Brasil subisse de 11% (1959) para cerca de 14,5%, em 2017, enquanto a população nordestina passou de 31,6% (1960) para 27,8%, em 2010.

Gráfico 2 - Evolução da Participação do Nordeste no PIB do Brasil - 1990/2010 (%)

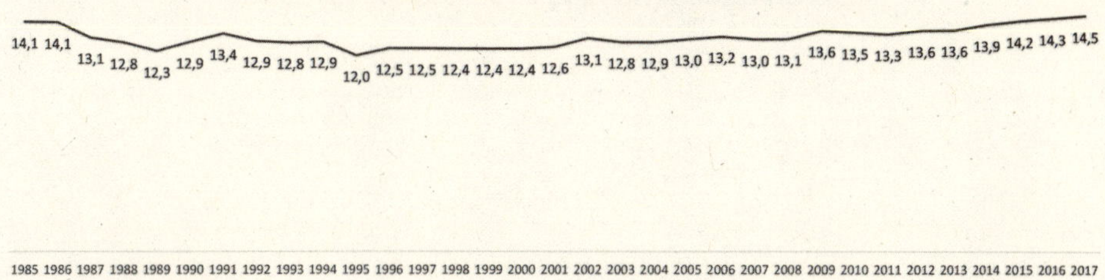

Fonte: IPEADATA/IBGE.

A produtividade da economia do Nordeste era, em 1950, menos da metade da produtividade da região Centro-sul quando medida pela renda gerada por pessoa ocupada. Passados quase 60 anos de crescimento e modernização da economia do Nordeste, a produtividade econômica da região continua muito abaixo da média nacional e de todas as outras macrorregiões. Em 2017, a produtividade do trabalho do Nordeste alcançou R$ 39,90 mil por pessoa ocupada, cerca de 1,8 vezes menos que a produtividade do Sudeste e 1,5 vezes menos que média nacional (ver gráfico 3).

Gráfico 3 - Produtividade do trabalho do Brasil e das Macrorregiões (R$ do VAB/mil pessoas ocupadas) – 2017

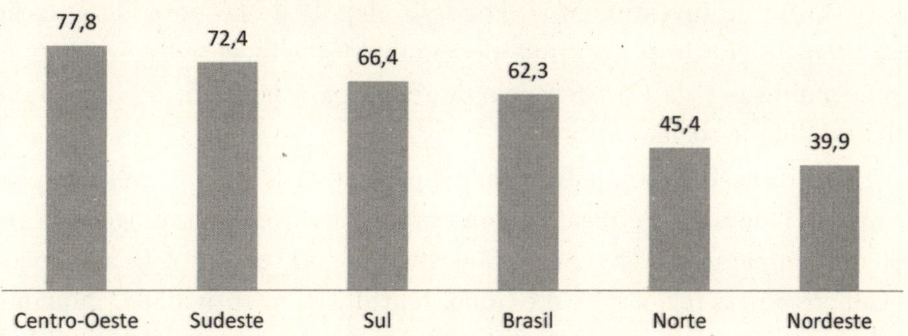

Fonte: IBGE – PNAD contínua e Sistema de Contas Regionais.

Na agropecuária, a produtividade do Nordeste, em 2008, foi menos da metade da registrada na média nacional (R$ 4,00 mil por pessoa ocupada contra R$ 9,5 mil por pessoa ocupada, respectivamente) e manteve a mesma desvantagem em relação ao Sudeste. Em 1956, a produtividade da agropecuária da região Centro-Sul era cerca de 2,8 vezes maior que a do Nordeste (ver gráfico 4).

Gráfico 4 – Produtividade da Agropecuária no Brasil e Macrorregiões (R$ mil/pessoa ocupada) 2008

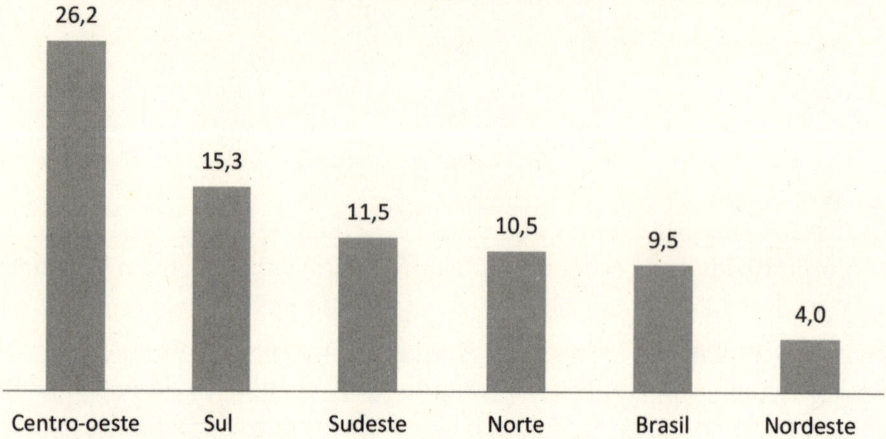

Fonte: Mateo, 2013.

Mais do que a produtividade das atividades produtivas, o principal estrangulamento do Nordeste é a baixa competitividade sistêmica da economia, que continua inferior à das outras regiões, dificultando as relações econômicas e comerciais, num contexto altamente competitivo, e inibindo a atração de investimentos. Por isso, depois de 60 anos de atuação da Sudene, o Nordeste continua dependendo dos incentivos fiscais para atrair empresas e da transferência de renda para moderar a pobreza e a vulnerabilidade social.

A classificação da competitividade dos Estados do Brasil, realizada pelo Centro de Liderança Pública, demonstra uma notável desvantagem da região em comparação com o Sul, o Sudeste, e mesmo o Centro-Oeste. Todos os Estados destas regiões, exceto Goiás, têm alta competitividade, enquanto nenhum do Nordeste aparece entre os dez mais competitivos do Brasil (em anos anteriores, pelo menos um Estado do Nordeste aparecia em décimo lugar no ranking).

Gráfico 5 - Ranking da Competitividade dos Estados do Brasil - 2019

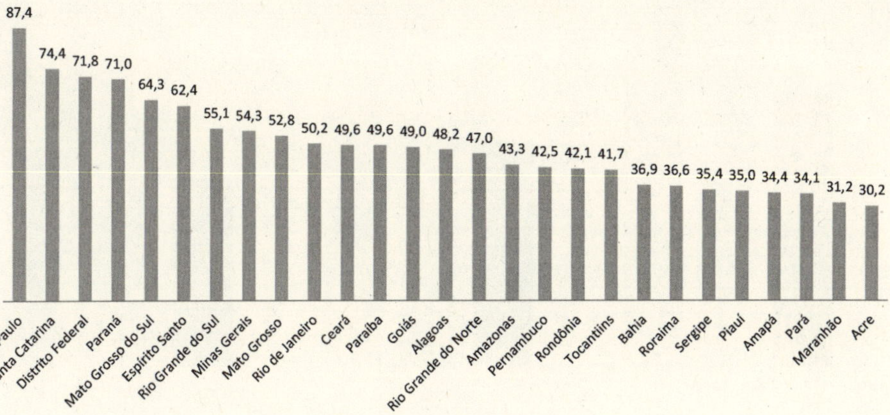

Fonte: Centro de Liderança Pública/The Economist-InteligenceUnit (www.clp.org.br – consulta em fevereiro de 2020).

Nas principais variáveis determinantes da competitividade sistêmica – Educação, Qualificação Técnica e Profissional, Inovação e Estrutura de Pesquisa e Desenvolvimento Tecnológico e Infraestrutura – o Nordeste está sempre atrás das regiões Sul e Sudeste, e mesmo Centro-Oeste.

Na educação, o Nordeste continua com o mais alto índice de analfabetismo, com 13,9% da população de 15 anos ou mais (2018), o dobro da média nacional (6,8%) e quase quatro vezes o índice do Sudeste (3,5%). E o analfabetismo funcional alcançou 26,6%, percentual muito acima da média nacional (17,1%), segundo dados do IBGE para 2015. A escolaridade do Nordeste, medida pelo número médio de anos de estudo da população de 25 anos e mais, alcançou 7,7 anos, em 2017, abaixo da média nacional, com 9,1 anos, e muito distante do Sudeste, com 9,9 anos de estudo (IBGE, 2018).

Além disso, as notas do IDEB-Índice de Desenvolvimento da Educação Básica, que medem a qualidade do aprendizado da região é uma das mais baixas do Brasil, da mesma forma que a proficiência em português e matemática que comprometem a qualificação e a adequação dos nordestinos às novas exigências tecnológicas. Em todos os níveis de ensino (fundamental 1 e 2 e ensino médio), em 2017, a nota do IDEB do Nordeste ficou abaixo da média nacional e longe da nota do Sudeste (ver gráfico 6).

Gráfico 6 - Notas do Ideb do Brasil, Nordeste e Sudeste nos três níveis de ensino - 2017

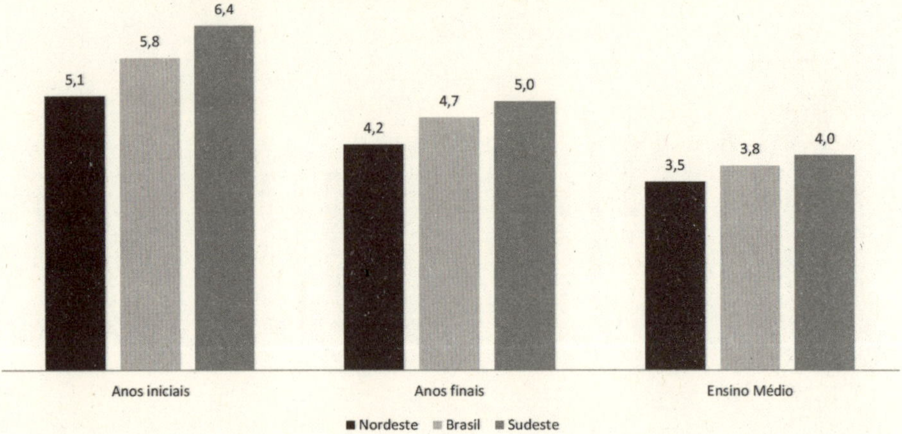

Fonte: MEC/INEP.

O aprendizado dos nordestinos é um desastre, como mostra o baixo percentual dos estudantes com proficiência[1] em português e matemática. Na 5ª e 9ª séries, todos os estados do Nordeste, exceto Ceará, tiveram desempenho inferior à média do Brasil, esse mesmo, bastante limitado. Na 5ª Série, o percentual de estudantes brasileiros com proficiência em português foi de 56% e em matemática apenas 44%; na 9ª série estes percentuais foram 34% em português e apenas 15% com aprendizado adequado em matemática (www.Qedu.org.br). No ensino médio, porta de entrada para o mercado de trabalho e para as universidades, todos os estados do Nordeste apresentaram nível de conhecimento insuficiente em português em matemática.

O sistema de inovação do Nordeste tem evoluído bastante nas últimas décadas, mas ainda mostra defasagem em relação às regiões de maior desenvolvimento do Brasil. Em 2016, cerca de 20,1% dos pesquisadores ativos do Brasil estavam no Nordeste, menos da metade do Sudeste (41,2%) e um pouco abaixo da região Sul. No total, o Nordeste tinha 28.273 pesquisadores, menos da metade dos pesquisadores do Sudeste. Quando se avalia o número de pesquisadores por milhão de habitantes, o Nordeste tem o pior desempenho entre as macrorregiões brasileiras (apenas 796, quase metade do apresentado pela região Sul), como se pode ver no gráfico 7.

1. Proficiência avaliada como leitura adequada e competência para resolução de problemas de matemática adequados às respectivas séries.

Gráfico 7 - Pesquisador por milhão de habitantes nas macrorregiões do Brasil - 2016

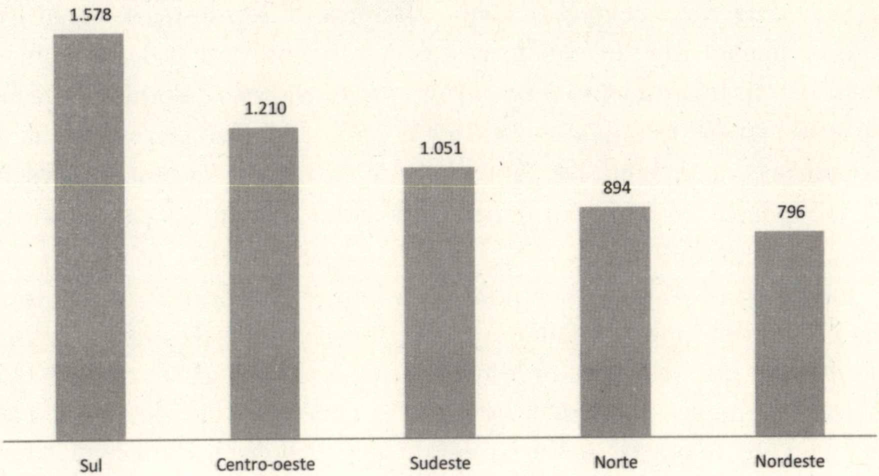

Fonte: CNPq/Lattes-IBGE/TCU

A postura inovadora das empresas do Nordeste não é inferior à média nacional – 34% das empresas extrativas e industriais da região teriam realizado algum tipo de inovação de processo ou produto de serviços – e está acima do Sudeste, mas com predomínio de simples aquisição de Maquinas e Equipamentos (IBGE/PINTEC, 2017). Quando se analisa o tipo de inovação, apenas 4,5% das empresas industriais do Nordeste realizaram Atividades Internas de Pesquisa, contra 12,2% do Sudeste.

O Nordeste também tem desvantagem na extensão e qualidade da infraestrutura, embora tenha experimentado, nas últimas décadas, uma verdadeira revolução nas telecomunicações. Se, em 1959, telefone era uma peça rara nos domicílios, atualmente, 69,1% dos domicílios nordestinos têm internet, percentual mais baixo de todas as macrorregiões (no Brasil, o percentual chega a 79,1% e no Sudeste a 84,8% dos domicílios). Em todo caso, ainda existe um grande vazio na malha de *backbone* e infovias da Região. O Nordeste ainda tem vastas regiões sem integração ao sistema logístico do país e a qualidade das rodovias nordestinas é predominantemente ruim. Em 2019, cerca de 26,8% das rodovias do Nordeste tinham qualidade Péssima ou Ruim, pior que a média nacional, com 24,4% nesta classificação, e bem mais deteriorada que as do Sudeste (apenas 19,9% de Ruim e Péssima). As rodovias classificadas como Boa e Ótima no Nordeste eram 40,8% do total, pouco abaixo da média nacional (41%) e mais ainda do Sudeste com

52,5% na categoria. O Nordeste tinha apenas 8,5% das rodovias em Ótimo estado de conservação, muito abaixo dos 25,6% do Sudeste (CNT, 2019).

Diante da baixa competitividade sistêmica do Nordeste, os incentivos fiscais e financeiros são indispensáveis para compensar a defasagem, de modo a atrair investimento produtivo e empresas (fluxo de capital) que não viriam sem a redução dos seus custos tributários e financeiros. Enquanto não houver um aumento relevante da competitividade da economia regional, o Nordeste vai continuar dependendo desses incentivos para atrair investimentos produtivos.

É importante ressaltar, contudo, que muito ao contrário do que se propaga, existe um enorme desequilíbrio na distribuição regional da renúncia fiscal no território brasileiro. O Nordeste foi beneficiado, em 2018, com R$ 32,8 bilhões de renúncia fiscal, que corresponde a apenas 11,6% do total, menos de um quarto do que favoreceu o Sudeste no mesmo ano, aproximadamente R$ 148,76 bilhões (os incentivos estritamente regionais - fiscais e financeiros - que beneficiam o Nordeste representam apenas 3,9% da renúncia fiscal do Brasil). O Nordeste tem a menor renúncia fiscal *per capita* de todas as macrorregiões, com apenas R$ 578,00 por habitante, contra R$ 1.696,00 do Sudeste, quase três vezes a renúncia *per capita* do Nordeste (ver gráfico 8).

Gráfico 8 – Renúncia fiscal per capita da União por Macrorregião - Reais - 2018

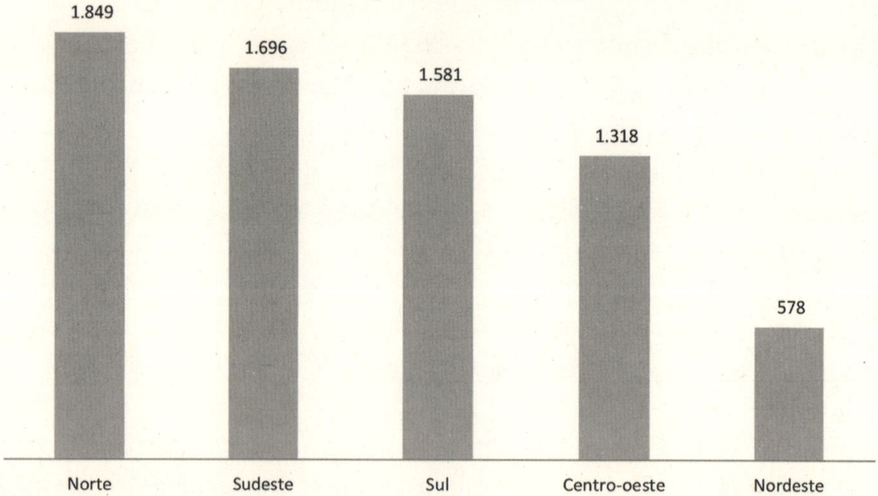

Fonte: Henry, Raul – apresentação "Um voo panorâmico sobre o Nordeste" (baseado em dados da Receita Federal e IBGE, 2018.

Se os incentivos fiscais servem apenas para compensar a persistente defasagem da competitividade do Nordeste, os programas sociais são importantes para moderar a miséria social, mas não promovem desenvolvimento, nem sequer enfrentam a pobreza. Ambos vão continuar indispensáveis ao Nordeste enquanto não houver uma reversão da sua baixa competitividade sistêmica. Os gastos com assistência social ainda são maiores do que o financiamento de investimentos produtivos, numa distorção dos próprios instrumentos regionais.

No conjunto da Região, os dois instrumentos de assistência social – Bolsa Família[2] e BPC - Benefício de Prestação Continuada distribuíram juntos, em 2019, cerca de R$ 34,9 bilhões no Nordeste (cerca de 4% do PIB nordestino), muito acima do que os R$ 20 bilhões que o Banco do Nordeste comemora de financiamento do FNE às empresas nordestinas no mesmo ano (www.bnb.gov.br) e pouco menos do financiamento do BNDES nos últimos anos, altamente concentrado em alguns grandes empreendimentos produtivos, como a Refinaria Abreu e Lima, que recebeu R$ 21,73 bilhões de financiamento do BNDES.

Apesar de todas as mudanças e avanços do Nordeste nas últimas décadas, a região continua dependendo de incentivos fiscais e financeiros e do assistencialismo para compensar a defasagem da competitividade e a densidade de pobreza. Em certa medida, persiste ainda uma distorção históricas dos fluxos de renda entre o Nordeste e o Sul-sudeste que não contribui para o desenvolvimento da região.

III. Estratégia para o século XXI

O Nordeste de 2020 é uma região com uma economia moderna – indústria diversificada e agropecuária avançada no cerrado e em áreas de irrigação – integrada à economia nacional e com relações com o mundo global, convivendo com a vulnerabilidade histórica do Semiárido, elevada pobreza e desigualdades sociais. Esta é uma região completamente diferente daquela analisada por Celso Furtado para a formulação da política de desenvolvimento regional. Mas, dois aspectos do GTDN podem contribuir para a concepção de uma estratégia de desenvolvimento do Nordeste:

1. O reduzido nível de renda e a limitada média salarial dos nordestinos, quando comparados com a região Centro-sul, têm origem na baixa

2. O programa Bolsa Família beneficia pouco mais de sete milhões de famílias do Nordeste, o que representa cerca de 53,8% de todos os beneficiados no Brasil, e o BPC- beneficiou a cerca de 1,6 milhões de nordestinos, equivalente a 33,8% de pessoas beneficiadas no Brasil.

produtividade da economia. Neste sentido, o aumento da *produtividade* geral da economia é condição para o desenvolvimento do Nordeste, sem receio de que, no ponto de vista micro, provoque redução da ocupação compensada pela emergência de novas atividades e pelo aumento do produto.

2. O *assistencialismo*, mesmo quando necessário para moderar a pobreza, pode contribuir para conservar o atraso e a fragilidade econômica e social da região Nordeste. Como dizia Furtado no GTDN, por seu caráter assistencial, as transferências de renda "são gastos que quase nenhum efeito têm na estrutura econômica e na capacidade de produção do sistema" (Furtado, 2009, p. 106).

Considerando que a defasagem de competitividade sistêmica é o grande impedimento ao desenvolvimento do Nordeste, a estratégia nacional de desenvolvimento regional deve se concentrar nos quatros *determinantes da competitividade* - educação, qualificação profissional, inovação e infraestrutura econômica – mobilizando investimentos em larga escala da União e dos Estados nordestinos[3], num esforço conjunto e convergente de reestruturação da economia regional.

Na educação, promovendo o aumento da escolaridade e da qualidade do ensino e do aprendizado, preparando as novas gerações para os desafios do futuro. A qualificação profissional é fundamental para a empregabilidade e a oferta de competências para as novas demandas da indústria 4.0. A inovação depende do aumento da capacidade de pesquisa e desenvolvimento tecnológico das universidades e institutos, mas, principalmente, das iniciativas dos empreendedores na absorção e adaptação de tecnologias avançadas. Finalmente, na infraestrutura, combinando a ampliação e melhoria dos tradicionais sistemas de transporte – rodovias, ferrovias, portos e aeroportos – com reforço da infraestrutura hídrica e, principalmente, a extensão da malha telecomunicações e infovias.

Ao longo das próximas décadas, a principal meta do Nordeste deve ser a convergência regional dos níveis de competitividade e da produtividade (do Nordeste em relação às regiões desenvolvidas). Sem a qual não serão sustentáveis nem efetivas as metas de redução da pobreza e de convergência regio-

3. Iniciativa recente dos governadores do Estado criou o Consórcio Nordeste para definição de uma estratégia comum de desenvolvimento regional (além de compartilhar compras) e negociação com a União.

nal dos indicadores sociais. Menos, ainda, a diminuição da dependência do Nordeste de transferências de renda e de incentivos fiscais e financeiros.

Referências bibliográficas

ANA-Agência Nacional de Águas. *Atlas irrigação:* uso da água na agricultura irrigada. Brasília: ANA, 2017.

ARAÚJO, Tânia Bacelar de. Desenvolvimento regional no Brasil. In: *O pensamento de Celso Furtado e o Nordeste hoje*. Rio de Janeiro: Editora Contraponto/Centro Internacional Celso Furtado de Políticas para o desenvolvimento, 2009.

BUARQUE, Sérgio C. O planejador Celso Furtado. In: *Celso Furtado – Desvelador da realidade nordestina*. Recife: Fundação Joaquim Nabuco/Editora Massangana, 2017.

CAVALCANTI, Clóvis. Meio ambiente, Celso Furtado e o desenvolvimento como falácia. In: *Meio Ambiente & Sociedade*. Vol. V, nº 2, ago./dez. 2002.

CLP-Centro de Liderança Pública – www.clp.org.br

CNPq/Lattes – www.lattes.cnpq.br

CNT-Confederação Nacional de Transporte. Pesquisa CNT de rodovias 2019. – Brasília: CNT: SEST SENAT, 2019.

FERREIRA, Assuéro. Da invenção criadora do GTDN à reinvenção do futuro na década perdida. In: *O pensamento de Celso Furtado e o Nordeste hoje*. Rio de Janeiro: Editora Contraponto/Centro Internacional Celso Furtado de Políticas para o desenvolvimento, 2009.

FREIRE D'AGUIAR Furtado, Rosa. A batalha da Sudene. In: *O Nordeste e a saga da Sudene 1958-1964*. Arquivos Celso Furtado. Rio de Janeiro: Editora Contraponto/ Centro Internacional Celso Furtado de Políticas para o desenvolvimento, 2009.

FURTADO, Celso. Uma política de desenvolvimento econômico para o Nordeste (GTDN) (1959). In: *O Nordeste e a saga da Sudene 1958-1964*. Arquivos Celso Furtado. Rio de Janeiro: Editora Contraponto/Centro Internacional Celso Furtado de Políticas para o desenvolvimento, 2009

_____________. Operação Nordeste - Palestra no ISEB-Instituto Superior de Estudos Brasileiros em 13 de junho de 1959. In: *O Nordeste e a saga da Sudene 1958-1964*. Arquivos Celso Furtado. Rio de Janeiro: Editora Contraponto/Centro Internacional Celso Furtado de Políticas para o desenvolvimento, 2009a.

_____________. *Análise do "modelo" brasileiro*. Rio de Janeiro: Civilização Brasileira, 1972.

______________. *O mito do desenvolvimento econômico*. Rio de Janeiro: Paz e Terra, 1974.

HENRY, Raul. Um voo panorâmico sobre o Nordeste (apresentação em PowerPoint baseado em dados da Receita Federal e do IBGE). Receita Federal, 2020.

IBGE. Censo Agropecuário: www.ibge.gov.br, 2017.

IBGE – Censo Demográfico: www.ibge.gov.br, 2010.

IBGE – PNAD contínua. www.ibge.gov.br, 2018 e 2019.

IBGE – Contas Nacionais. www.ibge.gov.br, 2018.

IBGE – PINTEC. www.ibge.gov.br, 2017.

INEP – www.inep.gov.br

INEP - www.Qedu.org.br

IPEADATA – www.ipeadata.gov.br

MATTEO, Miguel. Estrutura produtiva e desenvolvimento regional. Brasília: IPEA, março 2013.

Ministério da Cidadania (www.gov.br/cidadania/pt-br/composicao/gestao-da-informacao).

Ministério da Integração Nacional/IICA. Plano Estratégico de Desenvolvimento Sustentável do Semiárido (versão preliminar para discussão). Brasília: IICA, novembro de 2005.

MONTEIRO NETO, Aristides. Federalismo e redistribuição intergovernamental de recursos no Brasil: um mapa do padrão de atuação federal no território no período recente (2000-2015) – Região Nordeste em perspectiva. In: *Desenvolvimento regional no Brasil* – políticas, estratégias e perspectivas – Aristides Monteiro Neto, César Nunes de Castro, Carlos Antonio Brandão. Rio de Janeiro: IPEA, 2017.

A impressão deste livro foi realizada na cidade de São Paulo pela Gráfica Paym em agosto de 2020. A tiragem foi de 2.000 exemplares, com texto composto em Georgia. O miolo foi impresso em papel UPM 70g e a capa em ningbo fold 250g.